OBRAS DE JORGE DE SENA

OBRAS DE JORGE DE SENA

TÍTULOS PUBLICADOS

OS GRÃO-CAPITÃES
(contos)
ANTIGAS E NOVAS ANDANÇAS DO DEMÓNIO
(contos)
GÉNESIS
(contos)
O FÍSICO PRODIGIOSO
(novela)
SINAIS DE FOGO
(romance)
80 POEMAS DE EMILY DICKINSON
(tradução e apresentação)
LÍRICAS PORTUGUESAS
(selecção, prefácio e notas)
TRINTA ANOS DE POESIA
(antologia poética)
DIALÉCTICAS TEÓRICAS DA LITERATURA
(ensaios)
DIALÉCTICAS APLICADAS DA LITERATURA
(ensaios)
SONETOS DE CAMÕES E O SONETO QUINHENTISTA PENINSULAR
(ensaios)
A ESTRUTURA DE «OS LUSÍADAS»
(ensaios)
TRINTA ANOS DE CAMÕES
(ensaios)
UMA CANÇÃO DE CAMÕES
(ensaio)
FERNANDO PESSOA & C.ª HETERÓNIMA
(ensaios)
ESTUDOS DE LITERATURA PORTUGUESA — I
(ensaios)
ESTUDOS SOBRE O VOCABULÁRIO DE «OS LUSÍADAS»
(ensaios)
O REINO DA ESTUPIDEZ — I
(ensaios)
O INDESEJADO (ANTÓNIO REI)
(ensaios)
INGLATERRA REVISITADA
(duas palestras e seis cartas de Londres)
SOBRE O ROMANCE
(ingleses, norte-americanos e outros)
ESTUDOS DE LITERATURA PORTUGUESA — II
(ensaios)
ESTUDOS DE LITERATURA PORTUGUESA — III
(ensaios)
POESIA — I
(poesia)
POESIA — II
(poesia)
DO TEATRO EM PORTUGAL
(ensaios)

DO TEATRO EM PORTUGAL

© Mécia de Sena e Edições 70, Lda., 1988

Capa de Edições 70

Todos os direitos reservados para a língua portuguesa
por Edições 70, Lda., Lisboa — PORTUGAL

EDIÇÕES 70, LDA. — Av. Elias Garcia, 81 — 1000 LISBOA
Telefs. 76 27 20 / 76 27 92 / 76 28 54
Telegramas: SETENTA
Telex: 64489 TEXTOS P

Esta obra está protegida pela Lei. Não pode ser reproduzida,
no todo ou em parte, qualquer que seja o modo utilizado,
incluindo fotocópia e xerocópia, sem prévia autorização do Editor.
Qualquer transgressão à Lei dos Direitos de Autor será passível
de procedimento judicial.

JORGE DE SENA

DO TEATRO EM PORTUGAL

*

ORGANIZAÇÃO, PREFÁCIO
E NOTAS BIBLIOGRÁFICAS
DE LUIZ FRANCISCO REBELLO

edições 70

BREVE INTRODUÇÃO

Dizia Jorge de Sena num artigo sobre ensaísmo crítico, em 1961, que Luiz Francisco Rebello era «o mais bem informado e actualizado crítico de teatro em Portugal». Não o cegava a amizade, falava o seu rigoroso espírito de justiça e indicava-me, sem o poder saber, a pessoa a quem eu iria confiar a organização final destes textos, de os prefaciar e anotar.

A verdade é que Luiz Francisco Rebello deve ter sido uma das primeiras, se não a primeira pessoa, que me escreveu oferecendo-me colaboração e lembrando-me que era necessário publicar tudo quanto, neste caso em matéria de teatro, ficara disperso por jornais e revistas, nos dois lados do Atlântico.

O que sobre este livro e de como o ordenou houver a dizer, tê-lo-á dito Luiz Francisco Rebello, eu tenho apenas a acrescentar que a despeito de tanta justiça feita e tanto encorajamento oferecido, a actividade de alguns anos desta crítica deixou como resíduo a Jorge de Sena não poucas horas amargas e muita animosidade jamais esmorecida. E apenas porque algumas, poucas, vezes disse, sem disfarce, que o rei ia nu, o que, como é sabido, se não perdoa a ninguém, sobretudo se se trata de bonzos intocáveis, que então havia e mais do que nunca continua a haver. Poucas pessoas saberão já avaliar a coragem que era dizer muito do que ficou dito e da habilidade que era precisa para se ir dizendo o que era inefável.

Todos os textos se publicam na íntegra, assinalando algum corte que Jorge de Sena mesmo fez, ou corrigindo o que no texto publicado estava corrigido pela sua mão. Actualizou-se a ortografia, dentro dos limites que a Jorge de Sena foram expressamente aceitáveis, depois de tanta variação a que fomos sendo submetidos.

Do convívio do palco algumas amizades nos ficaram firmes: Costa Ferreira, Wallenstein, Augusto de Figueiredo e tantos outros, mas que me seja permitido salientar alguém que nos foi imensamente especial: Eunice Muñoz, a quem, no meu coração, dedico este livro.

O que foi dito por escrito aqui está — cabe ao público julgar. A Luiz Francisco Rebello a minha muita gratidão pela camaradagem e confiança com que me consultou sempre e me pediu sugestões ou aceitou as minhas, já que do profissionalismo com que o faria estava eu de antemão segura.

Santa Barbara, 22 de Maio de 1987

Mécia de Sena

PREFÁCIO

1. É na lista das «obras a publicar» de Jorge de Sena incluída na edição do seu terceiro livro de poemas, *Pedra Filosofal*, saído em 1950, que pela primeira vez aparece uma referência a um volume de «ensaios coligidos» com o título *Do Teatro em Portugal*. Por essa altura (o cólofon final do livro tem a data de Novembro daquele ano), Sena havia encerrado a primeira fase da sua intervenção como crítico de teatro na *Seara Nova,* iniciada em Março de 1947, regularmente prosseguida até Junho do ano seguinte e, com intermitências, daí até Julho de 1950; no mesmo período, essa intervenção estendeu-se, por duas vezes, às páginas da revista portuense *PORTUCALE,* e quatro artigos sobre temas teatrais haviam sido igualmente publicados, um na *Seara* e três no suplemento literário de *O Primeiro de Janeiro.* Nos vinte e oito anos de vida que lhe restavam, sempre essa prometida colectânea de ensaios foi sendo anunciada nos diversos livros (e tantos foram, e em tantos domínios, da poesia à ficção, da dramaturgia ao ensaio e à investigação histórica) que ia dando à estampa, e por certo iria engrossando com a passagem do tempo, já que sobre teatro nunca deixou de escrever, embora mais esporadicamente após a sua definitiva saída do país, em 1959. Não quis o destino — pseudónimo sob o qual se oculta aqui a desorganização da vida editorial portuguesa — que o projectado volume, em que tanto empenho sei que ele punha, chegasse a imprimir-se antes de a morte, traiçoeira e prematuramente, o levar. Publicando-o agora, cumpre-se a vontade do seu autor, tão reiteradamente afirmada — e presta-se um alto serviço à cultura teatral do país.

2. Antes de prosseguir, torna-se necessária uma explicação: reúnem-se neste volume, com as poucas excepções que adiante serão in-

dicadas, todos os escritos de Jorge de Sena sobre teatro, e não apenas os que se ocupam «do teatro em Portugal». No espírito do seu autor, ao menos inicialmente, sob este título deveria agrupar-se o acervo de artigos críticos que escreveu e publicou acerca de espectáculos teatrais entre nós levados à cena a partir de 1947 (num total de 45, de que 24 respeitam ao período de 1947-50, 5 ao período de 1952-57 e 16 ao período de 1958-59, sendo o número de espectáculos recenseados em cada um destes períodos, respectivamente, de 27, 7 e 41, já que frequentemente mais de um se enfeixava no mesmo artigo). Pareceu-nos lógico, no entanto, a Mécia de Sena e a mim, a quem aquela quis honrar confiando a organização deste volume, acrescentar a esses artigos os comentários que lhe mereceram alguns livros de ou acerca de teatro também entre nós publicados, e outros escritos relacionados com personalidades ou factos do teatro português. E, uma vez que assim ficava já ultrapassado o primitivo âmbito do projecto, não hesitámos em aditar-lhes ainda outros textos alusivos à mesma temática, embora referidos não já a Portugal mas a espectáculos assistidos e a livros publicados no estrangeiro, ou em que eram abordados assuntos de interesse geral.

Pretendeu-se assim oferecer uma visão global, e tão completa quanto possível, do pensamento do autor do *Indesejado* em matéria de teatro, arte a que dedicou, como se sabe, e não apenas de um ponto de vista meramente teórico e especulativo, um interesse e uma atenção permanentes. Para que essa visão fosse global se acrescentaram aos textos acerca «do teatro em Portugal» os demais a que acima se fez referência; para que fosse o mais possível completa, também se não hesitou em reproduzir textos já reunidos noutros volumes do autor, como o caso dos quatro artigos relativos ao teatro de José Régio e Miguel Torga, que podem ler-se em *Régio, Casais, a «presença» e Outros Afins* (1947), dos ensaios sobre Gil Vicente e o «Judeu», incluídos em *Estudos da Literatura Portuguesa — I* (1981) e do artigo alusivo a peças de Beckett e Graham Greene, recolhido em *Sobre o Romance* (1986). Também por este último motivo se publicam alguns breves comentários desgarrados a acontecimentos do mundo teatral, nosso ou alheio, uma alocução proferida a anteceder um espectáculo levado à cena em 1949, uma entrevista concedida a um semanário de Lisboa em 1952 e outra a uma estação de rádio brasileira em 1960 e um texto inédito sobre «teatro popular», escrito entre 1963 e 1965, portanto durante o período do exílio brasileiro.

Mas ficaram de fora os dois importantíssimos posfácios ao teatro de que Jorge de Sena foi autor — a tragédia em verso *O Indesejado*

(1.ª ed., 1951) e as *6 Peças em Um Acto* (1974), e o monumental estudo sobre os avatares (dramatúrgicos e não só) do tema inesgotável dos amores de Pedro e Inês, cujas dimensões inviabilizavam a sua presença neste volume. E é claro que, para uma apreensão integral do universo dramático de Jorge de Sena, não só esses textos seriam de capital importância, como não menos importa conhecer a sua própria obra de dramaturgo (que, se é fundamentalmente constituída por aquela tragédia e aquelas seis breves peças, compreende ainda várias traduções de Molière — *Casado à Força,* transmitida pela Emissora Nacional em 1953 —, O'Neill — *Longa Jornada para a Noite,* representada pelo Teatro Experimental do Porto, numa encenação de António Pedro, em 1958, e *Desejo sob os Ulmeiros,* publicada em 1959 — e dos poemas de Brecht para as versões de *Mãe Coragem* e *Ascensão e Queda de Mahagonny).* Que só esporádica ou tardiamente essa obra haja logrado o acesso ao palco — como aconteceu ao *Indesejado,* quarenta anos depois de escrito —, é índice bastante da situação degradada (e degradante) do teatro português no período que os textos aqui compilados abrangem, e de que são um fiel reflexo. Também por este motivo a sua publicação conjunta se impunha.

3. Dividiu-se assim o volume em duas secções, a primeira dedicada ao «teatro em Portugal», a segunda relativa a teatro estrangeiro e a temas de carácter geral. Precede-as o notável ensaio «Da Necessidade do Teatro», escrito para um número especial da revista *O Tempo e o Modo* (1967), que consideramos como que uma «soma» do pensamento de Jorge de Sena sobre a arte dramática, como fenómeno estético e sócio-cultural, e daí a decisão de com ele se abrir a colectânea. Ao todo, mais de uma centena de textos, dos quais o mais antigo remonta a 1947 e o mais recente a 1970.

O vasto material reunido em cada uma dessas secções reparte-se em ambas por duas grandes zonas: uma compreende os artigos, de índole crítica ou simplesmente informativa, de motivação imediata (como sejam as recensões de espectáculos e livros), enquanto a segunda engloba os textos de carácter geral (reflexões sobre a situação do teatro «quanto possível» em Portugal, ou determinados seus aspectos particulares, como por exemplo o teatro universitário; dissertações teóricas sobre problemas de estética ou sociologia teatral). Mas advirta-se que esta separação é, como todas, convencional, pois nos artigos de crítica imediata deparam-se com frequência considerações genéricas sobre a *praxis* teatral portuguesa e uma abundante, ainda que eventual, doutrinação estética (sobre teatro histórico, teatro em verso, teatro de romancistas, teatro infantil, categorias dramatúrgicas, etc.) ou, a propósito da peça criticada, análises do conjunto da obra do seu autor ou dos seus temas dominantes (exemplos: Cocteau, Régio, Benavente, Racine, no primeiro caso; a máscara no teatro de Pirandello para o segundo), do mesmo modo que em não poucos textos teóricos se introduzem referências, quanto mais não seja a título de ilustração, a factos concretos, pontuais, daquela mesma *praxis*. Sempre de cada um dos lados de uma zona fronteiriça se mistura à linguagem que aí se fala um pouco da linguagem falada no outro... Aliás, neste caso, a linguagem é só uma, e a mesma, de ambos os lados — a de um homem profundamente informado e interessado na problemática do teatro, encarando-o como é (mas, por múltiplas razões, entre nós não era) e como deveria ser, consciente da sua necessidade e do seu papel fundamental «na formação de uma consciência crítica do povo e na educação estética das massas», ou não fosse ele «a mais alta expressão da sociabilidade de um povo».

Junte-se a isto a exacta noção de que «no palco, na voz e no gesto dos actores é que o teatro se vê», pois «as peças de teatro não se fizeram para ser lidas, e nenhuma tradição ou nenhuma experiência teatral vive da gaveta» como reiteradamente proclamou ao longo do seu *munus* crítico, e ter-se-ão as duas coordenadas principais do seu pensamento dramatúrgico, qual se exprime nos vários textos ora reunidos e, até, como já atrás se deixou dito, na sua própria produção teatral, que só por razões independentes da sua vontade não conheceu o destino para que ele a talhara (ser vista «no palco, na voz e no gesto dos actores», porque «a personificação teatral postula, para exercer-se, a encarnação e a cena concreta») — injustiça de que nunca se consolou, e de diversas maneiras o disse.

O teatro é, na sua essência, a mais efémera de todas as formas de arte, pois que se extingue no próprio momento em que se realiza. Tudo, no teatro, tende para a consecução do espectáculo, e nenhum espectáculo se repete nunca, porquanto ainda que o texto, os actores e a encenação possam ser os mesmos, não o é o público, e este é também uma das componentes do espectáculo. E o próprio texto, com ser o elemento mais estável do teatro, varia em função das diversas leituras cénicas que dele vão sendo propostas por actores e encenadores de sucessivas gerações ao público delas contemporâneo. É claro, e Jorge de Sena não se esquece de o sublinhar, que «se o teatro é, antes de mais, para ser representado — e nunca um dramaturgo escreveu para ser só lido, e apenas os literatos usam às vezes da forma teatral como de qualquer outra [...] —, a verdade é que deve poder ser lido». Na lógica

14

sequência destas considerações, a sua acção crítica exerceu-se tanto sobre espectáculos como sobre livros de teatro, mas com predomínio para aqueles, e o testemunho que nos deixou acerca da *praxis* teatral do período sobre que incidiu é o de um espectador (e de um leitor) esclarecido e exigente, o que permite fixar aquilo que o teatro tem de mais transitório e é, ao fim e ao cabo, como já dissemos, a sua vera essência.

Daí a importância de que se reveste, para a história do teatro (quando, evidentemente, esta se não satisfaça com ser apenas uma história da literatura dramática), a recolha em volume da produção crítica que vai acompanhando a produção cénica, desde que, obviamente também, isenta e «desligada de quaisquer redes de interesses» e tão distante do «elogio irresponsável» como do «desdém não menos irresponsável», que eram, com raras excepções, moeda corrente nas resenhas dos jornais diários e com toda a razão Jorge de Sena estigmatizou num curto texto que, em jeito de aviso, publicou em 1958 na *Gazeta Musical e de Todas as Artes*. Assim é que, por exemplo, a leitura das críticas que o temível (e temido) Joaquim Madureira enfeixou nas suas *Impressões de Teatro* dá-nos uma visão da temporada teatral lisboeta de 1903-04 qual a simples leitura das peças nela apresentadas nunca poderia proporcionar-nos; e o mesmo se diga das críticas de Eduardo Scarlatti *(Em Casa de «O Diabo»)* quanto aos anos 34-37, de Fernando Lopes-Graça e Luis Forjaz Trigueiros em relação aos anos 39-43 ou, mais perto de nós, de Urbano Tavares Rodrigues, Redondo Júnior e Carlos Porto para os anos 50-60.

Crítico teatral «bissexto», como de si próprio dizia, Sena foi-o sem a continuidade e a regularidade que dedicou a outras zonas da criação literária — no que pode ver-se, também, um reflexo da irregularidade e descontinuidade características da vida teatral portuguesa. O seu labor abrange dois períodos bem determinados, um primeiro que vai de Março de 1947 a Maio de 1952, o segundo de Março de 1958 a Junho de 1959, tendo a *Seara Nova* (e episodicamente a *PORTUCALE*) e a *Gazeta Musical e de Todas as Artes* sido, respectivamente, os lugares onde esse labor se exerceu. No intervalo que separa esses dois períodos, à parte alguns artigos sobre a situação teatral portuguesa, dois apontamentos críticos isolados apareceram, um no *Diário de Notícias* em 1955, o outro em 1957 na *Vértice*. Foi, aliás, a crítica da *Seara* à peça de Ramada Curto *A Voz da Cidade,* em Maio de 1952, de uma feroz causticidade (que, de resto, a peça merecia), que determinou a interrupção durante seis anos da sua actividade crítica: a «rede de interesses» com que Sena se recusou sempre a pactuar, fossem eles de que natureza fossem, funcionou aqui no sentido de afastar o crítico que tão duramente havia fustigado um correligionário, a quem a revista pediria publicamente desculpas no número imediato...

Qualquer daqueles períodos, mas sobretudo o primeiro, corresponde a fases significativas da evolução do nosso teatro após o fim da guerra. O surto do teatro experimental e universitário que irrompeu de 1946 em diante (mas não se esqueça que as raízes deste último remontam a alguns anos atrás, quando Paulo Quintela fundou em Coimbra o TEUC) trouxe ao nosso teatro aquela renovação que «há muito andava no ar, pronta a efectivar-se», anunciada por Sena na sua crítica — a primeira que escreveu — ao segundo espectáculo do Estúdio do Salitre, um dos mais polémicos de toda a sua quinquenal existência e o que talvez melhor se coadunou aos objectivos iniciais do movimento, depois desviado para um conformismo nivelador de espectáculos que só na aparência eram de vanguarda e outros declaradamente passadistas, todos eles de garantida aceitação snobística, ainda que por diversos estratos de público. Comentando alguns desses espectáculos, Sena advertiu para os perigos que dessa inflexão não podiam deixar de advir; nem por isso é menos certo que o Salitre e outras iniciativas paralelas, como o Pátio das Comédias (cujos segundo e terceiro espectáculos ele também criticou e apresentou, respectivamente, e para o qual escreveu a sua *Ulisseia Adúltera*), se contam entre aquelas «várias tentativas das quais menos proveio uma organização continuada, um baluarte, do que gente nova e um espírito novo» empenhados em «revitalizar a cretinice, nem sequer académica, em que o Teatro Português vegetava melancolicamente», como ele próprio diria, anos mais tarde, a propósito do Teatro Experimental do Porto, justamente saudado como «realidade insofismável do renascimento do Teatro português que por diversas formas nos últimos dez anos se vinha operando».

Tirante alguns espectáculos levados à cena no Teatro Nacional, entre os quais a *Benilde,* de Régio, que lhe valeu uma das mais notáveis páginas de crítica teatral em Portugal jamais escritas (embora me pareça excessivo dizer-se que essa representação «poderia ter sido enfim a chegada triunfal do teatro de vanguarda aos grandes palcos lisboetas», conforme se lê no estudo, aliás magnífico, que em 1970 escreveu sobre o teatro de Régio, cujo «vanguardismo» se me afigura, no mínimo, duvidoso), ou montados pelos Comediantes de Lisboa, a parte mais significativa dos artigos que constituem a série publicada na *Seara* incide sobre espectáculos marginais à cena profissionalizada: cinco do Estúdio do Salitre, um do Pátio das Comédias, outro de um agrupamento universitário. Para isso terá contribuído o facto de Jorge de Sena partilhar com João Pedro de Andrade a tribuna crítica da revista, cabendo preferentemente a este último recensear os espectáculos profissionais. Mas, reservando-se Sena o direito de «só ver e criticar aquilo que lhe pareça merecer consideração», poderá ver-se já naquela partilha uma opção, e nesta uma forma de o crítico participar no movimento renovador em curso. Ele mesmo o disse no citado texto sobre o Teatro Experimental do Porto, ao aludir a uma revitalização que era obra de «todos quantos, no palco, na criação dramática ou na *crítica, trabalharam quão ingloriamente, quão desorientadamente às vezes*» (o sublinhado é meu). Dele próprio, portanto, em parte também.

Dir-se-á que sobrevalorizo o papel da crítica na evolução da *praxis* teatral, que dela seria, segundo alguns, pouco menos do que independente. E no entanto, para bem ou para mal, a crítica é responsável pelo estado do teatro sobre cujo corpo incide. Foi o dramaturgo inglês J. B. Priestley quem uma vez escreveu que «onde a crítica teatral for complacente, o teatro tornar-se-á medíocre e conformista»; e já em 1870, e em Portugal, se publicava um opúsculo sobre a situação do teatro entre nós, cujo autor, um obscuro Carl Busch, punha a crítica à cabeça dos males que o afligiam. É claro que para o teatro comercial a bilheteira há-de contar sempre mais do que a crítica, embora esta possa influenciar aquela... Mas quando se tem do teatro uma noção mais elevada, e dele se exige mais do que ser um simples entretenimento dos sentidos, ou, mesmo sendo só isso, que o seja com um mínimo de dignidade, a crítica não pode ser irrelevante, e de facto o não é. Jorge de Sena tinha plena consciência disto, e daí a ferocidade e a acerada ironia de muitas das suas críticas — ironia e ferocidade que não eram senão a capa de um grande amor pelo teatro, de uma grande mágoa por vê-lo degradado, de um grande desejo de vê-lo nobilitado e contribuir para essa nobilitação. O que é sobretudo evidente nos textos escritos para a *Seara Nova* entre 1947 e 49, ou no artigo de 1957 «sobre teatro quanto possível em Portugal».

Já os artigos de 1958-59 surgem num outro contexto: ultrapassada a fase experimental, os seus frutos começavam então a colher-se nos palcos profissionais, a que entretanto acedeu a geração de autores, actores e encenadores formados no Salitre, no Pátio das Comédias, no Experimental do Porto, nos grupos universitários. Por certo, as limitações impostas a todos eles pela dureza do regime — desde o seu primeiro artigo de crítica Sena pôs o princípio de que «sem liberdade não há nada, e teatro também não» —, se conjugavam com outros factores que radicavam em causas mais profundas: a falta de uma tradição e uma cultura teatrais, a submissão às baixas exigências de uma prática puramente mercantil, a decadência burguesa do gosto, a moleza da crítica, para reduzir a arte dramática «àquilo a que, entre nós, não temos outro remédio senão chamar teatro»... É a teia intricada de todos estes elementos, positivos e negativos, que explica a coexistência, na mesma temporada da mesma companhia, de Júlio Dantas e Samuel Beckett — e «viva a dialéctica», como a outro propósito Sena disse, se não houvesse, aqui também, «conciliação em lugar de síntese».

Mas, além de espectáculos, a intervenção crítica de Jorge de Sena exerceu-se também sobre livros, e natural é que assim fosse, já que boa parte (tanto a nível quantitativo como qualitativo) do teatro que nesse período se escreveu se viu constrangida a limitar-se à letra de fôrma, vedado que lhe estava por uma censura tão estúpida como sistemática o acesso ao palco. E são particularmente lúcidas as considerações que lhe mereceram as primeiras peças de Santareno como as tentativas dramático-literárias de Agustina Bessa Luis, Domingos Monteiro ou Mário Sacramento e outros mais. Pena é que não tivesse alargado a mais obras a sua intervenção crítica neste sector.

4. Resta falar dos textos teóricos ou doutrinais, embora eles falem por si. Sendo, sem dúvida, importantes, até pela sua pertinente impertinência, os que se referem à nossa *praxis* teatral, ao teatro universitário, ao teatro de vanguarda ou ao teatro popular, como aos problemas (já abordados no posfácio à 1.ª edição do *Indesejado*) do teatro histórico e em verso e à dicção deste, a peça fundamental deste conjunto é, evidentemente, o longo ensaio que escreveu para o número especial que *O Tempo e o Modo* consagrou ao teatro em 1967. O ensaio começa por uma interrogação — «É o teatro necessário?» — para, através de uma longa (e fascinante) deambulação pelos domínios mais diversos, da história à sociologia, da estética à economia, num entrançado subtil que atravessa «as zonas sombrias do divino, do sexo, da personificação, da identidade colectiva», concluir que «haverá teatro, sempre haverá teatro»; e se assim é, é porque é necessário que haja — embora «quando e como, esse é que é o problema». Problema que, não sendo especificamente português, assume entre nós, por razões de circunstancialismo local, uma agudeza e uma complexidade de que, apesar de reportados a um tempo revoluto (não inteiramente, aliás... e *hélas!*), esse texto e as crónicas que se lhe seguem dão o mais eloquente testemunho.

Leia-se, releia-se esse ensaio, dos mais penetrantes que em Portugal sobre o teatro jamais se escreveram: à sua luz não só se ilumina tudo o que nas demais páginas deste volume se reuniu, como a própria situação do teatro português, aqui e agora (um *hic et nunc* que, vinte anos decorridos, se não desactualizou, nem, à parte a extinção oficial da censura idem, tão cedo virá a desactualizar-se). À superfície, dir-se-á talvez que se trata de um virtuosístico exercício de dialéctica, em que paradoxos e lugares-comuns tão brilhantes uns quanto os outros, alternam e se confundem com juízos polémicos, densos raciocínios, fulgurantes intuições. Mas o que subjaz a todo esse discurso que nos surpreende e desconcerta aqui para nos irritar ali e empolgar mais adiante, é um imenso, inesgotável, apaixonado, lúcido e desvairado ao mesmo tempo, amor pelo teatro, que Jorge de Sena tão bem serviu — e que tão mal lhe retribuiu.

LUIZ FRANCISCO REBELLO

Agosto-Outubro de 1987.

DA NECESSIDADE DO TEATRO

É o teatro necessário? Perguntas como esta lembram-me irresistivelmente um divertido livro, cuja reedição tem mais de quinze anos, e que foi primeiro publicado em 1929: «*Is Sex Necessary?*», miscelânia de desenhos e prosas, por James Thurber e E. B. White. Para muita gente, o sexo não é necessário, ou essas pessoas virtuosa e castamente acham que não deve sê-lo. Para os puritanos de Inglaterra, no século XVII, e os seus descendentes espirituais mais numerosos do que se supõe, o teatro não só não era necessário, como devia ser suprimido drasticamente — o que eles fizeram, ou procuram sempre fazer quando as oportunidades lhes aparecem. De modo que este paralelo entre o teatro e o sexo talvez seja extremamente fecundo para darmos início à nossa investigação. Claro que podemos humoristicamente rir-nos disso tudo: foi o que Thurber e White fizeram, numa época em que o sexo (ou mais exactamente, a vida sexual) começava a ser declarado tema de exercícios intelectuais ou físicos... Mas o não tomarmos a sério as coisas é sempre um grande risco de elas nos tomarem a sério a nós. E o teatro, ou o instinto teatral, está em nós, tal como está em nós o apetite sexual. E, prosseguindo a nossa comparação, convém lembrar que os partidários da castidade absoluta não existiriam como tal, se os pais deles tivessem seguido rigorosamente a mesma opinião.

Há muita gente, por hipótese, que nunca viu uma representação teatral. Por hipótese — porque *não há quem para existir não represente*, e não há sociedade alguma, nem grupo humano algum, que não pratique a personificação dramática, sob um qualquer aspecto. O teatro tornou-se, ou crê-se que se tornou, como tantos outros modos de expressão artística, uma actividade estética autónoma, ainda quando por tradição ou por culto ficasse longamente submetido à esfera do religioso (do que não é certo que se tenha separado inteiramente), há alguns milhares de anos, nas sociedades históricas euro-asiáticas (uma Eurásia que, como se sabe, inclui o Norte de África). Mas uma necessidade do teatro não é justificada pela antiguidade dele; o teatro poderia ser uma superstição arreigada ou sublimada ou evoluída, como a maior parte dos rituais o são. E a própria vida sexual, fonte da vida e (ou) do prazer dela, está muito longe de estar livre de complexas sobrevivências sócio-políticas de sociedades e estilos vitais revolutos; e não pode dizer-se que todas as civilizações ou todos os grupos humanos tenham dela a mesma concepção teórica ou prática. É possível que cheguemos à «perfeição», prevista em utopias satíricas, de os seres humanos virem a ser produzidos em série laboratorialmente, sendo ou não providos de sexo, para sua diversão, conforme o tipo de actividade a que a série se destina; e que, por essa altura, o teatro, ou as mais evanescentes e subtis formas de personificação dramática, tenham perdido a razão de existir. Como parece que ainda não se chegou àquela perfeição reprodutora, é de supor que a hora final do teatro ainda não tenha soado.

No século passado, vários poetas post-românticos, parnasianos, etc., anunciaram gravemente, por razões científicas, ou sócio-políticas, a Morte da Poesia. Ao que se deduz da persistência com que ainda se publicam coisas chamadas poemas, parece que a profecia (como às profecias costuma acontecer) não se realizou. A ter-se realizado, o teatro teria morrido com a poesia, da qual, ainda quando em prosa charra, e com o mais «apoético» ou «anti-poético» dos assuntos e dos tratamentos, é género e parte. O chamado *anti-teatro,* que se diria a negação de tudo o que definiria o Teatro, não é menos teatro por isso. Poderá objectar-se que, para uma superstição morrer, é preciso que o progresso erradique, não só em extensão e em profundidade, mas na generalidade dos humanos conviventes, as causas (ou a memória de causas) que a justificam. E que pouco tempo passou sobre aquelas profecias. Ora o que caracteriza as profecias mais «autênticas» é a intemporalidade delas, e a capacidade de poderem ser aplicadas, conforme as conveniências, a qualquer circunstâncias: logo, pouco ou muito tempo, tanto faz. E, por outro lado, o progresso deixou realmente tecer, pelo menos em nível de ingenuidade, uma superstição que, momentaneamente, procurara substituir-se a outras de mais forte fôlego (os sete fôlegos dos gatos e de várias magias aritméticas). E tem havido mesmo sábios e visionários (conforme as opiniões, uma das coisas ou ambas simultaneamente) que pensam que, em matéria de progresso, ainda estamos na mais tenra (embora às vezes faustosamente sangrenta) das infâncias.

A violência tem sido, muito mais que a paz ou o respeito pelo próximo, uma tradição da humanidade, apesar dos esforços bem intencionados, e amiudadamente muito violentos, para impor alguma doçura (a chamada «brandura dos nossos costumes») ou alguma tolerância às relações humanas. A guerra por exemplo, tem assumido, no nosso tempo, formas extremamente evoluídas (apesar de o progresso estar na infância) de eficiência destruidora, que enormemente a distanciam do campónio que mata o vizinho à sacholada por uma questão de águas ou de limites. Mas, se a distanciam, não lhe alteram a essência: há sacholas e sacholas, apenas. Todavia, a criança que se mascara de, para brincar de, e que se sente atraída por brincadeira bélicas, talvez não possua instintos bélicos — ela apenas possui, por certo, um instinto de conservação e de agressão, que, por um lado, ela sente necessário à sobrevivência e à afirmação pessoal no mundo em que ela se descobre viver, e que, por outro, representa, nesse mundo, uma tradição sempre exercitada de violência e de agressividade. Entre a criança que finge e o homem que mata (sobretudo o que mata por razões mediatas que o não obrigam a odiar pessoalmente a sua vítima ou vítimas), não há apenas uma diferença de grau: há, sim, uma diferença de qualidade, ainda quando esse homem possa não ser senão uma criança que as circunstâncias impediram de tornar-se moralmente adulta. O sado-masoquismo não foi uma invenção do Marquês de Sade para o prefixo ou de Sacher-Masoch para o resto. E a antropologia, a sexologia, ou a psicologia sexual concordam que certo gosto de magoar e de dominar (ou de ser magoado ou dominado) é muito difícil de estimar em que grau faz parte, maior ou menor, das mais inocente actividades sexuais. O que distingue o mórbido e o normal é a qualidade instintiva ou calculada da agressividade exercida, embora essa qualidade só seja distinguível na comparação de casos extremos, igualmente raros. Esta agressividade tem, por certo, raízes de personificação: a entidade agressora necessita de imaginar-se alguém capaz de agredir, sem o que não agrediria nunca, menos por repressões consuetudinárias a conterem, que por ser-lhe de menor esforço possuir ao nível da personificação mental.

As repressões têm sido consideradas, socialmente, uma defesa das sociedades contra si mesmas, um esforço para impor certa ordem à comunidade. Sem dúvida que uma ordem é desejável, e que dela dependem a tranquilidade quotidiana e alguma eficiência da vida organizada. Mas, na maioria dos casos históricos e actuais, não é na verdade isso o que se verifica: as repressões destinam-se a manter de reserva, para ocasiões excepcionais, energias que a sociedade teme que se dissipem. Porque há nisto uma confusão de palavras entre *ordem e organização:* organizar as actividades humanas não é necessariamente impor certa ordem, do mesmo modo que impor certa ordem não é necessariamente organizar as actividades humanas (muito pelo contrário, é, quase sempre, reprimi-las e condicioná-las segundo determinados padrões de repressão, aprioristicamente definidos). O temor das energias dissipadas resultava, na experiência humana, e sobretudo na sucessão dos interesses dos grupos dirigentes, do temor de que as capacidades agressivas da sociedade se perdessem numa vida fácil e de plena realização no prazer, com a consequência de não ser possível dirigir para fitos de conquista seres humanos que não podiam ver na conquista qualquer sublimação das suas próprias frustrações. Quando a sobrevivência das sociedades humanas dependia da sua capacidade de lutarem contra a morte, isto era compreensível, ainda que nem sempre fosse aceitável pelo que encobria da defesa maliciosa de interesses constituídos. Hoje, porém, a sobrevivência das sociedades humanas — e tem sido historicamente esse o maior problema — não resulta da imperiosidade de lutar-se contra a morte: o problema histórico é o de lutar-se contra a vida. Isto é: contra tudo aquilo que longamente, em séculos de séculos, deformou a vida em termos de morte. Poderia dizer-se que o Teatro terá surgido autonomamente, como outras actividades paralelas, no momento em que as sociedades humanas, ou alguns indivíduos nelas, descobriram que a Vida tinha ganho a parada.

Com efeito, a necessidade de personificação foi sempre a necessidade humana de alguém supor-se *outro.* Mas outro, porquê? Responda-se indirectamente com a resposta a outra pergunta: *que outro?* Um outro mais poderoso, mais seguro, mais livre, mais liberto de contingências e de sujeições de toda a espécie. À primeira vista é isto um paradoxo. Pois será que as mais antigas personagens de teatro, que chegaram até nós, serão isso, ou pelo contrário criaturas sujeitas terrivelmente ao capricho dos deuses e do destino? Há, todavia, uma liberdade que essas personagens possuem em alto grau, quando não possuem nenhuma outra: *a de recusar uma opção, a de recusarem o reconhecimento de ser justiça o que sofrem.* Quando, pela vez primeira, o homem se recusou a reconhecer como justa e inevitável a iniquidade seja de que ou de quem for, nesse momento ele do mesmo passo *criou o teatro,* surgiu como personalidade humana fora da sociedade em que se realizava, e fundou a sua independência estética. A partir desse momento, a necessidade de supor-se outro, de imaginar-se alguém capaz de fazer o que se exigia socialmente dele (que persiste em tantas brincadeiras infantis), transformou-se na capacidade menos de imitar que de criar.

O conceito de *imitação* foi, sem dúvida, o que primeiro teoreticamente surgiu para explicar-se o teatro, e longamente assumiu características que, por muito diversas, não menos apontavam para categorias de realismo, de verosimilhança, de analogia com a vida. Ainda hoje, no fundo, os preconceitos da arte realista assentam no pavor de perder-se o mundo que se não representa. Mas, mesmo desde a sua origem conceptual, o conceito de imitação era muito mais lato do que o próprio termo sugeria na mentalidade empírica e «realista» de Aristóteles. Quando este filósofo estabeleceu agudamente a diferença entre a Poesia e a História (e no que se conhece da sua *Poética* ele tem a poesia dramática em mente), ele deu a esta o domínio das «*coisas que sucederam*», enquanto àquela atribuiu o das «*coisas que poderiam suceder*», razão pela qual a vê como «*mais filosófica e mais elevada do que a História, pois refere principalmente o universal, e esta o particular*», entendendo-se por «*referir-se ao universal*» o «*atribuir a um indivíduo de determinada natureza, pensamentos e acções que, por liame de necessidade e verosimilhança, convém a tal natureza*» (*Poética*, 1451 b, tradução directa do grego, introdução e índices por Eudoro de Sousa, Lisboa, s/d-1951?). É evidente que Aristóteles não era tão ingénuo, nem tão desprovido de cultura histórica, que não soubesse a que ponto a história, tratando do que sucedeu, o deforma ou pode deformar em obediência aos mais variados interesses políticos ou autorais. Porque, se os factos e os documentos são a base da história, o que faz a história existir é a correlação estabelecida entre os elementos básicos, e a interpretação que simultâneamente a precede e é resultado dela. A manipulação da História não é dos menores avatares da vontade de Poder, nem uma das menos curiosas facetas da tendência humana para a personificação. O que todavia não obsta a que a interpretação histórica vise precisamente ao Universal que Aristóteles reserva à Poesia. O que Aristóteles, porém, quer dizer é muito mais profundo e mais importante do que isto, e longe de recusar à História o Universal, recusa-o à mesma Poesia a que parece dá-lo. Na verdade, se a História cuida do que aconteceu e a Poesia do que poderia ter acontecido, a universalidade do possível e provável é menos vasta para a Poesia que para a História, na concepção dele, visto que o sucedido pode ter sido inconcebível, ter ultrapassado todos os limites da verosimilhança, enquanto o que poderia ter acontecido está condicionado por esses limites. A História não será menos ela mesma por tratar do inaudito, mas a Poesia, sim. Esta depende dos «*liames da necessidade e da verosimi-*

lhança», observáveis ou aceitáveis entre uma personagem e os pensamentos e acções que lhe sejam atribuídos. Mas uma tal visão aparentemente estreita da verosimilhança é o que paradoxalmente torna muito amplo o conceito de imitação. Porque entre a personagem e os seus actos deve haver uma correlação necessária e verosímil, e a universalidade dessa experiência estética depende da exactidão, da eficiência, da realização de tal correlação fundamental. *Mas não depende unilateralmente dos actos ou da personagem:* se esta estiver de acordo com aqueles, aqueles em harmonia com esta, a universalidade existirá. Logo a imitação não se situa no plano obrigatório da História, ou, o mesmo é dizer, do realismo fotográfico das pessoas e do seu meio: a imitação apenas deve imitar as nossas relações intelectuais e sensíveis com o mundo, que postulam, no mínimo, uma lógica interna para todos os seres ou entidades do espírito. Tudo está em subordinar-se ou não a imitação aos critérios externos da lógica formal, com tudo o que ela possa ter, e tem, de correlações dependentes de situações históricas ou de hábitos e estruturas sociais. Mas nisto Aristóteles não é por certo culpado do aristotelismo em que se perpetuaram as estruturas de pensamento das sociedades esclavagistas ocidentais.

Desde a individual necessidade de personificação, até a um espectáculo teatral moderno, vão infinitos graus que, na acumulação sucessiva da experiência humana, conduziram a mutações de qualidade. É um erro tremento supor-se que toda a gente, só porque a tendência personificadora e «imitadora» é inerente ao homem, está em condições de apreciar ou de aceitar *todo o teatro*. Individualmente e socialmente, há que ter propiciado que as transmutações de qualidade que na História do Teatro se produziram em séculos se produzam em poucos anos na consciência das pessoas. Quando isso não foi propiciado, acontece com o teatro o mesmo que com todas as coisas humanas: o que fica num estádio anterior, degrada-se irresistivelmente, sobretudo se posto em contacto com um estádio mais evoluído. Exemplo clássico disto é o da destruição de culturas «primitivas» pelo contacto forçado com a «ocidental». Menos clássico é o das actividades teatrais das sociedades que se recusam à evolução.

Por extraordinário que pareça, nenhuma evolução é possível, sem que uma visão crítica se desenvolva para distinguir entre o que importa conservar e o que importa destruir ou abandonar. Porque é evidente que a própria noção de evolução postula um anterior de que se evolui. Mas o grande drama humano é que evoluímos demasiado tempo sem ter evoluído nunca, isto é sem ter abandonado o que deveria sê-lo, e sem haver destruído inteiramente o que, de podre, infecta a nossa vida.

26

Do fundo das almas ou do que se chama por tal, como das vielas das grandes cidades, ou das águas poluídas pelos nossos dejectos, evolam--se acres névoas mefíticas que envenenam tudo. É uma herança constante e permanente, e sempre acumulada, de surdidez de fundo de caverna, da qual, a certas horas, a humanidade procura libertar-se — *não pelo progresso, mas pelo teatro.*

Onde esse desejo de libertação de heranças mefíticas não existe, mas antes uma dominante complacência com o lixo da própria História (e toda a História, por gloriosa que seja, se transforma num lixo intolerável, se é conservada em estado de glória), o teatro não é possível como *catarse,* e não o sendo só existirá sob falsas formas, por muito modernas que essas formas pareçam. A maioria esmagadora do teatro português deste século (apesar de não serem numerosos os dramaturgos e muito menos as grandes peças) é falsamente moderno. E isto é tão verdade que um ou outro dos autores actuais tidos por mais modernos não têm nada de moderno nem na cabeça nem nas realizações. Aquilo por que eles são estimados é precisamente o por onde não deveriam sê-lo: sentimentalismo da «Mãezinha» (diminutivo que encobre tudo o que há de passivo na vida portuguesa), tendência para a abstracção psicológica (o que revela uma total inexperiência da vida convivente), persistência do regionalismo (com o que isso significa de sociedades que não descobriram ainda a vida urbana, ou perderam o sentido dela), gosto da frase simbólica ou da acção «significativa» (o que denuncia a incapacidade de viver ao nível da existência insignificante). Nada disto tem que ver com Teatro, e a razão é bem simples: não pode haver teatro a sério, lá onde as pessoas se comprazem em viver teatralmente sem imaginação alguma.

No Renascimento, por exemplo, como no Maneirismo e na Época Barroca (e também no Romantismo), muitas pessoas fizeram da teatralidade um ideal de vida. E o barroquismo por certo que desenvolveu uma filosofia da vida como teatro. De resto, uma tendência para modelar o destino pelos grandes exemplos trágicos sem dúvida que, desde os romanos, se havia tornado inerente a quem se sentisse em evidência ou desejasse ser visto e admirado. Mas isso é uma diversa questão, muito diversa mesmo, e até antagónica, da personificação teatral que teme o teatro porque tem medo da vida, e teme a vida por ter medo do teatro. O representar pela metade, e sem grande convicção, o nosso papel na vida, apenas porque representá-lo com grandeza nos apavora ou excede os nosso talentos ou a nossa confiança neles, não dá latitude criadora ao teatro, e não permite que as pessoas sintam necessidade de purificarem-se por ele. As grandes épocas da história do teatro ocidental coincidem com concentrações autoritárias do poder, ou pelo menos com uma intensa identificação entre o Poder e as classes dominantes, por um lado, e, por outro, objectivos nacionais que, por errados que fossem, não menos arrastavam e apaixonavam a maioria da nação. É preciso considerar, todavia, que o teatro nunca foi popular, no sentido que a esta palavra é dado pelos demagogos do «povo». O povo, em qualquer parte e em qualquer época, quase nunca viu senão entremezes de feira, quando viu. E, entretanto, as aristocracias e as burguesias enriquecidas e aristocratizadas deliciavam-se com Ésquilo, Sófocles, Euripedes, Kalidasa, Shakespeare e Gil Vicente, o teatro do Século de Ouro, Molière, Corneille e Racine, com a comédia inglesa da Restauração, o drama romântico, e o realista, e Ibsen, Strindberg, Tchekov, Shaw, etc., até aos nossos dias, quando as plateias sofisticadas (e capazes de pagar) são quem nas grandes cidades do mundo aplaudem os Becketts, os Ionescos, os Pinters, e os Albees.

É certo que houve tempo em que o povo, o propriamente dito, viu algum teatro: mas isso foi quando o teatro estava subordinado aos rituais e às festividades da Igreja Católica. E é bom que se afirme que, se muitos mistérios medievais são belíssimos, eles implicam hoje duas coisas: ou uma devoção afim da que apreciava aquela crueza de arte, ou uma refinada cultura literário-histórica, capaz de imaginar-se o «quantum satis» naquelas épocas. Eu gostaria de saber, em relação ao hoje, se os êxitos das representações populares promovidas pelos sonhadores da cultura popular (sonho que acho legítimo) são êxitos teatrais autênticos ou a aceitação de uma diversão por parte de quem não tem nenhuma. Na medida em que o povo fique povo, ou as classes médias se degradam culturalmente, eu gostaria de saber estatisticamente que tipo de diversão preferem... — se assistir às agonias de Hamlet ou a uma boa revista de pernoca e palavrão. Tudo o mais é conversa de pessoas que escondem a sua inanidade estética por trás de um grande amor pelo «povo» de quem tratam de não fazer parte logo que podem.

O público que fez o êxito dos trágicos gregos, de Gil Vicente, do teatro isabelino, do teatro barroco do Século de Ouro espanhol, do teatro clássico francês, do teatro romântico, como das peças medievais, era um público largamente comprometido com as estruturas do Poder, ou totalmente enquadrado por elas. Todas essas grandes épocas do Teatro corresponderam a períodos de integração nacional. E, por paradoxal que pareça, não o foi menos o público que possibilitou e criou a renovação da literatura russa, como nacional e moderna no século XIX. Artistas, público e Poder, ainda quando se criticassem com veemência, criticavam-se *desde dentro*, como diria Ortega y Gasset. Por desagradável que nos soe hoje e por muito que os artistas sofressem de ser enquadrados, não menos era do enquadramento que eles viviam, e nenhuma outra alternativa social lhes aparecia como provável. O mundo de hoje continua submetido a estruturas de Poder, e não há lugar onde elas não sejam soberanas de uma maneiras ou de outra. Mas a diferença reside em que as estruturas deixaram de ter mais que a conivência ou a subserviência das massas humanas. E entre estas e aquelas, o artista sente-se relativamente livre. Claro que, na generalidade, todos os modelos de renovação são exóticos, no sentido de que é sempre o exemplo de alhures o que instiga as transformações. E o sentimento disso, bem como o da necessidade de convencer os desconfiados de que não há ruptura com o passado, são o que leva os proponentes de seja o que for a procurar, na cultura suposta própria, precursores. Mas a grave questão é que em geral os precursores não o foram — constituem uma descoberta *a posteriori*, e o carácter de precursores que lhes é atribuído resulta de uma reinterpretação e uma revalorização deles à luz das novas intenções. Se uma cultura não progride para fora de uma mediania medíocre e na verdade inculta, se não por saltos bruscos que a influência estranha provoca, será inevitável que nada ganha raiz e que é muito difícil construir-se em alto nível uma visão de um modelo ideal — e, em consequência, é igualmente precário aplicar um cepticismo radical ao que começa por ser suspeito de nunca ter existido. Será sem dúvida um erro, que nunca é demais denunciar, acreditar-se muito ao pé da letra na esplêndida continuidade cultural das culturas que se apresentam como tal. Mas o fascínio que resulta de acreditar-se nelas, sobretudo por parte de quem é exterior a elas, não menos revela uma insegurança grande em relação à continuidade da cultura própria.

Esta insegurança, um mal-estar que é semelhantemente observável nos que propõem formas novas, como nos que defendem as antigas, por certo que é indício de que a integração ou o enquadramento foram sempre, na cultura desconfiada de si mesma, muito mais manifestações de domínio de escassos grupos, que expressão de uma larga base realmente participante. Por isso, em tais condições, tudo tende a ser efémero, a processar-se superficialmente. Mas — e aqui reside a dificuldade maior — tal efemeridade não se processa à superfície de uma forte continuidade que sempre acabará por vencer, mas à superfície de uma superfície formada por meros hábitos de expediência vital, sem profundidade alguma. Se nos reportarmos mais especificamente ao caso português, veremos que — considerando o limitado exemplo dos movimentos literários — o Romantismo, o Naturalismo, o Simbolismo, o Vanguardismo, com as suas diversas metástases, todos tiveram carácter de efemeridade, só em muito poucos dos seus promotores e seguidores deixaram de ter profundas raízes naquilo mesmo que combatiam, e mais: para além de uma atmosfera formada por uma dúzia de imitadores, não se configuraram verdadeiramente, cada um deles, em mais que uma, duas, quando muito três pessoas, o que é pouco, mesmo em alta qualidade. De modo que se assiste sempre, na cultura portuguesa, a um fenómeno estranho: quando se esperaria que os movimentos morreriam de esgotamento, *eles morrem de regressão,* porque as raízes são mais fortes que as flores. É evidente que em toda a parte os movimentos estéticos ou ideológicos muitas vezes não sobrevivem àqueles mesmo movimentos seus antecessores que criticavam. Mas não perdem a virulência por confusão com eles — perdem-na como tudo a acaba perdendo neste mundo. A razão de isto se observar está em que não é possível reformar epidermicamente e formalmente coisa nenhuma, sem pagar o preço reservado às falsidades estéticas, que é o de dar-se uma cisão entre *forma* e *conteúdo,* cisão que sempre existe nas obras que se pretendem modernas à base de ideologias convencionais e extrínsecas.

O teatro, mais que nenhuma outra forma de criação estética, exige *participação.* Isto não se dá aonde e quando, mediata ou imediatamente, não haja comunidade de interesses entre os grupos constitutivos de uma sociedade, ou alguns dos grupos não sejam suficientemente numerosos para criarem e sustentarem o seu próprio teatro. Nestas condições, o teatro apenas sobrevive por intermitentes acessos, e as obras tendem a ser esporadicamente primas. Mas, quando o são, foram imaginadas e realizadas a um nível que excede em muito aquela plataforma de entendimento que seria possível só muito baixamente entre os diversos grupos. De modo que, por nos faltarem as condições para realizar modernamente a cisão entre estruturas sociais e arte (condição moderna que sucedeu à da centralização antiga), temos menos dramaturgos que obras-primas, e menos obras-primas que prosápia. Todavia, e o que é mais, nem a prosápia é a mesma para todos — o que destrói a participação essencial ao teatro, e a que todos se recusam.

Vindo das zonas sombrias do divino, do sexo, da personificação, da identificação colectiva que fomos evocando uma a uma no princípio deste estudo, o teatro atravessa actualmente no mundo uma crise de transformação que em Portugal se reflecte e obviamente é influenciada pelas condições locais. O mundo caminha para sociedades de massa cada vez mais vastas, em que o acesso à cultura é feita a uma

30

escala que *nunca foi a do teatro*. A ideia ilusória de que os meios actuais de difusão, como o cinema e a televisão, compensam a perda do contacto directo, por levarem os espectáculos aonde eles pessoalmente não iriam, só conduz a equívocos cada vez maiores. O cinema, por exemplo, progressivamente se reparte em cinema de consumo, e cinema de arte. E a dicotomia dos programas de televisão é evidente. O teatro não pode ser substituído por nenhuma reprodução fotográfica, a menos que deixe de ser teatro, porque a personificação teatral postula, para exercer-se, a *encarnação* e a *cena concreta*. Mas, ao nível em que o teatro era realizado, é impossível manter-se o mesmo tipo de relação entre o espectáculo e o público, na proporção social em que ela se verificava. A corte de D. João III, os tablados de Lope de Rueda ou de Calderón, o Globe Theater, as salas de Versailles, os teatros de Paris, ou de Berlim, não bastam para todo o público equivalente que não está aonde eles estiverem. Por isso, a mais recente forma de espectáculo teatral — os *happenings* (que têm muita herança da *commedia dell' arte* e da pantomima) — se realiza em pequeninas salas eventuais, e não seria possível, com a mesma intensidade, fora delas. É que o carácter de iniciação, de participação, etc., que é o do teatro (não importa se por sobrevivência espúria, se por natureza intrínseca), não se compadece com as sociedades de massa, em que vivemos cada vez mais. E o paradoxo do teatro moderno é que ele desmente clamorosamente as ilusões populistas do século passado, ainda sobrevivas actualmente: quanto mais povo há, mais o teatro se torna esotérico, para raros apenas. A grande diferença, porém, é que esses raros estão espalhados, em pequenas comunidades, por toda a parte, e nas grandes cidades são como aldeias dentro delas. E temos de resignar-nos a aceitar que todos escrevemos só para quem está em uníssono connosco. A grande arte foi sempre para poucos — os outros aceitavam que ela fosse nacional e universal, sem se incomodarem com isso. Hoje, os outros incomodam-se com isso, e nós também — indevidamente. Não há mais, e não tornará a haver, *poetas nacionais:* toda a gente será, por cima disso, se for de interesse e de valor, da sua aldeia e do universo. Os grandes postos da celebridade, pelo modelo antigo, cabem aos «populares». Estes, porém, não pertencem ao âmbito do ensino da literatura nem da crítica literária, embora o jornalismo possa, durante um longo período de equívocos, ocupar-se ainda deles.

Se a tudo isto acrescentarmos o problema de uma língua que não ocupa no mundo o lugar que lhe compete pelo número dos seus falantes e a importância dos seus escritores; se acrescentarmos que essa língua se pluricompartimenta tragicamente, reduzindo o português de

Portugal a uma espécie de língua arcaica ainda em uso num recanto da Península Ibérica — teremos equacionado integralmente o problema do teatro em Portugal. Não pode dizer-se realmente que seja uma situação de risonhas esperanças, lá onde as aldeias não são ainda suficientemente urbanas, nem as grandes cidades bastantemente aldeãs. Mas, na verdade, o teatro moderno não se alimenta, como nenhuma arte do nosso tempo, de esperanças ridentes e virentes, etc. — muito pelo contrário. De modo que... Mas para quê discutir destas coisas? Haverá teatro, sempre haverá teatro. Como e quando, esse é que é o problema. Mas é lícito e conveniente pensar-se em que, ao estudarem-se as condições do teatro de hoje, e ao reclamarem-se para ele oficiais remédios, talvez se esteja fora do tempo e do espaço, ou insistindo em esquemas ultrapassados de solução.

O teatro é, como comércio e indústria, um investimento caro e pouco rentável. Não consta que, em qualquer época e lugar, não tenha sido isso mesmo, a menos que algum mecenas pagasse as despeas e os lucros. Mas, no mundo moderno, não pode pedir-se a nenhum mecenas que pague para ouvir dizer mal de si próprio. É ridículo ou de uma ingenuidade incrível postular auxílios oficiais, e querer ao mesmo tempo fazer o que vem à cabeça. Apenas aonde uma economia esteja construída na base de a cultura ser um investimento, e haja além disso a mentalidade de criar fontes orçamentárias que não rendam e se destinem à dissipação estética, é que é possível supor-se esse caso ideal do mecenas abstracto que se não concretize em directivas e em exigências negativas. O teatro moderno está nas condições das religiões antigas para iniciados, ou no das primeiras igrejas cristãs. Deve habituar-se a viver em pobreza e do auxílio dos seus fiéis. E isto é particularmente a verdade lá onde a própria vida compete tremendamente com o teatro do Absurdo.

Sem dúvida que os grandes espectáculos teatrais não são possíveis a essa escala de câmara. Mas, enquanto o ar livre, com os seus movimentos de massas, não estiver ao nosso alcance comercial e industrial, contentemo-nos com admirar, nas paredes da caverna sórdida, as sombras que passam. Como esse contentamento é extremamente frustrante, talvez que a cultura se redescubra e ao teatro também.

Universidade de Wisconsin, USA, Julho de 1967.

DO TEATRO EM PORTUGAL

CRÍTICA A ESPECTÁCULOS

2.º ESPECTÁCULO «ESSENCIALISTA»
TEATRO-ESTÚDIO DO SALITRE

Não tive em tempos a dita de assistir à existência da essência do teatro do Salitre: quanto, pois, em matéria de espectáculo, eu diga não possui efeitos retroactivos.

O problema do teatro português (encha-se o leitor de paciência, que a gente, ao falar de teatro, é, pelas circunstâncias, obrigado a começar por aqui) é irmão siamês de outro, o problema do teatro em Portugal; e ambos são, afinal, menos que problemas, ou mais. De facto, se fossem exactamente problemas, não justificariam os alarmes, indignações e mágoas que os nossos teatros constantemente provocam nos espíritos cultos ou nos espíritos apenas vivos. E não me refiro mais genericamente, a espíritos livres, de que os cultos e os vivos são, respectivamente, sub-espécie e espécie, para limitar a discussão; ponho, porém, desde já, a necessária reserva de que sem liberdade não há nada, e teatro tembém não, embora possa haver, e haja, cesariamente, esplendorosas realizações dramáticas. Retomando o discurso: não justificariam esses alarmes, indignações e mágoas, porque as preocupações de cultura, as exigências vitais e a incessante investigação sobre a natureza da liberdade encontrariam, nos dados e prováveis soluções dos problemas, vasto campo de acção, forte estímulo criador, ansiosa e sempre incerta resposta para aquela agitação permanente que, ao mesmo tempo, possibilita e aniquila a vida.

Nada disto acontece. Sabemos todos muito bem que as peças portuguesas só se representam se forem más, e que as estrangeiras só se traduzem se forem piores. Que, se acaso é representada uma peça estrangeira de nível superior, isso se deve, não ao seu nível, mas a circunstâncias extrínsecas: ausência de direitos de autor, possibilidade de exibir uma encenação pinoca, celebridade recente e cinematográfica do autor ou da peça. Mais sabemos que, se acaso é posta em cena uma peça nacional de relativo interesse, tal se deve, não a circunstâncias teatrais nem ao talento do autor, mas precisamente à capacidade do autor em conformar o seu talento. Mais sabemos que as peças se ouvem duas vezes: uma na caixa do ponto, outra no palco. E que, salvo honrosíssimas excepções, em todas as actuais gerações de actores em exercício, a actuação se caracteriza em cada escola de representar (se podemos falar de «escolas»), pelos bordões do estilo; gesticulação despropositada e elocução pomposa nos antigos; dicção com suspiro final e olhadelas furtivas para o público, nos modernos. Ainda mais sabemos que, sendo caros os espectáculos teatrais, não é evidentemente o mesmo o público que enche a geral de um cinema e a geral de um teatro. A geral dos teatros de declamação é preenchida por antigos amadores de fracos meios, por curiosos sem dinheiro, e por gente humilde que lá foi parar por engano. A geral dos teatros de revista é, habitualmente, constituída por provincianos de passagem, excitados com a perspectiva de ver mulheres nuas em público, e por garotada ainda medrosa de as ver assim de perto. Claro que, a todos estes e nas duas espécies de teatro, há que acrescentar, se há fados bons, os sinceros e não *snobs* amadores, e em qualquer caso, a multidão desejosa de aturdir-se e, por experiência social, escaldada com as subtilezas... Quanto ao público elegante, o que tem dinheiro para *fauteuils,* ou só vai, por ostentação de cultura, ao Teatro Nacional, propriamente dito ou às suas dissidências familiares, ou invade as plateias de revistas e baixa-comédia, pelos mesmos motivos da distracção que empilham os outros na geral. Toda esta gente estruturalmente ignara, porque é formada de burguesias transitórias, uma a decompor-se e outra que ascende envenenada pelos miasmas da anterior, é precisamente o público com que a regeneração do teatro não pode contar.

Perante este rol de luminosas certezas, há que reconhecer — entre nós, o teatro não constitui problema. Constitui, sim, um beco sem saída, a menos que sejam demolidos os palacetes fatídicos.

Reparemos, todavia, em que mesmo esse público depravado, acima referido, já não toma a sério o que lhe dão; e, se desastres financeiros, sobejamente conhecidos, o não provassem, bastaria olhar para os anúncios que, de dia para dia, são maiores e alastram pelos matutinos fora, com letras de palmo obrigando a soletrar os nomes dos «astros» ou, mais exactamente, só os seus nomes próprios ou os seus apelidos, *tout court,* como o Garrick, a Sarah, a Duse...

À medida que esse público se vai entediando, sem, no entanto, desejar ou aceitar melhor, uma nova consciência vai surgindo, que exige teatro, e o exige com intensidade suficiente para *o representar*. Não se tem atentado nesta diferença. Os intelectuais e as pessoas apenas dotadas de sensibilidade formam núcleo inicial de um público capaz de aplaudir ou discutir uma obra séria; notável e significativo é que se revelem vocações histriónicas, e os escritores sintam necessidade de exprimir-se teatralmente. Mas uma das mais importantes características da consciência livre, seja qual for a ordem de ideias em que procure integrar-se, é, precisamente, a tendência manifesta para a comunicação directa entre os homens; e, embora indirectamente, o cinema e a rádio são ainda formas de comunicação directa. Até o estilo dos nossos escritores mais jovens se está tornando de uma oralidade irresistível, a ponto de o que escrevem ganhar em inteligibilidade quando lido em voz alta. «A fala foi dada ao homem...» Adiante... «Rei dos outros animais» — ponto final.

Há muito que, portanto, andava no ar, pronta a efectivar-se, uma renovação do teatro; e a literatura dramática portuguesa deste século contava com algumas obras de valor, esquecidas às vezes pelos próprios autores. As companhias de amadores, os grupos dramáticos, não são todos, no entanto, sintomas e origens desta renovação. Sempre houve grupos, de província ou de bairro, correspondendo aos apetites lúdico-histriónicos da população, sem que daí advenha mais que um entretenimento, embora intensamente vivido. É preciso que, ao desejo de ser na pele de outro, se acrescente uma real e não ilusória superação, um esclarecimento cultural, que distingue, pois, da actividade vulgar, certos grupos dramáticos, mais ou menos proclamantes de teorias, manifestos, etc. Claro que — e é o caso do *Teatro essencialista* — muitas vezes as opiniões panfletariamente expendidas aparecem desorbitadas não só da situação nacional do teatro, como até do estado internacional dos espectáculos. No *manifesto,* que esta época reaparecia apenso ao programa, atacam-se, por exemplo, Gordon Craig e o predomínio da encenação sobre a representação, quando, que eu saiba, não tem havido entre nós, nos palcos, predomínio de coisa nenhuma... a não ser de tolice. E, mesmo no estrangeiro, inúmeras das traições à «essência» do teatro, tão asperamente denunciadas no *manifesto,* ou já foram ultrapassadas, ou não coexistiram, ou deram belos frutos. De modo que o manifesto não me parece escrito em Portugal, para elucidação do público do Salitre e da crítica em geral, mas proclamado, há dez anos, para um hipotético centro da Europa!... Mas como, de entrada, prometi não ser retrospectivo — atenção ao espectáculo.

As peças foram três: *O Saudoso Extinto,* de João Pedro de Andrade (acto que o grande público já conhece das páginas de *Ver e Crer*);

Uma Distinta Senhora..., de Rodrigo de Mello; e a «fábula em um acto», de Luiz Francisco Rebello, *O Mundo Começou às 5 e 47*. Antes de iniciar-se a representação, o pintor António Pedro leu uma curta palestra sobre as diferenças possíveis entre o que ia seguir-se e o que, como já vimos, sabemos que acontece nos mais responsáveis palcos nacionais. Naquele seu estilo de plástico, que alia a uma graciosidade castiça o conhecimento do valor da liberdade mesmo nas palavras, conhecimento que só a lição do surrealismo autoriza, preparou admiravelmente para o espectáculo um público aliás já predisposto ao aplauso.

Das três peças, é por certo a de Rodrigo de Mello a de maiores ambições intrìnsecamente teatrais. A peça de Luiz Francisco Rebello é, porém, a única delas, capaz de suportar, e até lucrar, com uma vasta audiência e um palco enorme, onde a mesquinhez e a vileza dos seus potentados alegóricos ressaltassem ainda mais, pelo contraste: qual não seria o efeito daquelas três cadeiras, no meio de uma cena imensa e nua! A peça de João Pedro de Andrade, mais modesta de intenções que qualquer das outras, era, sem dúvida, a que não ultrapassava, quer por excesso ou defeito, o pequeno palco de salão em que foi posta.

A ordenação do espectáculo, inteligentemente graduada, conduzia o público, desde o realismo burguesmente fantástico da farsa de João Pedro de Andrade à alegoria oportuna de Luiz Francisco Rebello, passando pelo expressionismo satírico da peça de Rodrigo de Mello. Dados os escassíssimos recursos do palco do Salitre, é justo salientar que a direcção («regia», diz o programa...) de Gino Saviotti, para a 1.ª peça, e a de Rebello, para as outras duas (e nomeadamente para *Uma Distinta Senhora...*), conseguiram criar ambiente adequado não só ao carácter de cada peça, o que pode ser pouco, mas também ao teor dramático da acção, o que é exacto.

Ao contrário do habitualmente suposto, a boa técnica do «teatro em 1 acto» não exige que a peça se desenvolva equilibradamente até ao fim — o movimento cénico (ou no caso estático, a tensão dramática) pode ganhar com um desequilíbrio de «tempos», que retarde o final para o precipitar melhor. Belo exemplo são: a peça de Rebello, cujo desenvolvimento e conclusão são postos em causa, duas ou três vezes, pelo próprio autor, com a habilidade que subjugou o público; e a peça de Rodrigo de Mello, cuja intensidade exterior do início só se não transforma em intensidade interior no longo diálogo que a termina, porque o texto ficou, quase sempre, aquém do efeito planeado. Apenas porque a sátira verbal, que, tragicamente, Rodrigo de Mello põe na boca das suas personagens, não tem *continuamente* a redundância caricata de alguns passos, é que a sua peça, tão cheia de qualidades, parece uma insuportável prosopopeia, em que a fauna submarina dos cabarés se nos afigura dramatizada por um freguês rico, e não pelo Raul Brandão que conhecesse cá de fora essa fauna com que o freguês se familiarizou lá dentro.

Se é deploravelmente falhada a peça de Rodrigo de Mello, não o são as de Rebello (tanto 1 neste período!) e a de João Pedro de Andrade. Dir-me-ão, para a peça de Rebello, que a interferência do autor e o armar e desarmar da acção se inscrevem na tradição pirandelliana; que o *Zero* já aparecia em Ben Jonson; que os acessórios invisíveis deram boas cenas de farsa ao Bucha e Estica; que a retórica do «homem novo» é demasiado veemente... Concordo; mas, antes de mais, creio que foi Molière quem disse: *Je prends mon bien où je le trouve* — e a peça de Rebello é de uma teatralidade intensa, haurida abertamente na pura convenção cénica, e de uma esquemática subtileza que o teatro português só teve com Almada-Negreiros. A peça de João Pedro de Andrade, deixei-a para o fim, por ser de um dramaturgo de mérito, cuja obra já faz parte do património teatral do país; é certo que só faz em letra redonda, honra essa que compartilha com muitos outros patrimónios... Vamos à peça. Claro que um dramaturgo experiente (não sei em que altura de produção dramática de J. P. A. se situa este acto), ao abordar a peça num acto, das duas uma: ou tende para o enunciado cénico de qualquer problema do seu ofício (¹), ou se limita a um *entertainement* de relativa profundidade, e dedicado mais a ele próprio que ao público. Isto é tão verdade, que, em *O Saudoso Extinto,* o discurso do «cavalheiro grave» e o sermão do protagonista reflectem bem mais o gosto do comediógrafo multiplicando as incidências, que a atenção do dramaturgo às implicações da sua crítica social.

Quanto à interpretação, embora os actores de um grupo experimental não sejam, propriamente, amadores sem outras vistas além do exercício de um presumível talento, e embora, nos actores profissionais, subsistam, sempre e quotidianamente, uma apreensão e uma dúvida, o certo é que a própria natureza do entusiasmo, da dedicação, do esforço para o bom êxito de uma única récita, a qual só excepcionalmente se repetirá, não permite que julguemos sem reservas as virtualidades de um trabalho que, normalmente, depende da (e se destina à) repetição. De um modo geral, todo o grupo se houve à altura das res-

---

(¹) É o caso, para João Pedro de Andrade, da peça em 1 acto *Continuação da Comédia,* publicada na *presen*ça.

ponsabilidades, que, em qualquer das peças, eram superiores às exigidas comummente nos palcos profissionais, onde um certo virtuosismo dessorado costuma suprimir as autênticas exigências dramáticas. Cumpre destacar, não só porque eram mais importantes os seus papéis, mas também porque os defenderam brilhantemente: Maria Celeste, que foi «desolada viúva», «pianista» do *cabaret*, e, com a naturalidade convencional que «a fábula» de Rebello pedia, «a primeira mulher»; Maria Luisa Laurent, cuja presença, das mais encantadoras que tenho visto em palcos portugueses, e cuja actuação, na cena muda da maquilhagem, foram, sem dúvida, metade do êxito de *O Mundo Começou às 5 e 47;* Cândida Lacerda e Carlos Duarte, que imprimiram, ao diálogo final da peça de Rodrigo de Mello, uma sonhadora e intensa dramatização, ainda mais demonstrativa do que a peça poderia ter sido e não é; Pisany-Burnay, incisivo na rábula do «cabaretier», e vincando muito bem o cinismo impetuoso do «1.º homem de smoking»; e António Vitorino que, antes do cinismo afável do «2.º homem de smoking», interpretou, com sobriedade e intenção, o difícil papel de «saudoso extinto».

Não há dúvida, portanto: a categoria do espectáculo justificou plenamente a frieza da maior parte da crítica teatral, profissional, dos grandes quotidianos. Aguardemos, com esperança, o dia em que teatro assim e actores como estes defrontarem o grande público. Dadas as circunstâncias actuais de deseducação teatral, até a um desastre deveremos considerar como um passo em frente no caminho da regeneração social do teatro português, onde os valores andam trocados, perdendo-se pouco a pouco num tablado que, afinal, não está, contra todas as regras construtivas, acima da plateia.

«ANA CRISTINA», DE EUGENE O'NEILL

Há alguns anos, um duplo escândalo coroou de êxito a estreia em Portugal do dramaturgo norte-americano Eugene O'Neill: *Mourning Becomes Electra* deveu, sem dúvida, grande parte da sua carreira não só aos complexos freudianos que o público gostosamente farejou sob aquela Oréstia da Guerra de Secessão, como à ausência de palcos elevatórios ou giratórios que permitissem dar «tempo» aristotélico a tão longa teoria de quadros shakespearianos, o que obrigava a assistência a ir ao teatro três dias a fio ou esperar, desde as primeiras horas da tarde às primeiras da madrugada, que a porta do palácio se fechasse sobre a última dos Mannon. Quase era como na China, ou talvez como em Provincetown, onde O'Neill, há cerca de trinta anos, começou a representar-se. É certo que a sua estreia, com a peça num acto, *Bound East for Cardiff* (mais ou menos: *Rumo a Cardiff*) não corria esse risco de excessiva demora, que foi, aliás, em Nova-York, também uma das causas de êxito de *Strange Interlude*.

Filho de um celebrado intérprete de dramas românticos de faca e alguidar (ao que consta, a coroa de glória do pai do dramaturgo era *O Conde de Monte-Cristo*), a experiência marítima da sua juventude marcou-o igualmente para sempre: dos bastidores da sua infância ficou-lhe um lastro de vinganças, suicídios, assassinatos, virtudes perdidas e reconquistadas, com que era possível volver à ferocidade da mais séria tradição trágica; do mar da sua adolescência, uma humanidade simultaneamente artificial e primitiva, tripulações de cargueiros, frequentadores de tabernas ribeirinhas, ao mesmo tempo esgoto da terra e parasitas do casco dos navios. Estes dois aspectos, fundamentais mas não únicos numa obra rica e complexa como a de O'Neill, são os que o público português melhor terá discernido através da *Electra*, de

Ana Cristina e da magnífica adaptação cinematográfica da *suite* de pequenas peças, *The long voyage home,* que se exibiu entre nós com o nome: *Tormenta a Bordo.* De hoje em dia que o cinema tem tido tanta influência nos destinos do nosso teatro — pois a que se deverá esta estreia dramática de Barreto Poeira? — talvez haja audácia suficiente para pôr em cena uma peça tão cruel como *The hairy ape,* que o público do Tivoli já detestou na versão adocicada e despolitizada que Hollywood lhe serviu *(Macaco Peludo).* Mas tudo isto é pouco para ajuizar do valor de um dramaturgo coroado pelo prémio Nobel, que ainda não completou sessenta anos, e cuja produção se compõe de umas quatro dezenas de peças.

Ana Cristina era aguardada, a muitos títulos, com curiosidade espicaçada pelo sucessivos adiamentos da estreia, que à crítica faziam temer um *mons parturiens.* Que a sua tradução e «adaptação à cena portuguesa», do eminente colonialista Henrique Galvão, era um vergonhoso murganho, toda a gente responsável o sabia. Se a cultura portuguesa e a vigilância cultural norte-americana fossem o que, em matéria de atenção sensível, deveriam ser, há muito que o denodado esforço tradutório do distinto colonialista estaria classificado e anulado como merece.

Não pode apreciar a riqueza de efeitos teatrais e a habilidade linguística, que caracterizam o estilo de Eugene O'Neill, quem conheça apenas uma sua peça no original, ou quem conheça muitas de tão inapreciáveis traduções. Cada uma das suas peças possui, digamos, uma *sonoridade* própria, que é fundamental captar e transpor, visto que um dos principais elementos da técnica de O'Neill consiste, precisamente, numa espécie de *leit-motiv,* quer frase, quer situação dramática, quer, muito subtilmente, transmutação das personagens, *leit-motiv* esse que se repete puro ao longo da peça, ou com variantes, como então as «células musicais» no construtivismo do compositor César Franck. Não é ocasional nem pedante esta assimilação com a música: tudo, no teatro de O'Neill, é destinado a criar obsessivamente um ambiente magicamente denso, um marulho de humanidade antes das leis e dos códigos, um mar sombrio e do qual a consciência emerge perversa, perniciosa ou insustentável. Por isso, nas suas peças, que têm muitos quadros ou são actos muito longos, é tão importante o tempo, ora lento, ora suspenso nas cenas violentas, e significando sempre o dizer de não sei que biólogo: que a maior tortura para um animal é ter de cumprir lentamente um acto rápido. Essa tortura devem a encenação e a direcção infligi-la sem contemplações ao público. Não foi assim, há anos, no Teatro Nacional, em que a demora só era dos carpinteiros de cena; e não é assim, agora, no Teatro Avenida, onde toda a gente entra e sai rapidamente, sai o pai, entra a filha, entra o pai, sai a filha, entra Marta, sai Cristóvão, e tudo neste estilo de farsa ordinária, com marcações mecânicas como o *cotillon* das duas prostitutas e de Cristóvão, à volta da mesa do bar ([1]). E estes *leit-motivs* ou *células,* acima referidos, nada têm que ver, sublinho, com as repetições que a douta crítica dos quotidianos saboreou e considerou de O'Neill: essas repetições são parte da fantasia desonesta... — mas, por ora, regressemos ao dramaturgo norte-americano. A diversidade do seu estilo não é apenas a de um dramaturgo que, talentoso e fiel à realidade, atribui a cada personagem as expressões adequadas à sua condição; é, além disso, de peça para peça, e, em cada peça, de situação para situação, a de diversidade de quem só pela acção revela as personagens, e as *aprisiona* em fatalidade que, paradoxalmente, é sempre motivada pelo livre arbítrio delas: são típicas *Strange interlude, Beyond the horizont, Days without end,* como significativos os finais de acto de *Anna Christie* (no texto original, e não na adaptação à cena portuguesa). As personagens de O'Neill, instintivamente aptas a aproveitar-se de uma «deixa» para refazer a própria vida, iludem-se voluntariamente, o que provoca uma sobreposição de ritmos dramáticos, qualquer coisa de outra peça na cabeça deles (peça que não é, evidentemente, a do «tradutor»...). E tal sobreposição de ritmos, por outro lado, e como nos fenómenos acústicos, ora anula, ora intensifica a acção. Assim, no teatro de O'Neill, é característica a personagem que fica sozinha e silenciosa, em cena, até que voltem as outras ou entrem novas; como, também, a intensificação vai ao ponto de criar o «confidente» ou o «coro» do teatro clássico, corporizando-os numa figura episódica e alheia à acção decorrente, irrupção, na linha desta, do comentador que ampara ou do amigo que faz falar. Marthy Owen, a prostituta velha do 1.º acto de *Anna Christie,* parece, por isso, fulcro de uma acção a que é completamente alheia — coro poderoso da tragédia grega, ponte de passagem de uma personagem para a seguinte, é pela sua mão que o pai desce e a filha sobe o indispensável para se encontrarem sem crise. Também se encontrariam na sua ausência, e o drama seria o mesmo; apenas se precipitaria a tortura longa que vai ser a regeneração da filha. E como no texto português, é destruída a prodigiosa ironia do juramento de Anna sobre o crucifixo de Burke (Mateus da Canoa, no Avenida)! A jura é a

---

([1]) O texto original obrigou-me a uma inexactidão: na adaptação, Marta, considerado um nome pouco «prostituto» foi substituído por Lídia...

entrada de uma *cousa,* embora sagrada, ao mesmo tempo abstracta e vaga crença e superstição objectivada, para dentro do círculo fechado pelo nevoeiro em torno daquela gente! E nós sabemos que, no 3.º acto, o dia de Sol, a ausência do nevoeiro, logo autoriza o momento decisivo da confissão de Anna: é que o nevoeiro é, nesta peça, semelhantemente aos tambores longínquos de *The emperor Jones,* aquela consciência de perigo, que, se nos acompanha angustiando-nos, também nos faz companhia. Fora da noite e do nevoeiro, Anna purifica-se totalmente, e é preciso que o nevoeiro e uma sêde primária, que o vinho não afogou, lhe tragam de novo Burke, para ela descer do seu pedestal à desesperada conciliação com que, no fim, a vida se reconstitui — e ela sabe-o — mesquinha, vulgar e possivelmente feliz (isto no texto original, não no texto português, que diferem como dólar do pataco).

A propósito de pataco, não quero deixar de transcrever aqui, para elucidação do público, o final do 1.º acto, por exemplo. Ele que leia e compare, o texto de O'Neill, uma tradução fiel, embora não adaptada à cena portuguesa..., e a adaptação do Sr. Henrique Galvão. Só o que me admira é que este Sr. não diga que, autorizado por Eugene O'Neill, fabricou um plágio! A Sociedade de Escritores e Compositores Teatrais, que, em Portugal, tem larga experiência de «adaptações» do espanhol, do húngaro, do checo, do siamês, da Mouraria, do Parque Mayer, etc., por certo lhe garantiria os mesmos direitos de «autor»...

Final do 1.º acto	**Final do 1.º acto**	**Final do 1.º acto**
Texto original	*Tradução*	*Adaptação de Henrique Galvão*
Anna — *(Forcing a laugh herself):* Make it sas, then.	Anna *(com um riso forçado)* — Pois seja salsa.	Ana *(contendo o riso)* — Uma salsa!?... Pois sim, uma salsa...
Chris — *(Coming up to her — with a wink):* Ay tal you, Anna ve calabrate, yes — dis one time because ve meet after many year.	Chris *(chegando-se a ela; piscando o olho)* — Eu te digo, Anna, vamos comemorar, sim... Desta vez porque nos encontramos depois de tanto ano.	Cristóvão — Eu vou buscar... S'entrar alguém não dês conversa... *(passa à taverna)*
(In a half whisper, embarassedly). Dey gat good port wine, Anna. It's good for you, Ay tank — little bit — for give	*(Quase em segredo, embaraçado).* Eles têm bom vinho do Porto. Fazia-te bem, parece-me... uma gota... para te abrir o	Ana *(sentindo-se infeliz, muito infeliz)* — Deus m'ajude... Não posso mais!... *(e cai a soluçar com a cara escondida entre as mãos).*
		Pedro *(vendo Cristó-*

you appetite. It ain't strong, neider. One glass don't go to your head, Ay promise.

Anna — *(With a half hysterical laugh):* All right. I'll take port.

Chris — Ay go gat him *(He goes to the bar. As soon as the door closes, Anna starts to her feet).*

Anna — *(Picking up her bag — half-aloud — stammeringly):* Gawd, I can't stand this! I better beat it. *(Then she lets her bag drop, stumbles over to her chair again, and covering her face with her hands, begins to sob).*

Larry — *(Putting down his paper as Chris comes up — with a grin):* Well, who's the blond?

Chris — *(Proudly):* Dat vas Anna, Larry.

Larry — *(In amazement):* Your daughter, Anna? *(Chris nods. Larry lets a long, low whistle escape him and turns away embarrassedly).*

Chris — Don't you tank she vas pooty gel, Larry?

apetite. E nem sequer é forte. Um copo não te sobe à cabeça, garanto.

Anna *(com um riso meio histérico)* — Está bem. Tomo Porto.

Chris — Vou buscá-lo. *(Vai ao bar. Mal a porta se fecha, Anna levanta-se num pulo).*

Anna *(levantando a mala — a meia voz — tartamudeando)* — Meu Deus, não posso com isto! O melhor é por-me a andar. *(Depois, deixa cair a mala, cambaleia outra vez para a cadeira, e cobrindo o rosto com as mãos, começa a soluçar).*

Larry *(pousando o jornal à entrada de Chris — com um esgar)* — Ora bem, que é feito da loira?

Chris *(com orgulho)* — Era Anna, Larry.

Larry *(assombrado)* — Sua filha, Anna? *(Chris acena que sim. Larry não contém um ciciado e longo assobio, e afasta-se embaraçado).*

Chris — Não achaste uma bela rapariga, Larry?

vão e deixando um jornal que estava a ler) — A loiraça ainda lá está?

Cristóvão — Loiraça!... Tento na língua! *(com imensa dignidade e orgulho)* Aquela menina é minha filha!

Pedro *(assombrado)* — Sua filha!?... Aquela?... (e retém o riso, supondo que o velho ainda está embriagado).

Cristóvão — Pois então!... Queremos duas salsas...

Pedro *(cada vez mais assombrado)* — O quê?!...

Cristóvão — Estás surdo?... A menina quere uma salsa; e o pai quere outra. São duas salsas!

Pedro — Com aguardente?

Cristóvão *(enérgico)* — Com salsa! Quem é que falou em aguardente?

Pedro — Está bem, está bem!... *(serve as bebidas)* Quere que as leve?

Cristóvão — Levo-as eu.

Pedro — Na verdade, o que vocemecê precisava era uma filha que tomasse conta de si.

Cristóvão *(divertido)* — É como cantas. Isto agora é outra loiça. *(pega nos copos e passa à outra sala). (Ana, ouvindo os passos do pai, en-*

Larry — *(Rising to the occasion):* Sure! A peach?

Chris — You bet you! Give one drink for take back — one port vine for Anna — she calabrate dis one time with me — and small beer for me.

Larry — *(As he gets the drinks):* Small beer for you, eh? She's reformin'you already.

Chris — *(Pleased):* You bet! *(He takes the drinks. As she hears him coming, Anna hastilly dries her eyes, tries to smile. Chris comes in and sets the drinks down on the table — stares at her for a second anxiously — patting her hand).*
You look tired, Anna. Vell, Ay make you take good long rest now
(Picking up his beer). Come, you drink vine. It put new life in you.
(She lifts her glass — he grins). Skoal, Anna! You know that Svedish word?

Anna — Skoal! *(Downning her port at a gulp like a drink of*

Larry *(erguendo-se à altura da situação)* — Claro! Uma pêssega!

Chris — Nem mais! Dá-me bebidas para eu levar... um Porto para Anna... vai celebrar isto comigo... e uma cerveja pequena para mim.

Larry *(servindo as bebidas)* — Cerveja pequena, hem? Ela já o está a regenerar.

Chris *(contente)* — Nem mais! *(Leva as bebidas. Ao ouvi-lo vir, Anna apressadamente limpa os olhos, procura sorrir. Chris entra e pousa na mesa as bebidas; por um instante fixa-a com ansiedade; acariciando-lhe a mão).*
Pareces cansada, Anna. Bom, eu vou fazer-te descansar agora.
(Levantando a sua cerveja). Vamos, bebe o vinho. Isso dá-te vida nova.
(Ela ergue o seu copo — ele sorri num esgar). Skoal, Anna! Conheces esta palavra sueca?

Anna — Skoal! *(Emborcando o Porto de uma vez como se*

xuga os olhos e procura sorrir. Cristóvão entra, põe os copos em cima da mesa e senta-se, acariciando a mão da filha com muita ternura.)
Cristóvão — Estás cansadinha, não estás?... Vais ver como t'arranjo as coisas p'ra descansares e ganhares saúde. Não tarda muito que não estejas mais fresca qu'uma rosa... *(oferecendo-lhe o copo)* Bebe a tua salsa... Se estiver amargosa deita-se-lh'um bocadinho de *cognac* — só um bocadinho, que o *cognac* faz mal às meninas... *(vendo-a beber)* Está boa?... Vamos beber, mesm'assim, à tua saúde, e p'ra que tu gostes da vida nova que vais ter... e que é também uma vida nova p'ra mim... *(Ana levanta o copo, sorrindo com melancolia: Cristóvão sorri no auge da felicidade. Bebem ambos — Cristóvão com uma careta de repugnância. Pausa durante a qual olham um para o outro sem saber o que dizer).*
Anna — Pai!
Cristóvão — Minha filha!...
Ana *(levanta-se e aproxima-se dele, que se levanta também. Fá-lo sentar, põe-lhe as*

whisky — her lips trembling) Skoal? Guess I know that word, all right! *(The Curtain Falls)* (¹)

_____

(¹) O texto inglês reproduz um espécie de *slang* sónico.

fosse um whisky; tremem-lhe os lábios) Skoal? Julgo que conheço essa palavra, olá! *(cai o pano)*

mãos nos ombros, fitando-o durante um momento — e depois ajoelha e senta-se no chão, com os braços e a cabeça sobre os joelhos do pai) — Pai... Antes de nos irmos embora... Conta-me... Como era a minha mãe?...
Fim do 1.º acto

É isto uma adaptação à cena portuguesa? É, se além dos indispensáveis acertos de ambiente, entendermos que é «cena portuguesa» o sentimentalismo torpe e a chalaça insossa, a descarada exploração do misto de pieguice e obscenidade, que, numa estreita gama, do patrioteirismo ao W. C., constitui a essência do nosso teatro «popular». Porque *Ana Cristina* é apresentada como um «sucesso popular e artístico...» — o que tira todas as dúvidas, se algumas houvesse, acerca dos conceitos de *arte* e de *povo,* que o teatro português alimenta. Não admira que, escamoteada a ironia involuntária e terrível da mais simples frase de Chris, Larry se sinta «cada vez mais assombrado» e julgue «que o velho ainda está embriagado». Nem admira que, depois daquele «auge de felicidade», Anna e o pai fiquem «sem saber*em* o que dizer»... visto que, nessa altura, o pano já devia ter caído!...

Mas isto não é nada. Toda a peça está assim, e era necessário transcrevê-la toda, para pôr a claro os cortes e as excrescências, as «piadas», etc. As piadas chegam a tal desbragamento que, quando no final da peça o velho Chris faz uma saúde, o que ele diz resulta de uma obscenidade inacreditável, que não pode denunciar-se aqui, e é pelo público coroada com uma gargalhada alvar. Habituado a Magalas, Condes-barões, aldrabões e reis do lixo, e convidado indiscretamente pela entoação canalha de réplicas em calão, o público ri de princípio a fim, julga-se na revista, e aplaude tudo, entradas e saídas, como se fossem, rábulas ou Camélias de Alfama. E, quando não ri, funga uma lágrima hipócrita por conta do dramalhão romântico. Justiça completa: muita gente passa a peça a cobrir de *schius* as risadas da maioria.

A Maria Matos, que dirigiu os ensaios, cabe grande parte da responsabilidade por tal estado de coisas: poderia ter atenuado a tendência popularuncha da adaptação, dignificando a elocução intencional dos actores e ralentando os gestos deles (sempre muito brusco, sem transições), e não o fez. E, pelo contrário, a sua interpretação é uma habilíssima simbiose do «popular certeiro» do texto com a seriedade humana da figura: se há reparo a fazer é o das personagens de *Anna Christie*, tão vincadas todas, serem mais instintivas, calculistas sim, mas não tão inteligentes nas atitudes, nos olhares, nas réplicas... Madalena Sotto, na protagonista, houve-se por forma a merecer aplauso. Eu tenho seguido com interesse a sua carreira, e espero que o estudo e a cultura lhe completem a presença no palco (que visualmente belas resultam as suas atitudes no nevoeiro do 2.º acto!), o seu verdadeiro sentido do teatro e a ebriedade da sua promoção a «estrela». Para uma actriz que se deseja de grande categoria são poucos os dois registos que usa: a cantilena chorosa e a dicção precipitada e gritante. O caso é que a atrapalhação resultante da envergadura do papel lhe concede, na cena culminante do 3.º acto, um atabalhoamento que *resulta* do maior efeito; e a sua actuação no 1.º, muito equilibrada, só foi prejudicada por uma indumentária convencional de prostituta do cinema norte--americano (no tempo em que as havia...). Barreto Poeira, cuja estreia no teatro profissional, depois de uma longa experiência de teatro de amadores e de cinema (que é, entre nós, quase um amadorismo), era uma das expectativas do público, correspondeu, quanto a mim, a tal expectativa. Representa com à-vontade e tem momentos excelentes, sempre servido por um sóbrio e muito expressivo jogo fisionómico, dos mais vivos que tenho observado. Futuras interpretações confirmarão e excederão, por certo, as esperanças que é lícito pôr nas suas qualidades. João Perry, que abusa um pouco, para o seu *Mateus,* do tipo «bom rapaz», compôs com muito brio e umas tintas de regionalismo a sua figura. Lembrar-se-ia da peça do poeta açoreano Côrtes-Rodrigues, *Quando o Mar Galgou a Terra,* em que há também o drama do pai que recusa a sua filha ao mar, e que ele, há uns sete anos, interpretou com Ilda Stichini, na América do Norte? Mário Santos, Mendonça Carvalho e Carlos Veloso completaram a distribuição com acerto. Este último, que é um estreante, ganharia em moderar aquela característica desenvoltura de quem quer mostrar que pisa à vontade o palco.

Os cenários, de Pinto de Campos e Manuel Lima, erram para o 3.º e 4.º actos, nos móveis da câmara de bordo, mesas e cadeiras vulgares, que o mínimo balanço atiraria contra o tabique, para não falarmos da louça em prateleiras sem guardas...; e, para o 2.º acto, no facto de o

navio parecer de naufrágio de ópera, com enxárcias à bimbalhona ([1]).
Postos estes ligeiros senões, e o, mais grave, da luz sempre excessiva,
sobretudo no 1.º acto, destaquemos, apesar de tudo, a elevada qualidade do ambiente do 2.º acto, a que já me referi a propósito de Madalena
Sotto.

Nem O'Neill, nem os actores têm culpa do que se exibe no palco
do Avenida. Piero montou, com excelentes desejos de acertar, uma peça que O'Neill não escreveu e que os actores representam como é possível. Pena é que uma tão ímpar soma de boas vontades seja traída por
um texto indecoroso. Ou será que, se este o não fosse, não haveria
Ana Cristina?...

([1]) E esta peça exige extremo realismo cenográfico, que foi, aliás no
Avenida, honestamente procurado.

3.º ESPECTÁCULO «ESSENCIALISTA»
«FILIPE II», DE ALFIERI
TEATRO-ESTÚDIO DO SALITRE

É com muita mágoa que me alegro por já estar escrita, entregue e impressa a crítica, que nestas páginas fiz, ao 2.º espectáculo «essencialista», quando saí do teatrinho do Salitre após a representação da magnífica tragédia de Alfieri. O imenso desconsolo por tão deplorável exibição poderia ter mareado o puro entusiasmo e a grande esperança que o 2.º espectáculo criara em mim. Porém, reflectindo melhor, parece-me provincial (ó retórica!...) este desastre, porque permite que, a tempo, se apontem os perigos que ameaçam uma tentativa experimental como esta, dos quais o menor não é a pretensão de rivalizar em tonitruância com os mais vulgares defeitos que enfermam as representações profissionais do teatro clássico ([1]). Causava dó e raiva e desespero, a par de um quase insuportável tédio, ver e ouvir uma peça esplêndida, viva hoje como há cento e cinquenta anos, traduzida com propriedade e gosto literário, que dois ou três talentos mal conseguiam defender não direi de uma merecida pateada, mas, o que é pior, de um êxito familiar, ao qual não eram alheias as emoções marcelino-mesquíticas — ver e ouvir essa peça diluir-se num acervo de gestos, dicções pó-pó-tró-la-ró, erros flagrantes de interpretação do texto e das figuras, e distribuição desastrosa, com um Filipe irremediavelmente salta-pocinhas... Apre, que é preciso que uma peça de facto seja teatro portentoso para, mesmo assim, não deixár de empolgar em certos momentos da acção! E era isto num teatro essencialista, *essencialista!* Pa-

---

([1]) Considerando nós, aqui, teatro clássico aquele que apenas por escrito há longos anos tomou lugar nos catálogos históricos. Há modernos mais mortos, apesar da vivacidade aparente.

52

ra que falar de essências, falar de renovação do teatro e pôr peças de interesse que os teatros comerciais não poriam, para quê concitar vocações histriónicas, para quê trabalhar afincadamente durante meses, para quê? — se, ao fim e ao cabo, se apresenta Alfieri ao nível de *O Castro da Dona Inês* pela companhia do Zé Carrapato em Fornos de Algodres?! Porque a verdade nua e crua é que, dentro daquele estilo infeliz, e até com cenários de revista, foi em tempos, no Teatro Nacional, apresentada uma *espécie* de Alcaide de Zalamea, e era melhor, palavra que era melhor! Calderón e Alfieri não estão mutuamente vingados, só porque, como o casal da anedota, não eram nem um nem o outro...

Sei que pode parecer despropositado, desproporcionado e desinteressante o que acabo de dizer; e até deselegante e prejudicial ao futuro do teatro português..., visto que — não é verdade? — todos temos peças na gaveta... Mas é por isso mesmo: se o teatro do Salitre vai enveredar — o que não creio — pela redundância pipoca, pelo «carinhoso aplauso» dos *snobs* e das famílias, e por semelhantes arqueologias de cordel, nem como simples espectadores o que ali se passar é connosco. Não há despropósito, porque o espectáculo foi mau; não há desproporção, porque as tentativas do Salitre possuíam categoria; não há desinteresse, porque justificavam esperanças; e atenuar a justa crítica seria não só a deselegância e o prejuízo citados, mas, ainda, retirar aos espectáculos «essencialistas» a importância que se lhes reconhecera.

Já insinuei que queria crer tratar-se de um lamentável lapso. Era uma tragédia escrita em linguagem veemente e poética, era uma obra do divino Alfieri... toca a sublinhar, com exercícios de mãos ao lado, aos ombros e ao alto, uma lacrimejante gritaria. Quer dizer: se, em vez do *Filippo* de Alfieri, fosse a *Antígona* de Sófocles, teríamos tido, sem dificuldade, a mesma senhora mas do Dr. Júlio Dantas. Quando tudo, no texto, pedia concentração, naturalidade e majestade, tudo saiu difuso, artificial, de uma vulgaridade arrepiante; que, na verdade, assim não tenha totalmente sido, é devido ao talento de Luísa Neto, que, num *travesti* (porquê? com tantos rapazes no grupo!), ergueu com louvável dignidade a figura nobre do príncipe renascentista, esmagado ferozmente pela razão de estado, pela contra-reforma ibérica e por um misto de orgulho, ciúme, inveja e consciência soberana, misto que é uma pequena parte da extraordinária riqueza psicológico-teatral por Alfieri concentrada no seu Filipe II. Esta complexa figura, que, em minha opinião, nada deve à que Schiller, alguns anos depois, criou para contracenar com o seu *Don Carlos,* teve, da parte de Oswaldo, uma caricaturada encarnação. O «demónio do meio-dia» agitava-se como um roberto de feira, e só no 3.º acto, por força irresistível do génio de Alfieri, se aquietou com alguns vislumbres de grandeza. Precisamente no seu Filipe se notava um dos mais graves erros de interpretação do texto e das figuras: dentro do estilo geral, falou com fátua majestade, e *foi* ciumento até à última cena, e o Filipe de Alfieri é *realmente* majestoso e representa duas vezes, como personagem da peça, para nós, e como Filipe, para os restantes personagens. Pode dizer-se que a duplicidade do que foi o nosso Filipe I nunca, na peça, se descobre, pois que, ao confessar-se, a morte vai calar a rainha e o príncipe, Gomez *julga-se* cúmplice, e os guardas são, para ele, como os criados que as marquesas do *grand siècle* não viam quando se despiam... Este Filipe, que Oswaldo não deu, é sem dúvida uma das mais notáveis figuras que o teatro possui.

A peça, cujo conflito é totalmente posto logo na primeira fala, é um belo exemplo, não só do teatro alfieriano, como do teatro em verso. Em Alfieri, o que se desenvolve de acto para acto não é a evolução trágica das personalidades, que são, de início, colocadas já à beira da crise fundamental; mesmo no seu *Saul*, a decomposição do tirano é simultaneamente causa e efeito de atitudes cada vez mais irremediáveis. Quer dizer: o que, em Alfieri, se desenvolve é a passagem, à acção, das forças potenciais da personalidade no momento crítico. Perde-se, evidentemente, numa tradução, o mais sugestivo, do teatro em verso: o encadeamento das réplicas de um verso para outro, embora, salvo erro e segundo as regras clássicas, em Alfieri não intervenham mais que duas personagens em cada verso. Mas não se perdem outras qualidades primaciais do teatro poético verdadeiro, e que o de Alfieri testemunha como poucos: a densidade essencial, que não exclui efusão lírica; a variabilidade rítmica dos sentimentos, apesar de se alterar, em tempo, a medida deles; e a dignidade linguística, o alto nível a que, por sugestão da forma, o drama se desenrola, por comezinhas e vulgares que fossem as personagens. Estas qualidades, inerentes ao teatro poético em verso, podem não existir no teatro apenas poético, e não podem existir no teatro apenas em verso. Encontramo-las na *Castro*, de António Ferreira, que é teatro poético em verso, e não as encontramos na *Leonor Teles,* de Marcelino Mesquita, que é teatro em verso às vezes poético. A densidade essencial, que não exclui efusão lírica, está patente no teatro de Paul Claudel, de quem é, aliás, uma das características da sua personalidade de poeta; está ausente do *Jacob e o Anjo* de José Régio, em que a efusão não é lírica, mas sobressaturação dramática. Na expressão rítmica dos sentimentos, são mestres, verso a verso, Racine, e, poematicamente, saltando dramaticamente de um verso para o seguinte, Shakespeare; enquanto em Gil Vicente e Calderón a forma poética é *adorno* da situação dramática, e a efusão lírica é *glosa* da emoção correspondente (¹). De dignidade linguística, os dramaturgos sempre serão modelo, na medida em que, sendo poetas, circunscreverem a linguagem à acção, ou ao comentário desta, pois que a meditação de uma personagem pode ser ainda progresso da intriga ou provocar transmutação do indivíduo que fala.

Actualmente, ou por puro retorno às figuras da fábula (Anouilh, Giraudoux), ou por profunda sublimação etnográfica (García Lorca), ou por visão sistemático-religiosa do universo (Claudel, Eliot), ou por criação de uma atmosfera fechada (O'Neill), ou por esquematização angustiosa (Gide, Synge), ou por recurso à alegoria (Auden e Isherwood), ou por individuação simbólica dos protagonistas, todo o grande teatro regressa à poesia e, consequentemente, à tragédia. Se não for tragédia, só poderá ser farsa: comédia ou drama burgueses, prosaismo contabilista das situações, isso acabou. Claro que, e é do domínio público, esse prosaísmo agoniza com uma teimosia capaz de deturpar as exibições e as tentativas de reaparição de grande teatro antigo e de apresentação de teatro moderno. Sintomático foi o lapso que o Prof. Gino Saviotti cometeu ao dirigir o *Filipe II,* de Alfieri, tal como teria sido apropriado dirigir o *Pai de Família* desse curioso espírito que foi Diderot. Espero que o autor ilustre da *História do Teatro Italiano,* obra indispensável ao estudioso de literatura e de teatro, e animador do Teatro do Salitre, portanto uma pessoa a quem a cultura portuguesa muito ficará devendo, considere esta realização da peça de Alfieri um episódio infeliz, à margem de reabilitação cultural em que todos são poucos para andarem empenhados, porque — ai de nós! — o juro é muito alto... A tradução, de Graziella Saviotti, sem ser aquela transposição poética susceptível de dar-nos o máximo de Alfieri, é digna, séria, e possui beleza literária, como já tive ocasião de dizer.

Não quero encerrar estas linhas sem me referir, entre outras coisas, à actuação de Armando Almeida, cuja naturalidade e dicção clara criaram um Perez que destoou admiravelmente do conjunto. Este era completado por Maria Adelaide Robert, a quem faltou presença a um tempo solene e frágil para *Rainha Isabel,* ainda que seja destacável a cena

---

(¹) Em Shakespeare, também a forma poética é, muitas vezes, adorno ou pomposa indumentária dos sentimentos; mas a individualização poderosa das figuras sobreleva a forma, e não deixa que se retarde em lirismo gratuito a acção dramática.

da morte; e por António Martins e Tomás de Macedo, que se houveram muito mal em *Gomez* e *Leonardo*. As «indicações cenográficas» de Graziella Saviotti (para quê o manto de arminho espalhado no trono?) diminuíram gravemente o já diminuto palco do Salitre, e só por momentos, favorecidas pela acção e pela iluminação, sugeriam algum ambiente, que, é claro, não podia ser o do Paço Real de Madrid. Mas porque demónio as luzes andavam agarradas às figuras e entravam e saíam com elas?... A indumentária, muito decente (e equilibrada, à exceptação da de Leonardo, que não percebi a que ordem religiosa pertencia, o que é de somenos importância), suavizou bastante as agruras do entusiasta desconsolado que eu estava sendo.

Quando do anterior espectáculo, não me referi, na crítica, às caracterizações de Júlio de Sousa. Da involuntária e injusta omissão, tanto mais gostosamente me penitencio, quanto era esplêndido o Filipe II que Oswaldo trazia no rosto. Só discordo do expressionismo, em desacordo com a índole da peça e o ritmo da representação, com que caracterizou, na cara de *Gomez,* a duas cores e uma em cada face, a abjecção cortesã da personagem. Valha-nos Vittorio Alfieri, que até isto foi contribuir para o desacerto geral!

Como habitualmente, houve uma pequena palestra de abertura, desta vez proferida por Matos Sequeira. Das suas breves palavras, apraz-me destacar a oportunidade com que lembrou ser o teatro por excelência a arte que mais busca renovar-se, e aquela a cuja existência são indispensáveis as tentativas, as experiências, as formas transitórias e falíveis. Porque tudo isso é, de facto, vida do teatro, e, mesmo quando morra, já foi espectáculo. Ou poderia ter sido.

«ALCIPE», DE TEREZA LEITÃO DE BARROS

Quando, na minha anterior crítica, à exibição de *Filipe II*, me referi ao teatro poético, poderia ter-me referido, também, ao teatro histórico. Mas, se, para uma tradução de Alfieri, havia interesse em investigar a que ponto se perdiam ou alteravam algumas qualidades inseparáveis da natureza da sua obra, a questão do teatro histórico não a punha a tragédia de Alfieri ([1]), e eu contava já, para esse efeito, com a peça de Tereza Leitão de Barros. Não praticava uma injustiça prévia: por boa que a peça fosse, justificaria, se não objecções, pelo menos verificações, que, em torno da qualidade excepcional de *Filipe II*, seria ocioso tecer em breve crítica. por outro lado, o conhecimento da vida da Marquesa de Alorna e a classificação de «tríptico histórico», pela publicidade prudentemente atribuída à peça, faziam-me, com alguma razão, suspeitar do grau em que, por esforços de Tereza Leitão de Barros, a história se transformara em teatro. E se tal houvesse acontecido, de tanto mais fundo subiria o meu aplauso... Infelizmente, a história ficou para uma banda excessivamente histórica, e o teatro, para outra banda, tão banalmente teatro, que até, no último quadro do «tríptico», aparece a «netinha querida», só para que na plateia corra aquele sussurro encantado que a aparição de crianças provoca sempre...

Marquesa de Alorna — e a crítica dos quotidianos, que gozosamente estadeou os seus apelidos e títulos, dispensa-me de os repetir aqui — foi, por laços de família convicções e temperamento, uma

---

([1]) Porque, nela, toda a História é subentendida. Para, por exemplo, *Le soulier de satin*, de Claudel, também a questão se não põe, mas aí por ser, digamos, supra-entendida a História.

curiosa figura do século XVIII e princípios de XIX, à qual a posição social, o talento e as vicissitudes que a uma e outro acompanharam garantiram papel importante em certos sectores e momentos da vida portuguesa de então. Na verdade, o seu papel não foi importante, senão na medida em que as condições referidas envolveram, ocasionalmente ou frustemente, a Marquesa, em alguns acontecimentos de uma época deles tão fértil. Compreende-se que, a uma escritora como Tereza Leitão de Barros, familiarizada com a literatura e a história, a personalidade de *Alcipe* tenha parecido susceptível de evocação dramática. Apenas sucedia que, entre o natural anseio de liberdade da jovem prisoneira de Chelas, os manejos de trinta anos depois contra Junot e as aflições motivadas, na velhice, pelas ideias liberais de seus netos que, em 1828, conspiravam contra D. Miguel, não havia qualquer nexo dramático; e o rodar dos anos e das aventuras, para mais exteriorizado num confuso e vago amor por uma liberdade não menos confusa e vaga, não constitui, por si só, suficiente motivação teatral para, ao longo de cinquenta anos (e tantos são os que a peça abrange), nos prender a uma personagem. Com efeito, o ardor juvenil de quem, pode dizer-se, nunca viu o Sol sem ser aos quadrados, o espírito intrigante da idade madura e o conformismo senil não são formas de um mesmo desejo de liberdade ainda que vaga: limitam-se a significar três estados sucessivos de uma evolução demasiado humanamente comum, para que as circunstâncias aventurosas lhes confiram um valor teatral, que teria de ser o exemplificarem três estados sucessivos de composição ou decomposição de uma carácter, pois que só a protagonista, e só ela, transita de acto para acto.

Se esta última hipótese se verifica, impõe-se que a acumulação de acidentes dramáticos nunca desvie do protagonista a atenção do espectador, e que contribua até para concentrá-la na contemplação das suas reacções, cuja sequência é a verdadeira intriga da peça. Teresa Leitão de Barros, sentindo a falta de real unidade dramática da sua protagonista, fez de cada acto uma pequena peça, e, a cada uma, acrescentou por paixão histórica, pequenas rábulas que, se algumas caracterizam as épocas, todas multiplicam a dispersão, que os olhares ou frases da Marquesa não bastam para reduzir. Com todos estes inconvenientes, o 2.º acto é o que possui melhor equilíbrio cénico e consequente vitalidade dramática. Em *Alcipe,* e de um modo geral, as personagens são, episodicamente, o que delas se poderia, das memórias da época, condensar para um retrato; e, à parte o convencional psicológico que tal resumo provoca, quase deixam de viver no palco livremente, para se tornarem monografias breves: o membro da regência, os condes da

Ega, os dois peraltas, D. Carlos de Mascarenhas, o cocheiro Leonardo dão-se-nos em pouco menos que termos da *História de Portugal* ou do *Portugal Contemporâneo*, de Oliveira Martins. Nas falas destes e doutros, não há pormenor histórico, evento quotidiano de então, que não seja referido: o pouco e forçado teatro daqueles três quadros fraqueja constantemente ao peso de uma erudição que, se é indispensável ao dramaturgo da história na criação da sua própria consciência, indispensável é também que dela nada transpareça. Ou a acção dramática explica as personagens, ou não há explicação verbal que delas nos convença. Ou os factos se passam diante dos nossos olhos, ou a sua narração faz parte integrante do que se debate. Uma época, com toda a sua realidade e com todas as repercussões espirituais que actualmente possa ter, não depende, em cena, da exterior exactidão histórica empregada em evocá-la; depende, sim, da intensidade que o dramaturgo atingiu ao concatenar os acontecimentos e as figuras representativas. No Teatro Nacional, o calendário das peças é sempre fortemente sublinhado por um realístico rigor cenográfico e indumentário. As personagens movem-se, com fatiotas que, nos seus tempos de vida real, poderiam ter usado, em cenários que só a falta de pedra e cal mantêm no teatro. E, assim, Lucien Donnat, ao reconstituir o parlatório de Chelas, em vez de permitir que D. Leonor de Almeida gesticule no convento, leva-nos a nós ao Café Restauração; e a Condessa da Ega, ao entrar primorosamente vestida à Império, dissolve-se nos brilhos que a ribalta comunica às sedas. Evidentemente que, dado o carácter da peça, os cenários e os figurinos tinham de ser «históricos»: o teatro é que, sempre convenção que não é só a ausência da 4.ª parede, anula a vida se lha derem tal qual. E, para o Teatro Nacional, onde a representação das figuras mais evidentes excede tudo em matéria de convenção, até resulta absurdo apontar o milagre que é a Marquesa de Alorna, jovem, madura e velha, sacudir a cabeça impetuosamente para lançar uma fala qualquer, e depois arrastar, com o maior rigor histórico, a cauda de um esplêndido vestido por entre excelentes peças de antiquário.

Com os seus métodos habituais, Amélia Rey Colaço interpretou Alcipe madura e velha, e Alcipe jovem, embora, neste último papel, sob o nome de Mariana Rey Monteiro; no final do 2.º acto, algumas das palmas do escasso público, é, porém, justo atribuir-lhas. Maria Côrte Real encarnou muito bem, com o dramatismo momentâneo que a situação requeria, a Condessa de Ega; Maria Barroso foi uma encantadora Soror Maria da Luz e discreta aia, com a frescura e a naturalidade que são parte do seu talento; Raúl de Carvalho, habilmente irónico no membro da regência colaboracionista; Paiva Raposo destacou-

-se admiravelmente na rábula do cocheiro, o mesmo sucedendo a Pedro Lemos, cuja actuação no frade dominicano e no alviçareiro foi primorosa e digna de melhor futuro; Alvaro Benamor, muito bem em D. Carlos Mascarenhas; Augusto de Figueiredo, excelente actor, não deu aos seus papeis aquele mínimo de interesse que todo o actor que se preza deve à mínima intervenção, e era de um ridículo imenso aquele esconder-se do poeta arcádico atrás da capa, qual avestruz em apuros; todos os outros, e eram muitos em muitos papeis, contribuíram, com mais ou menos convicção, para a pintura do tríptico.

Caído o pano — e a estas horas caída a carreira — sobre a peça de Tereza Leitão de Barros, que é uma evocação honesta de um desconsolo próprio para as fúnebres «matinées» culturais da casa de D. Maria II ou Garrett, ocorre-me aquela história que se conta do pintor Mário Eloy. Perseguido por um novelista que queria ler-lhe uma obra, teve de ouvi-la certo dia, encurralado à mesa de um café. Terminada a leitura, o autor insiste: «Que acha? Que acha?» E ele: «Acho *desnecessário.*»

2.º ESPECTÁCULO «ESSENCIALISTA» (REPETIÇÃO)
TEATRO-ESTÚDIO DO SALITRE

Repetiu-se, em matinée, no Teatro-estúdio do Salitre, o 2.º espectáculo «essencialista», ou seja, a representação de três peças em um acto, *O Saudoso Extinto*, de João Pedro de Andrade, *Uma Distinta Senhora*, de Rodrigo de Mello, *O Mundo Começou às 5 e 47*, de Luiz Francisco Rebello. No *Mundo Literário*, já foi feita crítica ao espectáculo, e eu próprio na *Seara Nova*, tive o agradável ensejo de a ele me referir; de modo que, agora e aqui, apenas interessa pôr em relevo que autores e intérpretes, quebrada pela repetição o anátema do amadorismo possível, provaram que não tinham sido exageradas as palavras que a crítica responsável lhes dedicara. Desde as variações despretensiosas sobre a *Hedda Gabler*, de Ibsen, que o acto de J. P. A. pode considerar-se que é, passando pela peça de Rodrigo de Mello até a fábula veemente e hábil de Rebello, o espectáculo manteve o nível da 1.ª representação. Por minha parte, devo confessar que à segunda audição, *Uma distinta senhora...* me impressionou mais agradàvelmente. Quanto aos intérpretes, é justo continuar destacando Maria Celeste, Cândida Lacerda, Júlia Roiz, Maria Luiza Laurent, Carlos Duarte e Pisany-Burnay. Em fugidias actuações, que foram precisamente as alterações da distribuição, revelaram-se Maria dos Santos Martins e Rui Alberto de Carvalho. Teodomiro Batoréo, no «primo Leocádio» da graciosa sátira da J. P. A., usou demasiadamente de bons recursos de amador dramático, e impróprios das ambições do Teatro do Salitre.

Depois da infeliz realização do *Filipe II*, de Alfieri, que desanimara alguns admiradores sinceros, resultou oportuníssima esta reposição. Prova de vitalidade? Canto de cisne? Rotativismo inevitável numa direcção que concilia o saber do prof. Saviotti, o jovem talento de L. F. Rebello e a vulgaridade de Mendonça Alves? Ulteriores espectáculos o dirão; e a crítica fará eco, se valer a pena.

«O CADÁVER VIVO», DE TOLSTOI

Tem o leitor a paixão do teatro? Anseia por experimentar as emoções criadoras ao génio reservadas? E não encontra, em si próprio, o necessário estímulo? Não desespere, não desespere! Lembre-se de que está em Portugal, onde tudo se resolve e é só uma questão de audácia, aquela audácia muito justamente o timbre do país dos Navegadores! Não desespere: siga os conselhos da experiência dos outros, observe os êxitos dos outros, e faça como eles. Não hesite!... Além de que é facílimo, um autêntico ovo de Colombo. Pegue numa peça de um autor célebre, cujo texto, de preferência, deve estar em língua que o leitor não conheça ou conheça mal. Traduza-a, sem auxílio de dicionário. Acrescente quadros, suprima cenas, modifique o sentido da peça, dê o devido relevo às peripécias, valorize-lhe as questões domésticas, se as há; e, sobretudo, não esqueça os finais, que só servem movimentados ou com sentimento. Leve essa peça a uma empresa, a dar-se o caso de não ser o leitor a própria empresa. E, uma vez que a peça tenha sido aceite, não se preocupe; o nome do tradutor desaparece dos anúncios, ao fim da primeira semana e o do autor ao fim da segunda, ou vice-versa, e, porque entretanto o público se esqueceu de ambos, a responsabilidade moral desapareceu também. É verdade: não se preocupe com a crítica. A crítica por iniciais de grandes expansão, à excepção de um ou dois casos louváveis, só se a peça conservar uma elevada categoria (hipótese pouco provável depois do tratamento a que foi submetida), é que não gosta; de contrário, gosta sempre, não tem mesmo outro remédio senão gostar, que as empresas pagam anúncios e dão bilhetes para a redacção, em número proporcional ao entusiasmo do crítico. Quanto à crítica, em semanários ou revistas, não faça caso. Repare que não saem nunca no dia seguinte, e não influem no prazer matutino ou vespertino, que a leitura do periódico proporciona. Crítica radiofónica... — mas, caro leitor, quem abre de propósito o receptor para ouvir? Além de que todos esses críticos, acusadores injustos do esforço criador desenvolvido, são, na maior parte, uns pelintras, que viram a peça irritados pelo ambiente de elegante expectativa da estreia, e uns ressentidos, com uma dúzia de peças na gaveta, das quais pelo menos duas dúzias foram recusadas pelas empresas ou pelos conselhos de leitura. E as observações que acaso façam... — mas, caro leitor, pois não sabe por experiência própria que os leitores de semanários ou revistas nem sequer vão ao teatro porque as verbas disponíveis a consomem na aquisição desses jornais e revistas? Não sabe que os outros amadores, os endinheirados, não lêem tais diatribes, e que, se as lêem, não tomam a sério tamanha estreiteza, tamanha exigência de cultura a propósito de um espectáculo sem consequências? E, ainda por si próprio, leitor, pelo mais profundo de si próprio, não sabe como as diatribes, mesmo justas, mesmo nobres, mesmo desinteressadas, lhe desagradam? Pois não se olha com desprazer quem tão impudicamente patenteia o desconcerto geral?... E «só falta que o público, para quem todos trabalhamos, diga, como sempre lhe cabe — a última palavra»: segundo Lopes Ribeiro ao encerrar o prefácio ao programa *O Cadáver Vivo,* de Tolstoi.

Quando, há tempos, os Comediantes de Lisboa inciaram a sua actividade, correspondia esta a várias necessidades urgentes do nosso teatro profissional, do teatro, enfim. Tais necessidades — acesso de artistas mais novos a interpretações de responsabilidade, modernização e desacademização dos reportórios, etc. — resumiam-se em uma única, que era, e é, o aumento do número de companhias de declamação, que fossem, e sejam, de facto companhias e de declamação. O arrebanhar de actores na disponibilidade para erguer uma peça não permite que o trabalho do produtor crie um estilo, um ritmo de representação, uma unidade espectacular. A preparação de uma obra exige, de organizadores e intérpretes, uma consciencialização profunda do sentido da peça, que não é suprida pelos cenários adequados e os papéis sabidos. Embora mau, há no Teatro Nacional um estilo, que, mesmo mau, falta no Teatro da Trindade. Aqui, os actores fazem o que podem, muito se podem muito, com brilho se sabem brilhar, com a velocidade de dicção por cada um aprendida quando se iniciou nas lides dramáticas. É certo que o fazem com disciplina e camaradagem, que nunca é demais louvar ao assistirmos a pequenos papéis por artistas justamente de renome. Mas, se o quadro geral da primeira cena portuguesa é de profissionalismo burocrático, o da segunda é, por vezes, de excelente amadorismo vivaz. As interpretações, no Teatro da Trindade, são função do gosto que o actor tenha pelo seu papel, enquanto no Nacional são resultado colectivo da necessidade de fazer alguma coisa para justificar o emprego público. Respeitada a justa diferença, pode dizer-se que uma e outra das companhias dão espectáculos, na medida em que se chama espectáculo a uma récita, e dão teatro, na medida em que se considera teatro «a representação feita por criaturas humanas, das pessoas e dos actos de criaturas imaginárias que elas fingem ser e serve para distrair as restantes criaturas humanas das pessoas que realmente são e dos actos que praticam». Esta definição de teatro, proposta por Lopes Ribeiro numa conferência recentíssima, é sintomática. Opinião análoga, também errada, mas melhor redigida, emitiu, também em conferência de triste memória, o jornalista filosófico Ortega y Gasset. Quem tiver pelo teatro uma paixão esclarecida, e esclarecida não só pelo conhecimento da história dessa forma suprema de expressão humana, como ainda pela consciência do seu significado ritual, indignar-se-á. Porque a definição não é de teatro, mas do elemento lúdico que, no teatro, evidentemente existe na actividade dos intérpretes, na passividade dos espectadores e nos lucros e perdas dos empresários... Nem sequer é uma definição de espectáculo, a qual necessitaria da aliança, ao elemento lúdico, da noção de síntese dos vários ritmos interpretativos e da noção de outra unidade superior, constituída pelas interpretações, pela encenação, e até pelo tempo e frequência das mutações de cena. Todo o espectáculo, se o for, é teatro; mas o teatro não é apenas espectáculo, e, se tem de ser espectacular, oferecido ou atirado aos olhos e aos ouvidos, mais certo se torna que não basta uma excelente peça, adequadamente posta em cena e habilmente representada, para que todas as motivações de ordem religiosa, colectiva, social, individual (como queiram), no espectáculo, se encontrem suscitadas e justificadas, e o espectáculo seja *verdadeiramente* teatral, fazendo então apêlo à profunda simbologia de que a comédia burguesa, psicológica, amorosa, *distrativa,* o afastou. Peça como o tolstoiano *Cadáver Vivo,* que é uma sucessão de doze quadros (doze, e não catorze — vide introdução a esta crítica), sofrem terrivelmente com a falta de unidade espectacular. O próprio Shakespeare sairia muito deprimido, e o público muito desorientado, se aos seus quadros não fosse comunicada uma cadência, uma pulsação característica de cada peça. Ora os quadros do drama de Tolstoi nada têm de shakespearianos e são, até, pouco teatrais. Somos conduzidos, no tempo, de uns lugares para os outros, conforme as necessidades romanescas de ilustração da anedota, e não, como em Shakespeare, no encalço dos motivos essenciais ou acessórios da exibição dramática do argumento. Assistimos à declamação cénica, por vezes vibrante, de capítulos, cujo recorte não se afasta muito da técnica tolstoiana em *Guerra e Paz* ou *Ana Karénina*. A acção raras vezes é, essencialmente, dramática; e o dramatismo, na maior parte dos momentos, reside na exposição verbal daquela subtil análise que, nas obras de Tolstoi, oscila contínua e insensivelmente entre a consciência das personagens e as explicações do autor. Precisamente porque é subtil essa análise, e, embora teatralmente frágil, possui a profundidade e a seriedade que de Tolstoi havia a esperar, é que aqueles doze interiores perfeitamente equilibrados ficam completamente desorganizados por várias insignificâncias, a saber: os quadros 6.º (uma rua suja) e o 11.º (à porta do restaurante) *não são* da autoria de Tolstoi, mas sequências cinematográficas inventadas pelo empresário, talvez lembrado do filme que, em tempos idos, esta peça deu; Katia (Macha, no original) é dada como morta, «degolada por uma troika», no 10.º quadro, quando, no original, assiste à morte de Fédia no último quadro, e foi, portanto, degolada não por uma troika, mas pelo tradutor; o 13.º quadro abre com um diálogo picaresco entre «polícia» e «escrivão», que é também excrescência; o poema de Fédia, por este lido, não é nada do que ali se ouve, etc., etc. Claro que, a comparar com o que aconteceu recentemente a Eugene O'Neill, Tolstoi bem pode deitar foguetes (ou será que Lopes Ribeiro recebeu da Rússia um texto original, ainda inédito, ou recebeu comunicação espírita?) desorganizam a sequência *fechada* que Tolstoi ideou tão exactamente, que o único quadro de semi-exterior — o do terraço — é o do próprio desabar jurídico daquelas vidas, e precede o «gabinete do juiz de instrução» e o «corredor do Palácio de Justiça». Quando se compreenderá que uma coisa é representar uma peça e outra adaptá-la ao cinema? A morte de Katia, por Fédia lamentada no 10.º quadro, radica no espírito do espectador, a impressão de que assiste apenas à decadência *daquele* indivíduo extravagante, que se aborreceu da esposa, e a quem uma troika... degolou, mais tarde, o único amor capaz de salvá-lo. Ora, o caso de Fédia é mais *tolstoiano* do que isso, e aspira, portanto, a uma «universalidade» tanto maior quanto este *Cadáver Vivo* se situa no ciclo final, «moralizante», da obra de Tolstoi. O próprio Fédia sublinha: — «Posso descer mais ainda... Esse diamante brilhará sempre». E assim, de facto, acontece no original: consciente de que, na vida, só tinha três caminhos possíveis (ser funcionário e enriquecer, lutar contra os abusos e ser, pois, um herói, ou esquecer), depois que, nele, se instalou o sentimento «de que tudo o que faço não é o que devia fazer, e tenho vergonha», sentimento que teve origem na percepção do nada da sua condição — «faltava efervescência à nossa vida... eu precisava de esquecer...» — e que, elo de um círculo vicioso, se reflecte no quotidiano — «Bem sabes que amamos os outros conforme o bem que lhes fazemos, e os detestamos na medida em que lhes fazemos mal» —, Fédia vai descendo, e o amor de Katia, diamante longínquo, não o podia salvar, porque ele não quisera fazer-lhe bem ou mal, não criara, para com ela, aqueles laços de «uma luta moral de que o senhor nem é capaz de fazer uma ideia», como ele grita ao Juiz. A tragéda de Fédia não é a da decadência pelo supremo sacrifício resgatado... Não: ele mata-se para não ficar amarrado à esposa (como o advogado lhe diz que acontecerá) e para, depois da anulação fictícia, não ter de voltar àquela falta de efervescência, àquela «sombra» que a honestidade de Lisa lançava, paradoxalmente, sobre o lar. Tolstoi, ao «moralizar» à sua maneira, e ao analisar o esmagamento do indivíduo pelo homem jurídico, transcende, com o patentear das contradições inevitáveis, quanto de forçadamente universal e típico esquematiza a plena ressonância humana desta sua obra. Fédia, por uma parte, tão individualizado, e, por outra parte, tão abstracto, reveste-se, afinal, de uma vida intensa, que, quer como indivíduo quer como abstracção, interiormente não possui. À sua volta, enxameiam várias figuras, que, no Teatro da Trindade, são quase esmagadas pela simplificação geral do drama e pelo traço poderoso com que João Villaret o personificou. Por exemplo, Ivan Petrovitch, que, na inteção de Tolstoi, significaria um reflexo de Fédia num espelho de revolucionarismo falhado, ou Petouchkoff, que simboliza, para comparação, o Fédia a quem tivesse faltado a dignidade da esposa e a dedicação de Katia, tornam-se puras máquinas da acção: o primeiro é o homem da pistola, o segundo é o confidente oportuno que, sem querer, provoca a audição do segredo. Ora um e outro são isto, porque são o aspecto mais profundo que ali se perde. De uma história verídica, com desaparição, «escroquerie» e denúncia, fez Tolstoi *O Cadáver Vivo;* por pouco, voltaríamos à história primitiva, perdido o sentido da reinterpretação de Tolstoi...

Se, como diz Lopes Ribeiro no «prefácio» do programa, «desde a fundação dos Comediantes que os que respondem pelos seus destinos projectavam apresentar ao público peças russas», não se entende a razão de fazer-se a apresentação com uma obra menor de Tolstoi, cujo *Poder das Trevas* melhor daria ao público a sua medida de dramaturgo. Por grande que seja, e é, o prestígio do autor de *A Morte de Ivan Ilitch,* por inteligentemente conseguida que seja, e é, a mutação das cenas, por belos momentos de representação que a peça permita, e permite — nada disso basta para que o grande público compreenda que o teatro russo não foi, mesmo no século de ouro do romance russo, um pálido reflexo desse romance. Peças como o *Baile de Máscaras,* de Lermontov, *Um Mês no Campo,* de Turguenev, *Boris Godunov,* de Pushkin, as do espantoso teatro de Gogol, de Tchecov, de Ostrovsky e Andreiev, não são prenunciadas por este apólogo tolstoiano. É certo que os «Comediantes» já realizaram duas pecinhas de Tchekov; mas tudo isto, juntamente com o anúncio de *A Comédia da Felicidade,* de Evreinoff, que fazia as delícias de Pirandello, e das adaptações francesas e discutíveis de romances de Dostoievsky, não será pouco e fictício? Não será exploração do teatro pelo teatro alheio, do teatro pela literatura, do teatro pela oportunidade?... (¹) Venha o anunciado *Fiscal do Governo,* de Gogol, mas que seja dele. Pôr *O Cadáver Vivo* é uma iniciativa que merece, no entanto, o maior aplauso, uma vez consignadas estas observações.

Já me referi às mutações de cena. O processo, agora ensaiado, dos carros, provou excelentemente: conseguiram-se tempos aceitáveis, só prejudicados pela mania cinematográfica de acompanhar a mutação com declamações, apitos e músicas, esquecendo que, no teatro, os entreactos não podem ser senão entreactos, e muito menos quando, como na peça de Tolstoi, se passa algum tempo e se muda de sítio. Os carros, pela sua imposição de cena reduzida, contribuíram muitíssimo para dar o ambiente fechado, doméstico, exíguo, dos quadros de Tolstoi. Creio que a Francisco Ribeiro se deve esta inovação em palcos portugueses, que sobremaneira o honra e categoriza. As «maquetes» de José Barbosa, à excepção das duas cortinas para os quadros da autoria de Lopes Ribeiro, e do «gabinete do juiz de instrução» (de excessiva e convencional grandeza...) e «do gabinete reservado do restaurante» (demasiado claro), são excelentes, sendo de destacar, pelo perfeito equilíbrio, a cena em casa de Lisa, e o interior da casa de Ana Karénina. Igualmente acertados e de bom recorte, os figurinos, também de José Barbosa.

(¹) Nesse mesmo prefácio, já citado, classifica-se de «dostoiveskyano» o *Amor de Perdição...* — o que é tolice ou esperteza saloia...

Dos intérpretes, destacam-se pela excelência, exuberância e envergadura João Villaret; Lucília Simões e Assis Pacheco, admiráveis de sobriedade e intenção discreta; Carmen Dolores e Igrejas Caeiro, que com quase excessiva sobriedade se resignaram ao anodino aparente das figuras que encarnam. Lúcia Mariani é uma «Katia» espectaculosa e agitada, convencionalmente cigana, que não corresponde à doçura da original. Na dicção de Francisco Ribeiro, cada vez mais atirada ao ar com um gesto largo, não se chega a distinguir o Ivan Petrovitch. Todos os outros cumprem, nomeadamente Nascimento Fernandes e Pisani-Burnay; só Hortense Luz, na «mãe de Lisa», dá uma aspereza vulgar à severidade burgueza da figura. O quadro de «cabaret», muito radiofónico e folclórico-balalaika, é redimido pela actuação de João Villaret, que nesse quadro se inicia. Voltemos, pois, ao protagonista. João Villaret é, hoje, um dos maiores e mais célebres actores portugueses. Uma interpretação sua tem sempre excelentes motivos de atracção para os amadores do bom teatro. Mas, quando se é um actor novo e se possuem as suas possibilidades histriónicas e de cultura, atingida uma consagração que pode equivaler à sanção pública de um «processo», há o perigo para o actor, de explorar, em extensão, esse processo. O grande público prefere à profundidade a exploração em extensão, que consiste em aplicar a um papel, desenvolvendo-o, certas características da interpretação pessoal. É assim que o «Fédia» de João Villaret atinge, por vezes, uma pujança que só um grande actor — entre nós, quem, afinal, senão Villaret? — seria capaz de dar-lhe; mas atinge-a com uma exuberância que abala a unidade, já fraca, da obra. Como modelo de representação inexcedível, de perfeita réplica, ficará a cena entre Fédia e o príncipe, a que João Villaret e Assis Pacheco dão uma qualidade única em palcos portugueses.

«VIDAS PRIVADAS», DE NOEL COWARD

Ao dramaturgo americano Eugene O'Neill sucedeu, no palco do Avenida, o comediógrafo inglês Noel Coward. Este último não possui, nem de longe, na história do teatro, e mesmo na do teatro anglo-saxónico, a importância do primeiro, cuja figura é, com todas as limitações do seu génio, uma das maiores do nosso tempo. As peças de O'Neill põem problemas, interrogações desesperadas, e atingem não só pela originalidade de factura e pelo interesse cénico, uma elevadíssima categoria. Coward é o próprio a revelar-se, no prefácio à sua *Play parade,* contra os críticos que «dissecam afanosamente a mais simples das minhas frases, como velhotas espreitando debaixo da cama em busca de ladrões, e se não dão por satisfeitos enquanto não desenterrarem qualquer definida, embora quase sempre desastrada, razão para eu dizer isto ou aquilo. Esta mania estranha é, ao que suponho, o traço distintivo que opõe o espírito crítico ao criador. Parece-me que um escritor profissional não será movido por outras causas que não o desejo de escrever e o de, assim fazendo, ganhar a vida». Estas palavras, escritas em 1934, não andam longe dos «sobretudos» do Dr. Ramada Curto. Igualmente as peças de Coward conheceram êxitos clamorosos, igualmente foram por vezes escritas ou apresentadas a propósito... *Cavalcade,* que deu mais tarde um filme, estreou-se por altura das eleições que iam dar a vitória aos conservadores..., embora Coward haja dito que o seu hino ao imperialismo britânico lhe surgiu por mero acaso de folhear um número antigo de *The ilustrated London news,* onde uma fotografia de um soldado que partia para a Guerra dos Boers lhe feriu a atenção, e haja acrescentado que tivera, par a par, um outro número, esse com fotografias do assalto ao «palácio de inverno» de S. Petersburgo... Mas, entre os comediógrafos inglês e português, há além de

69

Coward ser antes de mais um actor, uma fundamental diferença de talento e de tradição teatral. A Coward, o seu sentido da verdade cénica das figuras e das situações, a sua graça penetrante, o cinismo com que, nas comédias, retratou a sociedade inglesa de entre duas guerras, a capacidade para discernir nas pequenas coisas o factor emocionante e significativo (toda a gente recordará certas cenas de *Sangue, Suor e Lágrimas,* como os seus leitores recordarão a penúltima de *Post Mortem*), tudo isto, que são qualidades essenciais do comediógrafo, aliado à sua actividade múltipla e a uma dedicação séria, inventiva e empreendedora, pelo espectáculo, lhe assegura um papel de destaque na cena anglo-saxónica, de que tem sido brilhante e popular ornamento. Aliás, actor desde a infância, foi o desejo de conquistar efectivamente esse papel que o levou a escrever peças. *The vortex,* talvez a mais bela de todas, foi ao que ele diz — e o que ele diz é sempre suspeito, sempre para *épater* —, concebida apenas na intenção de talhar uma personagem à sua medida. É evidente que o grande actor não deseja senão grandes papéis, que por tal serem correspondem ao seu talento. Para o grande actor, a maior necessidade não é de papeis que lhe sirvam, mas de figuras prenhes de virtualidades cénicas, e todas as figuras primaciais do bom teatro estão nessas condições. O actor talentoso, habilidoso, para quem representar é um permanente jogo, terá pelo contrário preferências; e quererá papéis *para si,* enquanto o grande actor apenas exigirá papéis *dignos de si.* Convém, no entanto, não esquecer que, de certo modo, não há papeis indignos de um grande actor, desde que a peça não seja ela própria uma indignidade: são numerosos os exemplos de figuras secundaríssimas que, encarnadas por actores de categoria, revelam uma riqueza e uma complexidade que ao próprio autor teriam possìvelmente escapado.

Private lives, que se estreou em Londres em 1930, e Francisco Mata traduziu e adaptou com discreção e compreensão que já analisaremos, é uma peça graciosíssima, com menos pretensões que *Design for living,* mas não tão despretensiosa como poderá parecer a quem atente demasiado na fantasia das suas situações culminantes. Por essa fantasia e pela truculência franca de alguns passos do diálogo é uma pura farsa; pelo acerto das reacções das personagens e pelo cuidado analítico de que resulta a comicidade, é, porém, uma comédia. E de excelente comédia são a cena Amanda e Eliot no 1.º acto, a cena final desse acto, e todo o 2.º acto nos seus traços essenciais.

Nem a farsa nem a tragédia postulam, como o drama ou a comédia, um cuidado de análise, ou melhor, as suas situações não dependem, intrinsecamente, das reacções das personagens. A análise psicológica ou a experimentação, feita pelo autor, do carácter das suas personagens, se podem e até devem, para elucidar a acção, ser expostas, não são fulcros desta. A grandeza da tragédia ou a mediocridade (que, quando contente consigo própria, é apanágio da farsa, pois que, se tal não estiver, a farsa é automàticamente uma tragédia) residem e revelam-se pelas situações extremas, que excedem precisamente a capacidade de reacção humana. É por isso que a tanta gente parece que a fatalidade constitui a essência da tragédia, como se o excesso proveniente de um imperativo colectivo opondo-se a um direito ou dever individual fôsse um *ex machina,* cuja influência, afinal, por natureza própria, nem consentiria qualquer acção efectiva, e portanto diluiria o teatro, visto que, fosse qual fosse o caminho escolhido, seria o mesmo o desenlace. O drama e a comédia, ainda quando girem em torno dum único problema ou de um determinado aspecto da vida social, necessitam, para plena ressonância humana, de uma extensa e até superabundante exibição de reacções e sentimentos, que prenda o espectador ao problema em causa, por lhe sugerir vários dos inúmeros efeitos sociais dele.

Em *Vidas Privadas,* a comicidade é por repetição, e vai sendo acumulada pelo paralelismo de situações e de diálogos comuns, vividas aquelas e ditos estes pelos diferentes pares possíveis naquele quadrilátero humano. Diálogos e frases, em si próprios insignificativos, tornam-se origem do cómico, ao sucessivamente caracterizarem a constância de sentimentos, a evolução de outros sentimentos, o comportamento idêntico de personagens diferentes. A conversa banal, de varanda, acerca do hiate iluminado, no 1.º acto, é repetida pelos dois pares de noivos Sybil-Eliot e Amanda-Vitor e por Vitor e Sybil, que reparam um no outro, quando, ao cair o pano, ambos vieram procurar os respectivos esposos que, entrentanto, fugiram. No 2.º acto, a afirmação de que «não é altura de ir para Tunis», que serve a Eliot como expediente contra Amanda, momentos depois, na boca desta, indica quanto, no fundo, ela está presa a ele. As cenas finais, de pancadaria, do 2.º e 3.º actos, são de um paralelismo cómico irresistível, que Francisco Mata acentuou desenvolvendo, inteiramente dentro do espírito e da intenção da peça, o final do 3.º acto: porque, se, no fim do 2.º acto, o combate Amanda-Eliot é surpreendido pelos esposos traídos (e que surpresa a deles!...), o combate Sybil-Vitor, no fim do 3.º, é coroado pela repetição da fuga de Amanda e Eliot, cuja divergência, se transferiu para os outros com amor e tudo.

A cena do 1.º acto, em que Amanda e Eliot «reatam» o matrimónio antigo, cena subtil, a melhor da peça, foi, no *Avenida,* também o melhor momento da representação: Madalena Sotto e Barreto Poeira dão-lhe equilibrado relevo, com uma discrecção que nem sempre mantiveram ao longo da peça, nomeadamente no 2.º acto, aliás muito difícil por ser todo ele uma cena única de ambos. Teatro como o deste 2.º acto corre constantemente o perigo de ser defendido por um exagerar apalhaçado das atitudes. E a desenvoltura — tão apreciável — de Madalena Sotto descamba aí, por vezes, num agarotado descaro, que, se é muito gracioso na vida, é muito confrangedor no palco, onde mesmo a mais descabelada farsa exige dignidade e distância do público. Tudo se pode e deveria fazer num palco, mas é preciso não esquecer que é num palco que está sendo feito. De resto, uma certa «coquetterie» calculada, que é do carácter de Amanda, dá-a Madalena Sotto muito bem. O público, habituado à pornografia abstracta da revista e à imoralidade «deliciosamente» picante da vulgar comédia francesa, assiste, no *Avenida,* fortemente escandalizado, ao amoralismo franco das situações da comédia... É que a natureza de tanga e «soutien» tem atractivos especiais; enquanto que o livre jogo dos sexos não convém a menores... e, nessa matéria, a burguesia nunca atingiu a maioridade.

No conjunto, a interpretação da peça de Coward não se eleva, da parte de Madalena Sotto e de Barreto Poeira, ao nível conseguido para a peça de O'Neill. Ambos têm, servidos pela mecânica da peça, muito notáveis momentos, e, por essa mesma mecânica arrastados, alguns momentos infelizes. De resto, em toda a peça é evidente o propósito de tirar excessivo partido dos cordelinhos mecânicos, para fazer rir o público com passagens destinadas por Coward ao sorriso compreensivo e complacente. Nestas condições, a estruturação psicológica das figuras torna-se mais arbitrária do que de facto é. No entanto, o movimento cénico, a cujos ensaios presidiu a experiência de Maria Matos, apesar de uma constante disparidade de ritmos (resultado do propósito anteriormente observado) possui uma categoria satisfatória: o 1.º acto é muito bem conduzido. Barreto Poeira não se afirma, quanto a mim, tão seguro actor de comédia quanto se afirmou para o drama; com as suas qualidades histriónicas, é do maior interesse que procure adquirir uma leveza e harmonia de passos e gestos, tão necessários à comédia. Em Sybil e Victor, Maria Helena e Barroso Lopes emprestaram às suas figuras secundárias a necessária ternura ridícula, contrastante com a mais vivida aspereza do outro par. Em especial, Maria Helena distinguiu-se no 1.º acto, que representou com delicada intenção. Luisa Colomb, numa actuação fugidia, que a sua presença encantadora favoreceu, completa a distribuição.

A adaptação de Francisco Mata respeitou a peça; e o desenvolvimento do final, à custa da evolução amorosa de Sybil e Victor e da repetição da «frase sobre Túnis», agradaria sem dúvida ao próprio Coward. Pena é que tenha desaparecido — pelo menos, não a recordo — do diálogo do 2.º acto a conversa acerca da situação matrimonial... Aquele verificar, por Amanda e Eliot, de que não estão vivendo em pecado, porque tendo sido casados, há gente — os católicos — para quem continuam casados, não só tem graça, como, entre nós, tiraria à situação todos os motivos de escândalo, e, do mesmo passo, atribuiria à peça um alto sentido moral, por certo inapreciável para plateias portuguesas!

A montagem da peça, que no 1.º acto transforma o público em mar com hiates talvez do duque de Westminster... e o proscénio em balaustrada, assentou em maquetes e direcção cenográfica de Pinto de Campos. A sala, em que decorrem os dois últimos é desequilibrada por uma porta mesquinhamente recortada numa pintura e uma janela fronteira demasiado grande; e o mobiliário, muito heteróclito, contribui para a confusão. As persianas iluminadas das janelas do 1.º acto prejudicam e distraem os olhos do espectador. E a peça de Coward merece ser vista e ouvida.

«A CASA», DE JOSÉ MARÍA PÉMAN

A época de verão da primeira cena portuguesa foi, com rara e merecidamente brilhantíssima felicidade, inaugurada há pouco! É sabido, embora seja do domínio dos empresários e não do domínio público, que a frescura das salas de espectáculo e a densidade filosófica das peças representadas durante o inverno justificam uma época de verão; e que essa outra época, para maior comodidade de quantos se interessam pelo bom teatro, constituem-na, em geral, peças estrangeiras, muito más, muito bem vestidas e muito mal representadas. Louvável intuito de espalhar a cultura, aliás já previsto pelo «nosso épico», naqueles célebres versos que tratam das ajudas do engenho e da arte! Desta vez, porém, a escolha da casa de D. Maria II recaiu sobre a casa de D. José María Péman, lídimo representante dessa Espanha que tantas encantadoras farsas forneceu e fornece aos talentosos tradutores e adaptadores, em Portugal numerosos, honra das redacções dos grandes periódicos e modestos candidatos à consagração académica! Digo bem: porque Péman é, desde 1937, presidente indisputado (ao que suponho) da Real Academia Espanhola, e porque a sua peça é uma farsa, uma farsa pesada, longa, truculenta, na qual perpassa, não apenas um hálito de Quevedo, mas uma discreta ventosidade de Cervantes! O próprio Péman no-lo sugeriu, quando, após o derradeiro e ansiosamente esperado baixar do pano, ao agradecer os delicados aplausos de um público selecto e amigo, lembrou, num formoso e profético rompante de «poesia bruta» (subtil expressão de Valéry, tão aplicável à oratória gratuita e com bilhetes pagos), que a cruz da via-sacra peninsular formavam-na a lança de D. Quixote e a espada de D. Sebastião! Razão de pêso para ceder à Virgem aquelas flores que ali lhe enchiam em cestas sucessivas, o palco, o bôlso e o coração! — fino sentido da realidade, preciosa e gongórica intuição do momento oportuno! E são essas, precisamente, as maiores características de Péman, conforme da sua peça se deduzem. Do teatro do ilustre presidente, apenas conheço — e agora — *A Casa:* pois aqui formo a tenção solene de não vir a conhecer mais nada, porque é doloroso que no espírito se dilua a fugaz, fugacíssima impressão deixada por tão enorme, realista e dissolvente drama — perdão, farsa. Parece-me que ninguém, em Espanha, na Europa, no mundo, seria capaz, hoje, de escrever esta obra. Com efeito, só a Península ou tralvez a Grécia forneceriam a um dramaturgo uma família e uma mentalidade tão dignas do «realismo fotográfico» — moralização pela náusea? — que Péman empregou indubitável e inexoravelmente. Chega a ser incrível — e é genial, reconheçamo-lo — conseguir que uma companhia de teatro se atreva a pôr em cena uma peça tão esplendidamente negadora dos mais elementares imperativos da consciência humana e tão prodigiosamente falha de interesse teatral. Mas narremo-la sucintamente, a fim de que o leitor possa imaginá-la e dispensar-se de vê-la. Teatro desta categoria não é para vêr, mas para imaginar. De resto, como o leitor terá já concluído destas simplórias notas, a peça destina-se a público muitíssimo restrito, umas escassas duzentas famílias, pois que não interessa aos amadores de teatro sério ou ligeiro, é insuportável para os amadores de poesia pura ou de circunstância, é imprópria para menores de idade e maiores de intelectualidade, e apenas uma consciência infinitamente paciente ou infinitamente gémea, assistirá sem indignação violenta ao estendal doloroso do parasitário destino da família do defunto D. Joaquim. Entre esse extinto poetastro (já morto antes do 1.º acto, mas sempre presente, graças à saudosa versorreia da família) e D. José María Péman, que subtil teia de analogias delineou o excelso inconsciente do autor! A cada instante, no desenrolar de cada voluta retórica, se pressentem as dúvidas do oportunista e as suficiências de um poeta cuja mediocridade só injustamente atribuiríamos a Góngora. Vamos à história.

D. Joaquim — poeta e sócio de várias academias recreativas, era casado com Maria Antónia (Palmira Bastos) e tinha vários filhos: Nuno (Augusto de Figueiredo), Tereza (Adelina Campos), Flor (Manuela Bernardo) e mais dois gémeos, pequenos, invisíveis, que apenas comem lá dentro os chocolates que os outros comem cá fora diante do público. Os chocolates são, porém, outro pormenor, a que já chegaremos. Tinha ainda D. Joaquim vária família (Maria Clementina, Samwel Diniz, etc.) e vários amigos e admiradores (o homem da agência funerária, que faz o enterro gratuitamente, a estanqueira da esquina, que gratuitamente dá cigarros ao jovem Nuno, e presume-se que a peixeira, o homem do talho, etc., não contando já as lojas de modas e a alta costura, visto que Dona Maria Antónia arrasta caudas toda a peça, inclusive uma de palha no final do 2.º acto); esses amigos e admiradores constituem, sob a feliz sucinta forma de cartões de visita, um «tesouro de simpatia», que a Mãe Antónia e a filha Tereza se apressam a catalogar no final das exéquias. Além do «tesouro de simpatia», ou como anexo dele, Dona Antónia conta com o amor (em pesetas bem avaliadas) de Luiz (Álvaro Benamor) por Tereza; mas eis que Tereza, tem de reserva, para expor à mãe depois da saída dos familiares, uma tremendíssima vocação para freira. Tudo isto é maviosamente entremeado, como já foi dito, por recitações de poemas do extinto, cuja efígie pende altaneira e marialvesca de um recanto da sala, e discretamente florida pela estanqueira da esquina, que dá flores a Tereza, quando não dá cigarros a Nuno. Este, que refocila, mais lúcido e cínico, no *dolce far niente* familiar, pouco pára em casa, pois que dedica os numerosos ócios e vazios de bolsa a sustentar e ser sustentado por uma Piedi Molina (Fernanda de Sousa). Acontece, porém, que se encontra perto da Casa das Varandas — que é aquele palácio encantado por D. Joaquim no zum-zum mágico dos seus maus versos — o Ciríaco Saragatua (Robles Monteiro), cujo noivado com Dona Maria Antónia fora, em tempos idos, desmanchado «pelo braço forte e pelo espírito fantástico» de D. Joaquim. Ora, o Ciríaco, que vive e fez fortuna a fabricar chocolates — cá estão a aparecer os chocolates — conserva pela Antónia uma casta e clara paixão; e vem, dedicada e atrapalhadamente, perante o gáudio de Antónia & Filhos, oferecer os seus préstimos e algumas caixas de chocolates. Uns e outros são, com a superioridade inerente a tão poetizada família, aceites e anonimamente integrados naquele «mundo de fantasia» que D. Joaquim criou em casa. Claro que só anonimamente o poderiam ser porque Ciríaco não é digno, dada a sua baixa condição, de uma pílula, por menor que seja, do «quarto dos leões», do «jardim das virgens», da «árvore aquática», etc., etc., e o dinheiro, mesmo em chocolates, nada é a comparar com tão poderosas riquezas. Esquecia-me dizer que os tios e primos manifestam, em termos rudemente incompatíveis com as risonhas e infantilizantes sonhações joaquininas, no princípio do 1.º acto, a opinião de que «o tesouro de simpatia» não bastará para sustentar as Varandas e o pessoal das mesmas; são, é claro, castigados pela mordacidade de Dona Maria Antónia, que a herdou do marido, e o desenvolver da peça mostra que eles (e nós com eles) afinal eram ingénuos. Do primeiro para o segundo acto, a mana Tereza recolhe ao convento, e é substituída, no guarda-roupa e no útil noivado com Luiz, pela mana Flora; evidentemente que o Luiz partilha dos ócios poéticos da distinta família, tendo até, na devida infância, sido não sei se a «ponte de prata», se o «gato de cristal». Do 1.º para o 2.º acto, o Ciríaco chocolateiro — profissão ignóbil, não acham? — continuou pagando o colégio dos gémeos, as contas maiores, e outras futilidades adequadas à sua restrita capacidade poética; momentos antes de levantar o pano, chegara mesmo a pagar a exportação da Piedi Molina (não é dito para onde; presume-se, todavia, que para Portugal, segundo a tradição). Mas a Molina exigiu condições: entrada na Casa das Varandas, louvável iniciativa, reflexo da amplificação da cultura popular por meio da visita a museus; e entrevista com Dona Maria Antónia, ideia péssima que obrigou D. José María Péman a uma cena da *Traviata*, e Palmira Bastos a recitar, traduzida em montaria herdada do defunto D. Joaquim, a célebre ária *Di Provenza,* descontando-se apenas que a Molina era quem vinha de fora, e coberta de peles, coitada, neste tempo de canícula! Depois de humilhada e expedida a Molina, entra furioso e despojado o Nuno, que agarra o culpado Ciríaco pelos colarinhos e com ele troca uns sopapos insuficientemente etéreos para passarem desapercebidos da juventude presente. Porque a Flor fazia anos — o chocolateiro Ciríaco trouxera-lhe um relógio-caravela, que ela agradece com o riso merecido por dádiva de tamanho mau gosto — e havia lá em casa, de festeiros, muitos meninos e meninas, todos maliciosos, que costuraram logo um rabo de palha à Dona Maria Antónia. E como a Dona Maria Antónia se vê com rabo de palha e sem homem (salvo seja, sem homem em casa, visto o Luiz abandonar ambas, raivoso por falta de Molinas), decide-se ao supremo sacrifício: casar com o pateta do Ciríaco. E aqui termina o 2.º acto. Mas os filhos é que não aceitam essa solução indecorosa, aconselhada no entanto pelo bom senso e até pelo bom cálculo. E, no dia do almoço do pedido de casamento — 3.º acto —, aparecem todos, inclusive o Nuno, inclusive a freira Tereza, cuja entrada turbulenta, espalhafatosa, em trajes de saloia da Malveira, e cujas frases hipocritamente duras a Ciríaco (com a hipocrisia da inocência conventual, é translúcido!), mais a fogosa ressurreição verbal do «quarto dos leões», do «jardim das virgens» do «gato de cristal», etc., pelo côro de toda a família e aderentes, mais a recusa terminante dos gémeos em vir comer para fora do seu quartinho os chocolates do Ciríaco, etc., etc., decidem o Ciríaco a desistir do casamento, a partir para a América e a fazer doação de alguns suculentos cobres ao menino Nuno, assim faustosamente regressado à «caaaaaaaaasa», na dição veemente e apaixonada de Palmira Bastos. E assim, expulso o indigno Ciríaco daquele sacrossanto cenáculo de ociosidade, parasitismo e maus versos, sentam-se todos à mesa para almoçar, e o pano cai, tradicional e solene, sobre esta cena final, delicadamente inspirada na «Ceia», de Leonardo da Vinci. Tanto quanto a desgraciosa pena de um crítico ignaramente intencionado pode aspirar a resumi-la, é esta a peça: um elogio, afinal *à rebours,* da defesa do grupo e não da família, da casa e não do lar; e defesa não a todo o transe, mas a *nenhum* transe, enquanto houver Ciríacos Saragatuas, docemente sujeitos por uma paixão pura e serôdia. Porque, naquela casa onde se abafa, a poesia e a fantasia poética não passam de negação retórica das hormonas, e toda a família vive de expedientes, sustenta-se de expedientes, e mantém-se explorando, sem sombra de gratidão ou de respeito, o único sentimento decente no acervo de videiros sem emenda, sem apêlo e sem saída, que eles são: o amor do «velho chocolateiro» pela que foi a sua noiva arrebatada no torvelinho estático e imbecilizante da pobre imaginação do celebrado e chorado Joaquim. Poucas vezes uma obra serve como esta de condenação formal da poetização incolor, dessorante, neutralizadora, que medíocres lançam *sobre* a vida. Felizmente que a poesia e a vida se conhecem — ou desconhecem — o bastante para, quando grandes, repelirem, com indignação e coragem, uma capa de misérias. O facto de D. José María Péman apresentar como virtudes, e virtudes cristãs, tamanha inconsciência e tamanha indignidade, porque não deve, dada a preclara categoria atingida pelo seu formoso talento, considerar-se confusão mental ou descuido de um oportunismo que se quererá habilidoso, apenas poderá atribuir-se a reforço do hálito de Quevedo e da ventosidade de Cervantes que, sem dúvida, perpassam, de facto, ao longo da longa peça. Pois que perpassaria então, não é verdade?

Vejamos os acessórios: interpretação, encenação, etc. A cena única, por Lucien Donnat concebida, julgo que sem pecado, à custa de vermelhos e de douradas colunas salomónicas, obtidas no desbarato de qualquer restauro em pesquisa de românicos, contribui para o ambiente asfixiante da farsa, e acerta duplamente, porque a «caaaaaaaaaaaaaaaaasa» *era* por certo assim, e *merecia* sê-lo. A indumentária é roçagante, adequada à Casa das Varandas, sendo de pôr em relevo os trajos de *soirée* que Palmira Bastos usa a toda a hora. «Que chic!» — dizia uma senhora junto a mim, a cada entrada de Palmira Bastos, Fernanda de Sousa, etc. É de crer que eram chiques, conforme a tradição cénica do Teatro Nacional, de toda a confiança neste ponto. Na interpretação, é justo destacar, e a grande distância dos restantes intérpretes, a figura criada por Robles Monteiro, com muito equilíbrio e uma discreção rara em actores mais unanimemente aplaudidos. Tem destes mistérios o dedicado e persistente amor pelo teatro; e só lamento que o meu sincero louvor se confunda com o tom geral desta crónica. Segundo a criação de Robles Monteiro, deveria Samwel Diniz ter modelado a sua; este velho actor, que, ao principiar eu a ir ao teatro, já encontrei respeitável, não sei por que incrustações de autoridade se vai perdendo. Palmira Bastos foi a mãe declamatória, lacrimejante, recitadora, de olhares ferinos e presença forte, que ninguém mais, a não ser a rubrica e os restos mortais do público do Príncipe Real requeria. Adelina Campos defendeu, com aquela competência que sabemos, o abstruso papel de Tereza. Todos os outros, nomeadamente Maria Clementina e Pedro Lemos, completaram, com o teatro possível, as intenções da peça, que Palmira Bastos ensaiou. Só o que nunca percebi é a razão de os elementos jovens, no Teatro Nacional, entrarem e saírem sempre em bando chilreante e em correrias de carneirinhos trôpegos; talvez seja alusão subtil à falta de experiência cénica da mocidade.

5.º ESPECTÁCULO «ESSENCIALISTA»
TEATRO-ESTÚDIO DO SALITRE

Creio já ter criticado, e neste lugar, dois espectáculos do «essencialismo», que não é uma forma de fenomenologia, mas duas ou mais iniciativas devotadas ao exercício do teatro. Desses espectáculos, o 2.º e o 3.º, agradou-me um e desagradou-me outro, se o leitor se recorda. Viva, pois, a dialéctica, uma vez que, neste 5.º espectáculo, houve coisas que me agradaram e coisas que me desagradaram. É certo que, do ponto de vista dialéctico, o teatro-estúdio do Salitre me parece francamente deficiente: há, nele, conciliação, em lugar de síntese... Mas, também, reconheçamos que não vai longe a aspiração do Salitre, onde predominam, sobre o sentido social do teatro, o gosto de fazer teatro, e, sobre a procura de contacto experimental com o público, o contacto inócuo com uma assembleia de familiares. Claro que o gosto pelo teatro moderno e o contacto com os familiares podem ser ponto de partida para maiores acções; e são, sem dúvida, base indispensável para a representação — quem sabe se única! — de peças que, de outro modo, dormiriam o sono sem sonhos do teatro decente em Portugal. Por mim, que aplaudi talvez demais o espectáculo primeiro a que assisti, tendo depois, servido pela autoridade que o aplauso anterior me garantia, podido condenar o espectáculo seguinte, devo confessar pesar-me na consciência, agora que vi o 5.º espectáculo, uma grave falta. De facto, embora neste último espectáculo tenha havido uma incomparável intervenção de João Villaret, o «essencialismo», cujas vacuidades do manifesto foram, em devido tempo, aclaradas, mesmo que o aproveitemos contra o teatro rotineiro, não justifica o entusiasmo e o interesse com que aplaudi e condenei; e não justifica, porque, a persistir nos moldes que são os seus, iluminar-se-á não com a crítica, mas com o snobismo felizmente crescente, hoje, em torno de todas as manifestações «avançadas»: como que um ante-gosto do próprio enterro. Se, no teatro do Salitre, a aversão pela crítica livre é tão grande qual apenas o amor pelo êxito mundano, sem dúvida que parte disso podemos atribuir a alguns bacilos persistentes, na casa, de um regime epidémico, segundo uns, ou segundo outros, endémico. Admito que certo snobismo seja reflexo de consciencialização, e que várias consciências esclarecidas se alimentem dele. Igualmente reconheço que raro a crítica e muito menos entre nós, terá tido séria influência na qualidade dos espectáculos e na adesão do público. Para tal, necessário seria que os actores e encenadores respeitassem uma actividade que, quanto mais independente e honesta, mais eles se esforçam por desacreditar, e o público acreditasse em gente que ele se habituou a tomar por interesseira, interessada, parcial, quando o não convenceram de que é ingenuamente estúpida ou pretensiosamente obscura e confusa. Assim se consegue, porém, que todos os espectáculos sejam bons e agradem muito; e que o esforço para erguê-los, se bem intencionado, acaba por ser um esforço pelo esforço, uma gratuita exibição de trabalho.

Foi este 5.º espectáculo do Salitre formado por uma reposição (*O Homem da Flor na Boca*, de Pirandello), duas estreias (*Curva do Céu*, de Branquinho da Fonseca, e *Um Banco ao Ar Livre*, de Pedro Bom e Carlos Montanha), e a primeira representação, em Portugal, da cena-monólogo de Tchekov, *Os Malefícios do Tabaco*.

Já num espectáculo de beneficência eu vira esta mesma realização do admirável acto de Pirandello, que fizera parte do 1.º espectáculo do Teatro do Salitre. *O Homem da Flor na Boca* é um pretenso diálogo, em que o segundo interlocutor, servindo de pretexto às expansões pirandellianas do protagonista, é como que o amplificador, para fins espectaculares, da meditação contínua sobre a vida e a morte, a verdade e a mentira, a aparência e a realidade. A vitória pirandelliana da dramatização profunda da angústia sobre o tradicional movimento cénico, em nada análoga ao monologar shakespeariano que é acção quando não é lirismo, documenta-se particularmente nesta pequena obra prima, em que até a retórica mediterrânea da folhinha de erva (que nos perdoe Walt Whitman) se dilui na sede visual do homem pela doença condenado à morte, e o caso pessoal do protagonista é, por sua vez, transcendido objectivamente, para criar-se uma atmosfera de perfeito equilíbrio trágico e metafísico. É assim, e não com poesia barata, como há pouco vi no Nacional, que, da ausência do que vulgarmente se chama «teatro», se obtém o grande teatro. Oswaldo de Medeiros, cuja dicção afectadamente correcta ora prejudica ora valoriza os momentos do seu discurso, deu ao «homem da flor na boca» uma interpretação vibrante e pungente, que, se não está à altura das exigências subtis do teatro pirandelliano, muito me agradou ver, depois do *Filipe II,* de Alfieri. António Vitorino secundou-o, no «freguês», com a inteligente sobriedade que sempre lhe tenho observado. A direcção de Gino Saviotti e as indicações cenográficas de Graziella acertadas, sendo de destacar a primeira, que procurou remediar a falta de movimento cénico ao qual o público está infelizmente habituado.

Encontra-se publicado em volume teatro de Branquinho da Fonseca. *Curva do Céu,* não sendo uma peça inédita, foi, no entanto, a estreia do autor, que, mal não fica acentuá-lo, é dos mais justamente notáveis escritores modernos portugueses. Quanto à realização, não possui o teatro de Branquinho da Fonseca uma categoria equivalente à de alguns dos seus contos e novelas; mas, no panorama geral do nosso teatro moderno, tão pobre e, às vezes, mesmo tão pouco moderno, as características do teatro do autor de *O Barão,* definem uma curiosa originalidade, misto de poesia e de acção muda. Como o *Post-office,* de Tagore — recentemente apresentado por um grupo mais ou menos da Faculdade de Letras de Lisboa —, *Curva do Céu* toma por pretexto o tema do menino moribundo. Na sua extrema concisão, em que os «tempos» e as mudas transmutações e aparições prolongam para o sonho simbólico as recordações e anseios da criança que morre, o «poema» de Branquinho da Fonseca encerra uma essencial beleza que, na peça de Tagore, é acessória quase; e a transfiguração dos três reis magos nas três tias velhas, que poderemos considerar as três parcas, só por si constitui uma prodigiosa criação mítica de incomparável emoção poética. É difícil pôr em cena, com eficiência, um acto assim, quando a técnica própria daquelas aparições deveu mais, na imaginação do autor, segundo me parece, à influência do cinema mudo que à tradição teatral, já velha em fantasmas. Dentro das possibilidades do Salitre, Luiz Francisco Rebello tentou o impossível, e, se não foi inteiramente bem sucedido, conseguiu transmitir, pelo menos a parte do público, as intenções e intuições do autor. Carlos Duarte no «filho», teve uma admirável criação: subtil, correcta, impressionante, que chegaria para notabilizar um jovem actor. Júlia Roiz foi, com acerto, a «mãe» cuja mágua lhe não permite já ouvir a aparência verbal do que o filho diz.

Seguiu-se, na ordem do espectáculo a estreia dos irmãos pseudónimos Pedro Bom e Carlos Montanha, com o «duplo comentário», *Um Banco ao Ar Livre.* Descontados o interesse desta tentativa cénica e a aliterada facilidade dos autores, a qual encantou a assistência, a maior parte do êxito colhido pelo «duplo comentário» cabe à direcção de Gino Saviotti e às indicações cenográficas de Graziella; de facto, não só a mímica dos sucessivos ocupantes do banco foi, por vezes, excelente, como a animação geral do acto se movimentou num equilibrado ritmo, uma e outra muito bem enquadradas pela iluminação. Se o nosso teatro ligeiro tivesse a categoria que devia ter — e o teatro sofre, entre nós, do aligeiramente geral —, este «duplo comentário» seria, para ele, um bom entre-acto, como os chamados «de comédia», em geral e apenas, figuração infeliz de anedotas porcas de nascença e do uso. O comentário dos nosso estreantes, ora optimista e «lírico», ora péssimista e «realista», recente-se, em amplitude e ressonância, do simplismo falso das suas extremas e vulgares visões do mundo, que os autores, para levarem a termos de teatro, a «ideia» do banco, empregaram no duplicado habitual em qualquer conversa de donas de casa, funcionários públicos, banqueiros, e outros bípedes de equivalente crueza filosófica. E, porque não devemos nunca dizer ou fazer dizer o que possa, no subconsciente, sofrer transferência perniciosa, é lamentável a gracinha final de que a «miséria é teatro». Todo o comentário conduzido em linguagem afectada e descuidada, segue e sublinha, habilmente, porém, as situações que explica ou provoca nos ocupantes do banco. Os nóveis autores patenteiam — aliás, como Luiz Francisco Rebello, cuja «fábula» *O Mundo Começa às 5 e 45* é, todavia, de qualidade superior e teatro sério — uma perícia perigosa no manejo da técnica e, sobretudo, aquela mimética adaptabilidade ao gosto dominante, talento esse tão sintomaticamente comum nas novíssimas gerações. De tudo isto, não é, pois, pelo espírito de sacrifício às causas, que muito pouco há-de servir e ficar. António Vitorino e Oswaldo de Medeiros foram os dois comentadores, mais correcto o primeiro que o segundo. Nas cenas mimadas, destacaram-se, em particular, Isabel de Castro, Salter de Sousa, Júlia Roiz, Maria Celeste e Canto e Castro.

Encerrou o espectáculo a cena-monólogo, *Os Malefícios do Tabaco,* de Tchekov, interpetado por João Villaret. A simpatia humana, compreensivamente satírica e dolorosamente perspicaz, do criador genial de *As Três Irmãs* raras vezes terá tido uma encarnação tão rica de pormenores, tão magnificamente esmagadora. O drama daquele pobre esposo de uma directora de colégio familiar, a sua vida perdida, miserável, coberta de ressentimentos e de parasitas («Lá em casa até há percevejos no piano de cauda!» — é um seu desabafo), que ali vem fazer uma conferência conspícua sobre «os malefícios do tabaco», e, em vez disso, explode em desesperadas minudências domésticas, até que a presença da esposa entre bastidores o faz esperar «que desta palestra o respeitável público extraia algum proveito» — é, sem dúvida, pela perfeição da sua técnica tão límpida, uma obra prima, perante a qual empalidece mesmo o acto de Pirandello, que abria o espectáculo. O que gera a íntima comunicabilidade e a profunda universalidade da obra de Tchekov afigura-se-me consistir em algo diverso bastante do que suporta a glória de Dostoïeswsky e de Tolstoï, seus pares. Dir-se-ia que, não agitando expressamente, como agitam, problemas de ordem metafísica, social e moral, e não criando, como eles, personagens nítidas e exemplares, de algo Tchekov lhes seria inferior. Claro que a questão da problemática expressa não constitui, só por si, a grandeza de Tolstoï ou Dostoïewsky, a qual reside, pelo contrário, no génio com que essa problemática se transformou em criação romanesca e figurada se nos apresenta. Mas a ausência dela pode não significar, e em Tchekov não significa, menos integral compreensão da vida. Como Gogol, Tchekov soube conhecer o demónio da mediocridade, da indiferença, da repetição, mas soube também ampliá-lo artisticamente com a serena piedade que a Gogol faltou. E aqui nos aproximamos do que o distingue de Dostoïewsky ou de Tolstoï. Ninguém pode reconhecer-se plenamente em Levine, em Ana Karénina, no Príncipe André, em Ivan Ilitch, ainda quando este ou aquele dos actos deles seja análogo, esta ou aquela reacção semelhante a outras de alguma vida, porque as personagens de Tolstoï são criações totais, pessoas acrescentadas ao número dos viventes, tão outras como o vizinho do lado. As personagens de Dostoïewsky, um Kirilov, um Muickine, um Raskolnikov, um Ivan, são personificação de virtualidades humanas: toda a gente nelas se pode reconhecer, mas ninguém é só, por exemplo Stavroguine, nem de Stavroguine é tanto. Não sucede com Tchekov uma coisa ou outra; as suas criações, se não vêm viver para sempre a vida que lhes cabe, é porque a vida deles é a de qualquer de nós, e, se não são «possessos» de altas dúvidas que os conduzam às últimas e eficazes degradações, é porque a vida quotidiana do homem comum é mais quotidiana que o próprio homem. Passado o exagero dramático, até a morte delas é medíocre; e o conferencista dos «malefícios do tabaco» veste, para regressar ao lar, a velha casaca do casamento, que para a solenidade envergara e para a confissão despira. A tradução, revista por L. F. Rebello, pareceu-me aproximar-se honestamente do estilo nervoso e coloquial que ao monólogo compete. Já me referi à composição de João Villaret: ver e ouvir esta bela obra, admiravelmente revivida, corresponde ao máximo que a imaginação de um leitor esperasse da leitura desse *Os Malefícios do Tabaco*, cuja verosimilhança artística ca é uma grande lição de dignidade literária e social.

As caracterizações de Júlio de Sousa demonstraram compreensão clara das figuras, sendo imperativo evidenciar a de João Villaret, perfeita.

Posto o longo arrazoado crítico, perguntará o leitor o que afinal me desagradou no espectáculo. Se não conhece o Teatro do Salitre, se não se interessa pelos seus espectáculos, se não viu este, se me leu com atenção, para quê perguntar?

«RAPAZES DE HOJE», DE ROGER FERDINAND

Disseram os anúncios e algumas críticas periodiqueiras que esta peça de Roger Ferdinand faz pensar. Faz, de facto; mas na dignidade de um Teatro Nacional, na França de pacotilha (sempre mais rápida em chegar que a outra, porque lhe dão a mão os pacotilhos de cá), e no compadrio desfaçatado e acácico dos plumitivos com banca de entremês nos bastidores dos teatros. Depois de *A Casa,* de Péman, estavam realmente indicados estes «rapazes de hoje», miseranda imagem pálida que da grandeza de um povo é capaz de ter qualquer Ferdinand do «boulevard» das Trutas, tanto mais que a peça pretextava o regresso à adolescência de vários actores do «Nacional», já encanecidos e destalentizados em infra-secundárias interpretações. A peça é, teatralmente, uma sensaboria em quatro actinhos, a que o Dr. Erwin Meyenburg tentou desconsoladamente injectar alguma «verve» sobrante da magnífica *Locandiera,* de Goldoni. Ainda quando deva aceitar-se que a empresa de um teatro nacional precise defender-se comercialmente por insuficiência de protecção do Estado, não se vê que raio de defesa ela procura com pecegadas desta ordem, que mesmo o público paciente e complacente das estreias recebeu com tédio e aplaudiu com pena, se exceptuarmos o silêncio solene das numerosas cadeiras vazias (quem cala consente). Porque a peça não é o drama que se impunha que fosse, não é comédia dramática que poderia ser, não é a farsa descabelada sempre bem-vinda a todos os temas sérios; não é sequer mais uma comediazita como tantas para épocas de verão, épocas de decadência, épocas de crise. *Rapazes de Hoje,* além de sensaboria, além de cretino e anodino comentário (?) de uma grave situação da juventude, além de tanta pieguice frouxa e de tanta graça falha que a constitui, não atinge sequer categoria de teatro de feira, embora os rufos de tambor, por que o Dr. Meyenburg substituiu as pancadas de Molière, talvez pretendessem convencer-nos disso...

Ao contrário de *A Casa,* de Péman, obra-prima de estupidez cuja história é fácil de contar e até se narra deliciadamente, a peçácea do presidente da Sociedade de Autores (lá como cá), à semelhança dos povos felizes do provérbio, não tem história, o que, como é sabido, acontece às obras muitíssimo primas ou muito pouco primas. No 1.º caso, o crítico esforça-se por analisar e desvendar quantas subtilezas o autor entremostra numa acção apenas ou quase só interior; no 2.º caso, que é o de agora, de deficiência de parentesco com o talento e a seriedade, o crítico, muito maçado, alinhava o rol das incongruências a que assistiu, e acaba por pô-lo de parte, já que não vale a pena ocupar espaço e tempo a descriminar interminavelmente coisas que afinal são significativas de outras superioes que as não enquadram. A viperina e melada aventura da professora de filosofia, ou melhor, do realejo de frases célebres de moralistas célebres, que transforma os incorrigíveis de um liceu de província em meninos bem comportados, apaixonados por ela e já não pela troca, no mercado negro, de meias de seda por toucinho, é de uma leviandade psicológica, social e moral, inteiramente digna de quantas lágrimas de crocodilo têm sido choradas sobre os restos mortais de uma juventude sacrificada, iludida, arrastada a combates que não são os seus, e, no entanto, regenerada ou pura em nome de algo mais heróico que a beleza de uma perua trufada com citações sortidas. Pôr em cena esta água chalada e açucarada, e, depois, nos anúncios pagos e nas «críticas» de compadrio, afirmar que, na peça, problemas pedagógicos são debatidos entre dois sorrisos, seria um insulto a todas as consciências honestas, se não fosse, como é, uma leviandade ainda maior que a peça. E não há considerações de nenhuma ordem que possam desculpar o facto de, em jornais de grande circulação, se elogiar ditirambicamente uma obra nula ou negativa, apenas por amor do frete ou respeitosa adoração da mediocridade.

Álvaro Benamor, Augusto de Figueiredo, Mário Nobre, Rui de Carvalho e Pedro Lemos foram os meninos malcriados que Adelina Campos amansou. Quanto pode a boa vontade! Samwel Diniz dirigiu, durante umas horas, a reitoria, enquanto António Palma, Luiz Filipe e José Cardoso completavam a distribuição.

Não, não terminei. Quero acrescentar umas palavras. Com muitos erros, muitas tolices, alterações de elenco, demasiado bom gosto, faltas de talento, exibições de talento, conselhos de leitura, sem conselho nem leitura, etc., etc. a companhia do Teatro Nacional merece melhor sorte crítica do que a que se arrisca a ter, sempre que envereda pelo rumo do entremez. As suas tradições de trabalho e algumas admiráveis realizações impor-lhe-iam que as escorregadelas e estateladelas fossem menos frequentes, se a ocupação de um teatro havido como oficial não obrigasse já a uma criteriosa escolha do reportório. Claro que a escolha pode ser criteriosa e mau o critério usado. Seria exigir muito, dadas as circunstâncias, que as obras possuam um mínimo de qualidades teatrais, um mínimo de seriedade, a garantir-lhes, se não a merecida, pelo menos a decente ascensão a um palco de 1.ª categoria? É compreensível — enfim... — que as empresas busquem obras «fáceis»...; mas incompreensível, totalmente incompreensível, que gente dedicada há anos ao exercício do teatro se abandone à realização de mexerufadas tendo de teatro só o nome, à representação precisamente daquilo que mais devera repugnar-lhes. Mal por mal, antes as Chagas do Fr. António que os eczemas do teatro de Paris e arredores.

SOBRE «BENILDE OU A VIRGEM-MÃE», DE JOSÉ RÉGIO

Preparava-me para criticar na «crítica de livros», esta peça, quando fui surpreendido pela notícia da sua subida à cena no Teatro Nacional. Agradavelmente surpreendido. Seja qual for o interesse ou desinteresse que quem quer que seja encontre neste drama; seja qual for o intrínseco valor que, como obra teatral, se lhe atribua; seja qual for a categoria que, pragmaticamente, se conceda, nas letras portuguesas, ao seu autor — esta ascensão ao primeiro palco português é um acontecimento de crucial importância para o nosso Teatro.

São por demais conhecidas, e hão sido expostas várias vezes já nestas colunas, as condições lamentáveis e precárias em que vegeta aquilo a que, entre nós, não temos outro remédio senão chamar teatro. Sem pretender que as pessoas se interessem por quanto se situa fora de suas preocupações dominantes ou dominadas, quer-me parecer que muita gente de reais, virtuais ou atribuídas responsabilidades culturais não concede a estas questões de teatro a importância que elas possuem, e que não é da só valorização subjectiva de outros, para os quais o teatro representa mais alguma coisa além de espectáculo de «élites» ou de massas, além de índice cultural de uma sociedade ou de um povo. Ora a verdade é que o teatro corresponde como criação poética ou artística (à escolha...), e no quadro das actividades ditas literárias, ao máximo de despersonalização de que é susceptível a humanidade criadora; e que, se evidentemente seria ocioso discutir a superioridade relativa da tragédia e da ode, de um drama e de um romance, tal despersonalização ao teatro confere o mais elevado grau de objectividade que não é apenas a realidade de pessoas vivas degladiando-se perante nós que lho garante. O facto de uma qualquer criação poética assumir a forma cénica, o facto de ser representável, o de ser um êxito especta-

89

cular, nenhum destes factos corresponde a que a obra seja verdadeira e totalmente teatral. É costume dizer-se, de uma peça movimentada, que tem «muito teatro»; o teatro surge, então, erradamente, como sinónimo de imprevisto e peripécia, que são apenas uma parcela dele, a mais perigosa de manejar, precisamente por tão fácil o seu manejo para quem atingiu a criação teatral, a menos *significativa,* por ser um meio de expressão cénica e não um fim. A culpa de assim se compreender cabe ao elemento lúdico do teatro. Um tanto obliterada a distinção entre esse elemento e a simbólica da acção dramática, na evolução desde o mau teatro post-romântico à dramaturgia realístico-burguesa; agravada a confusão, uma vez que, nesta última dramaturgia, o «ibsenismo», que não Ibsen, introduziu uma preocupação social mais interessada pela repercussão das peças que pela categoria teatral e mesmo sociológica do tratamento cénico dos problemas — não admira que se busque, na obra dramática, uma distracção, um jogo, cuja capacidade «distractiva» cresce na razão directa do realismo usado. Não é isto um paradoxo: a falta de coragem, que caracteriza, na vida, os constituintes das plateias burguesas, levá-los-á a exigir do teatro, como da obra de arte em geral, uma perfeita imitação, não da realidade viva, dinâmica, a todo o momento em decomposição e recomposição dialécticas, mas da realidade convencional, estática e dogmática, julgada compatível com os seus interesses e com os seus receios do absurdo. De modo que esse público indignar-se-á fortemente com os desvarios de Hamlet, a terrenalidade da Santa Joana shawiana, o alheamento desta Benilde; e aplaudirá calorosamente que, no palco, «outro» homem reaja «de outra maneira» enganado por «outra mulher», como também aplaudirá quanto corajosamente seja contra um estado de coisas insustentável, desde que esse esforço se exprima naqueles mesmos termos simplistas que ele, público, usaria, se lhe não faltasse a já citada coragem. Mas o verdadeiro teatro não depende de tão monstruosa convenção. As suas convenções são outras, que possibilitam a *representação* da vida.

Não foi por acaso, nem só por glosa de um conhecido tema de meditação moral, nem por sua pessoal visão da condição humana, que Calderón escreveu *El gran teatro del mundo.* Também o teatro de Pirandello não gira por acaso à volta, afinal, da decomposição da personalidade, cujas «intermitências» contemporaneamente Proust analisava. É que a personalidade é algo de assumido, algo de encarnado, algo de mais ou menos decididamente aceite, um papel que se representa, cuja interpretação varia ou de que desiste. Não no sentido vulgar de passarmos a vida engando-nos uns aos outros; mas, neste exacto sentido de vivermos como sabemos e podemos, o teatro faz parte da própria vida; e, quando espectáculo, será tanto mais verdadeiro teatro quanto máis a visão que traduz do mundo for distante do grosseiro sentido dos enganos mútuos. Assim se explica que o primitivo teatro tenha sido inseparável da actividade religiosa, e dela se haja separado na crescente autonomia da filosofia. A religião não ficou menos dignamente teatro; este é que nem sempre soube encontrar na vida aquela harmonia total sem que não pode ser verdadeiro. Da natureza do teatro será, portanto, a imitação do perpétuo devir, com suas suspensões e retrocessos. Se tal imitação se concretiza em formas «realistas», isto é, se se apoia na realidade circunstante, isso não obriga, de modo algum, à conformação do conteúdo, nem força este a limitar-se dentro do estreito quadro de um realismo histórico, necessariamente discutível e até dependente do grau de cultura do espectador. Por isso é historicamente mais explícito apresentar a *Fedra* com indumentária mista de Grécia e «Grand Siècle», e seria totalmente disparatado que José Régio tivesse instalado Benilde e seu primo, na Judeia de há vinte anos. De modo que o que nos parecia expressão cénica de uma interpretação intemporal das situações é, precisamente, expressão da temporalidade de que elas são susceptíveis. Em qualquer caso, será lícito discutir a *oportunidade* de uma obra; não é, porém, lícito confundir real ou virtual valor com o agrado ou desagrado que nos causa a situação proposta. Ora, a peça de José Régio, porque trata o problema da convicção de realidade, porque analisa a libertação das contingências pessoais, é uma obra de verdadeiro teatro: e uma obra moderna, como todas as que visem à superação de contradições que se não cifram apenas, e infelizmente, no preço dos géneros alimentícios. Eis as razões de eu ter começado por afirmar que a sua subida à cena era, só por si, um acontecimento de crucial importância para o teatro português. Quando, por força das circunstâncias tantas vezes expostas, somos levados a aclamar como tentativas de renovação do teatro e a saudar a montagem de um Tolstoi ou de um Eugene O'Neill, é nosso dever frisar que isso não basta, que a renovação se faz de dentro ou se não fará, embora servida pelo ambiente de «modernidade» comunicado ao público por autores estrangeiros, quantas vezes já de antiquada ou deficiente técnica. Mas só, de facto, os passadistas, ou pior, os falsos apóstolos, reclamam das formas a «modernidade»... É uma ingénua maneira de desviar do que mais importa a atenção do público. E que mais falta que lhe desviem?

91

Para quem, conhecendo a obra de José Régio, a conheça superficialmente, e dela haja retido apenas a impressão corrente de verbosidade arrogante, na forma, e de misticismo inoportuno, quanto às intenções, este seu último livro e a primeira peça representada mais confirma as impressões, sem sequer possuir a transfiguração verbal que é metade do prestígio de *Jacob e o Anjo*. Mas para quem se debruce sobre uma obra vasta e complexa — nem só é complexo o que aceitamos de bom grado — como a do autor de *As Encruzilhadas de Deus,* e se não abandone, positiva ou negativamente, à predominância do sentimento religiosos e a uma fraseologia que gostosamente se reveste de atributos místicos, e procure conhecer essa obra com a atenção espectante que deve ser apanágio de quem se toma por intelectual, esta *Benilde ou a Virgem-Mãe,* além de peça melhor construída e mais concisamente escrita que *Jacob e o Anjo,* corresponde a um enriquecimento temático de José Régio. Isto não equivale a afirmar a superioridade desta sobre a outra. Uma obra pode ser muito rica, extremamente significativa para o estudo de um autor ou da sua evolução, ser mesmo tecnicamente superior, e valer menos, em si mesma, como obra independente. *Jacob e o Anjo* é uma grande peça do teatro português; *Benilde* é uma obra notabilíssima do autor daquela. Se, em *Benilde,* reencontramos os temas caros a José Régio: o tema da condição do ente estranho, o tema da carnalização da alma, o tema da morte como conhecimento, encontramos em conflito o amor divino e o amor humano, que, antes, se confundiam, e surge, tornado fulcro de uma acção dramática, o tema da convicção da realidade. Eu sei que é difícil — a quem o dirão, que o estou tratando — traduzir em termos aceitáveis este conflito do divino e do humano, que desagrada a toda a gente, desde os religiosos inseguros aos ateus receosos. Quer-me, todavia, parecer que, independentemente de se acreditar ou não na existência do objecto do amor divino, as explicações científicas da actividade mística, se é que adiantam muito à compreensão dos seres a ela dados, não adiantam grande coisa à descrição dos dramas que daí resulta. De resto, não me consta que os tratados de anatomia e de filosofia tenham obstado a que alguém se apaixone, asnática e humanamente. O poeta ou o artista, como intérprete, que é, de uma visão do mundo, deve possuir uma cultura actualizada, apta a esclarecê-lo; mas, porque não é cientista nem as suas obras são estudos do desfuncionamento endócrino, não pode esperar-se que nelas figurem considerações de ordem especializada, aliás por todos julgadas pedantes, caso figurassem.

Por outro lado, os mitos (e chamo a atenção do leitor para o facto de esta palavra andar tão desfigurada pelas boas intenções, que da mitologia e da filosofia da religião já transitou para solene classificação de qualquer intrujice jornalística), quer representem uma realidade concreta, quer uma realidade abstracta eticamente valiosa ou sociologicamente desvaliosa, quer, como para alguns simplistas que este último decénio deveria ter iluminado amargamente, uma mistificação pacóvia, não menos existem, não menos se escondem nas mais imprevistas e paradoxais formas, não menos perseguem ou protegem a humanidade, não menos pesam sobre ela com uma força trágica, que não se destrói negando-a, e só a poesia tem poderes de exorcismar. Nestas condições, pela sua natureza de figuração viva, e por sua categoria dentro das artes, simultaneamente poético e interpretativo, o teatro pode e deve ocupar primacial posição na *catarsis* colectiva. O drama de Benilde, criada longe do mundo para não se perder e perdida pela própria estranheza do seu mundo àparte, só até certo ponto é o drama comum das personagens de Régio. O drama da criatura eleita sem ser pelo voto das outras que a rodeiam é o da condição do poeta segundo a poesia de José Régio, é o do Rei de *Jacob e o Anjo,* o de algumas personagens das suas notáveis «histórias de mulheres»; mas, em *Benilde,* o drama esclarece-se, e, se a oposição, ou incompreensão, dos circunstantes mais exacerba a afirmação da personalidade, esta humaniza-se pela simpatia e pelo amor que aos circunstantes a ligam. O amor de *Benilde* e de seu primo é um traço de união entre a criatura eleita e a humanidade comum. A purificação progressiva, que se vai operando no ânimo de Eduardo, tão ridícula aos olhos daqueles para quem a abnegação do santo, do poeta ou do político militante é ridícula, representa, intencionalmente, aquele «ver tudo mais por dentro do que vira», com que Régio encerra os poemas de *Mas Deus é Grande,* e que constitui a base para a resolução de qualquer luta de contrários. Se o drama de Benilde não é perfeitamente humano, tal não acontece por fatalidade do seu «caso» excepcional ou triste; mas, porque a sua eleição *não tem* prolongamentos humanos. Com efeito, quando o público em geral estranha o tema da peça, não é isso que estranha e sim a não-importância temática na peça, daquele filho que vai possivelmente nascer ou abortar, «fruto do amor de Deus». E como é curioso observar que, em vez de guiar-se pelo senso comum, o público reage subordinado ao mito da redenção... Benilde julga-se escolhida para um grande milagre, vai ser mãe em condições que considera como extraordinárias, e é essa a prova do amor de Deus. Mas de há dois mil anos a esta parte, se há coisa que o género humano se habituou a considerar pragmaticamente, é precisamente o milagre.

É o próprio noivo de Benilde quem, no final, faz o balanço social

— digamos — da peça, quando afirma: «... há seres que não são deste mundo! Mas este mundo ficaria mais pequeno se eles não passassem por cá.» Quer dizer: a missão de Benilde teria sido a de lembrar que, sobrenaturais ou não, transcendentes ou não, há virtualidades humanas que é preciso, com ousadia ou com ingenuidade, não deixar esquecer. O que é fundamental, porém incompleto. Lembremo-nos de que a Santa Joana, de Bernard Shaw, pergunta, ao termo da sua odisseia, quando será que o mundo estará apto para receber os santos. Nesta pergunta, contém-se uma insinuação do desencontro entre a acção revolucionária e o atraso com que o mundo a segue: ordem dinâmica não menos fundamental nem menos incompleta que a anteriormente citada, que é estática. Uma e outra são activas; mas, enquanto Régio sugere a necessidade de uma defesa das virtualidades humanas, da liberdade em suma, Shaw — também de acordo com o seu próprio tempo — apontava a necessidade de uma justiça que humanamente dissolva o desencontro. Este paralelo nos permite mostrar que, numa época tão ávida de liberdade e tão incompreensiva do que ela seja, o facto de Benilde se considerar escolhida e de a sua escolha, só por si, constituir, segundo o texto, prova de amor, sem que Régio tenha chegado a afirmar se desse amor nasceria um deus (ou, se quisermos, uma ideia redentora), se é incompleto quanto aos hábitos de redenção, redunda em «mais valia» da pessoa humana, valiosa em si própria e por si própria. A convicção de Benilde, cuja defesa, por parte dela, e discussão, por parte das outras figuras, são o toque da qualidade teatral da obra, no sentido já muito atrás definido, é assaz significativa. Pouco interessa que ela confunda o vagabundo com um anjo, no que só mostra a sua inocência em matéria de angeologia, pois que, de contrário, saberia que a maioria dos especialistas é concorde sobre a assexualidade dos anjos... Só aparentemente interessa que, lamentavelmente, ela se haja entregue a interpretações que a Inquisição puniria quase com fogueira... O que interessa é notar que a sua convicção não chega a realidade banal, e a inclui. E, como nem só para quem tem fé o sobrenatural se torna natural, a ninguém repugnará concluir que essa convicção representa, alegoricamente, uma das mais altas virtualidades humanas: a de confiar, apesar de tudo, nas possibilidades das coisas e dos homens.

Tecnicamente, a peça desenvolve-se de acordo com ditames clássicos das unidades, nos três actos de exposição, crise e resolução. Era da própria natureza do desejado espectáculo que o desenvolvimento se apoiasse, como apoia, em coincidências, e que o apelo do louco constituísse o fulcro da acção dramática, o principal agente. De facto, é esse apelo que traz Benilde à cena, no 1.º acto, que provoca a suspensão violenta do diálogo do 2.º acto entre a tia e a sobrinha. Não creio que um verdadeiro homem de teatro deva recuar perante o que vulgarmente se chama o «melodramático»: se isso fosse bastante para condenar uma criação teatral... Mas V. Ex.ᵃˢ conhecem bem, não é verdade?, um dramaturgo chamado Shakespeare. As figuras, mesmo as acessórias, têm densidade humana, são vivas, e só a construção sintáctica e a escolha vocabular característica de José Régio, linguisticamente as uniformizam um pouco. Nenhuma delas se pode considerar alegoria — da Fé, da Ciência, da humanidade pecadora, não sei que mais — e, se como tal se comportam, é por reacção das suas maneiras de ver e de viver perante o «caso» de Benilde. Esta não é a figura mais complexa: o paroxismo da sua situação é que é de uma superior intensidade. Complexo é Eduardo, que evolui, de contrário em contrário, até à aceitação final. E complexa é Etelvina, muito feminina na sua oposição a um maravilhoso que não tenha surgido na sua própria imaginação.

A companhia do Teatro Nacional, que deu à peça uma realização de altíssima categoria, honrou-se e honrou o teatro português levando-a à cena. É-me particularmente grato poder dizer isto, quando, na época passada, quase nunca foi possível sequer pensá-lo. O teatro vive destas tentativas, embora tenhamos que reconhecer que, mal habituado como está o grande público aos êxitos já feitos, às peças cujo êxito já vem garantido por fama estrangeira ou por vulgaridadade nacional, o grande público não saiba que é ele próprio quem deve elaborar os êxitos, lutando também por esse meio contra a passividade em que a sua consciência se subverte. A chamada vida do espírito, para quem não é criador, mas só leitor ou espectador, constrói-se na assistência, na discussão, no agrado ou desagrado, sim; porém se não dignifica na reacção com ideias feitas. Ao público, que é povo, enquanto permanecer sob tantos outros aspectos um egoísta que espera pela consciência e pelo sacrifício daqueles seus elementos para quem a vida só é digna de ser vivida livremente, falece-lhe o direito para aplaudir ou condenar. Esta é a dura verdade, e não é só para as comodidades da electricidade e da gasolina que vivemos, de facto, no século XX.

Da companhia do Teatro Nacional, cuja longa experiência de agrupamento lhe permite ser sensível, quando quer, à unidade necessária a um superior espectáculo, a peça recebeu equilibrada interpretação, da qual é irresistível destacar Maria Barroso, na protagonista, Augusto Figueiredo, em Eduardo, e Amélia Rey Colaço, em Etelvina. A chegada de Maria Barroso a um papel desta responsabilidade, nos termos de sábia pureza interpretativa e de apaixonada vivência em que ela o ergueu, constitui promessa de uma grande actriz trágica, capaz de encarnar qualquer papel, cuja serena tensão supere a agitação dramática; a sua Benilde ficará, desde já, como uma das mais belas interpretações do nosso teatro contemporâneo. Augusto Figueiredo arcou com o papel mais perigoso da peça, aquele de cujo equilíbrio mais dependia o equilíbrio do conjunto. É costume chamar ingratos apenas aos papéis de «vilão da história», e, no entanto, poucos papéis serão tão realmente ingratos como este, a que Figueiredo emprestou a convicção que havia a esperar do seu talento; está ali um excelente actor, que só ganhará com uma maior prática do 1.º plano interpretativo. O dueto final, com Maria Barroso, teve, da sua parte, uma sobriedade e uma subtileza poética, dignas daquela «morte de Isolda», que Maria Barroso primorosamente sugeriu. Amélia Rey Colaço encarnou a Tia Etelvina como comediante consumada: são de inexcedível teatro a grande cena do 2.º acto e a firme presença com que acompanhou, em movimentos adequados e discretos, o desenrolar do drama. Luz Veloso, Robles Monteiro, Erico Braga e Samwel Diniz completaram conscienciosamente a atmosfera da peça, sendo relevantes: da parte de Robles Monteiro, a sua entrada em cena depois de, como médico, ter examinado Benilde; da parte de Erico Braga, a compreensão da figura que é causa longínqua de quanto se passa; e, da parte de Samwel Diniz, a total composição do «padre Cristóvão», com raras simplicidade e dignidade.

Cenicamente, eu desejaria talvez um 1.º acto menos realista, um 2.º acto menos bonito e um 3.º menos sombrio. Mas até nisso a encenação, sempre demasiado cuidadosa do Teatro Nacional, foi dignificada pela qualidade teatral do conjunto. Mais uma vez se confirma que, sempre que haja amor pelo teatro, coragem realizadora e uma longa experiência, a intensidade dramática faz o resto. O Teatro Nacional prestou à causa do teatro moderno em Portugal um serviço inestimável, cujas consequências benéficas — em que pese aos falsos amigos do teatro — serão irremediáveis.

A estreia de *Benilde* não foi, é certo, uma batalha do *Hernani*. Mas só o não foi, porque o mau e o bom público, a má e a boa consciência teatral, estão, entre nós, de tal modo misturadas, que não é possível haver «acontecimentos».

96

CENTENÁRIO DE CERVANTES
«RETABLO DE MARAVILLAS»

Passa este ano o centenário de Cervantes, que é, sem dúvida, dos mais universais, senão o mais universal que qualquer povo haja produzido. A universalidade de Homero é, de outra ordem, um elemento primacial na história da civilização ou, se quisermos, no próprio evoluir da humanidade; nele se postula e concretiza um estado de consciência religiosa dos gregos, e, portanto, para lá do seu valor significativamente humano, há a expressão de um devir. Dante, Shakespeare, Cervantes ou Goethe, conquanto encerrem, no seu pensamento, o do futuro, são, pelo contrário, suspensões na história da cultura, que, neles, se demora para meditar e reconhecer-se, determinar as constantes do seu próprio devir. A *Divina Comédia* e a *Vita nuova,* as tragédias e comédias dramáticas de Shakespeare, o *D. Quixote,* o equilíbrio goethiano, são pontos notáveis da curva da cultura; mas não será exagerado ou absurdo afirmar que Cervantes talvez mais do que os outros foi quem se aproximou de uma compreensão da vida em função da própria vida, e não de um qualquer superior ideal de comunidade humana, de realização artística, de educação estética, que, um a um, caracterizam os seus pares. A glória do D. Quixote, figura que, como Fausto ou D. João, simbolizam uma visão do lado activo da existência, tem mantido algo na sombra a própria posição espiritual de Cervantes, não menos efectiva e rica do que a tremenda explosão literária e filosófica sugerida pela sua mais distinta criação. O sentido do teatro como vida e desta como teatro e a pura consciência do valor da «ilusão», que fazem do século XVII europeu uma das mais latas épocas da cultura por o ser do teatro, vivem em Cervantes, são patentes neste encantador *Retablo de maravillas,* que tivemos a felicidade de admirar, e dão ao «D. Quixote» um significado que transcende o dos dualismos nele investigados: nobreza e vulgaridade; loucura e bom senso; ilusão e realidade; espírito e matéria; enfim, quase todos os dualismos existentes ou inexistentes. A literatura espanhola do Século de Ouro, tão desconhecida em Portugal por quem de direito, não estão ainda devidamente desacreditados pensadores ilustres que sobre ela formularam apressados juízos, foi em extremo ciente do problema da «ilusão». Já na minha crónica anterior, a propósito da peça de José Régio, tive ocasião de lembrar Calderón, cuja percepção do sentido teatral da vida é, ou devia ser, sobejamente claro. A personalidade, como algo de assumido um tanto voluntariamente; o conhecimento, como algo dependente do desejo de transformação do mundo, que são, hoje, do domínio já da pedagogia e da política, foram da própria essência intelectual de um Calderón ou de um Cervantes, e este último, ao representá-las em D. Quixote, que é, afinal, uma personagem tão tragicamente mais lúcida do que o seu superficial ridículo sugere, aprofundou-as com uma penetração de que este singelo «entremez» não deixa dúvidas. Pena é que a crítica hispanística, enlevada principalmente no D. Quixote e em Lope de Vega, tenha deixado sempre mais ou menos na sombra estas obras «menores», que, para o estudo dos grandes autores, são, na maioria das vezes, tão decisivas e esclarecedoras.

O tema do *Retablo* é o seguinte. Uma companhia de saltimbancos chega a uma terra de província, e a sua chegada desperta a curiosidade dos notáveis e do povo. Acontece, porém, que, no «retablo», em que nada aparece, tudo o que os «autores» descrevem só poderá ser visto por quem seja filho legítimo ou não tenha sangue de judeu. Começa a «representação»; e, sucessivamente, todos aqueles notáveis se assustam com um bando de ratos, lutam contra leões, deliram vendo dançar Herodíade. E aqui reside a subtileza da peça, que transcende a própria sátira social: é que nem os espectadores da plateia, nem os espectadores do palco (o povo aldeão), nem os espectadores do «entremez», sabem até que ponto é verdadeira a ilusão destes últimos. Quase diríamos que, à semelhança daqueles sacerdotes de Isis de quem fala Plutarco, os próprios «autores» do entremez já não sabem se sim ou não ali está dançando uma bailarina de verdade. De súbito, pelo palco do entremez, surge um «furriel» de carne e osso, que vem anunciar ao «governador» a sua chegada e de uma companhia de cavalaria. Todos recusam aquela realidade como realidade, e a tal ponto persistem na sua convicção, que pedem aos «autores» a repetição da dança imaginária, para convencer o próprio furriel... E, terminado o entremez, libertos os espectadores — todos filhos legítimos... —, os saltimbancos desarmam a sua caranguejola, e partem.

A companhia do Teatro Nacional representou a peça no original, encenada pelo Prof. Erwin Meyenburg. Um ou outro deslize de prosódia ou de ritmo é gratamente desculpável pelo facto de tão fresca obra ter assim escapado à fieira tradutória de qualquer arqueólogo encartado em adaptações dos clássicos; e é de louvar o brio com que nem sequer foram suprimidas aquelas passagens de saborosa e oportuna obscenidade que na peça abundam, quando o nosso pobre Gil Vicente é delas catado a pente finíssimo.

O Dr. Meyenburg deu à representação aquela «verve» que tornou inesquecível, entre nós, *La Locandiera,* de Goldoni. Não sei se a responsabilidade dos figurinos, demasiado caricaturais, lhe pertence — não é a traço tão grosso, embora o pareça, o humor de Cervantes. Quanto à interpretação, apraz-me sublinhar como resultou em favor do teatro o ar de brincadeira pouco a sério que, no Teatro Nacional, costumam ter estes espectáculos culturais. De teatro enfatuado andamos nós cheios, no palco e na vida.

No «entremez», cumpre-nos destacar Amélia Rey Colaço, uma «autora» cheia de vivacidade castiça, e Pedro Lemos, cuja composição da figura do «músico» parecia fugida ao período *azul* de Picasso; todos os outros, Raúl de Carvalho, Henrique Santos, Álvaro Benamor, que foi o discreto e acertado comentador do programa impresso, Maria José, Augusto Figueiredo, Samwel Diniz, Maria Barroso, António Palma e Paiva Raposo, cumpriram com a graciosidade e o desembaraço requeridos pela peça e pelo Dr. Meyenburg. Pareceu-me pouco feliz o cenário de Lucien Donnat, curioso, mas apressadamente estudado quanto ao aproveitamento das dimensões cénicas.

O espectáculo abriu com «algumas palavras sobre Cervantes», pelo escritor espanhol Eugénio Montes, que evocou a figura de Cervantes, com facilidade, finura e certa emoção.

Entre a evocação e a representação do autor cujo centenário se comemorava, sucedeu um lamentável incidente, uma vergonhosa experiência... Com efeito, houve quem procurasse representar, sem papéis sabidos, sem marcação estudada e num cenário idiota, um episódio da *Vida do grande D. Quixote e do gordo Sancho Pança,* do comediógrafo setecentista António José da Silva. O público riu-se daquilo tudo, julgando que se ria do episódio; e algumas pessoas responsáveis, entre as quais me contei e continuo tendo a fraqueza de me contar, sentiram cruciantemente a crise da batata. Naquele nojo, em que se espojaram tristemente Manuel Correia, Luz Veloso, Beatriz Santos, Henrique Santos, Fernanda de Sousa, Maria José, António Palma e Pedro Lemos, só este último se movimentou com o acerto

99

permitido pelo desacerto geral. Nunca a leviandade dos espectáculos culturais atingiu, que eu saiba, tais extremos; e, se António José da Silva não merece muito, se se entender que o público e a cultura não merecem muito mais, parece-me que a solenidade académica do espectáculo e a honra profissional de quem nele tomava parte teriam exigido a supressão de um «episódio» que não estava em condições de ser representado. Episódio foi ele, mas muito desagradável.

«REBECCA», DE DAPHNE DU MAURIER

A reaparição dos «Comediantes de Lisboa» fez-se no Teatro Avenida com uma rabeca celebrada e desafinada, que não prestigia o Teatro nem verdadeiramente distrai o público. As fífias do instrumento excederam a expectativa mais pessimista, desde a requestada autoria à distribuição e interpretação, passando, é claro, pela tradução, muito aprimorada, e pela encenação, à qual um delírio de «bibelots», jarras e candeeiros não consegue disfarçar a vulgaridade de «castle», «hall», «abbey», ou que quer que seja de convenção digna daquele «profundo caso psicológico, drama de prestígio doméstico semelhante ao da *Casa em Ordem,* de Pinero», que a peça (?) contém, segundo as proficientíssimas palavras do programa.

Teria sido triste que os «Comediantes» suspendessem a sua actividade, como até ainda há pouco parecia provável; mas é mais triste a falta de sentido teatral, de respeito pelo teatro, de interesse pelas verdadeiras formas cénicas, que continua a caracterizar a orientação desta empresa. Companhia de declamação, insistindo em ser de declamação, são sempre meritórias, mesmo quando declamem demasiado; e é da táctica comercial, autenticada pelos respectivos costumes, que os produtores apregoem a excelência dos seus produtos. Não é, porém, desculpável que uma e outra coisa sirvam para manter, segundo o programa, «a tradição de apresentar peças de que foram extraídos grandes filmes», como se tal pudesse representar, em qualquer parte, um desígnio de acção teatral. De resto, a peça de agora nem está nessas exactas condições, visto que tanto ela como a fita são filhas do êxito popularuncho de um *thriller* sem profundidade nem grandeza. Ao longo de seis quadros, em que ou não há teatro ou o teatro, do pior, mais evidencia os contrasensos da novela, arrasta-se uma torpe mistificação de *lords,* esposas defuntas, esposas em segundas núpcias, governantas de faca e alguidar, e pretensos mistérios policiais, tudo destinado a fazer as delícias da burguesia anglo-saxónica de ambas as margens do Atlântico. Mas não vale a pena continuar, porque, afinal, é ainda o programa quem elucida, com involuntária e cândida franqueza: «a isenção da iniciativa (da empresa), livre de preconceitos, tanto intelectuais como comerciais»...

O Sr. de Winter foi João Villaret. Não sou dos que entendessem que o facto de um Laurence Olivier ter encarnado esse papel seja impedimento a que João Villaret o encarne; no entanto, a prova de que há certas limitações de físico no teatro está em que Villaret, por certo, não encara a possibilidade de vir a ser Romeu ou o Ariel de *The Tempest...* Parece-me que da preocupação das comparações possíveis, muito beneficou a sua interpretação: cuidada, sóbria, mais teatral e menos «pessoal» do que o brilho do seu talento costuma provocar. Lucília Simões limou, como ilustre actriz que é, as asperezas de um papel difícil à força de falsas profundezas. Assis Pacheco dominou, nas simples cenas em que interveio, toda a representação, suspensa do inquérito do seu «Coronel Julyan». José Amaro, cada vez com mais presença e naturalidade, foi o secretário do castelão de Manderley. Luis de Campos defendeu, como pôde, o papel do primo antipático. Hortense Luz e Nascimento Fernandes completaram, com algum acerto, o quadro familiar. Perdão, falta fazer referência à esposa em segundas núpcias: Maria Lalande. Permitam-me, porém, que, desorientado por umas caretas de tragicomédia e os balidos que julgo ainda sobrantes de *Miss Ba,* eu deixe a esta actriz, que tem sido também ilustre, a crítica em suspenso, até novas provas mais concludentes.

É isto a *Rebecca* do «Avenida» e de Daphne du Maurier. Que lhes preste.

COCTEAU NO TEATRO NACIONAL
«A ÁGUIA DE DUAS CABEÇAS»

Depois dos êxitos artísticos da estreia de *Benilde,* de José Régio, e da apresentação de *A Casa de Bernarda Alba,* de García Lorca, e de outras mais ou menos louváveis realizações, a companhia do Teatro Nacional apresentou a última peça de Jean Cocteau: *A Águia de Duas Cabeças.* Quando o teatro em Portugal atravessa uma crise aflitiva, cuja responsabilidade se distribui, desde os regulamentos oficiais que o condicionam, até à consciência e ao gosto duvidoso daquele sector do público que ainda o busca e nele confia, e sejam quais forem as razões que levaram uma companhia de valor a meter-se em brios que nem sempre tivera, cumpre-nos louvar uma actividade que se patenteia em tão importantes realizações. Digamos, quanto antes, que a peça de Cocteau não tem a categoria de qualquer das outras duas que citei. Se, como Régio ou Lorca para os seus respectivos países, Cocteau é hoje um dos mais ilustres escritores franceses, a par de ser uma das mais fecundas e influentes figuras europeias, intimamente ligado à evolução da literatura, da música, do bailado, da arte cénica e do cinema, a verdade é que é mais um multímodo e agitador talento, que um escritor profundo, transmissor e criador da vida do seu tempo. A habilidade muito pessoal com que se apossa, quase obsessivamente, dos chamados temas eternos depõe bastante contra ele; pois não é por construir intelectualmente subtis variações sobre o tema do amor e da morte que poderemos inclinar-nos perante uma profundidade que reside principalmente em quanto a cultura de séculos e a evolução da sensibilidade inseriram nesse ou noutro tema qualquer. Seria preciso que Cocteau a esses temas tivesse chegado, e não que tivesse principiado por brincar com eles. Sirvamo-nos de exemplos. Também na aparência imediata e na realização artística, as obras de um Thomas Mann, e de um James Joyce ou de Marcel Proust, a poesia de um Rilke ou de um Stephan George, o teatro de Pirandello ou de Synge, tão diversos e tão afins como altíssimos produtos de requintada cultura post-simbolista, se alheiam dos problemas imediatos, os depuram e transfiguram, a ponto de a meditação explícita ou implícita culminar, quer formal, quer tematicamente, numa expressão que se supõe ou deseja isenta, pairando numa estratosfera em que, segundo a frase de Joyce, o criador assiste vagamente irónico, «arranjando as unhas». Acontece, porém, que, independentemente de isto haver sido o sonho profissional de duas gerações consecutivas e epocalmente determinadas, não menos é o resultado da lucidez com que grandes artistas acabam por a si próprios e ao seu próprio mundo conhecer: não é efeito de um talento brilhante que gratuitamente se exerce, mas nobre consciência em que se reflectem equilibradamente, segundo a unidade pressentida, todas as dolorosas contradições da humanidade. Ora, Jean Cocteau ([1]), por grande e original que seja, e é, a sua personalidade, e por capaz que esta seja, e é, de produzir perturbantes obras-primas, não possui aquela seriedade que não implica sizudez, aquela profundidade que não implica abstracção, aquela originalidade menos de *jongleur* que de trapezista, que são características dos muito grandes, e lhe confeririam, de direito, a posição que de facto desfruta em França. É certo que essa posição lhe é disputada, ignorada ou negada; e que, correspondendo a um talento sem firmeza, é justamente ocasional, sempre ludicamente conquistada e mantida. Mas também é certo que o seria em qualquer caso, dadas as suas independência e volubilidade estéticas, ainda quando houvesse em Cocteau, além da consciência artística e da consciência literária que em tão alto grau domina, uma consciência do mundo e da vida, em si próprios e por si próprios. Devo abrir um parêntesis para, neste ponto, afirmar que me sinto extremamente à vontade para assim ajuizar de Cocteau: o seu livro *Les enfants terribles* produziu-me, quando há muitos anos o li, uma impressão decisiva, tal que me é impossível a releitura dele; e guardo do bailado *Le jeune homme et la mort* e de algumas cenas, como a final, do filme *L'éternel*

([1]) De quem o nosso grande público conhecerá por certo, o romance *Les enfants terribles* (traduzido sob o título de *Os Meninos Diabólicos*), o bailado *Le jeune homme et la mort* (apresentado pelo «ballet des Champs Elysées») e os filmes *La belle et la bête* e *L'éternel retour;* e de quem, agora, tem possibilidades de ver, numa tradução admirável de bom gosto e fidelidade, *L'aigle a deux têtes.*

retour a lembrança de uma emoção que raríssimos espectáculos poderão igualar.

Seria injustiça, todavia, não localizar o carácter de aventura literária da actividade de Cocteau, na época que o viu surgir, e que, durante algum tempo, esperou que ele tomasse posse da cátedra de «primeiro poeta» ([2]) que não chegou a ser. E seria erro não lembrar que essa época brilhantíssima de Picasso, Braque, Strawinsky, Apollinaire, Fargue, Salmon, Jacob, e tantos outros, espécie de ressurgimento, na euforia trágica da paz de Versailles, daquela alegria de viver e criar, que acompanhara o início do nosso século, aliou, a um profundo sentido da renovação artística ([3]), um necessário gosto de escandalizar, de brincar com as coisas sérias, que só mais tarde e felizmente, veio a depurar-se na extrema dignidade da obra ulterior desses artistas. Recordemos que, em Portugal, a renovação e a «blague» foram, contemporâneamente, obra de um Sá-Carneiro, de um Pessoa, de um Almada, e que, se os dois primeiros são hoje duas das maiores honras da nossa cultura, o último é, além de grande artista plástico, um grande escritor que o público ignora. Se o gosto do mundo mudou, e se hoje é tão desagradável que as obras patenteiem a caprichosa personalidade dos seus autores, por certo que não é a todos esses artistas, ciosamente cultivadores da própria originalidade, que a culpa compete. A propósito, e por via das acusações de «subjectividade», tantas vezes destituídas de fundamento, quando não enfermas de semântica, filologia e filosofia, cumpre-me informar que o culto da originalidade nada tem que ver com o estadeamento da própria individualidade, e que o estadeamento condenável da própria individualidade pode estar muito longe, quer da introspecção perspicaz, quer de uma estilística pessoal. O brincar com as coisas sérias assumiu e assume várias formas mais ou menos sérias. Muitas vezes, e é o caso de Cocteau, só aparentemente se reveste de aspectos iconoclásticos, cuja superficialidade as audácias

---

([2]) Cf. René Lalou — *Histoire de la littérature française contemporaine.* Paris, 1924.

([3]) As «revoluções» literárias, plásticas e musicais desse tempo foram muito mais solidamente eruditas do que os próprios criadores, na sua acção polémica, deixavam entrever, e do que os pascácios opositores do «modernismo» ingenuamente julgaram e ainda julgam. Assim sucede, de resto, com todas as renovações fecundas e fecundantes.

intrínsecas do surrealismo permitem desmascarar com segurança. Não há, em Cocteau, por trás do paradoxo estilístico ou da reinterpretação dos velhos temas e figuras, um propósito de total renovação; e foi precisamente a sua tendência para a habilidade artística que o levou, cada vez mais, a explorar todas as ressonâncias que a sensibilidade geral e a cultura generalizada são capazes de pressentir em situações preparadas — daqui a importância do teatro na obra de Cocteau, daqui a força e a fraqueza desta *Águia de Duas Cabeças.* Com efeito, há sempre muito de teatro, no mais vulgar sentido da palavra, em preferir-se, à lógica interior de um desenvolvimento, a surpresa de uma frase ou de um acontecimento inesperado. Só a persistência, em toda a obra de Cocteau, dos temas da verdadeira e falsa personalidade, e da semelhança e dissemelhança das figuras, lhe dá, sem dependências meramente linguísticas, um cunho profundamente característico. As personagens de Cocteau parecem-se sempre com ou são mesmo essa outra, quando acaso, no pensamento delas, se não confundem incestuosamente umas com as outras. Assim é nos *Chevaliers de la table ronde,* assim é em *Les parents terribles* (talvez a sua mais vigorosa e humana obra), assim é na *Águia de Duas Cabeças,* em que o anarquista se parece extraordinariamente com o rei cujo assassínio a rainha ainda chora. O excesso de elaboração artística, a atmosfera de sugestão literária, as graciosidades poéticas, a rebusca de situações pseudamente trágicas — consequências de uma personalidade demasiado fantasista e sábia para ser um sério poeta — tudo isso dá a esses dramas, romances, ensaios, memórias, etc., que constituem a extensa obra de Cocteau, um tom de saborosa e pueril deshumanidade, um ar de divertimento anacrónico. E, se dissermos que Cocteau agrupa os seus trabalhos sob as rubricas de «poésie de roman, poésie de théâtre, etc.», apetece sorrir, com dolorosa ironia, de um autor que sinceramente visa um tão puro sincretismo, e clownescamente se fica pelo encanto da sua fulgurante personalidade. O próprio Cocteau angustiosamente se observa no seu último livro *La dificulté d'être.* E mesmo em fulgor, de original artifício que foi, já decaiu, abusa de estupefacientes literários e cénicos — e é triste, na *Águia de Duas Cabeças,* ouvir o ranger dos maquinismos clássicos e ver os modestos cordelinhos com que é esforçadamente construída uma tão bela peça.

Como tantas coisas, este Cocteau chega já tarde. É sina da cultura em Portugal viver e morrer de desencontros. Quando alguém, integrado no tempo, entre nós renova a expressão artística, não há mesmo um público de escol que lhe dê apoio; e quando enfim chegam de fora ao público aquelas obras que seriam fundo e ressonância, já o próprio escol evoluiu, se desinteressa, e quase sem ter conhecido se apressa em condenar. Embora recente, a peça de Cocteau não se sustenta de uma vigência anterior do seu autor, como sucede em França; e aqui estou eu a aplaudi-la, quando seria meu desejo considerar inteiramente inútil a sua apresentação. Curioso é que o público «selecto» que se poltroniza para as estreias do Nacional, e que de modo algum constitui um escol que não seja apenas de elegância mundana e de patriarcal enlevo por diversões em três actos, curioso é que esse público, para quem a peça teria todas as condições de intemporalidade, ribombância monárquica, fogo de artifício cénico, para agradar em cheio, se retrai, se desconcerta, sem abandonar-se aos delíquios de gozo, que outras peças menos intemporais, menos de direito divino e mais modestas de factura hão conseguido extrair àquele «foyer» de bem-aventuranças. De onde concluir que para essa gente mesmo o mau teatro tem de ser mal feito. Mercê, porém, da notória incultura, a coisa compreende-se, o que torna ainda mais imperdoável a frieza com que foi recebida a interpretação, sem favor notável, que a peça teve, porque, para quem vai ao teatro como à sobremesa de um jantar oferecido a casais amigos, nada mais é preciso que um melodrama bem vestido e bem posto em cena, com principais papéis que sejam, ou possam ser ou parecer que são «grandes criações». E a criação, como se sabe, é uma questão de «pedigree». O próprio Jean Cocteau diz no prefácio à peça: «Depuis quelque temps je cherchais les causes d'une certaine dégénérescence du drame, d'une chute du théâtre actif en faveur d'un théâtre de paroles et de mise en scène. [...] Les vieux Oreste, ces vieilles Hermione se démodèrent, hélas, et, faute de cariatides pour les portées, grands rôles disparurent avec. On leur substitua, sans même s'en rendre compte, la parole pour la parole et la mise en scène. Parole et mise en scène prirent alors une place dont les Sarah Bernhardt, les de Max, les Réjane, les Mounet-Sully, les Lucien Guitry, n'eurent jamais la moindre idée. Sur les planches où évoluaient ces ancêtres, la mise en scéne se faisait toute seule et le décor ne parlait pas plus haut qu'eux. [...] Ajouterai-je qu'un grand rôle n'a rien à voir avec une pièce. Écrire des pièces et des grand rôles est un des prodiges de Racine. [...] Marier ces deux forces — la pièce humaine et le grand rôle — n'est ce pas le moyen de sauver le théâtre et lui rendre son efficacité?» Com isto, que é de uma perspicaz exactidão, concordo eu, mesmo que se corra o risco de, conforme Cocteau termina por dizer, o público «prendre fort mal ce réveil en fanfare et de le confondre avec le mélodrame». Apenas em Portugal, depois de sumidos os «monstros sagrados», criadores de grandes papeis, não houve e não há teatro da palavra pela palavra nem teatro de encenação, porque não é lícito confundir Giraudoux e Claudel com os psitacismos de moribunda comédia burguesa que por cá florescem, nem tomar por de Gordon Craig os requintes de «bric-à-brac» a que o próprio Teatro Nacional habituou o seu público. Quanto ao seu melodrama, apesar do exorcismo do prefácio, Cocteau caiu nele...

A empresa do Teatro Nacional deu à apresentação de *A Águia de Duas Cabeças* uma qualidade indigna do seu público, e é lamentável termos de reconhecer que, descontados alguns fiéis e esclarecidos amadores de teatro e um ou outro intectual literatamente curioso, não tem outro. Para Amélia Rey Colaço (a Rainha) e para Álvaro Benamor (o anarquista Estanislau), deve ser amargo, depois da tremenda prova de arte de representar que é a metade final do 1.º acto, em que a primeira diz durante mais de meia hora, um primoroso monólogo que o segundo ouve em silêncio, receber do público uns aplausos conspícuos e delicados de «connoisseurs» pretensos que não vão no bote... Também à cena de amor do 2.º acto e à grande cena do final da peça, ambos deram uma brilhante versão, que, quanto à última, não fossem a faca e o alguidar (ou mais exactamente, a faca e o veneno da rubrica) a assistência não desceria a aplaudir. Erico Braga, no «Conde de Foëhn», personagem que é um dos deuses *ex machina* da acção, deu-lhes muito sobriamente uma bela réplica. Luisa Neto, na leitora da Rainha, e Paiva Raposo, no seu generalíssimo, houveram-se por forma a merecer outra vida. Dos cenários de Lucien Donnat, muito sugestivos e ao gosto da peça e de Cocteau, parece-me que a direcção proficiente de Erwin Meyenburg não tirou todos os efeitos desejáveis. Os figurinos, também de Lucien Donnat, ressentiram-se de uma excessiva reconstituição histórica, que a peça, só por ser inspirada na figura da imperatriz Isabel da Áustria, não exigia. Resta repetir, em especial, da tradução, o que no decorrer desta crónica já foi dito: Augusto de Castro conseguiu uma versão fiel, equilibrada, de uma qualidade literária raríssima em palcos portugueses, e a tal ponto que um ou outro deslize («tudo o que recai...» em vez de «tudo o que tomba...») surge como nódoa imerecida.

Abril de 1948

«O MORGADO DE FAFE», DE CAMILO
E «A CEIA DOS CARDEAIS», DE JÚLIO DANTAS

«O COMISSÁRIO DE POLÍCIA», DE GERVÁSIO LOBATO

Para o Carnaval, as empresas do Avenida e do Nacional apresentaram, respectivamente, reposições de *O Morgado de Fafe em Lisboa,* e de *O Comissário de Polícia.* É curioso isto de toda a gente pensar que teatro sério é o teatro sizudo, e que umas farsalhadas só pelo Carnaval se perdoam, quando de autores honestos, embora, anos a fio e durante um Carnaval de doze meses, aplaudam como sérias as mais desonestas adaptações, refundições, copiações, etc., de peças com pretensões de farsa, farsadas com pretensões de comédia, e tudo o mais que é dado parir aborticamente neste jardim de Europa tão à beira-mar plantado. É curioso e é sintomático. Porque uma peça de Camilo, mesmo má — e este *Morgado* não é muito mau —, não deixa de ser obra respeitável de um dos mais importantes escritores portugueses; e porque *O Comissário de Polícia* mantém em estado de vital frescura, ainda hoje, um ritmo de «complicações» e de situações notabilíssimo e numerosas piadas que temos ouvido sediças nos textos dos comedieiros profissionais. Não há, pois, respeito por quem é digno dele, nem compreensão da arte teatral; para não falarmos do que aconteceria se se repusessem algumas comédias dos tempos idos...

Quando vi estas peças destinadas ao Carnaval, ainda o mesmo estava só à porta; e já poucos dos actores representavam com aquela dignidade e aquela convicção, que são timbre de um verdadeiro actor, sejam quais forem as peças e os papéis, desde que as primeiras não deshonrem o teatro e os segundos não achincalhem a profissão. Quer isto então significar que também os actores julgam de somenos a farsa ou as comédias que rocem a salutar truculência dela. O que, por sua vez, significa imaginarem que só de Antígonas para cima ganham as coroas de louros, tendo na memória o gosto amargo de saberem que só das rábulas para baixo ganharão as coroas (de escudos). Ora qualquer pessoa medianamente culta não ignora que a farsa e a tragédia são os géneros extremos do teatro, que podem tocar-se, e se tocam, no grande teatro como nas grandes obras romanescas. Não vamos mais longe: um «metteur-en-scène», que tal visse, daria ao público, sem alterar uma vírgula, um *Morgado de Fafe* angustioso, confrangedor, um espectáculo que, dolorosamente, a cada momento sufocaria o riso provocado — sem traição alguma, a peça poderia ser assim conduzida, o que estaria na essência da «vis» camiliana.

A peça de Camilo não possui, nem aliás procura possuir, a hábil movimentação e a «verve» cénica da comédia de Gervásio Lobato. São dois actos por vezes indecisos, muito distantes da hipertrofia cómica dos quatro actos de *O Comissário de Polícia*. E no entanto, como sátira de costumes, vai mais longe que a esfuseante (e *ingénua*, segundo os críticos amadores de pornografia barata) satirização do autor de *Lisboa em Camisa*. Sente-se que Gervásio Lobato achava mais graça à sua própria graça que ao ridículo da sociedade lisboeta. Camilo, não. Embora apressadamente delineadas, as suas personagens são mais complexas, até daquela complexidade camiliana em que figuras de uma obra iluminam tão profundamente diferentes figuras de outra. As personagens camilianas são variações e retornos temáticos de estados de alma, o que não está tão longe quanto se supõe das mais ousadas concepções do romance moderno. Apenas Camilo, homem de teatro como poucos autores portugueses, não podia por essa mesma natureza da sua criação, ser homem de palco; e, de resto, raros têm sido, de entre os grandes romancistas, aqueles que tentaram o teatro com êxito, não direi de público, mas de estruturação cénica, visto a criação romanesca até certo ponto deformar a noção da influência do tempo no preparo das situações. Gervásio Lobato, cujo talento era principalmente o de criador de situações de cuja comicidade as réplicas são comentário e exacerbação, que é um humorista e não um moralista dramático, desenvolve as vicissitudes da sua comédia — em que não há personagem principal, visto no primeiro plano se movimentarem pelo menos quatro figuras — com uma liberdade que chega a ser excessiva, por permitir-lhe acumular graça e mais graça, à custa da economia das situações já numerosas e complicadas. Mas a sua peça, dentro dos limites de uma criação despretensiosa mas séria, é uma lição de bom teatro cómico, pelo equilíbrio entre a malícia indispensável e uma observadora e sadia amoralidade.

Quanto a interpretação e encenação, foi Gervásio Lobato, no Nacional, mais feliz que, no Avenida, Camilo. Sem dúvida que, originariamente, *O Comissário de Polícia* não iria tão longe no ridículo da indumentária e no exagero de certas atitudes; mas sublinhar, aos olhos de hoje, essas possibilidades cómicas implícitas é ainda servir a peça, actualizá-la, favorecer-lhe a merecida ressurreição. Se, no Avenida, tivessem seguido este aceitável critério, *O Morgado de Fafe* seria declamado altissonantemente, com as mãos no coração, em tom sobreagudo, extraindo-se do ultra-romantismo lacrimejante aquele caricato que o próprio Camilo sarcasticamente nunca deixa de pôr em relevo e, nesta peça, bem claro exige. Mas se, de todo em todo, os Comediantes desejavam enveredar pelo caminho das audácias fáceis, então marcassem tudo em bailado, em vez de, heteroclitamente, suspenderem a declamação para fazer tímidas evoluções bailantes, que o público não compreendeu nem era preciso que compreendesse, embora tenha rido, o que, aliás, no Avenida, é sabida pecha dos frequentadores.

O «Morgado de Fafe», espécie de Calisto Eloi aligeirado, foi João Villaret, com excelentes momentos de representação. Apraz-me acentuar que João Villaret vai progressivamente dominando os seus excepcionais recursos, preferindo a composição da figura à interpretação pessoal. Eunice Muñoz reapareceu no papel de «Leocádia», a que deu o encanto da sua presença e uma subtil compreensão da varonilidade destas *ingénuas* camilianas. Assis Pacheco e Hortense Luz, nos «barões de Cassurães», e Ribeirinho, no poeta mundano e caçador de dotes, completaram o primeiro plano da distribuição. José Amaro, Maria de Lurdes, Virgílio Macieira, Lúcia Mariani, Alfredo Henrique, acertadamente intencional no Juiz, Maria Schultz, Baltazar de Azevedo, António Sarmento e Carlos Duarte tiveram a seu cargo as restantes figuras. Creio que Carlos Duarte, novel actor, não compreendeu todo o partido que poderia tirar do seu «João Leite», personagem de responsabilidade camilianamente muito superior ao que ele e os seus ensaiadores julgaram.

No Nacional, como já disse, a interpretação foi mais equilibrada. Vão para Maria Matos, admirável actriz, os maiores aplausos devidos ao *Comissário de Polícia*. Se a sua D. Maria Francisca não apresenta dificuldades transcendentes, e é até um tipo muito explorado pelos comedieiros e por ela própria, nem por isso a interpretação deixou de ser extremamente cuidada, quando era de mais imediato êxito o descuidá-la. Erico Braga, Luz Veloso e Samwel Diniz animaram as outras principais personagens, sendo de notar a sobriedade e o perfeito sentido da farsa com que Luz Veloso sublinhou o seu papel de viúva ardente e inconsolável. A maior parte da companhia do Nacional secun-

111

dou este quarteto com bastante brio, em especial Robles Monteiro, de comicidade discreta no «escrivão».

Como complemento mantiveram em cena os Comediantes de Lisboa aquele repasto cardinalício que servira para salvar da consumpção uma rebeca frágil e de triste memória. Lá cearam diante de mim, quando fui ver o *Morgado de Fafe,* os famigerados cardeais. Não considero acontecimento digno de especial referência a reposição deste intermédio de Júlio Dantas, a que, aliás, o público correspondeu com interesse desusado por teatro de declamação; mas não sou dos que exibem pelo seu autor uma repulsa mais baseada em snobístico desprezo por uma academia de facto desprestigiada que em justa apreciação das virtudes e defeitos de um académico de nascença. E a verdade é que, embora, à saída, a gente sinta ter assistido a uma encarnação do vácuo absoluto, se assiste sem desprazer ao desfiar de alexandrinos feitos de «sensiblerie» e reconstituição histórico-literária de sala, mas, sem dúvida com virtudes verbais e teatrais. Alves da Cunha, Assis Pacheco e João Villaret — o que, actualmente, o nosso teatro conta de melhor no naipe masculino — cardinalizaram-se e dantasizaram-se o melhor que souberam. Quanto a mim, João Villaret, tão experiente na declamação de versos, foi o que menos conseguiu transmitir o ritmo das suas tiradas, apesar de ter representado e ouvido com muita arte. Será talvez porque o declamador de versos faz deles mais o que quer do que o teatro permite. Alves da Cunha disse admiravelmente, equilibrando a medida do verso com a expressão teatral. Assis Pacheco, e é o máximo elogio, deu verdade e humana emoção ao convencionalíssimo cardeal português. O público delirou de gozo, sentiu-se requintado e intelectual, comungou na ressurreição matreira das consabidas épocas áureas do teatro de outros tempos. O Teatro, o propriamente dito, coitado, esse continua à espera que o respeitem.

6.º ESPECTÁCULO «ESSENCIALISTA»
TEATRO-ESTÚDIO DO SALITRE

Há três anos, cumpridos precisamente no dia da apresentação deste espectáculo, se iniciou a actividade pública do Teatro-estúdio do Salitre. Já em crónicas anteriores, neste mesmo lugar publicadas, tive ocasião de referir-me à natureza e ao critério de tal actividade, aos perigos que a cercam, às limitações que a condicionam, e à importância indiscutível de representações em que o teatro não é meramente comercial, nem meramente distractivo. Desejo agora referir-me ao significado, que seria injusto não relevar, de, num meio tão avesso a iniciativas não remuneradas ou remuneradoras, em que os amadores ao fim da 1.ª crítica já se dão ares de prestigiosos profissionais, em que mesmo o profissionalismo poucas vezes atinge a segurança e maleabilidade que lhe competem, se conseguir manter, embora com frequência de desejar maior, uma iniciativa de teatro moderno.

Para muita gente, apresentar Alfieri e Ruzzante, como representar o Goldoni que vimos no Teatro Nacional, será pouco mais que divertida arqueologia cénica, até prejudicial à ascensão de novos e modernos autores, prejudicial mesmo à elaboração daquela consciência social de que o teatro é, afinal, tanto agente como reflexo. E, todavia, pôr em cena um clássico, desde que se não procure apenas a exumação livresca, é sempre uma atitude moderna, ainda quando, eruditamente, se reconstitua uma encenação da época. Não é dado ao homem o puro e gratuito recuar no tempo. A representação de um clássico parte sempre da releitura do clássico; e essa releitura, seguida da encarnação cénica das figuras e da acção, terá sempre a marca do tempo em que foi feita. Por outro lado, parece-me que a cultura teatral do público e dos autores se não pode fazer sem o contacto directo com vivos espíritos do passado. Se o tablado e as reacções, boas ou más, do público, consti-

113

tuem, para lá do talento, a melhor experiência do dramaturgo, e porque essa experiência quase impossível é em Portugal, tanto mais útil se nos afigura a reposição ou a representação de clássicos, cujas vitalidade e originalidade reconciliem o público com velhas audácias esquecidas e encorajem os autores a novas audácias a esquecer. Depois, reflictamos que, entre nós, raros são os que de teatro conhecem; e que, mesmo nos melhores críticos, há lacunas de gosto e de informação, provenientes da falta de contacto não só com o passado das mais ilustres literaturas estrangeiras, como com o panorama geral das literaturas. A uma perfeita compreeensão do teatro é imprescindível o conhecimento das condições literárias e sociais de que qualquer grande época teatral é apenas o máximo expoente. Estamos já todos fartos das exibições culturais de quem fala de Shakespeare desconhecendo-o e ao teatro isabelino, de Calderón sem o referir ao Século de Ouro, de Ibsen sem o romantismo europeu, de O'Neill sem a América que o fez nascer. É certo que o teatro, extenso mundo como nenhum outro portador da ilusão de a si próprio bastar-se, vive e tem vivido da paixão exclusiva de quem se lhe sacrifica. Será, porém, mais eficaz o sacrifício de quem o conheça melhor do que ele mesmo se conhece. Acrescentemos ainda a este panorama, a ridícula e desesperante ignorância da maior parte dos nossos actores, que não estudam, não lêem, não conhecem, e fazem, até acerca dos «chavões», as perguntas mais incríveis e teremos de reconhecer inevitável a presença de clássicos, onde tão angustiosamente se faz sentir a ausência dos novos autores.

O 6.º espectáculo do Teatro do Salitre, composto de três obras muito díspares em significado e tratamento cénico, considero-o, pela qualidade que o caracterizou e pelo vivo agrado com que foi recebido, um grande êxito que muito me apraz registar, e constituirá um dos mais eficazes triunfos do «Salitre». Da pequena «moralidade» realista de Redondo Júnior à magnífica frescura da *Fiorina,* de Ruzzante, o espectáculo teve um alto nível, excelente na extraordinária peça *António (o Filho na Guerra),* de Roberto Zerboni.

Redondo Júnior, jovem autor, não é um estreante nos nossos palcos. *O Atrevido,* apresentado ao grande público, foi uma brilhante promessa. Este acto, *Lar...,* que o autor subintitula «ensaio para alta comédia», longe de ser uma peça em um acto, não passa de um simples apontamento em que as figuras, demasiado lineares, apenas são apresentadas, e em que a acção se resume ao castigo, pelo destino, de um pai ferrabraz. A interpretação incerta, e por vezes desconsolada, terá roubado à louvável crueza do quadro muita da sua ironia. Nem António Vitorino (o pai), nem Júlia Ruiz (a mãe), nem Carlos Duarte (o filho), todos já com valiosas provas, se houveram como deviam; e só Mário Nobre (o outro filho) e Fernanda Martins (a vizinha) proporcionaram ao público os melhores momentos da peça.

Tenho sincera pena que todos os amadores de bom teatro e todas as pessoas a quem interessa uma grande obra de arte não hajam assistido à notabilíssima peça que é o acto de Roberto Zerboni, uma das mais belas que, nos últimos tempos, têm sido interpretadas em palcos portugueses. Difícil será que este Zerboni, até agora apenas autor de uma peça, que não conheço, representada com enorme êxito em Itália, não venha a ser um grande dramaturgo europeu, a cujas primícias nos honramos de ter assistido. Pela admirável e tão italiana pormenorização realista do ambiente rural, pela prodigiosa transfiguração poética, pela intensidade dramática da exposição, pela originalidade do seu tema, pelo simbolismo nacional e humano que contém, esta história de uma mãe e de uma noiva ambas contracenando, em imaginoso desespero, com o filho que morreu na guerra, que não está presente ali nem como fantasma, é um vigoroso e amargo quadro inesquecível. Apenas discordo — e não sei se será da rubrica — que a porta se abra e feche sozinha, quando *ele* vai dar uma volta pela aldeia natal; seria mais belo que elas próprias a abrissem e fechassem. Fernanda Martins, a quem já me referi, interpretou *a mãe* por forma a poder considerar-se a sua estreia uma valiosa aquisição para o nosso teatro. Quem assim cria uma figura tão densa de poesia, depois de ter sabido ser uma «vizinha» mexeriqueira, tem o dever de confirmar, em estudo e trabalho, o talento que possui. Idalina Guimarães, na *noiva,* deu brilhantemente ao papel a jovem sensualidade que se não resigna, com o encanto da sua presença e um lúcido domínio da cena. A ambas, que não só à qualidade do texto e à sobriedade da respectiva indicação cenográfica de Graziella Saviotti, se deve a excelência desta representação.

Encerrou o espectáculo a *Fiorina,* de Angelo Beolco, «il Ruzzante», glorioso criador da «commedia dell'Arte», comediógrafo do século XVI. A violenta malícia do diálogo, a subtil caracterização cénica das figuras, a sem-cerimónia de uma construção tão hábil, dão a esta jóia do teatro italiano uma encantadora qualidade, que o contemporâneo Gil Vicente, por seu lado, atinge menos como homem de teatro que como grande poeta lírico. Gino Saviotti, servido pela exrema graciosidade das indicações cenográficas de Graziella e das caracterizações de Júlio de Sousa, movimentou os intérpretes no requerido ritmo de fantasia e «verve», a que não terá sido alheia a sugestão oferecida por aquele *Juiz da Beira* que Francisco Ribeiro tão alegremente ergueu no Teatro Avenida. Na interpretação, distinguiram-se, com admirável desenvoltura, Marcos Santana e Maria Celeste nos protagonistas, muito bem secundados por David Mourão-Ferreira, Chaves de Almeida, Ricardo Alberty (o que mais sobriamente se deixou contagiar pelo endiabrado da farsa) e outros. A *Fiorina* e *António* vieram a ser, por circunstâncias de força maior, no palco do Salitre, um dos melhores espectáculos, se não o melhor, que ali vimos, assim como, através da distância de quatro séculos entre dois autores, um triunfo para o bom teatro italiano, tão desconhecido, até há pouco, em Portugal. E a propósito: sabem que os jornais chegaram a noticiar a *Fiorina,* «delicioso quadro de costumes do séculos XVI», com o relevo correspondente à autoria que lhe atribuíram... por gralha: Dante. Que testemunho da veneração pelo génio! Que confiança na presciência divinatória do génio! Não há, pois, razão de queixa para os génios... que todos somos.

«PAULINA VESTIDA DE AZUL»,
DE JOAQUIM PAÇO D'ARCOS

Antes de mais, devo dizer que entendo de somenos interesse a comédia dramática, burguesa, de costumes, pela simples razão de que, se confinada a isso mesmo que a nomeia e define, é, não só uma forma artística da qual a verdadeira arte está ausente, como uma forma híbrida que não cumpre os propósitos de crítica social que simula. Pode uma dessas peças constituir um modelo de realização cénica de um tema, de um conflito, de umas quantas figuras; ter sido erguida com a máxima honestidade artística até ao nível de sentirmos autêntica a emoção que provoque; e o seu autor não haver recuado perante nenhuma deformidade moral dos personagens escolhidos — pode reunir-se em tal peça tudo isto, que é qualidade e seriedade de factura e, também, uma certa coragem: e ainda seria necessário, para que ela fosse uma obra de arte, aquela consciência de um sentido ou de uma ausência de sentido da vida, sem a qual nenhuma obra, por melhor que seja, ultrapassa a mera habilidade de quem a fez. A tal ponto o que eu digo é verdade, que o teatro naturalista burguês possui, em regra, um equilíbrio construtivo, de fachada técnica, que o grande teatro em raros momentos atingiu ou atinge, porque o equilíbrio deste, *de significação*, sempre faz estalar o quadro inevitavelmente estreito das convenções cénicas. E fazer evoluir satisfatoriamente para o cronista de costumes e para as exigências do naturalismo teatral, toda uma sociedade, com as suas paixões lícitas ou ilícitas, o seu cinismo, a sua latente incompreensão de tudo e todos, não é crítica social, que só a ternura ou a ironia da consciência poderiam fazer, mas ainda complacência, e uma complacência que se desconhece.

Esta peça, que não é a primeira de Joquim Paço D'Arcos, foi, para esta época, a única escolhida pelo Conselho de Leitura do Teatro Nacional, de entre as que lhe foram submetidas. Clamaram os meus congéneres críticos, glosando o assaz cansado tema da parcimónia produtiva, em qualidade e em quantidade, dos nosso autores teatrais. Coitado do conselho, que só pôde escolher uma peça, e mesmo essa já em segundas núpcias (ao que me consta)! Coitado do teatro português, para quem ninguém escreve. Se não se trata de um equívoco, ou é ingenuidade ou esperteza saloia. Porque, nos tempos que correm, não me parece que haja diferença entre ser presente a um conselho de leitura do Teatro Nacional e concorrer aos Jogos Florais de qualquer agremiação mais ou menos recreativa. E ainda ninguém se lembrou de considerar pela hora da morte a poesia portuguesa, lá porque são muito sediços os partos dos laureados das «perpétuas» e dos «jasmins», desde Caminha a Vila Real de Santo António. Se todas as peças concorrentes, menos esta, eram más, só ficaria provado que eram más; se não eram más, só ficará provado que é mau o Conselho de Leitura. O que se não prova é que não haja dramaturgos, ainda que a gente saiba, por outras portas travessas, que não há muitos. E já alguém se lembrou de pensar que o que acaba de criar dramaturgos não é a gaveta, mas o palco, o contacto com a realização cénica? Estava bem servido o jovem Shakespeare, do *Titus Andronicus,* se tivesse encontrado pela frente um Conselho de Leitura! E García Lorca e Cocteau, se fossem portugueses de hoje, poderiam ter dito, no palco do Nacional, certas «liberdades poéticas»? Não teriam escandalizado, logo na letra redonda, esse conselho, uma das principais missões do qual parece que é escandalizar-se e interferir lamentavelmente nas atribuições respeitáveis da Inspecção Geral dos Espectáculos? Não, meu caros confrades, todos sabemos que a coisa é outra. Ou se protege a iniciativa privada, e portanto uma companhia põe em cena o que lhe parecer conveniente; ou se restringe, em nome da educação pública, essa iniciativa, e portanto a companhia só pode pôr em cena o que os seus fiscais entenderem conveniente. Como se vê, a questão é de conveniências, nada mais. E ainda há outra mania portuguesa por cima disto tudo, que é a da qualidade: somos um país de poetas para antologia, de prosadores para páginas escolhidas, de dramaturgos para êxitos de arromba. Aqui ninguém quer cair ao comprido e, se quiser, não o deixam. O bom e o mau, em arte, não se distinguem *a priori,* a cavalo na nossa época. Querer escolher previamente, cautelosamente, a palmo e palmo, é fechar a porta aos dispautérios do génio ou aos foguetórios do talento, e abri-la, de par em par, à mediocridade bem polida, bem feitinha, bem acabadinha, mas irrepreensível, como tudo o que não passe da cêpa torta...

A obra romanesca e teatral de Joaquim Paço d'Arcos tem, com raras e ocasionais excepções, visado a retratar a nosssa alta burguesia de hoje, em especial no panorama lisboeta. A repetição, mesmo episódica de algumas figuras, que passam de obra para obra, é, no entanto, quanto a mim, expressão menos de uma tineta balzaquiana que da experiência que o autor possui dessa alta roda dos negócios, que lhe é simultaneamente íntima e vedada. Esta *Paulina Vestida de Azul,* em que Paço d'Arcos deixou que houvesse uma tão extensa miséria moral — o armador sem escrúpulos, o capitão de navios que afunda o seu barco, o imediato que se propõe provocar o desastre que eliminará testemunha incómoda, a mãe solteira que se vende, a filha incestuosamente apaixonada pelo padrasto, o advogado pusilânime perante as grandes influências, etc., etc. — enferma precisamente de uma exibição de misérias, em torno de um «fait-divers» que Paço d'Arcos não teve paralelamente a coragem de condenar. Ao, pela boca de Daniel de Resende, «o romancista», absolver os criminosos por ganância, identificando-os com todos os combatentes da última guerra, atribuindo à guerra as culpas da ganância, quando à ganância cabem as culpas da guerra, Joaquim Paço d'Arcos fechou nitidamente o círculo vicioso em que se consomem as suas faculdades de cronista de uma sociedade que conhece bem. Porque a possível significação da peça se biparte logo: para um lado, o «fait-divers» que justifica a acção dramática proposta, e para o outro, o caso pessoal daquela gente sem escrúpulos, duas coisas que só por mero azar das circunstâncias ou mera imaginação do autor se encontraram juntas numa peça. Tecnicamente e acto por acto, a obra possui um primeiro acto excelente, e dois outros laboriosamente empregados em desfazer teatralmente o primeiro, porque, tecnicamente e em conjunto, a peça é cenicamente má na razão inversa da qualidade da exposição romanesca. De facto enquanto o 1.º acto se desenvolve segundo as exigências da caracterização cénica e da preparação teatral, os outros dois contam a história em função das figuras, e não mostram estas em função da anedota, como no teatro burguês teria de ser. Daqui o ser incompreensível, ali, em carne e osso, uma subtil revelação, por gradações, do móbil das personagens, visto que a prosa descritiva a não acompanha. Muito de propósito falei em «móbil»; é que as figuras de Joaquim Paço d'Arcos, ainda quando a sua actuação pareça complexa, não são psicologicamente ricas nem diferenciadas — obedecem a impulsos, e, quando raciocinam, não se analisam, apenas procuram a melhor maneira de os satisfazer. São, portanto, ingénuos representantes de uma classe, cuja consciência de classe é feita de a não terem. A obra teatral de Paço d'Arcos, se é paradoxalmente significativa como acabámos de ver, não o é por si própria; e, no fundo, não é o teatro que apaixona Joaquim Paço d'Arcos, mas sim aquela dramatização de situações que lhe escapa ao escrever um romance. Repare-se que o diálogo do seu teatro é fluente e vivo, e, quando necessário, de uma intensidade como a não tem os das suas obras de ficção. Eu desejaria que Paço d'Arcos salvasse esta *Paulina,* escrevendo as figuras e os «décors», que o teatro Nacional tão equilibradamente lhe deram.

Na interpretação, houve uma unidade de ritmo que, por certo, se deverá à direcção, sempre segura para peças desta natureza, de Palmira Bastos; e o seu papel, se não é uma criação, foi defendido com brilhante humanidade e nobre ciência do palco. Maria Barroso tentou, toda a peça e sem que o papel a deixasse, conseguir ser a protagonista. Erico Braga compôs muito bem, assim como Manuel Correia, a sua figura. Paiva Raposo foi feliz num advogado inexpressivo. Samwel Diniz, Luz Veloso, Raul de Carvalho, Augusto de Figueiredo, Henrique Santos e outros completaram equilibradamente a distribuição. Cuidados os cenários de Lucien Donnat.

ESPECTÁCULO DO «GRUPO UNIVERSITÁRIO
DE TEATRO CULTURAL»

O Grupo Universitário de Teatro Cultural (composto por alunos e ex-alunos da Faculdade de Letras de Lisboa), cumprimentava as nossas Ex.ᵃˢ, pedia licença para (...) a apresentação dum programa de Teatro Grego e Latino. Dois mimos gregos: *A Alcoviteira* de Herondas e *As Feiticeiras* de Teócrito; a comédia latina *Aulularia* de Plauto. Este grupo que, de há três anos para cá, vem dando espectáculos de teatro cultural, é dirigido por Eurico Lisboa (filho), hoje professor do Conservatório Nacional.

(Do programa-prospecto).

«I Thought once how Theocritus had sung».
(Pensei em como Teócrito cantara).

Elisabeth Barrett Browning.

«De torna viagem, as vezes nam acho se nam patranhas (como agora). Que quereis que faça? quereis que torne com as mãos vazias».

Sá de Miranda — Prólogo dos «Vilhalpandos».

«Aos aflitos animos soe a memoria dos males passados em parte demenuir o trabalho dos presentes, especialmente se os que passarom eicedem aquelles em q̃ se acham, & posto q̃ maamente se cura hum mal cõ outro toda uia este genero de meizinha foi aprouado por aquelles excelentes barões q̃ com sua muita ciencia (...)»

Samuel Usque — Consolaçam às Tribulaçoens de Israel.

121

O que fizeste dessas línguas d'ouro
que sabiam pregar como os profetas?
Como enxugaste o seu comprido choro?
Como arrancaste as ponteagudas setas?
....
As suas cinzas espalhaste ao vento!

Gomes Leal — «A fome de Camões»

Quem sou eu que assim vivo descuidado?
Quem sou eu, que não vivo arrependido?
Quem serei, que não ando apercebido?
Não sei aonde irei dar tão mal parado.

(De um soneto anónimo do século XVII,
publicado por Teófilo Braga).

If the fool would persist in his folly he would become wise.
(Se o tolo persistisse na tolice, tornar-se-ia sábio).

William Blake — «The marriage of Heaven and Hell».

Pela cópia:
Jorge de Sena

7.º ESPECTÁCULO «ESSENCIALISTA»
TEATRO-ESTÚDIO DO SALITRE

Neste espectáculo foram apresentadas quatro peças de quatro autores: a primeira, *Inês, ou o Túmulo Imperfeito,* do autor francês Claude-Henri Frèches, as outras três de três jovens autores portugueses, sendo dois deles, em separado, um bi-autor que, em tempos, o Salitre apresentara e eu tive ocasião de criticar nestas colunas. Independentemente do interesse que tenha ou pudesse ter, não levanta a primeira peça, por ser estrangeira, os graves problemas que as outras três inevitavelmente criam. Trata-se de três jovens autores: dois dos quais não são, para todos os efeitos, estreantes: e em face daquelas jocosas (que o são) farsadas e daquele poema dramático, com que certamente estarão satisfeitos ou não os fariam representar, há que provocar o esclarecimento da situação intelectual desta mais jovem camada que vem surgindo; habilidosa, atraente, mesmo talentosa, que nada aproveitou ou parece ter aproveitado da experiência de consciencialização das duas ou três gerações anteriores, inclusivé daquela que, afinal, pelas certidões de idade, quase se confunde ou até confunde com ela. É um doloroso espectáculo assistir, hoje e aqui, a esta exibição de «artisterie» de pessoas que ou declamam retoricamente à margem dos problemas nacionais, ou se divertem com modernismos aparentes e alegorias literárias, demonstrando tragicamente a que ponto foram e são marcadas pelo ambiente em que cresceram, e a que ponto, mesmo quando julgam o contrário, se sentem felizes no papel de canários letrados deste solar burguês em estilo português-suave.

Eu sei que me responderão que os mais jovens sempre fazem tábua rasa das experiências anteriores. Mas responderão mal, porque não estou pondo o problema no plano dos artifícios literários, mas no plano de uma consciência viva, nacional e universal, que é incompatível com o jogo fácil a contentar-se a si próprio. Não acuso as três peças, em questão, de serem reaccionárias. Não são, porque são pior: conformistas. E não poucas vezes o brincar com coisas sérias como o convencionalismo teatral tem dado tintas progressistas a muito conformismo. Nem o facto de Iseu (Iseu, como já dizia El-rei D. Dinis, segundo se devia saber nas Faculdades de Letras, e não Isolda) não acreditar prosaicamente em filtros e se recusar às delícias do guisinho, além de representar uma triste incompreensão do ciclo bretão e do ciclo arturiano, revela uma crença apenas literária na essência da poesia, porque, das duas uma, ou essas coisas se tomam a sério e se integram no seu momento histórico, ou não se tomam a sério, e então apareceram, por sugestão literária, numa consciência materialística (e não materialista) e sem estruturação dialéctica, como é sintomático do estado actual do «pensamento» burguês mantido artificialmente a balões de oxigénio...

Lêem-se ou escutam-se os mais jovens poetas, os mais jovens ensaístas, os mais jovens dramaturgos, os mais jovens ficcionistas, os mais jovens declamadores, os mais jovens actores, e, com raras excepções, se não repetem em pior aquilo que já disseram ou fizeram os que eles não reconhecem ou ignoram, recostam a imaginação num bem-estar de bons filhos-famílias, no fundo satisfeitos, no fundo consolados, no fundo irmãos desses furiosos amadores de futebol, de que, por certo e intelectualissimamente, se rirão. É esta a dura e triste verdade. Poderão tão amargas reflexões ser levadas à conta de meu envelhecimento precoce, de cansaço deste cada vez mais insuportável ambiente de patacoadas literatas, ou de injusto desconhecimento das luxuriantes frutificações dos mais recentes génios. Génios são, de facto, todos: e só na minha geração, a que, para esses efeitos não pertenci nem pertenço, se poderá encontrar uma igual pressa de «arriver», uma igual sede de múltiplice consagração, um tão caricato misto de suficiência e de elogio mútuo como o que se estampa na impertinência juvenil de pessoas, cuja obra, nem em tempo de experiência, nem em quantidade, nem em qualidade, pode pretender a ombrear mesmo com o muito mau que os anteriores têm publicado. Mal por mal, antes o «neo-realismo» mal compreendido e mal feito, que uma literatice bem feita, mas que dispensa, por falta de conteúdo, qualquer compreensão autêntica. O meu maior desejo é que o futuro me desminta; vaidades feridas e outras petulâncias só confirmarão o estado actual que acabo de denunciar.

Estamos, parece, no tempo das fábulas e da distracção. Tudo são fábulas. Mas é preciso que o público e a crítica mal intencionada ou descuidada se não permitam confundir, no mesmo saco, tentativas polémicas como as peças recentes de L. F. Rebello e de Costa Ferreira, com estas graciosidades bem feitas como as de C. Montanha e de Pedro Bom, cheias das audácias sediças que tanto encantam o público snobisticamente «compreensivo», e das piadas alegóricas que a esse mesmo público dão a ilusão de ser muitíssimo inteligente e socialmente perspicaz. Estas fábulas de agora eram uma, «do ovo» (com locubrações sobre a descoberta do mundo pelo pinto, ao sair da casca), e outra, «da maçã», a qual, na própria e hábil opinião do autor, «está muito gasta», opinião em que abundo. Permito-me lembrar que, em matéria de fábulas, vai sendo altura de pôr em cena a mais alegórica de todas — *Mons parturiens* — já que está explorada a da raposa e da máscara teatral («O quanto species, inquit, cerebrum non habet!»).

Isolda, poema dramático de David Mourão-Ferreira, em que a acção nem é lírica nem dramática, mas simples mutações produzidas por artes mágicas, com uma linguagem redundante (ex.: «prodigioso prodígio») e um vago e agradável sentimento poético, sustentou-se de cair na inanidade, graças à figura excelente da protagonista que Idalina Guimarães ergueu. Distinguiram-se ainda, na *«fábula do ovo»,* Fernanda Martins, e na *«Menina e a maçã»,* Grece do Céu. Todos os outros intérpretes cumpriram num ritmo algo desequilibrado que não costuma ser o do Salitre.

A peça de Claude-Henri Frèches, dirigida pelo autor, e enquadrada num bom cenário de Graziella, pode dizer-se que é tentativa de teatralização do tema literário que já são os túmulos de Alcobaça. À volta da imortalidade e da legalidade dos amores de D. Pedro, com belos achados líricos nas atitudes do rei, ergueu Frèches uma intriga frouxa que permitisse apresentar a sua interpretação do princípio da vida póstuma de Inês de Castro. Pizani-Burnay, muito bem caracterizado por Júlio de Sousa, declamou para o público a parte pública do papel do Rei, e, muito intimamente, virado para o túmulo, a parte íntima, que talvez valesse a pena a gente ouvir.

Foi fraco, portanto, este espectáculo do Salitre. Foi, felizmente, mais um espectáculo, significativo até (infelizmente), na 2.ª parte. Bons ou maus, novos ou velhos, é sempre útil a apresentação de autores nacionais, embora no teatro, para elevação do nível cultural, seja de mais primeira importância preferir-se sempre o *teatro:* preferi-lo às nacionalidades, às idades, à literatura, ao divertimento, e ao êxito, do qual só noutra escala e noutro plano que não o do teatro de profissão necessitam os teatros experimentais (*).

(*) Cinco anos após organizou Pedro Bom um espectáculo «do mesmo género e autorias» a que Jorge de Sena se referiu transcrevendo parte deste texto. V. nota bibliográfica. (M. de S.)

2.º ESPECTÁCULO DO PÁTIO DAS COMÉDIAS

A par dos teatros mais ou menos universitários e do «Salitre», mas mais recente do que eles, se organizou este grupo, com intuitos de teatro experimental, destinado a representar as peças que os teatros profissionais, por motivos de ordem comercial, de ordem artística, ou até de falta de renome popular de novéis autores, não representariam. Além destes intuitos, haveria, como há sempre em organizações similares, o puro interesse pelo teatro, pela actividade teatral, pelo exercício cénico, que são cultivados por ou nos quais se cultivam talentos que virão a renovar, mais tarde, os quadros profissionais e técnicos dos teatros para o grande público. Já demais até se tem falado na crise do teatro, para justificar-se a existência de tentativas, de anseios, de rebusca ou criação de oportunidades, que, de certo modo, a ninguém agradaria que passivamente se apagassem perante a satisfação que um teatro profissional, perfeitamente orientado e livre, espalhasse a jorros sob uma colectividade encantada, de puros espectadores — satisfação essa que viria a ser a própria morte da renovação permanente, e da insatisfação de qualquer ordem, que um espectáculo deve sempre inocular, nobremente, em quem a ele assiste. Por outro lado, o exercício teatral, o gosto pela exibição, o desejo de assumir alheia personalidade, a necessidade de expressão transferida, tão inerentes à natureza ou desnatureza humana, sempre procuraram, na vida quotidiana ou sua sublimação, os pretextos concretos e indispensáveis. E vai sendo perigoso, quando haverá salvadores de profissão para as crises que eles próprios criam ou mantêm, clamar que há crise, se a crise é nossa, nos efeitos, e só deles nas causas.

No 1.º espectáculo de Os Companheiros do Pátio das Comédias, a que tive o prazer de assistir, se revelaram um novo escritor teatral e, a par de algumas pessoas a aproveitar em futuros empreendimentos, dois ou três reais talentos de actores. O 2.º espectáculo apenas revelou mais uma curiosa peça de João Pedro de Andrade, trouxe ao público, numa interpretação excelente, uma obra prima de Tchekov, e confirmou, de facto, o valor de dois actores: Sara Vale e António da Costa Ferreira. Tudo o resto foi lamentável, desprestigiante das boas qualidades que se empenharam e gastaram na realização do espectáculo, e confusionista acerca das intenções dramáticas de um grupo experimental. Não será apaixonado exagero reconhecer que, assim, não só se não serve o teatro, como se não servem também as justas ambições que cada qual no teatro ponha.

Desejaria passar em silêncio a peça e as interpretações de Armando Ventura Ferreira, nos protagonistas da própria obra *(O Gramofone)* e do acto de João Pedro de Andrade *(Continuação da Comédia)*, e, apoiando-me na consideração intelectual que me merecem, contribuir para o esquecimento destas aventuras teatrais. Mas, se procedesse de tal modo, faria apenas o contrário do que, errada e habitualmente, entre nós se faz, e cairia, com a melhor das intenções, no erro oposto, que é o de criticar desfavoràvelmente só aquelas pessoas que, não só em consideração se não tem, como das quais se acha excessiva ou deslocada a consideração de que desfrutam. Não é, segundo creio, este o caso. Ora, Ventura Ferreira houvera, no 1.º espectáculo desta organização, interpretado um dos principais papéis de *O Casamento,* de Gogol, num nível de amadorismo aceitável, e desculpável pelo gosto de pisar o palco e pela boa vontade em contribuir para o conjunto. Agora, porém, arcou com a responsabilidade de dois principais papéis. Difíceis, esses papéis? Exigindo especialíssimas qualidades? De forma nenhuma: apenas com as dificuldades facilmente vencíveis por quem possuísse o mínimo sentido cénico necessário para representar alta comédia e comédia dramática. É impossível que um espírito culto e lúcido não tenha, durante os ensaios, tomado consciência de tão evidente fracasso. Mas isso ainda é o menos, porque, enfim, estas coisas passam, e acabou-se. O mais é a sua peça, que, não sendo má, não é peça; que, se usarmos primárias discriminações, não é «arte pela arte», não é «arte social», nem é sequer um «divertimento intelectual», como o acto, também representado, de João Pedro de Andrade. Porque *O Gramofone* é, pura e simplesmente, a convencional exploração literária e sentimental de uma visão provinciana e aburguesante da condição do artista. Não falo já daquele bando de «intelectuais» que, a alturas tantas, aparece, e que, infelizmente, só é ressentida caricatura de meios artificiais e insignificantes. Falo, sim, da acção principal da peça, do falso problema com ela posto em jogo, e da veracidade humana das duas figuras principais.

Se uma peça procura ou finge procurar que é «realista», parece-me elementar exigência pedir-lhe que a intriga e as personagens sejam verosímeis, no sentido em que só é realisticamente verosímil a conjunção ou oposição de indivíduos às condições que o meio social ambiente lhes cria. Se uma peça procura ou finge procurar que é «neo-realista», parece-me ainda elementar exigência pedir-lhe que o problema ou contradição, postos em causa, de facto sejam o que figuram ser, e que a exposição seja cenicamente concreta e inteligivelmente eficaz. Se uma peça procura ou finge procurar que é «simbólica» (e não simbolista, que é uma escola determinada) ou «alegórica», isto é, se as personagens e a acção, embora verdadeiros em si mesmos, visam à ilustração de situações extremas, inerentes à condição humana ou à inteligência peculiar (em sentido restrito) ou mítica (em sentido lato) que dessa condição o autor possua, ainda me parece que a elementar exigência lícita é que a visão não seja incoerente, se revista de uma simbologia adequada (quer do ponto de vista dos dados científicos da psicologia colectiva, quer do ponto de vista da correlação à situação em foco), ou, pelo menos, justifique cenicamente a transferência simbólica para qualquer objecto comum. Se uma peça procura ou finge procurar que é apenas animação teatral de certas atitudes, convencionais mas existentes, ou existentes ainda que convencionais, impõe-se elementarmente que as dramatize de facto, isto é, que teatralmente as exponha ou resolva: e não, é claro, que o teatro sirva para encarnação do que a literatura, por exemplo num conto, descreveria. *O Gramofone,* que tem por vezes intensidade e um diálogo fluente, não satisfaz a nenhuma destas condições mínimas, que não são chinesices limitantes inventadas por mim, mas evidentes necessidades lógicas da criação artística.

A peça, se constitui demonstração do interesse por uma forma de criação como o teatro, se patenteia qualidades futuras (que deverão libertar-se de uma complacência para com piedades fáceis do público pelas personagens, coitadinhas), não constitui ainda a estreia de um novo autor. Estou certo que Ventura Ferreira, apagado o entusiasmo pessoal e momentâneo, e lembrado de várias páginas passadas que, honrosamente, o responsabilizam, será o primeiro a reconhecer esta verdade, como a reconhecer que o drama do seu auditor ocioso de gramofones e da respectiva e esfomeada esposa, não só não é digno dessas páginas, como é vingança de uma artificial vivência literária, que, no teatro (até com citações ingénuas de Huxley e Álvaro de Campos), sempre se vinga de quanto a prosa a disfarce. Toda a gente sabe que se não é artista sério sem esforço, esforço de reflexão, esforço de esperar a criação que não surge, esforço de esclarecê-la à luz das nossas próprias intenções. Toda a gente sabe que esse trabalho (cheio de angustiosas e longas horas de não fazer nada) não rende comummente o pão de cada dia. Toda a gente sabe que os conceitos burgueses de trabalho honesto e de social dignidade são, na teroria e na prática (burguesmente contraditórias, mas de efeitos necessariamente concordes), inconciliáveis com essa actividade, a menos que o artista possua, à margem do seu trabalho, rendimentos para alimentar-se a si, à família e às musas inspiradoras ou não. Propor, portanto, como problema da condição do artista o problema de um diletante, que não ganha a sua vida, nem perdendo-a como artista, nem sustentando-a como funcionário, e dizer que, sem trabalho, não é possível ser-se artista, é, de um passo, propor um falso problema e dar-lhe ou indicar-lhe uma solução mais falsa ainda. Não há, em tal caso, gramofone partido (simbologia da libertação do «flatus vocis» literário e superficial), que, creio eu, honestamente nos convença. Se há público ou crítica a quem tal baste, pior para o público, para a crítica e para o autor que acreditar em ambos.

Na interpretação do papel da rapariga, em *O Gramofone,* distinguiu-se brilhantemente, pela autenticidade dramática que imprimiu a uma figura apesar de tudo difícil (é de boa dramaturgia a reviravolta sentimental que o autor lhe imaginou, perto do desfecho), Sara Vale, cuja estreia, no espectáculo anterior, na alcoviteira de Gogol, fora uma revelação indiscutível de comediante. A direcção geral da peça, da responsabilidade de Costa Ferreira, foi precipitada, hesitante, mesmo confusa, com choques e trocas mecânicas de posição das personagens, tal como já sucedera na *Continuação da Comédia,* de João Pedro de Andrade, em que nem Fernando Gusmão nem Maria Stella Solano tiveram oportunidade de confirmar qualidades anteriormente evidenciadas.

A *Continuação da Comédia* é uma diversão intelectualística e pirandelliana, que se desenvolve num plano de alto comédia, com compromissos entre o plano realista tradicional e certa irrealidade não fantástica, mas, digamos, de convencionalismo cénico. A publicação desta peça, há alguns anos, em um dos últimos números da *presença,* dispensar-me-á de a resumir. É esta a segunda peça em 1 acto de João Pedro de Andrade que vejo representar. Se *O Saudoso Extinto* tinha um interesse satírico, a sátira, na presente peça, é qualquer coisa de mais superficial (e acessório até, na cena inicial com os críticos e literatos) e de mais íntimo, íntimo, porém, das relações do criador e das suas personagens, que lhe surgem, menos que libertas, com uma complexidade, um passado, um cinismo, que o criador até certo ponto simplificara ou a si próprio não confessara, levado pelas exigência lineares da criação dramática. Mas que criação dramática? A crise do *conflito* na evolução da dramaturgia realista. Independentemente do seu significado sociológico, psicológico, e estético geral, as «personagens à procura de um autor» ou as personagens fugindo ao autor significaram, dentro da linha evolutiva do teatro contemporâneo, o desequilíbrio, revelado pelo teatro simbolista, entre a complexidade das figuras (parcialmente inútil para o conflito) e um conflito, sentimental ou não, que, simplesmente apoiado na imediata aparência psicológica, não mobilizava *todas* as virtualidades espirituais das personagens. Como já indiquei, a peça não teve aquele jogo cénico, misto de seriedade burguesa e de ironia artística (no sentido «romântico» do conceito de artista como oposto do conceito de burguês), inerente à alta-comédia. E daí resultou que se perdessem tristemente, as qualidades de agrado e de interesse que possui.

Terminou o espectáculo pela representação do acto de Tchekov, *O Canto do Cisne,* por António da Costa Ferreira, secundado por Simbolino da Cunha, num inteligente e curioso cenário de Joaquim Correia, encenação cuidada do próprio Costa Ferreira, que compôs, admiravelmente, a figura do actor envelhecido e sem talento, ébrio, desiludido, medroso do vazio da sua vida de histrião e da sua morte ignorada e solitária. Essa maravilhosa peça, que Tchekov escreveu aos 25 anos, encerra, na ironia trágica de o velho actor se agarrar à vida recitando partes do *Rei Lear,* do *Boris Godunov,* etc., desesperadamente vivendo o que, na sua juventude incertamente gloriosa, terá revivido e encarnado mal, encerra já todo o Tchekov subtil, delicado, carinhoso, compreensivo dos destinos falhados ou inúteis, dos contos e das peças que virão depois. Para um dramaturgo, que, como ele, abominava o teatro e se sentiu seduzido pela luz da ribalta [1]; para um espírito sereno e amargamente aberto às alegrias e às tristezas mais mesquinhas da vida, e tão lucidamente sábio da desproporção entre as causas e os efeitos da tragédia ou da farsa quotidianas — esta peça de juventude, à margem do encanto que provoca, é, de facto, muito importante. Por ela se vê a

---

[1] São inúmeras, nos volumes da sua correspondência, as afirmações concludentes. Cf. *Life and letters of Anton Tchekhov,* trad. Koteliansky e Tomlinson.

clara compreensão que Tchekov tinha da essência do teatro, como expressão da tendência humana para o alheamento da personalidade e para a saudade do que essa perdida personalidade talvez nunca pudesse ter sido. *O Canto do Cisne,* na sua desafinação psicológica em burlesco e doloroso contraste com a tradição da ornitologia poética, é uma obra-prima, cuja realização honra quem a efectua dignamente. E assim aconteceu agora. Pena é que essa categoria, com que *O Canto do Cisne* foi representado, se haja consumido quase integralmente em desfazer a má impressão de um desastroso espectáculo.

«OUTONO EM FLOR», DE JÚLIO DANTAS

Ao que me consta, o Conselho de leitura, o novo, anexo a este teatro oficioso, não aprovou nenhuma das peças apresentadas. Parece que era tudo muito mau, o que só prova, como já tenho dito, que os bons autores não se submetem a leituras amenas (e seriam aprovados, se lá fossem?...), e que as empresas se sentem felizes com os autores que têm. Ainda me consta que a empresa oficiosa pediu peças a vários «consagrados» da casa e a um não-consagrado que recusou. Foi assim que subiram á cena *As Meninas da Fonte da Bica*, de Ramada Curto, e este *Outono em Flor*, de Júlio Dantas, e que haverá uma peça de Carlos Selvagem, após o que, liberta de obrigações conselheirais, académicas, etc., a empresa e o seu público mergulharão alegremente nas habituais traduções brilhantes, em que não faltarão exemplares dos grandes êxitos cinquentões do mavioso e «boulevardier» teatro parisiense. Mas também nas próximas peças haverá três mais ou menos manas velhas (para Palmira Bastos, M. Matos, L. Veloso), uma aventureira de meia-idade (para Amélia Rey Colaço) e uma só rapariga nova (agora para Eunice Muñoz)?

Isto são previsões talvez injustas, baseadas em informações incertas. Certa, certinha, é esta inflorescência outoniça, um «sorriso» com que se encerram os 50 anos de teatro de Júlio Dantas. *Outono em Flor*, como todo o teatro académico (a que não pertence todo o teatro «dantesco»), não interessa nada. Ora sorrindo, ora rindo, ora consentindo as pretensas emoções que se espraiam no palco, a gente assiste àquilo tudo que é bem urdido, bem escrito, com uma sabedoria expressa em anexins fragilmente irónicos. Mas a verdade é que, entre esta diversão académica, absolutamente inócua, e outras diversões adaptativas com que vários salvadores do teatro decidiram publicamente provar a Salvação bilheteiral do mesmo (?), voto pela diversão académica, que, ao menos, nunca escreveu manifestos heróicos (se descontarmos, é claro, umas Antígonas capciosas e gritantes como «Santas Inquisições»), nem, obviamente, cortejou o vanguardismo teatral.

A peça de Júlio Dantas não é má, tem mesmo réplicas e contra-réplicas de indiscutível maestria, e momentos em que a delicadeza de observação autêntica das personagens excede o que seria necessário ao convencionalismo académico, como, por exemplo, a grande cena do 1.º acto entre Erico Braga e Eunice Muñoz, a 1.ª cena do 2.º acto, entre esta e Palmira Bastos, a saída de Eunice Muñoz no 2.º acto, a cena do general e do visconde no 3.º acto, etc. A atmosfera centenária da peça (que se passa há 100 anos, e não porque haja qualquer remniscência dos elogios históricos, centenários, exposicionais e comemorativos) permite, ao mesmo tempo, uma intemporalidade muito diáfana e uma reconstituição de ambiente e figurinos; da primeira se serviu o autor para discretear com bonhomia acerca dos «sentimentos humanos», e, com a segunda, serviu a encenação,para a qual, naquela casa, nunca haverá balões com suficiente roda de pura seda. O nível da interpretação é muito bom, mantendo-se, com excepção, por vezes, Maria Matos e Luz Veloso, o tom de inocente equilíbrio conveniente à alta comédia de Júlio Dantas. Igualmente excelente é a composição das figuras, nomeadamente as de Erico Braga e Robles Monteiro. Amélia Rey Colaço, numa espécie de Mrs. Chevalley em busca de *Ideal husband,* sublinha demasiadamente as intenções para-maliciosas das suas frases. O mesmo não aconteceu a Palmira Bastos, que representa, com bom gosto admirável, o seu papel de *vieille fille,* gulosa, como um académico, de consagrações diplomáticas... O 2.º acto, excessivamente longo, corre riscos de perder-se na farsa por culpa de Maria Matos, que é, sem dúvida, excessivamente também, uma notável actriz de comédia. As melhores honras da interpretação cabem, porém, a Erico Braga e Eunice Muñoz, a qual interpretou com subtil inteligência aquela sobrinha que não se sabe apaixonada pelo titio, e acabará casada com ele, embaixatriz em Viena de Austria, Viena, a cidade ridente das valsas e do vinho, a Mittel-Europa, não é tão fino?

Duas cenas, compostas por Lucien Donnat com muitíssimo bons móveis, completam o requinte de delícias, a «filigrana», como soa dizer-se, a que o público se entrega consoladamente. Um ou outro desconsolo da restante interpretação dilui-se na amenidade geral do conjunto.

Quanto aos 50 anos de teatro de Júlio Dantas (a Sarah despediu-se tantas vezes!...), pode dizer-se que foi preferível assim encerrá-los que com as chagas incuráveis do defunto Fr. António. Talvez seja cedo ainda para fazer-se o balanço — que a falta de espaço me não permite — dessa actividade, que, se não abrilhantou insubstituivelmente a cena portuguesa, é justo reconhecer ter evidenciado uma personalidade e marcado uma época pretérita, de amabilidades académicas e audácias retóricas, que ambas não envergonham o nosso teatro. E hoje, sabemos serem muito piores e mais perigosos que os fósseis académicos, detentores de um equilíbrio insignificante, os fósseis não-académicos, detentores de outros equilíbrios mais suspeitos.

«UM CHAPÉU DE PALHA DE ITÁLIA»,
DE LABICHE E MICHEL

Abriu o Teatro Apolo as suas portas para o que pode considerar-se o início da nova temporada teatral, porquanto «o preço da honestidade», como todas as coisas inapreciáveis, só é suportável nas ligeirezas espectaculares de verão, e «a luz do gás» é fraca iluminação para estes tempos de mudança de hora e tubos fluorescentes. De modo que, sem ofensa para qualquer preço e para qualquer tipo de iluminação, a época só agora começou. Os Companheiros do Pátio das Comédias, sob a direcção de António Pedro, levaram à cena *Um Chapéu de Palha de Itália,* a célebre farsa de Labiche e Michel, quase centenária. A estreia foi um merecido e consolador triunfo. Merecido, por trazer finalmente ao grande público o que até agora tem sido uma luta pertinaz e dedicada de um punhado de amadores do Teatro; consolador, porque já não há forças humanas que possam destruir essa coisa insignificante que é ter chegado a representar, para esse grande público, uma peça de categoria com actores novos, ainda sem aquela categoria, que, ao que parece, só por si o tempo, o jogo de influências e até às vezes o talento, costumam para os seus detentores conquistar.

Nunca é demais repetir — e agora é mais oportuno ainda que tal nunca — que o público deve escutar com a maior reserva quanto lhe perorem aos ouvidos acerca da crise do teatro em Portugal. Essa crise, como todas as crises, é uma coisa de que vive muita gente: tanta, que, realmente, a única crise é a própria crise ter de os sustentar a todos. Porque são muitos: maus autores, maus adaptadores, maus actores, maus professores, maus críticos — enfim, muita maldade junta. Querer ser autor, adaptador, director, actor, professor ou crítico, com um mínimo de decência, no meio desta tropa fandanga que, como fandanga que é, se serve de todos os meios, inclusivé a dedicação pela arte e pela pátria, para tecer a teia onde, com o público, caem os ordenados mensais, exige uma coragem, um heroísmo, um espírito de sacrifício, um autêntico amor pelo teatro, só comparáveis à audácia e ao descaro dos bailadores de fandango. Sei que todos aqueles que sacrificaram a sua vida para honestamente atingirem, na cena portuguesa, uma nobre posição me acompanham no repúdio deste véu crepuscular que a conspiração geral da mediocridade também sobre o teatro quer ver inexoràvelmente descido.

Quem selecciona os autores é o encontro das obras com o público e com o tempo presente e futuro a cujos anseios imediatos ou artísticos elas responderão. Os autores não se nomeiam, por decreto, entre os cultivadores da canção nacional. Quem selecciona os actores, mais do que o público, é o próprio contacto com o tablado, onde mesmo alguns ricamente dotados mostram não possuir aquela resistência que o primeiro plano exige. Os actores não se criam como os cogumelos — pobre penicilina do Bairro Alto! — na sombra das intrigas mas na luz da ribalta. A essa mesma luz se formam os directores. A essa mesma luz e à luz das grandes obras se iluminam os críticos, e não em erudições do teatro de cordel e nos acasos alfarrabísticos da *Petite Illustration* — nome já de si fatídico, para época tão ilustrada como a nossa. É tristemente necessário dizer tudo isto; não creio que também o seja dizê-lo assim — mas, se outra virtude a violência não tiver, tem pelo menos a da acção catártica, no crítico que a desfere, e que poderá, depois, mais serenamente, continuar a percorrer este calvário da cultura, onde os cireneus e as verónicas são bem mais raros do que nos caminhos da lenda.

Os espíritos presumidos e as pessoas não presumidas, mas dadas a uma imaginária seriedade do espírito, hão-de estranhar que, a propósito de uma farsa, eu fale em cultura. Aduzirão, para isso, várias razões imediatas: a notória balda intelectualista que me é atribuída, o facto de eu ter pertencido aos corpos directivos da agremiação que Os Companheiros do Pátio das Comédias constituíam, e também o facto de, nestas coisas de teatro, uma vez que não fui nunca um membro da corte de qualquer dos Pachecos encartados do teatro português, fazer figura de alguém que, à porta do recinto sagrado levanta grande alarido, para que o ouçam e para que, convidando-o a entrar, o calem.

Só do ponto de vista efectivo interessará discutir a primeira causa: que as considerações e lucubrações expostas sejam pertinentes, embora com a margem provável de impertinência. A segunda razão dilui-se, no facto de, ainda quando os «companheiros»-empresa fossem o mesmo que os «companheiros»-agremiação, o que, por força da lei, não podem ser, a justeza da crítica nada ter que ver com a simpatia sincera que a actividade criticada nos mereça: provam-no, nestas mesmas colunas, críticas anteriores. A terceira razão ou causa... Mas valerá a pena dar confiança à mesquinharia de Pachecos & C.ª? — não.

O público em geral e os frequentadores em particular têm, por efeito de algumas dezenas de anos de farsalhadas, mais ou menos pornográficas, uma ideia muito adulterada do que seja uma farsa. Na melhor hipótese, consideram-na uma sátira de costumes, em que a violência da caricatura sobreleva o imprevisto das situações; isto é, na melhor das hipóteses, uma boa farsa seria uma má comédia de costumes. Toda a experiência teatral de séculos leva a crer que assim não é: que a farsa é algo de especificamente determinado, algo que, em categoria, pode ombrear com a tragédia. Neste sentido, a mesma experiência catalogante parece provar que a farsa excelente é mais rara do que a tragédia. O homem tem mais dificuldade em rir bem que em reconhecer com lucidez o irremediável de uma situação crítica. Quase sempre as mais belas farsas, à beira de o serem puramente, deslizam para uma dulcificação sentimental, uma piedade psicologística, mais fácil humanamente de ser afastada na solução trágica. Não será difícil compreender porquê. A tensão crítica, análoga na tragédia e na farsa, desenvolve-se segundo leis idênticas de conteúdo diverso. A humanidade aceita de bom grado a consciência trágica — nos outros; e é isso que uma tragédia significa. Mas aceitá-la não nos outros, e sim na mesma risibilidade colectiva e humana — que é o que a farsa implica — eis o que a permanente luta do homem para integrar-se, pelo pensamento e pela acção, precisamente contraria. E em certo sentido da noção de progresso, a farsa é, pois, profundamente reaccionária. Num mais alto conteúdo dessa noção, a farsa chega a representar uma audácia de visão do mundo que a própria tragédia, voltada para o futuro, e não para o presente que, a cada momento, como tal se repete (e a repetição é, como se sabe, um dos motivos cómicos), não pode possuir.

Sem dúvida que também a tragédia é colectiva, profundamente. Acontece, porém, que o que possibilita a tragédia é a personalização. Mesmo uma obra como o *Boris Godunov,* de Pushkin, não foge a isto que não é uma regra, mas a condição *sine qua non* se não revela dramaticamente o drama colectivo. A farsa, pelo contrário, ao incidir, como incide, sobre a risibilidade das situações humanas, *abstrai* da consideração que as *pessoas* merecem ou fazem por merecer. A farsa é um exagero, não da realidade, nem da consciência que dela se tiver; é um exagero das situações em que a realidade se desenvolve, por isso, numa farsa, a graça cintilante do diálogo poderia estar ausente, que a farsa não seria menos farsa; apenas seria menos graciosa. O diálogo, na farsa, sublinha o cómico dessas situações; é, por assim dizer, o excitante de um riso que já vem despontando na sensibilidade do espectador e, também, como que as variações sobre um tema dado, amplificando-o, segundo a invenção que ele sugere.

Não se conclua que o espírito do diálogo seja coisa secundária, e não o é, de forma alguma, no teatro de Labiche. Tem — e é o caso —, todavia, uma função de gratuitidade, que se sobrepõe ao esquema rigoroso das situações, penetrando-o, dando-lhe uma vida que faz pensar na «commedia dell'arte». Por isso é possível e encantador dar à encenação de uma peça como *O Chapéu de Palha de Itália* um rigor de marcação em bailado, em que as «nuances» se confinam ao jogo de movimentos combinados das figuras e seus gestos, com prejuízo do que, numa encenação naturalista, seria subtileza de intenção nas interpretações individuais. Parece paradoxal afirmar isto, quando a «commedia dell'arte» foi, por excelência, o livre exercício da intenção individual. Sem dúvida que o foi: mas o elemento lúdico, hoje, cada vez menos é compreendido, como encarnação espectacular, através da individuação. Daí o prestígio do bailado, que unifica em riqueza colectiva as exuberâncias individuais. Não devemos esquecer, porém, e é frequente isso ser esquecido, que o bailado admite inúmeras gamas rítmicas desde a desenfreada sarabanda ao mais pausado e estrito hieratismo. Ambos estes extremos rítmicos seriam aplicáveis à movimentação da farsa, com resultados cómicos exactamente opostos. No Teatro Apolo, António Pedro optou por uma solução média, muito equilibrada, a que a jovem companhia deu o melhor da sua compreensão, dizendo com simplicidade e movimentando-se com elegância.

Entre todos os elementos é justo destacar, pelo acerto admirável das suas interpretações, Costa Ferreira, no «Fadinard» — eixo de toda aquela embrulhada inflexível da perseguição de um chapéu único — e Ruy Furtado, no tio surdo, que, desde o primeiro momento, com a sua surdez, possibilita o desencadear de uma busca que a sua oferta resolveria. Seguiram-se-lhes, sem dúvida, Idalina Guimarães, Carlos Duarte e Pepita de Abreu, que regressa auspiciosamente aos palcos profissionais. Todos os outros, nomeadamente Mimi Gaspar pela coragem da sua ingénua sumamente ridícula, cumpriram muito bem. Os cenários e figurinos, executados por Eduardo Anahory, sugestivos e com um exotismo historicista que sublinha a espontaneidade da representação. A tradução de Alexandre O'Neill, embora certa, não se adaptou, como seria para desejar, à natureza esfuziante do estilo de Labiche e ao ritmo que António Pedro tencionou e conseguiu imprimir ao espectáculo. O menos que os verdadeiros amantes do teatro podem desejar que este acontecimento — os Companheiros no Teatro Apolo, depois do inesquecível êxito que foi, na época passada, a apresentação da *Escola de Maridos,* de Molière — venha a significar... Mas não é já um significado ter chegado ao contacto com o grande público, contra tudo e contra todos, contando apenas com a compreensão dos amadores de teatro (e não de teatragem)?

«CURVA PERIGOSA», DE J. B. PRIESTLEY

Promoveu a Empresa Amélia Rey Colaço-Robles Monteiro a representação de *Dangerous Corner*, do dramaturgo e romancista inglês contemporâneo J. B. Priestley. O espectáculo efectuou-se no Estrela Hall, pequena mas simpática sala, em que *The Lisbon Players* têm realizado alguns espectáculos. Segundo a circular enviada pela empresa à «crítica», convidando para o espectáculo e anunciando-o, é intenção sua, «logo que o teatro de D. Maria II possa abrir as suas portas, promover simultaneamente com o funcionamento da própria companhia, uma série de representações que terá por objectivo a formação de novos artistas com vista ao serviço das grandes obras do teatro universal». E, a seguir, explica-se que «a criação da peça de J. B. Priestley, *Dangerous Corner* se destina já a esse fim».

Quer dizer, se bem interpretamos: prevê-se, por um lado, o alargamento do âmbito em que, até agora, têm sido realizados os espectáculos chamados culturais, incluindo obras-primas ou obras discutidas de teatro do nosso tempo, ou, pelo menos, do nosso século; e, por outro lado, pensa-se utilizar esses espectáculos para dar ensejo a que tomem contacto com o grande público (que, infelizmente, será de princípio aquele pequeno público que tem alimentado snobisticamente os êxitos justos e injustos do Teatro Nacional) aqueles actores que, embora já revelados em agrupamentos de amadores de teatro, a esse grande público ainda não hajam chegado. Nunca será demais louvar esta iniciativa, se de facto se lutar por apresentar com ela peças de autêntico interesse que até interesses censórios não consintam que sejam apresentadas ao grande público, e se, por prestígio conquistado, através dela se aproximem do teatro tantos apreciadores que desconhecem, desprezam ou suspeitam do seu ídolo. Que o interesse pelo teatro é cada vez maior, em tudo se observa: multiplicam-se, subindo de nível, as aventuras de amadores; exige-se da crítica uma agilidade e uma honestidade, que felizmente não vão de par com os usos críticos de muitos plumitivos dominantes, sobre os quais a exigência já começou a surtir efeito, revelável no temor com que emitem os seus dislates; e, ainda há pouco, os autores-júri do escândalo dos exames de externos do Conservatório Nacional, fiados numa apatia de outro tempo, nunca sonharam por certo a tempestade que desencadeariam e da qual esta apresentação de *Dangerous Corner* é, indirectamente, mais um episódio. Para aqueles que há alguns anos se lançaram em realizações e canseiras com vista a renovar o teatro português, caduco, açambarcado e divorciado do público, das vocações e da consciência colectiva, e para quantos, com digna persistência, pugnaram criticamente por essa renovação, aplaudiram todos os esforços meritórios e condenaram impiedosamente as falsas realizações, os seus mestres e os seus críticos mais ou menos eruditos, mas sem dúvida tacanhos, este espectáculo e este programa de trabalhos são, por estranho que pareça à Empresa do Teatro de D. Maria II, uma vitória pessoal, conquistada honesta e desinteressadamente para bem do teatro português. Se não fôr duradoura a iniciativa, nem acarinhada, não menos será vitória: porque é de realização em realização, de desastre em desastre, que estas vitórias se ganham, o público se convence e se eliminam da autoridade pública os «souteneurs» (sustentáculos...) das actuais actividades teatrais. É certo que, de novas situações haverá novos exploradores. Se até já os conhecemos, julgadores e eruditos como os outros!... — mas, enquanto, o pau vai e vem..., a morte nos irá consolando com a notícia necrológica acerca de alguns (virtuosos e ilustres, então) ou com a nossa própria, que outros lerão depois (se alguém a fizer, é claro).

Pode, pois, de certo modo, considerar-se esta apresentação privada como uma ante-primeira da reaparição, no palco do Teatro Nacional, da Companhia Amélia Rey Colaço-Robles Monteiro. Creio que não deve deixar de acentuar-se este facto. Parece que, por acção de influências várias, esteve periclitante esse regresso. Julgo-me, pela severidade que usei para com certos espectáculos dessa Empresa, absolutamente isento para aplaudir que esse regresso se efectue. Por vezes bem, por vezes mal, quase sempre com certas características de interpretação e encenação que julgamos desnecessárias ou prejudiciais mas há quem aprecie, e, por vezes também, criando espectáculos excepcionais, é esta a única companhia que, nas condições actuais, possui experiência e continuidade de trabalho, compatíveis com o equilíbrio e a serenidade um pouco académica que, por muito que nos desagrade, são indispensáveis num palco semi-oficial (as tábuas são oficiais, os oficiais não são). E é, portanto, a única que pode, pelos longos serviços prestados ao teatro e do teatro recebidos, afastar de um palco oficioso a «incultura» de quantos aferem os seus programas de trabalho pelas peças que outros anunciam e não chegam a realizar ou pelas peças de que haja adaptação cinematográfica passada, presente ou futura.

Na interpretação de *Dangerous Corner* intervieram, além de Amélia Rey Colaço num papel quase episódico (e episódico em relação à peça virtual, como veremos), Jacinto Ramos, Sara Vale, Augusto Figueiredo, Maria Laurent, Fernando Gusmão e Mariana Rey Monteiro. Cito pela ordem do programa. A representação teve um nível e uma unidade raríssimas de encontrar mesmo em palcos de pleno profissionalismo, e, da parte de todos em cada um dos momentos significativos que a cada um cabia, pois que todos seis são principais personagens, uma categoria e uma vibração que salvaram, das dificuldades e durezas de uma tradução coxa e em segunda mão, uma peça admirável, que deveria constituir revelação para muitos teatrólogos portugueses, se fossem permeáveis a estes Espíritos Santos. Não são: e, embora com aquela reserva a que já me referi, não perderam o acaciano propósito de tal mostrar. Pois se um deles chegou a ver identidade temática (muito «grave» para a originalidade de Priestley que, aliás, não viveu *essa* originalidade...) entre a peça e uma poesia do pombícula parnasiano e brasileiro Raimundo Correia!... — ó profundezas atlânticas das inspirações e influências!

A propósito da tradução, de Matos Sequeira, que me pareceu defeituosa, com frases e expressões de difícil elocução teatral, não deixa de ser ridículo que um *Lisbon player* não desdenhasse apresentar, no Estrela Hall, uma peça de Priestley, em tradução de tradução francesa (que eu desconheço a existência de tradução francesa, mas isso deve ser lacuna da minha informação pouco minuciosa do que se passa em Paris). Louve-se, todavia, a honestidade de não ter sido anunciada uma tradução directa do original, a qual não se compreende porque não foi procurado obtê-la. Estes tradutores encartados... — este jogo da caixa dos teatros para as redacções do Bairro Alto... Mas, mesmo por aí, com as visitas de esquadras americanas e inglesas, já vai havendo quem saiba arranhar o seu inglês... Para não falarmos de outros talentosos e aplaudidos que para a empresa ou suas iniciativas, têm feito traduções do inglês e se não devem incluir nas confusões anteriores.

A crítica profissional e quotidiana, salvo excepções que sempre as há, torceu o nariz ao brilho da representação. Não devemos esquecer que têm os adjectivos todos por conta dos «consagrados» (nunca se sabe de quando data a consagração...) e, à força de fingir que se entusiasma com burundangas (faço-lhe essa justiça) perdeu a faculdade de admirar, quer o grande teatro, quer os valores novos sem consagração de bastidor ou sem «pedigree». Pois daqueles seis novos: dois (Sara Vale e Fernando Gusmão) são revelações do Pátio das Comédias — e o Porto viu-os na *Escola de Maridos,* de Moliére —; dois são reprovados dos exames do Conservatório (Jacinto Ramos e Fernando Gusmão), outra apareceu no Teatro-estúdio do Salitre (Maria Laurent), duas têm experiência do palco profissional (esta última e Mariana Rey Monteiro), só uma, que eu saiba, tem garantia de talento dada pela experiência que foi adquirindo ainda na chamada «massa dos impossíveis» (Mariana), e só um se pode considerar já veterano, embora lhe tenham consumido o talento, durante anos, em papeis demasiado secundários (Augusto Figueiredo).

Está o leitor a ver que o *cast* era altamente suspeito... além de que a média das idades desta gente, se prosseguirem todos as carreiras auspiciosamente encetadas, fará o público descobrir que a maior parte das «ingénuas», ainda em exercício, vai dobrando o cabo dos 50...

Mariana Rey Monteiro regressou ao teatro. As suas interpretações anteriores haviam sofrido de ter sido rapidamente guindada na responsabilidade dos papéis e no elogio da crítica. Felicito-me de a ter visto na Olwen de *Dangerous Corner.* É uma actriz, e creio que virá a ser uma actriz muito grande. A maneira como das lições de sua Mãe soube acabar por tirar finalmente um jogo cénico pessoal, condizente com a sua voz, a sua figura e o seu temperamento, atesta as belas qualidades que de facto possui. A sua Olwen teve, quer actuando, quer ouvindo, uma interpretação superior, digna da figura, que é, por certo, umas das mais ricas da peça. Sara Vale, cuja vocação temos seguido com muito interesse pela sua actuação em espectáculos experimentais (Gogol, Molière e O'Neill) e na sua passagem fugaz pelo palco do Apolo (*Filipe II,* de Alfieri, dirigido por António Pedro), confirmou mais uma vez os seus dotes de actriz. Vimo-la velha alcoviteira em Gogol (*O Casamento),* ingénua traiçoeira em Molière (*Escola de Maridos),* pequena burguesa desiludida e revoltada em O'Neill (*Before lunch),* rainha de Espanha em *Filipe II,* e agora da alta burguesia britânica, recebendo na sua casa de Chantbury Cross os parentes e os amigos. Isto já é uma galeria de criações, que, pela diversidade e pelo talento com que foi vivida, garante o futuro que dela se pode esperar, Maria Laurent, cuja aparição no Salitre num pequeno acto de L. F. Rebello ainda não esqueci, completou, com Amélia Rey Colaço, o naipe feminino; a sua actuação, servida por uma presença encantadora e apenas prejudicada por uma dicção às vezes sibilante, foi notável, sobretudo quando, numa cena culminante, revela a humanidade da figura. Amélia Rey Colaço, com a distinção de sempre, deu a única personagem verdadeiramente secundária, que é, contudo, quem primeiro toca na ferida oculta daquela gente toda. Jacinto Ramos e Fernando Gusmão, dois reprovados pelas sapientes Cátedras da Calçada dos Caetanos, o segundo dos quais já apreciáramos no Pátio das Comédias, actuaram com uma emoção e uma dignidade excepcionais. Jacinto Ramos, na grande cena em que confessa a perda de todas as ilusões depois de ter conduzido com fleugmático frenesi a investigação que a peça é, e Gusmão, sobretudo na passagem em que tão directamente confessa a Olwen o seu amor, imprimiram grandeza aos seus papéis — creio que o melhor elogio para eles e para o espectáculo é afirmar que ninguém poderia ter feito melhor. Falou-se em nervosismo. Qual é o actor que não o sente? E não era de extrema responsabilidade a peça que criavam? Augusto Figueiredo —- e detesto falar de probidade, que é o elogio com que costuma mascarar-se o desdém crítico — representou admiravelmente, sem que destoasse da dos outros a sua maior experiência do palco e do público.

O arranjo da cena única — o *living room* dos Caplans —, de Emílio Lino, bastante equilibrado e agradável, talvez fosse excessivo para as pequenas dimensões do Estrella Hall. Quem tiver ido ao palco estranhará que aquelas seis pessoas tivessem vivido tão intensamente um drama, sem deitar abaixo algum dos móveis ou adereços... — o que redunda em louvor da inteligência com que foram determinados os seus movimentos por entre aquilo tudo...

Agora a peça. Apraz-me contá-la. Mas, antes de contá-la, é conveniente sublinhar que os três actos, no tempo, se sucedem ininterruptamente, isto é, cada um começa exactamente no instante em que caiu o pano sobre o anterior. São, todavia, três actos graduados e doseados segundo as normas do teatro realista; com uma diferença... — é que nada daquilo acontece. O melhor é contar a peça.

Em casa de Robert Caplan (Jacinto Ramos) após o jantar, quatro senhoras... Não, não é assim. Quando abre o pano está tudo às escuras menos uma telefonia, e ouve-se um tiro. Era uma peça radiofónica *The Sleeping cat,* que as quatro senhoras ouviam. As senhoras são: Freda (Sara Vale), a dona da casa; Betty (Maria Laurent), casada com Gordon, irmão de Freda (Augusto Figueiredo), Olwen, amiga de Freda e de Betty, (Mariana Rey Monteiro); e Miss Mockridge, uma convidada (Amélia Rey Colaço). Os homens, que chegaram depois, são os dois já citados e ainda Stanton, sócio de Robert e de Gordon. Houve, antes da peça, no passado de todos, um outro homem, Donald, irmão de Robert, que se julga haver-se suicidado, e a cujo encanto pessoal a convidada se refere fazendo cair a «viseira» nas faces dos presentes.

A peça radiofónica que haviam ouvido versava a descoberta da verdade, *«o gato que dorme»;* e é nessa descoberta que todos se lançam, conduzidos por Robert, que principia por querer saber qual a razão por que Olwen *reconheceu* uma caixa de cigarros que pertencera a Donald e ela nunca poderia ter visto, pois que fora oferecida a Donald, por Freda no próprio dia da sua morte (oferta que já faz parte da descoberta da verdade). E, uma vez partida a convidada, descobre-se sucessivamente que o autor do roubo, pelo qual todos julgavam ou fingiam julgar que Donald se suicidara, fora Stanton; que Freda, a mulher de Robert fora amante de Donald, e ela própria se julgava a última pessoa que o visitara antes da morte; que o casamento de Gordon e de Betty fora um fracasso, porque Gordon era dominado por Donald e toda a gente considerava Betty uma bela e acriançada boneca, um ídolo fora do mundo; que Betty se entregara a Stanton; que a presenteava e presenteou com o dinheiro roubado; que Olwen amava desesperadamente Robert e assassinara Donald, para se defender dos seus assaltos, quando procurara dele obter a confirmação de que não fora Roberto o ladrão; que Stanton, possuindo Betty sem mútuo amor, amava Olwen; que Donald, o encantador, fora também um monstro que julgara com algumas daquelas vidas, e que Robert, infeliz no casamento com Freda, adorava Betty como ideal inatingível.

Betty e Gordon saem. Stanton é expulso. E Robert, na derrocada de tudo o que o rodeava, corre a matar-se, enquanto Olwen e Freda o chamam. Ouve-se um tiro... apagam-se as luzes... a peça radiofónica terminou... acendem-se as luzes... as senhoras acabaram de a ouvir... chegam os homens... encontram no aparelho música de dança... dançam... e cai o pano sobre o terceiro acto. O primeiro terminara no momento em que Robert convoca telefonicamente Stanton e Gordon, que haviam saído; e o segundo, no momento em que Olwen confessa ter assassinado Donald. A peça é, pois, inteiramente virtual; o que poderia ter acontecido, se tivessem aplicado a si próprios o tema de *The sleeping cat.* Todas aquelas verdades acerca de cada um, quase sempre há outro que as sabe e confirma: nenhum sabe tudo; e é dolorosamente irónico, para quem assistiu ao «possível», observar como se organizam os pares para a dança final. A investigação, cortada de revelações sensacionais, de pequenas cenas profundamente humanas como a de Betty confessando-se e explicando-se, a de Stanton reagindo e declarando-se a Olwen, quase todas as situações em que se esclarece a vida desta última, está muito longe do cinismo que parece rescender da esquemática narrativa dos laços das figuras, como da cobarde teoria aparente de, à beira de uma verdade, devermos virar ou não o «dangerous corner».

J. B. Priestley, com o vigor, a intensidade dramática, a sábia complexidade psicológica que, no drama, se cifra na valorização interna de «cordelinhos» e «surpresas», nas quais precisamente se revela o melhor da vida interior de cada personagem, quis, primeiro que tudo, construir uma empolgante e brutal peça, aliás uma das primeiras, senão a primeira que fez, há cerca de vinte anos.

A sua peça é uma sátira amarga, não às hipocrisias de qualquer classe social, como possa parecer e como pode servir, mas à impossibilidade humana de confessar socialmente as situações individuais. Não se advoga que aquela gente seja assim e no-lo não descubra; mostra-se que, sem desastre total das suas existências, o não poderiam fazer. E que só com uma centelha de loucura (e nisso Robert ainda era irmão de Donald, e por aí se fecha um ciclo de motivações psicológicas da peça) alguém pretenderá arriscando a vida, conhecer a destrutiva verdade. Ou melhor: que a verdade pode ser conhecida à custa da própria vida, e nisso a peça é ocultamente simbólica, como aliás quase toda a obra de Priestley por vezes não ocultamente. De resto, «eles» viviam felizes... e um chega mesmo a dizer que à força de fingirem a felicidade, talvez acabassem por o ser de facto.

Dangerous corner, pelo pensamento extractável da peça e pela dramaturgia empregada («peça dentro da peça»), coloca-se, pois, exactamente no centro do problema da natureza do teatro: de como, na vida representando uma peça, podemos, de certa «curva» em diante, representar uma ou outra — e Priestley dá aquela como poderia ter dado várias, pois que qualquer investigação exaustiva conduz à verdade, desde que a haja. E coloca-se exactamente aí, quando mostra que o atingir a verdade corresponde à destruição do teatro como vida e da vida como teatro, duas coisas que um acender de luzes pode separar. A representação desta peça é um prazer para quem ame, no teatro, aquilo em que o teatro é a própria vida. Por isso temos que gratamente louvar quem a viveu e Amélia Rey Colaço e Robles Monteiro, que, apresentados por John Hampton, a levaram à cena.

Março de 1950

NOTA. — *Curva Perigosa,* apresentada experimentalmente ao grande público, fez carreira notável. Mais uma vez se confirmam as possibilidades a que há medo de corresponder.

«KNOCK», DE JULES ROMAINS
COMPANHIA FRANCESA DE LOUIS JOUVET

Após a representação de *L'école de femmes,* de Molière, que os leitores destas crónicas da *Seara Nova* já conhecerão por informação crítica, a companhia «des tournées Louis Jouvet» apresentou o célebre *Knock,* de Jules Romains. Não pertenço a qualquer das duas categorias de felizes mortais: os que já viram esta peça em Paris, agora ou há muito, e os que, felizes também embora um tanto idosos, a viram representada em outras eras heróicas do teatro em Portugal. Só agora a vi, depois de a ter lido há algum tempo. Com isto, perdi eu, perdeu Jules Romains, perdem os leitores, e é possível que o próprio Jouvet, infatigável Knock de duas mil representações, perca alguma coisa. Não tem, é claro, tamanha acumulação de perdas a mínima importância. Eu explico. Que eu tenha visto um pouco fossilizada por duvidoso classicismo uma excelente peça moderna, é mal do teatro entre nós — perdi como toda a gente habitualmente perde. Que, de tal perda, sofra o prestígio autêntico de Jules Romains no meu gosto e no que deste eu comunique ao leitor, é inevitável — azares da objectividade crítica, à qual solenemente prometo chegar ao mesmo tempo que o fim desta prosa. E Jouvet, que pode ele ter perdido, se um dos deveres da cultura pátria é saborear como néctar divino tudo o que, à semelhança dos meninos cá feitos, nos vem de França? Esse perdeu a oportunidade de, aos «comediantes dell'arte», que todos em Portugal somos ainda quando sabemos de cor e salteado o papel, ensinar como o teatro ultrapassa a convicção profunda com que deve ser vivido. Principiara eu por dizer que tantas perdas não tinham importância; creio que ficou perfeitamente evidente assim ter sido. Compreendendo pior ou melhor a graça dos diálogos e o «piquant» das situações, o público que assistiu à representação de *Knock* riu-se de si próprio, com a mesma ino-

149

cência com que rira das personagens de Molière. E nesta identidade, ocasionada pelo estilo da representação e pelo prestígio das exportações culturais francesas, se diluiu grande parte da força que, todavia, a precisão mecânica dos intérpretes por outros caminhos impôs. Jouvet deu Molière como um requintado «divertissement» intelectual, em que o requinte, habilmente, se não afasta nunca do que é acessível, em matéria de subtileza, à maioria dos que não são intelectuais. As virtualidades dramáticas, pungentes, que tão profundamente humanizam, em Molière, o convencionalismo teatral-social do «Grand Siècle», ecoaram, nas inflexões e nos gestos. Mas deu, salvas as diferenças entre Molière e Romains, um *Knock,* em que a crueldade deshumana do nosso tempo, prefigurada tão lucidamente por Romains, se patenteia como se fosse apenas secura sentimental que caracterizou a arte dos anos 20.

Acho sempre de grande pedantismo, e de evitar, as considerações eruditas e críticas acerca dos autores, que os meus confrades quase todos nesta altura das suas recensões fazem. Que diabo, ou a gente insulta o «público ilustrado», apresentando os autores em termos de enciclopédia, ou discreteia sobre eles, deixando em santa ignorância a mesma ilustração do público. E este dilema, afinal, assenta na leitura de uns periódicos oportunos, de uns livros oportunos, que os há sempre na bibliografia dos países de origem. É por isso que fazemos sempre mais vista, e despedimos mais luminosos raios de inteligência crítica, a propósito dos estrangeiros que dos nacionais. O pior é que, para quem comigo assistiu à representação de *Knock ou le triomphe de la medecine,* eu fazia vista nenhuma. O programa continha: um artigo sobre Jules Romains, o retrato do mesmo, *fac-simile* de uma página do manuscrito da obra, um artigo de Romains sobre Jouvet, um artigo de Jouvet sobre *Knock,* outro sobre os intérpretes sucessivos, as distribuições da peça desde a estreia em 1923 até à presente representação, opiniões de diversos clínicos sobre aquele triunfo da medicina, opiniões de diversos críticos por ocasião da estreia desse mesmo triunfo teatral, tudo isto encerrado com a descrição das viagens de Knock-Jouvet pelos palcos do mundo e a lista oficial do reportório Jouvet desde *M. Le Trouhadec saisi par la débauche* e *Knock* no teatro dos Campos Elíseos em 1923, até *Les fourberies de Scapin,* em 1949, no teatro Marigny. Não resta espaço para o exercício das minhas informações. Toda a gente ficou sabendo o mesmo que eu. Sou forçado, portanto, aos dislates mais ou menos abstractos, poço sem fundo dos críticos prevenidos, quanto mais dos desprevenidos como eu.

Ora, *Knock ou le triomphe de la medecine* é menos uma comédia de figura do que a faz o virtuosismo de Jouvet. Pela sua construção, deveríamos assistir ao triunfo da medicina de Knock sob a multidão que mais não deseja ou não sabe desejar que ser vencida cientìficamente. E assistimos, afinal e principalmente, ao triunfo regional de um inteligente aventureiro sem escrúpulos. O virtuosismo de Jouvet coloca o aprendiz de triunfador num plano de humanidade inteiramente diverso do das suas cobaias provincianas. Estas, embora a riqueza de pormenores subtilmente caricaturais seja muito grande, ficam abaixo, porque são tipos, da figura fortemente delineada, convictamente vivida, criada por Jouvet. Não creio que isto seja um reflexo na acção dramática de uma das características mais curiosas da personalidade de Jules Romains. De facto, quer em atitudes, quer em muitos aspectos de uma obra vasta e notabilíssima, Jules Romains sempre trouxe para o primeiro plano uma vigorosa afirmação de personalidade que, em que pese ao generoso «unanimismo» que inventou e é o sangue da sua obra, não vai sem certo desprezo cruel pela comunidade dos outros humanos. Seria subtileza demasiada (e as excelentes relações de justificado elogio mútuo entre Romains e Jouvet desmentiriam a hipótese) que a representação pretendesse redundar em sátira da própria personalidade do autor. Já é notável, — e creio não ter ainda sido observado — que *Knock ou le triomphe de la medecine* seja, entre muitas outras coisas, uma sátira feroz desse «unanimisno» com que Romains ergueu o mais significativo da expressão.

Do grupo de *L'Abbaye,* depois reunido e aumentado em volta do autor de *La vie unanime,* gerou-se uma das mais importantes correntes da literatura francesa do nosso século, e algumas figuras são ou foram escritores de categoria: além do próprio Romains, um Duhamel, um Charles Vildrac, um Luc Durtain, o grande poeta que é hoje Pierre Jean Jouve. Na poesia, o unanimismo marcou um esforço de *actualização* da linguagem, isto é, um esforço para transmitir à terminologia poética a consciência da realidade quotidiana ou ambiente. Entendamo-nos neste ponto, em que também eles, os unanimistas (designação assaz larga para várias tendências muito diversas), se não entenderam bem. Poesia do quotidiano é, e tem sido, quase sempre um equívoco. Porque a poesia tem ido buscar à vida quotidiana, e com esse rótulo, inúmeros elementos para emoções perenes, características do funcionamento sentimental deste aspecto de actividade do espírito humano. Não é ou pode não ser isto um esforço de actualização da linguagem. Um pouco como o futurismo quase seu contemporâneo, o unanimismo buscou introduzir na selecção de objectos que constitui sempre uma paisagem poética, alguns objectos do mundo moderno; e, ao contrário daquele, trazia uma delicada e enternecida noção do convívio humano, de camaradagem, de comunidade, que ao futurismo faltou, e que Jules Romains exprimiu nessa obra prima de *verve* e de intensidade activa e salutar que é *Les copains*. Desta introdução referida, terá sido esforço de actualização da linguagem o dar o mundo moderno como inserido na continuidade da tradição, em termos de transfiguração poética. Pode assim dizer-se que, pelo seu lado, tal movimento ou conjunto de atitudes lutou contra o abismo entre a vida imediata e a sua representação poética, que vinha sendo cavado, desde o simbolismo, pelos movimentos neo-clássicos e neo-simbolistas. E a afirmação de Romains em *La vie unanime:* «il faudra bien qu'un jour on soit l'humanité!» — esta afirmação é bem epígrafe de uma actividade cultural que culminou na monumentalidade de *Les hommes de bonne volonté.*

A tudo isto, juntou pessoalmente Romains, e mais que em outra parte no seu teatro, uma truculência de forma e de intencionalidade que um tanto vela a sóbria e digna consciência de um humanismo afinal muito sentimental, de base filosófica muito pouco básica, uma mistura de «psicologia das multidões» com o fraternalismo sobrado, nos tempos que iam correndo, do lema da Revolução Francesa. Lúcido como era, para além das categorizações cesáricas, nada disto escapou a Jules Romains. E, assim, *Knock* é, a par da sátira amarga dos movimentos de apaixonamento colectivo, sátira secreta da fragilidade em que assenta a «boa vontade» dos homens. Noutra peça, muito bela essa quanto *Knock* é cru, *Le dictateur,* pôs Romains a contrapartida dramática: um *Knock* por força dessas circunstâncias de que a sua obra, com certos actos da humanidade, profundamente dependem.

É pena, afinal, que uma encenação rigorosamente realista e uma mecanização que aumenta o valor cómico das situações façam parecer *Knock* uma peça envelhecida e desactualizada, quando o não é. Da interpretação, nada há que dizer, admirável de estilo, dentro do estilo que a peça, Jouvet e o tempo criaram de mãos dadas. Da vinda a Portugal de um *Knock* que já cá estivera em tempos idos — mas será preciso perdermo-nos na alegria imensa de assistirmos a grande teatro autêntico?

«SUA AMANTE ESPOSA», DE JACINTO BENAVENTE

Antes de retomar sozinho as crónicas de teatro que durante tanto tempo nestas páginas partilhei com João Pedro de Andrade, e de as retomar sucedendo-lhe, que a outras idênticas crónicas é chamado, desejo manifestar o meu apreço pelo crítico honesto — de uma honestidade tão rara na crítica teatral — e pelo dramaturgo de mérito, que tão injustamente permanece ignorado das empresas e do grande público. O facto de termos do teatro concepções bastante diversas não me impede de com o maior prazer fazer estas declarações, como não impediu o êxito com que a nossa alternância sempre se cumpriu, a despeito de pressões de criticandos, que as houve.

Posto isto, não me parece necessário repetir à guisa de reapresentação uma das minhas catilinárias sobre a situação do Teatro em Portugal. Elas virão na sua altura, visto que, tragicamente, os tempos ainda não mudaram.

E a prova que não mudaram é a representação, pela Companhia do Teatro Avenida, da adaptação da recente peça de Jacinto Benavente: *Sua Amante Esposa,* que nada acrescenta aos títulos de justa glória do seu autor, nem à boa experiência teatral que é sempre representar-se e assistir à representação, com nível artístico, de uma peça de categoria. Terão sido o seu êxito em Espanha e a graça (retocada na tradução para estilo piadético de entre Avenida e Parque Mayer) de um diálogo sobreposto a situações facilmente decorrentes de uma anedota absurda — terão sido estes factos o que fez levar à cena entre nós a *Sua Amante Esposa,* ou seja a história alvarmente espirituosa da esposa que, para adquirir privilégios de amante, decide mudar o marido respeitável para casa da amante propriamente dita.

Jacinto Benavente, que o Prémio Nobel consagrou em 1922, pre-

153

para-se pela sua longevidade e pela sua fecundidade para émulo de Bernard Shaw e de Lope de Vega. Se tem como ambos a mesma arte de fazer de nada uma peça, falta-lhe porém a profunda audácia do primeiro para impor a si próprio e aos espectadores uma ideologia progressiva ou, à falta de melhor, uma personalidade intimoratamente lúcida; e, sobretudo, lhe falta, como acabou por faltar a toda a gloriosa geração espanhola de 98 a que de certo modo pertence, o «Século de Ouro» que o segundo respirou tão identificado quanto se vê em *Fuente Ovejuna*.

Desde 1894 que o teatro de Benavente é uma constante da literatura dramática e da cena espanholas, que renovou brilhantemente desde o convencionalismo admirável de *Los intereses creados* até ao naturalismo de *Señora Ama,* passando pelas peças notáveis que são *Rosas de Otoño, La malquerida* ou *La noche del sábado.* É muito agudo o sentido cénico de Benavente, o seu gosto de movimentar figuras e de as fazer falar, com a delicadeza e o tacto de um grande conhecedor da natureza humana resolvida em termos teatrais, mas segundo os cânones de um vago transcendentalismo céptico e conformista, que tudo aceita, porque chegou à conclusão de que são bastante grosseiros os cordões que movem os títeres humanos. São muito significativas as palavras finais, aliás muito belas, de *Los intereses creados:* «y en ella visteis, como en las farsas de la vida, que a estos muñecos, como a los humanos, muéven los cordelillos groseros, que son los intereses, las pasioncillas, los engaños y todas las miserias de su condición: tiran unos de sus pies y los llevan a tristes andanzas; tiran otros de sus manos, que trabajan con pena, luchan con rabia, hurtan con astucia, matan con violencia. Pero entre todos ellos, desciende a veces del cielo al corazón un hilo sutil, como tejido con luz de sol y con luz de luna el hilo del amor, que a los humanos, como a estes muñecos que semejan humanos, les hace parecer divinos, y trae a nuestra frente resplandores de aurora, y pone alas en nuestro corazón y nos dice que no todo es farsa en la farsa, que hay algo divino en nuestra vida que es verdad y es eterno y no puede acabar quando la farsa acaba».

Perdoar-me-ão os leitores a longa transcrição, mas de sob a metáfora que ela é, transparecem um ideário e uma dramaturgia, que, traduzidos em decadência, servem de tessitura a *Sua Amante Esposa.* Seja, porém, erro supor que, nesta peça, não se nota a garra (de resto uma garra sempre discreta) do Jacinto Benavente de outros tempos mais esperançosos; bastaria toda a 2.ª metade do 2.º acto e o final dele para garantirem a presença de uma consoladora qualidade: desde a cena da amante ao telefone até ao *champagne* com que a esposa brinda, tudo é do melhor teatro, para o que contribuíram poderosamente a arte e a presença de Alma Flora.

O desempenho ressentiu-se, em geral, da intenção de fazer a peça baixar da alta comédia à farsa de costumes. Teve, contudo, um nível muito harmónico, no qual se destacaram um encantador domínio do palco por parte de Alma Flora, o apurado comediante que é Samwel Diniz no «raisonneur» da peça, o esforço de Maria Paula para regressar ao bom teatro declamado (com o prémio, nesta peça, de uma excelente cena, a do telefone), muito bem secundados por Berta de Bivar, Emília de Oliveira, Luis Filipe, Fernando Gusmão, Fernanda de Sousa, Clarisse Belo, Suzana Prado e Luís de Campos. Deixei propositadamente para o fim a referência a Alves da Cunha, o excelente artista de sempre, que se encarregou de um papel para que lhe sobra idade, e sem grandes oportunidades, pois que é o papel de «pau mandado» daquela indrómina toda. Para os três actos, dois cenários aceitáveis.

Não quero terminar sem acentuar quanto desprestigiante para o devido apuro de representações e do bom Teatro, que um conjunto da categoria do que se exibiu no Teatro Avenida represente em duas sessões mesmo um arranjo como *Sua Amante Esposa,*. Encarnar equilibradamente uma personagem não é bem o mesmo que estafar o corpo a dar à perna ou a guela a debitar umas piadas que quase não dependem de quem as debita.

«ROSAS DE OTOÑO», DE BENAVENTE,
E «A VERDADE DE CADA QUAL», DE PIRANDELLO
COMPANHIA DE IRENE LOPEZ HEREDIA

Do reportório que a Companhia de Irene Lopez Heredia apresentou em Portugal apenas vi, na estreia, *Rosas de Otoño,* de Benavente, e depois *La verdad de cada cual,* muito digna tradução espanhola da célebre peça de Pirandello. Pude, com a segunda, confirmar a excelente impressão que a representação na estreia me deixara, porque a companhia não estava já então representando um autor espanhol, e um autor que é há mais de meio século uma tradição viva do teatro espanhol. Irene Lopez Heredia é, sem dúvida, uma grande actriz, considerada aliás como uma das primeiras da Espanha, que tem tradições de grande teatro; mas secunda-a uma companhia homogénea, inteligente, que sabe não só os seus papéis mas *também* a peça que está representando. Com a titular da Companhia, pelo menos seis componentes são actores de grande categoria, o que melhor é evidenciado pela diferença das personagens que interpretaram nas duas peças que vi.

Numa e noutra peça estavam os mesmos móveis, aliás decentes, e os cenários originais são de um naturalismo discreto, bastante anodino. Confesso, porém, que, em matéria de teatro, se sou sensível a uma bela encenação quando a há, me contento sempre com um cenário digno, sem disparates de gosto ou de espírito cénico que me impeçam de saborear livremente a acção dramática de uma boa peça. De resto, estou em crer que uma arrojada ou complicada concepção cénica, sobreposta a um texto *que a não exija,* impede do mesmo modo a perfeita fruição do gesto e da palavra, que o teatro essencialmente deve ser para o espectador. A grande ópera, que admiro não só teórica mas efectivamente, espectáculo integrador de todas ou quase todas as artes e formas de expressão, é *teatro espectacular,* cuja plena realização o futuro confiará no cinema, se o futuro ainda se interessar por refinamentos de arte. O teatro, porém, é poesia em acção, e não acção poética, que se deveria ensinar a usar na vida, ou melhor, no teatro do lado de cá da ribalta. Mas voltemos ao Ginásio.

Não há muito que apreciámos como foi possível, através de uma tradução de Parque Mayer, *Su amante esposa,* de Benavente, que aliás Irene Heredia também apresentou, mas no texto original, como é óbvio. Eu, que não sou modernista de profissão mas de vocação, nem meço os meus gostos pelas últimas notícias do partidarismo francês, embora me recuse, por uma questão de higiene, a admirar Cossíos e Pémans, admiro o teatro de Jacinto Benavente. O Benavente de *Su amante esposa* não é admirável, mas uma relíquia que merece respeito. Porém o Benavente de *Rosas de Otoño,* uma das suas mais belas obras, é-o; e que eu saiba, ainda não foi detectada, por detrás do conservantismo aparente do que possa parecer a tese da peça, a ressonância mítica que o conflito atinge. O equilíbrio entre diversas acções que contrapontisticamente vão tecendo as grandes cenas finais; a vivacidade de um diálogo «natural» e de apurado gosto literário; a delicadeza psicológica com que as personagens são caracterizadas em função da unidade temática da obra; a elegância subtil com que o desenvolvimento da peça é feito à sombra tutelar do espírito benaventino; tudo isto, concordemos ou não, interessemo-nos ou não, em alto grau *Rosas de Otoño* evidencia.

É certo que o teatro releva da ordem ética — quer na oposição trágica de éticas diferentes, quer na análise comediográfica das contradições inerentes a uma dada ética. Dentro desta característica geral, o teatro espanhol ([1]), de Lope de Vega até Garcia Lorca, individualiza-se por um moralismo normativo, exemplar, bem distinto da ética do grande teatro inglês, que é um empírico amoralismo não judicativo, da do grande teatro francês, que é uma ética de pluralismo individual, etc., etc.. Moralista é também o teatro português, nos seus escassos momentos, de Gil Vicente aos nossos dias; mas de um moralismo não normativo, menos católico, e mais interessado pelas origens e fins da sociedade nacional (*v. g.* a importância de D. Afonso IV na tragédia de Ferreira, o erasmismo social-político de Gil Vicente, o tema do re-

---

([1]) Entenda-se que tudo isto respeita a vastos denominadores comuns, perceptíveis através de um largo convívio cultural, directo ou indirecto, e não implica a noção vaga de «génio nacional».

gresso no *Frei Luís de Sousa,* etc.). O moralismo espanhol de Benavente é conservantista na medida em que defende as chamadas virtudes burguesas, ante a ascensão da burguesia à dissolução da aristocracia como classe cuja estabilidade assenta no privilégio hereditário e não no exercício consciente da virtude. O carácter rural de muito teatro benaventino insere-se neste esquema, porquanto as classes rurais abastadas substituíram largamente em Espanha a burguesia citadina, praticamente inexistente até aos tempos modernos, salvo no que respeita às grandes cidades marítimas. É evidente que, pela simultaneidade da crítica do privilégio (vide *Los intereses creados*) e da defesa da virtude, o teatro benaventino, teatro da *fidelidade* à situação que por amor se elegeu, é bem menos conservantista do que até o próprio D. Jacinto possa supor, quando identifica cepticamente a fidelidade interior com a ordem social estabelecida.

Em *Rosas de Otoño,* o tema da fidelidade, o tema da intercessão feminina, o tema da maternidade, entrelaçam-se habilmente, ressoando magnìficamente no diálogo quase final da protagonista com seu marido, e no discurso poético com que, à maneira tradicional, Benavente demora o cair do pano sobre o último acto. É patente a significação mítica de que, nesse momento, se revestem esses temas, os quais, com quanto moralísticos e profundamente benaventinos, não deixam de ser temas genérica e eternamente humanos, por diversas com os tempos e lugares que sejam as variações bordadas sobre eles. Com efeito, aquela madrasta, cuja enteada revive um drama conjugal que foi sempre o seu, adquire por simpatia uma maternidade espiritual, cujo reconhecimento por parte do próprio marido a eleva a um plano mítico, do qual ela pode magnanimamente proclamar a suprema felicidade das rosas de outono da sua vida, rescendentes à resignada sabedoria de que só pela fidelidade à situação que por amor se elegeu é possível a transfiguração da repetição justiceira que os nossos actos levam em si.

Na protagonista, Irene Lopez Heredia dominou inteiramente o público, enriquecendo de pormenores da mais tocante ou graciosa humanidade o papel de grande senhora que Benavente inspirou. Asunción Montijano, na enteada, representou com viva emoção, enquanto Maria Francés se evidenciou uma esplêndida característica e Maria Luiza Marfil compôs voluptuosamente, o que lhe não será difícil, a figura da aventureira mais ou menos francesa. No naipe masculino foram excelentes Manuel Diaz Velasco, quase chocante no dúbio esposo da aventureira, e António Queipo, no papel do velho amigo da casa, cuja mulher também fez parte da galeria do dono. Quanto a Luiz Garcia Ortega, no marido, creio de justiça deixá-lo para o fim, para mais largamente poder acentuar a sua admirável categoria: nunca vi representar com maior naturalidade, não a naturalidade de quem está descaradamente no palco como em sua casa, mas a teatralíssima naturalidade de quem está não no palco mas na peça em que integra. Todos os mais componentes, pior ou melhor, cumpriram com correcção.

*

* *

Ao que leio e ouço, Pirandello já passou de moda, não valem mesmo muito as suas peças mais célebres, e, culturalmente, deram já o que tinha a dar o seu espírito e a sua temática. Está, pois, feito um bonzo pelo qual se não interessam nem os «snobs», nem os utilitaristas, sem que tenha já atingido a paralisante consagração dos clássicos. Posso, portanto, felicitar-me por ter visto uma bela representação de *A verdade de cada qual*.

Creio que, em tempos idos, me ocupei de Pirandello nestas colunas, mas a propósito de uma sua peça em 1 acto. Como, porém, Pirandello é, segundo julgo, além de uma inportantíssima figura da história do teatro, um dos grandes escritores do nosso tempo, pelo que a sua temática e o seu espírito iluminantemente significam, eis que não será de todo inútil e desinteressante que meditemos um pouco, agora a propósito de uma das suas peças mais célebres.

De si próprio como artista e como pensador, falou muito claramente Pirandello na conferência em que explicou as suas intenções ao escrever *Seis personagens em busca de um autor:* «É preciso que se saiba que jamais me bastou representar um homem ou uma mulher, por interessantes que fossem, apenas pelo prazer de os representar; narrar uma particular história triste ou alegre, apenas pelo prazer de a narrar; descrever uma paisagem pelo prazer de a descrever. Há, sem dúvida, escritores com esse gosto, e que assim se satisfazem. São, por natureza, escritores «historiadores». Mas outros há que, para além do prazer de contar, sentem uma mais profunda necessidade espiritual, e só admitem personagens, peripécias e paisagens, quando embebidas, por assim dizer, num peculiar sentimento da vida, que lhes confira valor universal. Esses são os escritores «filósofos», por natureza. Tenho a triste sorte de pertencer a esta segunda classe. Odeio a arte simbólica, na qual a representação perde espontaneidade para tornar-se artifício, alegoria... A representação é uma ideia que se torna ou procura tornar-se a imagem; e a verdadeira arte preza-se de na imagem, que em todas as suas expressões deve conservar-se viva e livre, buscar um sentido que lhe confere valor».

Este texto pareceu-me essencial, não só para a compreensão de Pirandello como da consciência segundo a qual a arte moderna de que Pirandello é um dos expoentes, fez suas as exigências da grande arte quanto ao sentido conferido à imagem. Não que o modernismo seja, só por essa angustiosa e lúcida consciência, grande arte; não que apenas por isso deva ou possa ser equiparado às obras-primas, e nas quais transparece uma visão totalizante da qual e na qual as imagens recebem uma *significação*. Mas a verdade é que o modernismo (e por modernismo deverá entender-se o período cultural que, na poesia, vai de Baudelaire ao surrealismo inclusivé) considerou sempre como pressuposto das suas tão diversas e até opostas estéticas a significação. E a tal ponto a considerou ligada à imagem, indissociavelmente identificada com ela, que foi possível entender-se a pura criação de imagens como simultaneamente significação e finalidade em si mesma.

No teatro de Pirandelo — e aliás nas suas novelas também — é posta crucialmente a questão da imagem e da *significação,* em todos os planos possíveis, desde o plano abstracto da discussão epistemológica até ao plano da discussão dos limites de validade da realidade quotidiana. O intelectualismo de que esse teatro foi sempre acusado, ou mesmo o subjectivismo radical de que tem sido considerado representativo, um e outro não terão o resultado de ser projectada no plano dramático a perplexidade do homem moderno perante a sua própria liberdade? Expliquemos, ainda que esquematicamente. Deixou de ser ideal do homem o anular-se para integrar-se numa significação transcendente comum a toda a sociedade. E o homem viu-se capaz de assumir diversas imagens, que a própria capacidade de assumir outras traía a cada momento. Por outro lado, a exigência social que de cada um esperava o esforço para a integração transcendente, que era uma segurança colectiva, passou a esperar de cada qual uma *identidade* (que nas obras, na história, nas biografias da antiguidade, se não encontra), uma personalidade invariável, documentalmente garantida, porque toda a segurança, contra a própria natureza do espírito humano, passou a ser jurídica. *A verdade de cada qual* é precisamente a peça de Pirandello que *representa* (e lá dizia ele que uma representação era uma ideia que se procurava ou procurava tornar imagem) este problema. Um trio — um homem, sua mulher e sua sogra — apenas por cada um querer (ou aceitar, quem sabe?...) ser o que o outro quer que ele seja põe uma selecta sociedade provinciana em agonias de investigação.

Ser é para esta gente uma banalidade que não pode ser transgredida — e a transgressão surge, porque... Mas demos a palavra a Laudisi, a personagem que é o comentador da peça (e que na peça se comenta a si próprio, num magnífico monólogo ao espelho, ou diálogo com a *sua* imagem): «Vocês precisam de factos, de documentos para afirmar ou para negar. Eu não tenho deles a mínima necessidade. Para mim, a realização não está em documentos, mas na alma desses dois seres; e, nessa alma, não posso eu penetrar... As provas, destruíram-nas eles, em si próprios, na própria alma. Entendem finalmente? Ambos imaginaram, ele para ela, ela para ele, uma ficção que possui a consistência da própria realidade... Essa nova realidade, não há documento que a destrua. Se eles a respiram, a veem, a sentem, a tocam! O documento poderia, quando muito, ser-vos útil para satisfazer uma estúpida curiosidade...»

A transgressão surgiu, pois, porque os protagonistas assumiram uma personalidade não verificável documentalmente... A mulher de Ponza é a sua primeira mulher e portanto filha da Senhora Frolla, ou essa morreu e é uma segunda mulher, e portanto não é filha da Senhora Frolla? Só a própria o poderá dizer. Mas a Sr.ª Ponza tem um «sentido que lhe confere valor» — e recusa-se a deixar de ser simultaneamente as duas pessoas que documentalmente não pode ser. A sua resposta contraditória representa a própria essência da verdade. — «Vêdes como fala a Verdade?» exclama Laudisi, ao cair o pano — o que nenhum dos curiosos estúpidos tem ouvidos para ouvir.

A trágica humanidade do Sr. Ponza e da Sr.ª Frolla, pequenos provincianos que *ser* torna profundamente teatrais na própria vida e lucidamente cientes do que para si próprios *não devem* ser (mesmo quando se traem), foi magistralmente criada por Irene Lopez Heredia e por Manuel Diaz Velasco, como Luiz Garcia Ortega me pareceu inultrapassável na interpertação de Laudisi, a única personagem da peça que penetra na essência da verdade, por saber que a alma ou o que quer que seja é impenetrável ou, mais exactamente, inapreensível. Toda a companhia, destacando-se Asunción Montijano e António Queipo, deu admiravelmente o contraste necessário à sufocante atmosfera da farsa trágica que a peça pretende ser e é.

Em boa hora foi trazida a Portugal esta companhia. Teatro profissional é uma coisa consoladora de ver, para quem tem visto apenas o amadorismo, por vezes brilhante, de actores profissionais. Parece que o público o não entendeu assim. Será que entende o francês da mínima estrela parisiense que acorre a ouvir?

«A VOZ DA CIDADE», DE RAMADA CURTO

O último original do Sr. Dr. Ramada Curto, que o Teatro Nacional de D. Maria II levou à cena, é uma indignidade que desonra o primeiro palco português. Parece uma peça do sr. D. José Péman que tivesse sido traduzida e adaptada pelas parçarias do Parque Mayer e ofícios correlativos. É uma torpeza em três actos, com personagens ignóbeis, um diálogo de revista reles, e uma carpintaria teatral tão incipiente e ordinária, que, se não se perdoaria num amador, muito menos se admite no industrial de dramaturgia, encartado por muitos anos de experiência e êxito, que o Sr. Dr. Ramada Curto é.

Dizia há pouco este autor, num irónico agradecimento à benevolência jornalística que aplaudiu a sua peça, que «no (seu) *curriculum vitae* teatral, (tem) apanhado grandes e justas sovas». Duvido; e quanto a justiça, é natural que uma longa prática forense lhe tenha mareado um tanto a imagem dela. Longe de mim, porém, a ideia de o sovar, não só porque o negócio teatral desde que não colida com a arte, é uma actividade respeitável, com a qual a crítica nada tem que ver; como também porque esta peça nem merece sova, o que merece é ser contada. E é o que eu vou fazer.

....

Isto comecei eu a escrever, depois de ter visto a peça. Mas pensei que a *Seara* andava atrasada, e achei ridículo criticar violentamente uma burundanga, que, ao ser publicada a minha prosa, já ninguém se lembra de ter visto, quanto mais de que terá sido representada com longo e profícuo êxito.

Quanto à interpretação, limito-me a dizer que a índole da peça induziu os actores a achincalhá-la de dia para dia. Eu vi-a na véspera de a excelente actriz que é Aura Abranches começar a atirar-se para o chão, e de José Gamboa, um dos poucos actores conscientes do nosso teatro, acrescentar obscenidades que não haviam ocorrido ao sr. dr. Ramada Curto. Não falemos nestas vergonhas. Esperemos o próximo original do mais prestigioso autor (de 30 peças, algumas das quais merecem respeito) das bilheteiras portuguesas nos últimos decénios. Será para essa vez o sobretudo de honra.

GRANDE TEATRO EM PORTUGAL: «JOANA D'ARC», DE ANOUILH

Eu nunca fui a Paris, eu nunca vi a Suzanne Flon. Todos os críticos teatrais portugueses foram a Paris, todos eles lá foram quando a Suzanne criava *L'Alouette,* de Anouilh. E todos eles acharam que a criação portuguesa superava a criação original. Isto é esplêndido, como recompensa de uma grande actuação: a de Eunice Muñoz na tradução da peça de Anouilh, com que o Teatro Avenida inaugurou a temporada. Mas será preciso irmos todos a Paris para sabermos por comparação se estamos perante uma coisa decente, uma coisa notável, ou uma coisa excepcional? O público, o grande público que não vai a Paris, pelo menos não vai lá em massa, como há-de arranjar-se? É que pode ficar na duvida, sem saber se há-de gostar ou não: seria *lá* melhor? Seria *lá* diferente?

Ora, para uma apreciação relativa, tudo isto será muitissimo interessante. A mim, porém, parece-me que demasiado se tem vivido de relatividades em teatro —, e que é necessário começar a apreciar em absoluto, ou seja apreciar efectivamente aquilo que se faz aqui e agora. Todos estamos fartos daquele respeitável publico que já viu tudo e é displicente, ou não viu nada porque acha não lhe valer a pena. Os criticos que viram tudo, e do bom, correm o risco imenso de não ver nada, exactamente como aquelas pessoas respeitáveis que nuncam põem os pés no teatro, porque «não há teatro em Portugal».

Sem dúvida que, em Portugal, o teatro não é uma actividade regular, de qualidade industrialmente garantida. E sem dúvida que seria excelente vermos, em vez de traduções, inumeras peças portuguesas, para podermos falar a sério e à vontade em teatro nosso. Mas, se o teatro entre nós não é uma actividade regular, que anime os talentos existentes e suscite novas vocações de escritor dramático, como havemos nós de ter, sem mais nem menos, teatro nosso? As peças de teatro não se fizeram para ser lidas; e nenhuma tradição ou nenhuma experiência teatral vive da gaveta. No palco, na voz e no gesto dos actores, é que o teatro se vê. E boas peças estrangeiras, bem apresentadas, farão muito mais pela educação do publico e pela criação de uma moderna e viva consciência teatral do que uma procissão de peças meritórias, cujo principal valor consista em serem de autores portugueses. Uma peça bem feita, muitas peças bem feitas, de que serve isto? Serve para dizer-se que temos homens de teatro? Mas não é de homens de teatro que o teatro precisa: o teatro precisa de dramaturgos, de obras que, mesmo num desastre financeiro, se imponham ao respeito do público que não acorreu a vê-las, dos críticos que não arrastaram esse público até à porta da sala. Muitas peças e muitos homens de teatro são só peças e homens de teatro — e o publico distrai-se, admira até, mas não se curva. Se para ensiná-lo a curvar-se é necessário apresentar muitos Lorcas, muitos Anouilhs, muitos Priestleys, venham eles, para que se aprenda entre nós vendo, o que é grande teatro moderno. Antes disso, todo o teatro corre o risco de, na consciência e na inspiração dos autores, ser literário, pois que a unica e verdadeira experiência que existe é a literária. Não basta termos visto na Inglaterra, na França, mesmo em Espanha, adimráveis espectáculos: é preciso que os tenhamos ouvido na nossa língua ditos por vozes portuguesas, gesticulados por este jeitinho de estar em cena «com muita dignidade» ou de achincalhar a peça para a galeria, que são ainda tristes defeitos da representação portuguesa.

Tais defeitos, porém, corrigi-los-á com o tempo a dignidade das peças representadas. Essa dignidade, educando publico e actores, háde mesmo acabar por educar os tradutores, que aprenderão duas coisas: a não escrever peças que os autores não escreveram, e a não se julgarem sempre em obrigações de pôr calão na boca de todas as personagens para mostrarem que manejam com muita fluência o diálogo teatral. E um dia virá em que actores, empresários, tradutores e críticos não sejam todos compadres uns dos outros, empurrando-se uns aos outros, espezinhando-se uns aos outros, por amor do pãozinho; da gloriola jornalística... e até, vamos lá, a não ser injustos, por sincero amor do teatro: que é uma vida de cão, difícil como burro, e que, se requer muita força de ânimo, desculpa também muita tolice.

Para se fazer teatro em Portugal não falta nada, senão a vontade, o gosto e o entusiasmo de o fazer. E o que neste preciso momento se está passando em Lisboa nos três teatros de declamação em funcionamento não permite que, por mais tempo, o público chore que não tem teatro ou que o teatro é mau. Representam-se agora: uma peça já clássica, uma peça de um novo autor, uma peça de um grande nome estrangeiro que está sendo representada em todos os teatros do Mundo. E representam-se com um nível de cujos pormenores ou de cujo mau gosto se pode discordar mas que é indiscutível. No caso particular de *Joana d'Arc* a reaparição de Eunice Muñoz é um acontecimento do teatro português. Eu tenho visto em Portugal — e lá fora... ainda que nunca tenha ido a Paris... — interpretações excepcionais: há em Portugal grandes actores. Mas a Pucela que é vivida e glorificada no Teatro Avenida é a confirmação de um talento único, capaz de uma altura trágica, de uma emoção dramática, de uma delicadeza risonha, que, tão naturais, já íamos esquecendo o que eram. Aquele seu passeio a cavalo com La Hire é a coisa mais espantosa dos palcos portugueses nos ultimos decénios.

Eu sei que afirmar estas coisas suscita muitas invejas, cria muitos inimigos. Mas eu já desisti de não ter inimigos. E inimigo de uma coisa daquelas só o pode ser quem vive do teatro e não para o teatro. E é impossível que tais coisas sucedam para atolar-se na inveja, na mediocridade sempre vigilante, no nada em que se vegeta tão bem... Por certo que haverá, livre e vivo, teatro português.

Lisboa, 15 de Novembro de 1955

«ALGUÉM TERÁ DE MORRER», DE LUIZ FRANCISCO REBELLO

Creio que terei sido das poucas pessoas que, por ocasião da estreia, no Teatro do Salitre, de um acto de Luiz Francisco Rebello, já lá vão bastantes anos (e foram os anos heróicos que salvaram o teatro português do atoleiro em que está mergulhando novamente — até quando?...), saudou a aparição de um novo dramaturgo verdadeiramente moderno. Infelizmente, não foi ainda possível representar entre nós *O dia seguinte,* a sua peça que até a nossa vizinha Espanha já viu, ao que suponho. Mas a representação pela companhia do teatro Nacional, de *Alguém terá de morrer,* confirmaria os créditos de dramaturgo de Luiz Francisco Rebello, se não fosse, como diremos?, excessivamente escolar, um pouco o exercício hábil que é o mais que é possível representar entre nós. Porque é esta a triste verdade: pretende-se que não há teatro, mas nada se faz para permitir a aparição de dramaturgos... E só a habilidade, a arte consumada de escrever para o teatro, conseguem passar as apertadas malhas em que o teatro é contido pela excessiva crença no poder revolucionário do espectáculo dramático... A sociedade burguesa cultivou o adultério por assistir às peças de Bernstein e outros que tais, ou estas peças apenas lisonjeavam o seu pacato anseio de ilegalidade doméstica? Mas a questão é outra, que não cabe aqui discutir.

Quando acima disse que a peça de L. F. Rebello «confirmaria, se não fosse», eu queria apenas significar que ela dá plenamente as possibilidades muito grandes de ideação teatral do autor, mas as dá naquele plano considerado inócuo das alegorias sobre a vida e a morte, a verdade e a impostura, que, desde o *Everyman* até às peças de Priestley, passando pelo Calderón de *El gran Teatro del mundo,* serviram para fazer à sociedade de uma época uma crítica que hoje consideramos perigosamente abstracta, precisamente pelas mesma razões que fazem os outros não temê-las... Porque elevar a arquétipos certas individualidades concretas, quais são personagens determinadas e definidas por uma identidade civil e uma actuação dramática, é correr o risco de abstrair das condições sociais que as criaram e condicionaram como são e nos aparecem. E não as elevar àquele nível, ou criá-las já abstractas, é sumamente contrário àquela crítica que desejamos realista, igualmente distante da tipificação mediocremente burguesa como do idealismo altissonante e ambicioso. Sem dúvida que *Alguém terá de morrer* é um excelente e emocionante espectáculo, primorosamente construído, dos melhores e mais sérios originais portugueses que nos têm sido dado ver em palcos profissionais nos últimos anos. Mas enferma de uma escolaridade que aliás o seu autor não repudiou e foi até o primeiro a acentuar na nota do programa. E essa *escolaridade* é um dos grandes perigos da alegoria que se sabe impossibilitada de descer ao mais fundo das coisas. Perigo tal, que na equilibrada construção da peça nos chocam como uma intromissão e um desequilíbrio as duas ou três tiradas em que o autor quis, embora sucintamente, fazer a *sua* profissão de fé...

A companhia do Teatro Nacional deu à peça uma realização admirável, em que havia altos momentos da arte de representar. Em especial Palmira Bastos deu-nos o que julgo uma criação extraordinária, se se podem chamar criações às encarnações de personagens assim postas perante o facto consumado de uma delas ter de morrer (o que impede a situação de ser trágica, e por isso permite às personagens tergiversações irrisórias e mesquinhas, susceptíveis de *imitarem* uma crítica de ordem social). Mas quer Raul de Carvalho, quer Amélia Rey Colaço ou Carmen Dolores ou Rogério Paulo (no papel verdadeiramente irreal de *mensageiro da morte,* o mais *difícil* numa encenação tão excessivamente e arrebicadamente realista como a que foi imaginada para a peça), tiveram também excelentes momentos, contribuindo todos, e os mais que não chego a nomear, para uma modelar interpretação, dentro do estilo que a peça autorizava.

Creio, apesar de tudo, que a apresentação da peça de Luiz Francisco Rebello por uma companhia de tradições e responsabilidades (nem sempre assumidas) como a que ocupa há tantos anos o teatro Nacional, deve considerar-se um acontecimento, não só por quanto ficou dito, como porque o público significativamente assim o entendeu, afluindo a ver uma peça em que pressentiu a vida de que anda tão arredado o teatro português.

«NOITE DE REIS»,
DE FRANCISCO LAGE E FRANCISCO RIBEIRO

O Teatro da Trindade, inteligente e agradavelmente remodelado no seu destino de sarcófago no alto do monte do mesmo nome, abriu as suas portas para inauguração da época do Teatro Nacional Popular, organismo que, segundo informaram os periódicos, é desenvolvimento natural do Teatro do Povo. Embora o Trindade não seja propriamente o Palácio de Chaillot e arredores, e Ribeirinho não seja exactamente Jean Vilar, o espectáculo de abertura foi belíssimo e acolhido calorosamente pelo público de tais estreias e pela especialíssima e autorizadíssima crítica quotidiana. Ficou tudo rendido.

A peça escolhida é uma graciosa e superficial adaptação de uma obra de Shakespeare, *Twelfth Night,* uma das mais belas, subtis e complexas comédias que jamais se escreveram neste mundo e em todos os outros.

Twelfth Night é um puro *ballet* verbal, denso da mais extraordinária poesia e de uma ambiguidade sexual de estarrecer qualquer pessoa ingénua ou preconceituosa que atente no significado profundo das declarações de amor em que os quiproquós da peça são pródigos. Não sou por forma alguma um erudito exigentemente agarrado à letra, impossível de transpor literalmente sem disparate ou ridículo, de um texto tanto mais difícil quanto a retórica de Shakespeare não é *aligeirável,* por não ser um ornamento de vacuidades (à maneira de Eugénio de Castro ou Junqueiro), mas a própria tessitura harmónica do ambiente e da acção. Mas, por isso mesmo, um texto que, embora elidindo mais ou menos excessivamente as dificuldades intransponíveis e as alusões epocais dispensáveis, se não cinja à atmosfera psicológica do diálogo e ao ritmo, todo em *enjambements,* de uma imagística que leva em si os sentidos ocultos das motivações e da inteligência dramática das personagens, é um texto que não podemos considerar de Shakespeare, visto que deste, e do seu pensamento na peça, apenas ficaram a sequência das cenas e o sentido imediato das «deixas». Daqui resulta que o belíssimo espectáculo — de uma amável inconsequência como o Teatro *não é* — que Ribeirinho movimentou primorosamente e apresentou com justo êxito, é apenas um *divertimento* e nada mais. O que de Shakespeare subsiste é aquela sua grandeza tão grande, que sempre alguma coisa dela fica, ainda quando foi mais no espectáculo do que nele próprio que se pensou. A mim custa-me sempre ver a leviandade com que os homens de teatro e os seus admiradores são sempre os primeiros a menosprezar a dignidade do Teatro, da qual Shakespeare e a sua obra são, em todos os tempos, o mais alto timbre. Uma parelha de Franciscos, ainda que profissionais de teatro, não chega para puxar o carro de Shakespeare, mesmo com a desculpa de prévia adaptação (!) francesa. Olha franceses a cozinhar o pobre inglês!

Assim, não admira que a crítica, exibindo a sua erudição, se tenha interessado pela «história» que o grande Will utilizou para a sua comédia. Esse importante devaneio de eruditos (?) só importa em Shakespeare para se tomar a medida do seu génio transfigurador. E no tempo dele, em que todos os textos tornados públicos eram do público domínio, não importava nada. Mas, realmente, onde não ficam nem a poesia nem um pensamento pessoal, mas a diversão irresponsável, a «história» importa imenso! Lamento, porém, sem que isso envolva erudição alguma, pois que a hipótese vem consignada em todas as edições de *Twelfth Night,* informar o público e a crítica de que não foi do contista italiano Bandello que a «história» desta peça foi extraída. Algumas vezes Shakespeare terá nele bebido, mas desta vez parece que bebeu em Cinthio, outro italiano, traduzido para o inglês e publicado em 1581, vinte e um anos antes da estreia da peça no *hall* do Middle Temple, que um ataque germânico destruiu em 1940. E não admira, também, que não haja, na direcção do espectáculo por parte de Ribeirinho, brilhante e engenhosa como é ela (e, de certo modo, fácil, uma vez que o texto podia ser o que se quisesse que fosse), uma ideia condutora, *um* significado da peça. Porque dirigir não é erguer proficientemente, e com uma felicidade que devemos reconhecer, um espectáculo bonito e divertido: é, antes de mais, *interpretar* um texto. A contraprova, ou uma delas, estaria na pouca importância (disfarçada pela indumentária opulentíssima) atribuída ao Duque Orsino, e na composição efectivamente tão cómica que Ribeirinho arranjou para si próprio no papel de Malvoglio. São estas duas figuras o eixo da peça, e não será por acaso, sem dúvida, que Shakespeare confiou ao Duque

— no original, é claro — alguns dos mais deslumbrantes e importantes versos das partes metrificadas do texto. Quanto a Malvoglio, não é ele uma personagem ridícula, *mas ridicularizada,* por ser a única pessoa *séria,* no sentido burguês e puritano, que na peça existe. Todos os outros, como alguns comentadores também acentuaram, são o velho mundo feudal: convencional nas personagens «elevadas», truculento nos clientes e acólitos. «Sir» Toby, o dos «cakes and ale», uma das grandes criações de Shakespeare — e shakespeareanamente *criado* por Costa Ferreira, a traço um tanto grosso talvez — é, tanto como Orsino, Olívia, Viola e Sebastião, o oposto do intendente ambicioso, severo e senhor de si, possesso de rectidão, precursor de Tartufo e de Cromwell. O peculiar conservantismo de Shakespeare toma partido um pouco contra ele, pela «Merry England», à semelhança do partido que, pregando «cruzadas», Camões à sua maneira tomara contra «a apagada e vil tristeza».

Enorme parte do êxito do espectáculo deve-se ao cenário de José Barbosa, de um equilíbrio e de um rigor de gosto raros, como aos figurinos de Matos e Silva, talvez um tanto farfalhudos para a leveza aérea da peça. A interpretação, por parte da numerosa companhia, não tem grandes alturas, mas um equilíbrio notabilíssimo, devendo destacar-se: Ribeirinho, no Malvoglio que ele viu e de facto criou; Eunice Muñoz, que emprestou à figura de Viola, graças à sua intuição excepcional, a melancólica poesia que é a atmosfera da peça autêntica; Costa Ferreira; Fernando Gusmão (a cena do duelo entres estes três é um dos momentos admiráveis da representação, como o são a leitura da carta, a entrada de meias amarelas e as mãos «falando» pela grade, de Ribeirinho). A música de cena, de Frederico de Freitas, inteligentemente discreta na sua sugestão epocal, pena é que tenha sido feita para versos miseráveis, de revista do Parque Mayer, pelos quais foram substituídas algumas das mais belas líricas da poesia universal, quais são as canções do *clown* nesta peça. E, ainda por cima, que tenha sido uivada, no estilo dos programas de variedades da Emissora Nacional, por uma «trovadora» mascarada de urso amestrado. Se os versos de facto não fossem tão ordinários, não teria sido preciso «desdobrar» um *clown* sem voz, que os entoasse com a dignidade que eles não poderiam ter. A bem do teatro em Portugal e do futuro de iniciativas, como esta, de apresentar Shakespeare, etc., etc. (apesar de tudo!...), faço ardentes votos por que este urso amestrado, uivante e travestido, que Shakespeare na sua inocência não previa, não seja uma figura ominosamente simbólica.

«AS BRUXAS DE SALEM», DE ARTHUR MILLER

A reabertura do Teatro Nacional de D. Maria II fez-se com *The Crucible*, de Arthur Miller, mais parisiamente conhecida por *As Bruxas de Salem*. Eu creio que, com a presença em Lisboa da companhia de Procópio Ferreira, com este espectáculo e o do Teatro da Trindade, com a discutida apresentação no Porto, pelo T. E. P., de *A Promessa* de Bernardo Santareno, e apesar de todas as limitações e reservas que possam ser postas ou nós possamos pôr, o público em geral e os amadores de teatro em particular, a menos que sejam resingões nacionaleiros incuráveis, não têm o mínimo direito de se queixar. Está provada à evidência a possibilidade de haver gente que dirija e gente que interprete, em alto nível, *teatro*. Que o público se mostre digno de tudo isto, e acredite finalmente em si próprio, como espectador e como cidadão, e o teatro triunfará até dos próprios erros — e com ele tudo o que presamos virá por acréscimo.

A peça de Arthur Miller é uma das grandes obras teatrais do nosso tempo, um drama de uma nobreza de intenção e de factura, de uma lucidez e de uma coragem, de uma verdade e de um poder de sugestão poética admiráveis. Nela perpassam com o maior desassombro, através da exposição crítica, a um nível intensíssimo de uma acção sem desfalecimentos, do célebre caso histórico ocorrido em Salem, no Massachusetts, em 1692, todos os ideais humanistas de esclarecimento, liberdade, tolerância, justiça, por que lutam actualmente os espíritos dignos deste nome. É possível que, em épocas mais felizes ou mais cegamente depravadas do que a nossa (em que ainda vivam ou já vivam algumas pessoas satisfeitas), esta peça de Miller se não possa comparar a várias obras teatrais, imensamente literárias, e de pensamento tão marfínico e profundo que se não enxerga. Para nós, porém, que ela tenha sido posta em cena em Portugal, na realística dignidade terrífica que Amélia Rey Colaço e Robles Monteiro, com o perfeito sentido de uma longa experiência teatral, lhe deram, é um acontecimento de primacial importância, perante o qual devemos manifestar o nosso aplauso, o nosso entusiasmo e a nossa profunda satisfação. Poucas vezes as motivações de uma intriga pérfida, na qual se envolvem os mais diversos e complexos interesses de uma sociedade visceralmente hipócrita, terão sido desfibradas tão penetrantemente e tão dramaticamente no palco. Nos nossos palcos, que me lembre, nunca! O espectáculo do Teatro Nacional é dos mais dignos, mais belamente montados, mais equilibrados que nos tem sido dado ver entre nós: uma grande peça contemporânea e oportuna, apresentada por uma forma a que não se devem regatear louvores. Encenação, interpretação, figurinos, criação de ambiente, histerismo individual ou colectivo, verídico ou tenebrosamente simulado, tudo teve uma admirável e audaciosa expressão no palco do D. Maria II. A tradução, embora teatralmente fluente, de António Quadros, enferma de alguns galicismos e de certas absurdidades mínimas, como por exemplo o *Deputy-Governor* ser tratado por Deputado-Governador (!). *Deputy*, segundo os dicionários, é «pessoa que governa em nome de outrem», ou seja um delegado, neste caso do Governo ou mais correctamente: governador substituto, ou adjunto. É-me extremamente difícil, numa longa lista de distribuição, e no anonimato a que a empresa condenou o espectáculo pela ausência de programas que se imprimiram como se a peça estivesse para cair no segundo dia, destacar nomes: mas Lurdes Norberto (apesar de certa retórica expressional quando apenas ouve), Helena Felix, Catarina Avelar, Aura Abranches, Luz Veloso (admirável como composição de uma figura), Rogério Paulo, Luís Filipe, Raul de Carvalho e José de Castro (apesar de um certo excesso de juvenilidade impulsiva) merecem especial destaque de entre uma linha geral de interpretação, que consegue ser impressionante de tensão emotiva. Uma hora alta do Teatro em Portugal, que o público tem o dever de admirar em massa. Pena é que a frequência tradicional do teatro do Rossio tenha uma percentagem tão elevada de Abigais, Parris, Danforths, etc., aos quais este espectáculo não poderá deixar de ser indigesto. Que os reverendos Hales (depois de emendados, pelos acontecimentos, dos seus zelos inquisitoriais), os Joões Proctor, as Isabéis Proctor e as Rebeccas Nurse corram a fazer pender, enquanto é tempo, o fiel da balança, como merecem, merece a Companhia do Nacional, merece Miller, e, ao fim e ao cabo, nós todos merecemos.

«UM DIA DE VIDA», DE COSTA FERREIRA

Este original português é o segundo programa do chamado Teatro Nacional Popular. É a sétima peça de Costa Ferreira, que companhias profissionais apresentam, desde a sua estreia como autor, neste mesmo teatro, em 1951, com a farsa *Por um Fio,* que não vi. Cheguei a criticar a sua segunda peça representada: *Trapo de Luxo,* no Nacional. A prosa, porém, ficou inédita, quando, vai para seis anos, abandonei por imposição da minha dignidade a crítica teatral que então fazia — e fizera durante quatro anos — numa caquéctica e miasmática revista que nunca se sabe se está tão defunta como a higiene intelectual o exige. Não vi, depois, nenhuma outra das peças de Costa Ferreira, e conheço apenas mais outras duas, com cuja leitura em tempo me obsequiou.

Sete peças representadas em sete anos escassos é, sem dúvida, um fenómeno que o facto de uma decidida vocação de actor-autor, qual a de Costa Ferreira, por si só não explica. O favor que tem encontrado por parte das empresas e do público (porque eu não creio, nem tenho que acreditar, no espírito de sacrifício daquelas) está, suponho, na razão directa das suas qualidades e dos seus defeitos. O dom de idear situações em que a veemência dramática supre a verosimilhança; o realismo teatral na caracterização das personagens, sobretudo as secundárias, aquelas às quais não está confiado o conflito essencial, o que permite boas «rábulas» e cenas brilhantes; a capacidade para escrever um diálogo fluente em que um recorte literato equilibra constantemente aquela dose de calão quotidiano que dito no palco sempre diverte o público, e para, nesse diálogo, intercalar habilmente os *clichés* verbais típicos ou convencionalmente típicos da realidade da vida, dos ambientes ou das personagens; a arte de conduzir uma acção, sempre à beira do sentimentalismo, e de usá-lo, quando o *efeito* o requer — tudo isto é a mistura inextricável de qualidades e defeitos de Costa Ferreira, sem dúvida um dos nossos teatrólogos jovens mais dotados. De tudo isto não veio ainda, suponho, uma peça decisiva, que não use de compromissos fáceis entre o teatro burguês tradicional e o teatro moderno, e que não se desenvolva segundo a complacência de *fazer* teatro para ver representado. Sem dúvida que todo o teatro é feito com os olhos postos no palco, ou é um lamentável equívoco; e sem dúvida que não serei eu a condenar que uma peça seja um *divertimento* cómico ou dramático. Mas importa, sobremaneira, que o divertimento *não adira* ao conformismo ambiente, não reflicta em última análise uma cumplicidade com o *statu quo* sentimental e intelectual em que a média e a pequena burguesia irresponsavelmente se mantém.

Os problemas de *Um Dia de Vida* são duplamente falsos: vivem de uma pretensa convivência de mentalidade entre a alta burguesia e as camadas inferiores, serventuárias daquela, convivência que entre nós se cifra apenas numa comum mediocridade sentimental e moral de senhores e servos como se sentados à mesma lareira apagada do passado; e desenvolvem-se dramaticamente por forma a que aquela espécie de «caixeiro-viajante» que é o protagonista nem através de uma ironia do autor se redime da frieza com que assistimos ao seu drama e da família. Porque naquilo tudo não há drama real — e o esforço notável de encenação de Francisco Ribeiro (que não recuou perante a apoteose de «revista» do fim da 1.ª parte, com a alegoria barata do *calvário,* como definiam comovidamente umas senhoras que estavam ao pé de mim a escada que o nosso homem sobe) é, no fundo, uma confissão disto mesmo. Mas não há artes do teatro — de texto ou cénicas — que encubram, mesmo num divertimento dramático, a falta de uma visão profunda: porque à realidade não basta saber imaginá-la com os olhos de toda a gente, é preciso *transformá-la* teatralmente para que seja vista pelos olhos de um dramaturgo. Eu espero que Costa Ferreira venha a superar o que há de futilidade dramática no seu grande talento, exactamente como fiz votos, na minha última crítica, de que um Bernardo Santareno venha a superar a sua futilidade problemática (porque uma obsessão limitante como é, não passa de uma futilidade). A Companhia do T. N. P. compôs muito bem a galeria de figuras da peça, defendendo com cordelinos de comédia ou de drama os artifícios sentimentais do texto.

Se Fernando Gusmão, Maria Lalande e Rui de Carvalho (que teve de haver-se com uma cena incestuosa sumamente descabida e sem desenvolvimento ulterior) recorreram às suas respectivas possibilidades nos principais papéis, eu creio que os maiores louvores devem ir para a interpretação excelente de Josefina Silva, que domina como grande comediante alguns dos quadros.

«DEUS LHE PAGUE», DE JORACY CAMARGO

Não tive oportunidade de ver as duas primeiras peças apresentadas entre nós pelo grande actor Procópio Ferreira. Não quis, porém, deixar de assistir à reposição de *Deus lhe Pague,* que foi há vinte e tal anos um dos mais retumbantes êxitos do teatro em Portugal e tem sido uma das coroas de glória do «monstro sagrado» do teatro brasileiro que Procópio é. Eu acho a peça de Camargo quase tão falsa como a de Costa Ferreira, que acabo de criticar. E nem sequer é bem feita. Mas vive de um magnífico diálogo, sobretudo por parte do *raisonneur* que é o mendigo protagonista. É uma peça literária, com pretensões a incisiva crítica social: mas desde os tempos de Aristófanes que podemos estar cientes de quanto os comediógrafos e satíricos são ou podem ser reaccionários, e como o seu riso serve de absolvição a um conformismo sem outras consequências que não a de que as acções ridículas são irremediavelmente as mesmas acções ridículas no mesmo melhor dos mundos possíveis. Todos os bobos de corte, inclusive um Gil Vicente, souberam sempre a quem faziam rir e com quê. O *outro* riso, o das farsas trágicas como *O Doido e a Morte,* de Raul Brandão, mais próximo da gratuitidade dos puros divertimentos, não se confina nessa amenidade que o incisivo da sátira esconde mal. A sátira ou atinge em cada momento da consciência humana as raízes da vida, ou deixa afinal mais purificado e mais sólido aquilo mesmo que pretendeu ferir.

A encenação do Teatro Variedades, em que o texto aparece um tanto em bolandas, é decente — e quase se diria que, como é do egoísmo dos «monstros sagrados», tem apenas a decência indispensável a pôr em destaque a interpretação de Procópio, que é uma delícia de subtileza, de intencionalidade, de displicência anti-retórica. Vê-lo é ver de que um grande actor é capaz, sem «trémulos» na voz ou nos gestos, sem quase aqueles altos e baixos guturais da dicção que são o pão nosso de cada dia das pseudo-grandes interpretações.

177

«PARA CADA UM SUA VERDADE», DE PIRANDELLO

Há cerca de seis anos tive ocasião de criticar esta peça, quando a companhia espanhola de Irene Heredia a apresentou entre nós. Para o n.º 1250-51, de Abril de 1952, da *Seara Nova,* remeto pois o leitor curioso do que o espaço me não permite referir. A parábola cénica de Pirandello, sobre a dialéctica da *imagem* e da *significação,* agora reposta no Teatro Nacional, depois de uma carreira passada, que foi longa, não pode nem deve ficar sem referência. Por ocasião da apresentação da peça pela companhia espanhola e, mais recentemente, da sua realização pela companhia Amélia Rey Colaço-Robles Monteiro, lembro-me que a crítica glosou bastante o tema de como o teatro pirandelliano é de um intelectualismo hoje ultrapassado. Não deixa de ser curioso que um clássico do teatro universal apele simultaneamente para as empresas e para o público (que vi num estado de agitação comunicativa com o palco, bem sintomático!), e pareça ultrapassado à crítica. Todo o grande teatro é *simultaneamente* ultrapassado e permanente. Muitos dos artifícios cénicos de que se serviu morrem, e as ideologias sobrepostas à realização teatral diminuem-no sempre juntamente com o tempo que as viu nascer e se perde ao longe. Mas... a profundeza, a lucidez, a grande arte ficam sempre, quando lá estavam, isto é, na medida em que o grande teatro é *intelectual,* e apela pois para as perplexidades da inteligência humana. Se no favor do público por uma velha obra pode haver muito de *degradação* dela, caso o público a favoreça por hábito não-esclarecido, a verdade é que a legitimidade *pessoal* da vida de cada um é, mais do que nunca, um problema do nosso tempo, e Pirandello estudou-o com uma força artística e uma dignidade dramática exemplares. *Para cada um sua verdade* é, de certo modo, como as parábolas se arriscam sempre a ser, uma farsa trágica. O riso que esta peça provoca é o grande riso, qual um Brecht lucidamente viu na tradição do melhor teatro e ensaiou no seu: aquele em que ficam cortadas, pela lucidez crítica, todas as pontes para as *certezas* anteriores. O chamado riso amarelo, em que o espectador ri na medida em que se *não* identifica divertidamente com o objecto da sátira. No Teatro Nacional, a encenação de Palmira Bastos acentua asperamente a comicidade ridícula daquela sociedade provinciana e bisbilhoteira (como o Mundo em geral) e a dignidade dramática daqueles que, por força das circunstâncias, são os protagonistas de um drama que lhes não é consentido por essa sociedade, que, completamente alienada da verdade, tem desta um conceito absoluto, formalista, em que a letra documental da hipocrisia matou o espírito. Eu não acho errado que Pirandello seja assim apresentado com um forte naturalismo cénico, que ignore a margem de ficção poética inerente ao estilo das parábolas. Não há nada mais detestável em teatro que a pretensão, sobretudo cenográfica e de jogo dramático, à «sublime» poesia. O naturalismo está muito bem ali, e só foi traído pelo que há de quase irremediável *vieux jeu* na arte de representar daquela casa: o empolamento de uma dicção que, paradoxalmente, quanto mais se quer realista mais fica toda em «torcidos e tremidos».

No entanto, a companhia (tirando uma tendência para a confusão do tom fársico com a palhaçada que se vislumbra em Aura Abranches e Luís Filipe) ergue a peça com muita vivacidade e espírito. E a interpretação de Palmira Bastos sobreleva tudo, um pouco à sua maneira (que não condeno, de grande dama em cena), por uma forma magnificente, mantendo sempre, no auge da exploração dramática das situações, um certo domínio irónico da ambiguidade pirandelliana. A tradução fluente, e pareceu-me que aqui e ali aligeirada (por arranjos de encenação? por falta de memória dos actores?), de Natércia Freire e Maria da Graça Azambuja, tem uma ou outra expressão que talvez acuse a origem francesa do texto e já podia, numa reposição, haver desaparecido (uma pessoa com «temperamento doce», por exemplo). Quando é que, entre nós, os grandes nomes de outras literaturas deixarão definitivamente de chegar via Paris? Suponho que só quando uma certa França e uma certa sociedade dominante — de que até certo ponto o Nacional é a hipóstase teatral — deixarem de mutuamente se rever como expressão de uma *finesse* que não passa de estulta grosseria burguesa. Mas, por este caminho, ainda acabava eu a falar na Argélia. Fiquemo-nos pelo teatro.

«O REI VEADO», DE CARLO GOZZI
TEATRO DO GERIFALTO

Não tivera nunca ocasião de ver os espectáculos desta companhia de teatro infantil, dirigida pelo poeta António Manuel Couto Viana, de que a montagem de *O Rei Veado* é, salvo erro, o quinto. Não posso, pois, pronunciar-me sobre a orientação geral em que se integra a adaptação, feita por Fernando de Paços, da peça do autor de *Turandot,* que forneceu a Puccini o libreto da sua última, inacabada e belíssima ópera, e foi na Veneza do séc. XVIII o mais feroz opositor do grande Goldoni, cuja *Locandiera* os amadores de teatro se lembrarão de ter visto, excelentemente posta, no Teatro Nacional. As «fábulas dramáticas» do último abencerragem da *commedia dell'arte,* a que Goldoni opunha as suas peças *di carattere,* prestam-se, pela fantasia e a graça das situações, a este género de adaptações. E, em especial no *Rei Veado,* que foi há anos apresentado no Teatro-Estúdio do Salitre, abundam as possibilidades que, aliás, um teatro inspirado na *commedia dell'arte* proporcionará a um público infantil. Todavia, quer-me parecer que as transmutações de figuras em que a trama da peça assenta, com tudo o que envolvem de profunda filosofia do teatro, serão confusas e inquietantes para o sólido naturalismo das crianças. E o visceral reaccionarismo de Gozzi, cujo teatro se opõe, muito mais que a uma renovação dramática, ao individualismo liberal encarnado por Goldoni (e a gratuitidade fantasista da «commedia dell'arte», com os seus tipos abstractos, corresponde a uma sociedade que se quer imutavelmente segura nos seus privilégios e na intangibilidade dramática dos detentores deles), parece-me refinar num espiritualismo extremamente duvidoso, igualmente repulsivo (em minha opinião) para as consciências católicas ou materialísticas. Com efeito, nem umas nem outras podem admitir uma dicotomia total dos corpos e das almas, a ponto de estas, sem a

180

personalidade se perder, poderem passear de corpo para corpo. Isto é catolicamente herético, contrário ao dogma da ressurreição dos corpos. E não tem sentido para quem não reconheça a existência de uma alma separada do corpo a que pertence.

Na peça, bem posta em cena e com alguns belos figurinos (como o do mago Durandarte), expressivamente movimentada, toda a companhia pior ou melhor se saía do desempenho com frescura e graça. Mas creio dever destacar Luís Horta e Maria Albergaria, quase brilhantes na vivacidade das suas interpretações do Ministro Tartalha e de Esmeraldina.

«COMEDIANTES», DE GUY BOLTON,
SOBRE UM CONTO DE SOMERSET MAUGHAM

A Companhia Amélia Rey Colaço-Robles Monteiro, depois de umas «bruxas» digníssimas e de uma reposição feliz de Pirandello, decidiu-se a regressar ao teatro «boulevardier», com esta peça inconsistente e brilhante, que passa por retratar a intimidade dos *monstros sagrados* do teatro. O que Maugham pensa do teatro e dos actores, ainda há pouco o público poderá ter lido, no seu belíssimo *Exame de Consciência,* com uma profundidade que a peça não tem. De resto, ao que parece (porque só sei do facto pelos jornais, e não conheço a versão original, nem a *Adorable Julia,* da versão francesa), o tradutor Dr. Norberto Lopes, seguiu ambas as versões para o seu texto, o que talvez explique certas indecisões da acção ou do diálogo, aliás fluente e incisivo, embora por vezes de um espírito demasiado fácil. Acho, por mim, discutíveis estes critérios tradutórios de meter a colher na sopa alheia. Eu sei que isto só contribuirá para a minha perdição jornalística, neste país onde os jornalistas ilustres se vingam dos escritores, tornando ilustres jornalisticamente aqueles que, de outro modo, toda a gente saberia que o não eram. Mas eu considero-me um homem perdido, irremediavelmente condenado a todas as listas negras da suficiência e da inveja, e por isso digo o que penso, e não o que convenha à minha publicidade gratuita (por ser paga em mútuas mesuras e complacências, que é como se faz vida literária). Ainda na crónica anterior eu lamentava que o teatro continue a chegar-nos todo através dos êxitos parisienses, quando já não interessa ao Mundo aquilo que tem êxito em Paris, mas sim aquilo que o não tem e é a verdadeira França sem pio. Eu compreendo perfeitamente que uma actriz como Amélia Rey Colaço, teatral na completa acepção da palavra, se sinta tentada a encarnar a figura de Júlia Norton, aquela grande actriz que representava constantemente, no palco e na vida. A peça tem, tal qual está, todos os ingredientes e «coups de théatre» para permitir uma interpretação de desenvolta e retórica alta comédia. Não sei se valeria a pena... e nem a interpertação da protagonista, nem algumas excelentes rábulas que a peça contém chegam para sustentar, apesar da graça do diálogo, cinco quadros que, quando começam, já a gente sabe perfeitamente como vão acabar. E eu creio que a falta de *duplo jogo,* já assinalada a propósito de Pirandello, prejudicou irremediavelmente a peça. Tudo deveria ser dado ironicamente, sempre em representação de «representação», e no Nacional constantemente se representa com «veemente sinceridade», do que resultam absurdas e informes, psicologicamente, as reviravoltas das personagens. Postas estas reservas todas, Amélia Rey Colaço, secundada muito bem, com relevante sobriedade, por Erico Braga, foi uma Júlia Norton notabilíssima. Na costureira, no mordomo e no porteiro da «caixa», Luz Veloso, Manuel Correia e António Palma foram o que as excelentes «rábulas» exigiam. José de Castro e o estreante Luís Alberto houveram-se com muito acerto. Os restantes cumpriram, embora Helena Félix me parecesse num papel aliás ingrato, demasiado bem vestida (como é tradição da casa) para tirar alguns efeitos das oportunidades que afinal tinha... Que diabo, a Júlia Norton não guardara todas para si!... Por certo, como soi dizer-se, e o coro dos meus colegas encartados proclamou, o Nacional tem peça para muito tempo — assim os jornais continuem a dizê-lo, e o público aceite uma alta-comédia sem alturas de texto nem subtileza de encenação.

«PICCOLLI DI PODRECCA»

Os fantoches de Podrecca, que têm dado a volta ao Mundo, vieram ao Coliseu dos Recreios. Não se trata propriamente de um acontecimento a que a crítica teatral deva aplicar as suas malas-artes; mas é, sem dúvida, um acontecimento digno de registo, que cai sob a alçada comentadora da mesma crítica. Porque estes fantoches, cujo virtuosismo técnico é inexcedível e funcionando em arranjos cénicos extremamente cuidados (sobretudo a iluminação), se não constituem pelos *sketches* representados ou pelos cenários um prodígio de bom gosto, equivalente àquele virtuosismo, são um espectáculo teatral admirável, pela subtileza caricatural de muitos dos seus gestos. Em especial o *sketch* do violinista e o da cantora com o pianista são notáveis, embora o cinema cómico ou os desenhos animados nos tenham habituado a alguns dos *gags*. Mas, por certos momentos de delicado sentimento o «Carnaval dos Andes» e pelo extraordinário frenesi rítmico de tantas figuras a «Noite Cubana», são belos e empolgantes quadros.

O fascínio dos bonecos é tal, o seu poder de convicção tão poderoso apesar de nunca nos esquecermos que são bonecos de 80 cm de altura, que, quando no *sketch* da cantora um dos fantocheiros entra a agarrá-la, a sua aparição é tão sensacional como o seria a de Gulliver em Liliput. E a gente fica a pensar nas maravilhosas coisas que, com aqueles meios e aquela transposição para os fantoches, o teatro poderia ser. Como certa irrealidade de certas peças se tornaria, assim, uma realidade *específica* da cena, e não uma convenção que o teatro é!

O teatro de fantoches é uma forma de expressão dramática velha como o Mundo, ao que suponho. E não recordo sem emoção o biombo de serapilheira remendada, que, ainda há poucos anos, me ofereceu, sem o saber, uma belíssima e popularmente violenta versão do *Dr.*

Fausto. Volante como os temas das canções dos povos, aquela peça atravessara as terras e os tempos, desde os olhos fascinados de Christopher Marlowe, e já seria velha nessa altura. Caricatura exemplar do mecanismo que, volta e meia, se vê no cosmos, os fantoches são e serão companheiros da humanidade, e os *piccolli di Podrecca,* fantoches da pátria da *commedia dell'arte,* bem podem redimir essa comédia, como o improviso e a fantasia a redimiam da tipificação rigorosa.

«MONSIEUR DE POURCEAUGNAC», DE MOLIÈRE
NO LICEU FRANCÊS CHARLES LEPIERRE

Anualmente, a favor das obras de beneficência do Liceu Francês, os professores deste estabelecimento de ensino apresentam uma peça. Coube a vez este ano a *Monsieur de Pourceaugnac,* uma das últimas peças de Molière, menos conhecida pelas dificuldades de encenação que a sua montagem implica. As boas referências que ouvi levaram-me a querer ver um espectáculo que, supunha eu, se situaria ao nível das representações mais ou menos de amadores, em récita escolar. Que engano! As dificuldades de encenação foram resolvidas não sei se originalmente, mas com engenho e espírito. E a interpretação, os cenários, etc., tudo contribuiu para a criação de um espectáculo excepcional que, em inteligência cénica, em ritmo, em acerto geral, nada fica a dever ao melhor que se tem feito entre nós, com experimentalismo ou com profissionalismo.

Na trintena de peças que é a obra de Molière, *Monsieur de Pourceaugnac* é uma das comédias-ballets nascidas da colaboração com o italiano Lulli, «compositor da corte» de Luís XIV desde 1653, auspiciosamente iniciada com *L'Impromptu de Versailles* em 1663, que criou o género. Luís XVI assumira o poder pessoal em 61, por morte do Cardeal Mazarino, inaugurando os quase sessenta anos de poder absoluto que viriam a ser o seu «século», do qual Molière é um dos mais importantes ornamentos. *Monsieur de Pourceaugnac,* estreado em Chambord, em 1669, ante a corte, faz parte do último grupo de peças, em que o elemento fársico predomina, quer, como supõem alguns críticos, por Molière ir ao encontro do gosto de uma corte rica e poderosa, chefiada por um rei jovem, sedento de ostentação e prazeres, cuja protecção lhe era essencial (como a questão o *Tartufo* o provara, se outra prova Molière necessitava num tempo em que ser «do rei» era a máxima ambição social e artística dos intelectuais), quer, como sugere Brunetière, por Molière se evadir nas últimas peças à correlação inevitável entre o «naturalismo» da sua personalidade de comediógrafo e o «pessimismo» ante o sentido da vida e o valor das pessoas, que vai de par com aquele, de certo modo.

A música que Lulli compôs para a peça, e que por deferência da «Comédie Française» tivemos o prazer de ouvir, é belíssima, de um subtil folclorismo muito mais seiscentista do que comummente se julga, ajustado ao humor popular das farsas de Molière, com a simplicidade e a elegância formais adequadas ao divertimento de corte que a peça era. O elemento coral predomina, como Lulli veio caracteristicamente a fazer nas óperas que compôs de 1672 até à sua morte em 1687, e que estão na origem da ópera francesa, de que, como do género «opéra-ballet» (do qual a «ópera cómica» levou, em França, muito mais de um século a emancipar-se), se pode dizer que Lulli foi o criador, durante a sua longa ditadura musical. Mas, ou porque uma certa atmosfera persiste numa expressão estilizadamente arcaizante, ou porque o outro compositor sabiamente a reconstituía, reconhecíamos com delícia no Lulli do *Mr. de Pourceaugnac* o Ravel da «bergerie» de *L'Enfant et les Sortilèges*.

À encenação de Jean Pierre Ronfard, atribuindo a fantoches os bailados ou alguns intermédios corais, e movimentando admiravelmente as personagens, como aliás à sua própria interpretação de Sbrigani, o maquiavélico «condutor» das tropelias de que o advogado *limousin* promovido a *gentilhomme* (o pretensioso *bourgeois,* do ano seguinte, já está prefigurado aqui) é vítima, se deve o êxito do espectáculo, bem como a Octávio Neves Dordonnat no protagonista, e, de um modo geral, à numerosa «companhia», que actuou com a mais molieresca desenvoltura. O cenário e os figurinos de Ganzelevitch eram muito felizes.

Tudo isto é muito triste, e a Imprensa tratou o caso com a conveniente reserva. Porque, ao fim de porfiados esforços e muitos anúncios e proclamações, o nosso teatro às vezes pare um ratinho escorreito e *moderno.* E um professor do Liceu Francês apaixonado pelo Teatro organiza um espectáculo, com amadores, e sai *isto.* E depois digam que o Pessoa não tinha razão em falar do provincianismo português!

«É URGENTE O AMOR», DE LUIZ FRANCISCO REBELLO, PELO TEATRO EXPERIMENTAL DO PORTO

O T. E. P. [Teatro Experimental do Porto], sob a direcção de António Pedro, e apoiado pela massa associativa do Círculo de Cultura Teatral, é hoje uma das mais consoladoras realidades do teatro português. Se Lisboa e outras cidades do país se erguessem acima do nível das representações de amadores ou das aventuras de apaixonados pela cena, para organizarem «círculos» como o do Porto, estou certo que se criariam pouco a pouco condições de uma transmutação rápida daquela situação ambígua que muitas pessoas teimam em considerar crítica e o não é senão na medida — e tenho-o repetido sempre que a ocasião se me proporciona — em que se insere, como caso particular, noutra situação mais geral. A pressão de um público — pois que outra poderia ser? — *que criámos* (ainda quando ele nos ignore) tem feito muito pela libertação do nosso teatro e pela sua dignificação. Mas é absolutamente necessário que o teatro chegue a toda a parte, já que, nas actuais circunstâncias, é impossível e pernicioso crer no cinema nacional para tal fim.

Para uma curta temporada anual o T. E. P. tem vindo a Lisboa apresentar as suas realizações, e desta vez inaugurou-a, no teatrinho ABC, com um original português de Luiz Francisco Rebello, sem dúvida um dos teatrólogos que mais se tem destacado na luta em prol de uma actualização da cultura teatral portuguesa. Quando, há mais de um ano, critiquei para a revista *Vértice* a peça do mesmo autor, *Alguém Terá de Morrer,* eu disse: «a representação, pela companhia do Teatro Nacional, desta peça confirmaria os créditos de dramaturgo de Luiz Francisco Rebello, se ela não fosse, como diremos?, excessivamente escolar, um pouco o exercício hábil que é o mais que é possível representar entre nós».

Eu não queria, evidentemente, conceder que uma representação pela companhia do Teatro Nacional significava a consagração, o que seria absurdo: nada consagra nada, senão os próprios méritos. Nem estava sugerindo que não era de todo em todo possível conceber e *representar* algo que fosse mais fundo do que ia, priestleyanamente, aquela peça de Rebello, porque, apesar de tudo, tem sido. Estava apenas pondo em foco as capacidades teatrais, lucidamente informadas e inteligentemente apropriadas, do dramaturgo de *É Urgente o Amor*. Os meus leitores estarão lembrados do que eu escrevi aqui a propósito das peças recentes de Bernardo Santareno e de Costa Ferreira, e desnecessário será repeti-lo. Entendo que à peça de Rebello se aplica praticamente tudo isso, e que ela não é ainda aquela que devemos continuar a esperar do seu talento, que me honro de ter sido um dos primeiros a reconhecer. Mas, para tal, o seu talento e a sua modernidade não poderão ficar-se, afinal, por uma habilidade que, em vez de ser um sintoma intrínseco de «o mais que é possível representar entre nós», acaba por ser apenas, para lá delas, a falta de uma estruturada e profunda mensagem teatral. Não é sequer indispensável — e não foi nunca condição *sine qua non* para ser-se um grande dramaturgo — que essa mensagem se estruture em termos filosóficos, sistemática e activamente coordenados ou em permanente esforço de coordenada adequação. Basta que, ao nível da expressão teatral, a *crítica* que toda a *criação* implica exista efectivamente. Ora tal não existe na peça de Rebello, apesar das aparências formais e verbais. A história da rapariga que foi «empurrada» para o suicídio ou um acidente intencional por todos os que a destruíram com a sua vil mesquinhez burguesa não ultrapassa o *fait-divers* cruamente revelado, com arte e coragem, e dissolve-se no artifício de todos os comparsas e mais alguns discutirem com a imagem da morta a culpabilidade que haja nas suas consciências, num purgatório que é só a imposição de um terceiro acto por parte do dramaturgo. Como descobrimos então, nem sequer funcionou para eles, automaticamente, a repressão social dessa culpabilidade. Todos haviam mentido no 2.º acto, ao chefe da Polícia Judiciária, não porque, na consciência de cada um, se formulassem obstinadamente o *refazer sentimentalmente o passado* e a correspondente supressão das responsabilidades — o que seria uma funda crítica da consciência contemporânea, aqui e agora — mas porque o amante rico e bem colocado os reunira a todos para combinarem uma «história» que encerrasse o assunto.

Que o foro íntimo de cada um venha depois confessar-se, num contraponto de vozes que é aliás muito bem construído (como a acção concentrada e realista do 1.º acto o fora, e o havia sido também a acção lenta e sugestivamente *intermédia* do segundo), acrescenta gravemente ao *fait-divers* uma repercussão «metafísica», muito aliás do confusionismo filosófico em que se debate a maior parte do teatro moderno, e que, anos atrás, se Rebello não fosse Rebello teria sido clamorosamente apodada de «mistificadora». Felizmente que já se não usa este clamor, no amável intercâmbio de mistificações em que todos acabaram por acomodar-se, e a que eu, pela consideração que algumas pessoas e eu próprio me merecem, continuo inabilmente a recusar-me. Uma dessas pessoas é Luiz Francisco Rebello, como de tudo isto obviamente se depreenderá.

António Pedro encenou, com um entusiasmo bem nítido na nota do programa, uma peça que apresentava, pela variedade de ritmo entre as partes e pela concentração de acidentes e situações dramáticas, espinhosas dificuldades para toda a companhia. Os cenários de Baptista Fernandes, manifestamente prejudicados pela pequenez do palco do ABC, eram muito equilibrados. E equilibrada foi também a interpretação de todos, devendo destacar-se Dalila Rocha, na protagonista, João Guedes no amante rico, e Vasco de Lima Couto que compôs notavelmente o chefe da polícia. Os progressos de Cândida Maria ficaram patentes na cena de hipocrisia do 2.º tempo (a peça é «em duas partes e três tempos»), muito bem representada.

«JORNADA PARA A NOITE», DE EUGENE O'NEIL, PELO TEATRO EXPERIMENTAL DO PORTO

Depois da peça portuguesa, o T. E. P. [Teatro Experimental do Porto], apresentou a tragédia póstuma de Eugene O'Neill, *Long Day's Journey into Night,* obra magnífica, de uma dificuldade pavorosa, destituída da mínima concessão ao agrado do público, em quatro actos e cinco quadros longos e asfixiantes. Tive a honra de traduzir a peça, e aproveito a oportunidade para declarar publicamente que a traduzi integralmente (com as citações de versos e tudo) e que foi sobre uma versão integral que António Pedro iniciou a preparação do espantoso espectáculo a que nos foi dado assistir, sem dúvida um dos mais extraordinários acontecimentos — pela qualidade da peça, pela inteligência da direcção e pela excelência da representação — que se devem registar nos anais do teatro português, de há anos a esta parte. Independentemente de mais considerações, eu creio que a criação de Dalila Rocha é, com a *Joana* de Eunice Muñoz, o que de mais fundo e emocionante tem acontecido num palco de Lisboa. Que ela prossiga no T. E. P. uma carreira triunfal, sem cair nas tentações dos palcos de empresas, são os meus votos. Ou a mediocridade organizada tentará assassiná-la, como assassinou Leonor de Eça ou Sara Vale e faz ainda os possíveis com Maria Barroso ou Eunice Muñoz. Mas reatando: sobre um texto integral, iniciou António Pedro o seu trabalho, e eu apenas concordei que era impossível — como o foi na criação norte-americana da peça —, humanamente impossível para os actores e para os espectadores suportar, na íntegra, a atmosfera de tortura insistente e repetitiva que o texto integral implica. Foram feitos cortes, sem se alterar uma linha. E a única modificação (e é curioso que os meus colegas críticos, tão atentos e informados, a não tenham notado) foi introduzida pelo encenador e consiste em fazer Mary Tyrone aparecer, no final, vestida de noiva, quando no original traz o vestido a arrastar do braço. Ao assistir agora à representação, parece-me que a pungência desgarradora da última cena perdeu em profundeza o que terá ganho, talvez, em *coup de théâtre* para despertar um público já hipnotizado até ao torpor pela mais corajosa tragédia do nosso tempo, sem dúvida a mais bela peça do criador do teatro norte-americano.

Não me alongarei aqui sobre uma peça acerca da qual já se escreveu muito entre nós, e por sinal com uma elevada percentagem de coisas brilhantemente justas e acertadas, a tal ponto o grande teatro eleva os espíritos; e que eu próprio a modos que anunciei no *Jornal de Notícias* e prefaciarei no volume prestes a publicar. Mas não quereria deixar de acentuar como aquele testamento de um dramaturgo admirável é não só uma obra de génio, pela profundeza infinita da análise, pela piedade transcendente que a informa e, sobretudo, pela lúcida coragem de uma visão poética que não recua perante coisa alguma, não cede perante nada, para erguer-se a uma intensidade da mais pura tragédia. E, apesar de todos serem cruciantemente falhados naquela família desgraçada de bêbados e uma morfinómana, a peça *não é mórbida,* como foi dito, mas de uma saúde esplendorosa e ardente, capaz de incendiar o «regime celular» («la famille, cette cellule sociale»... citava o Gide) na consciência moderna. Só os incombustíveis não arderão em tão clara chama.

A interpretação, cuidada até aos últimos pormenores, foi excelente: de Dalila Rocha já disse o meu entusiasmo. Mas João Guedes, Baptista Fernandes, Alexandre Vieira (impressionantemente semelhante a um retrato de juventude de Eugene O'Neill) e Fernanda Gonçalves (na episódica criada, que é o que na peça resta do coro grego, pelo mais distribuído nas rememorações das personagens e no a propósito ou despropósito com que se entregam a elas) estiveram a uma altura merecedora do maior aplauso, em que a vigorosa e subtil unidade imprimida por António Pedro colocou a peça.

O cenário de Álvaro Portugal e os efeitos cénicos contribuíram eficazmente para o que não será um êxito, apenas porque os êxitos incomodam muita gente e esta peça é feita para incomodar os restantes.

Não quereria terminar sem agradecer daqui as generosas palavras que alguns críticos tiveram para a minha tradução, assim como os silêncios totais de outros acerca dela, que mais me confirmam quanto eu estive sempre certo ao denunciar, em devido tempo, mumificadas incompetências ou pretensiosas faltas de talento.

«DOIS REIS E UM SONO», DE NATÁLIA CORREIA E MANUEL DE LIMA TEATRO DO GERIFALTO

A nova peça infantil do Teatro do Gerifalto, uma fantasia musical de Natália Correia e Manuel de Lima, com música deste último, é um graciosíssimo espectáculo com engenhosos achados nas situações e no diálogo, que só pecará por os actores não estarem vocalmente à altura das exigências mínimas da música que muito discretamente equilibra uma atmosfera de *nursery tunes* arcaizantes com um sabor do vago seiscentismo irónico em que se situam não só a marcação como os cenários e figurinos muito sugestivos de Mário Cesariny de Vasconcelos. A história do rei que só queria dormir, a do seu ministro pencudo de tanto estar pendurado pelo nariz, da filha deste que era muda, do criado apaixonado que compra para ela uma voz, do Senhor Facilita Tudo que lha vende trocada, com as entradas insólitas do cortejo nupcial da noiva do rei, que nunca o apanha acordado senão no fim, quando ele é vencido por seu irmão, o frenético Rei sem Sono, é saborosíssima, apesar de certos «gags» pouco infantis e de certos alongamentos que enlanguescem por vezes uma acção trepidante, que António Manuel Couto Viana animou com uma direcção acertada. Na interpretação, destacam-se Luís Horta, embora reedite um pouco a peça anterior, em que também era Ministro, Mário Pereira no «Facilita-Tudo» e Ruy Mendes o criado João. Fernanda Montemor representou deliciosamente a cena em que a voz que lhe é dada é de cão...; e todos os outros se mexeram, cantaram e dançaram o melhor que puderam. Eis uma peça infantil a que as crianças assistem presas, ainda quando não compreendem a acção bastante complexa e demasiado *loose* para elas, e a que os adultos podem assistir com o agrado de se imaginarem crianças que entendessem tudo.

«UM SERÃO NAS LARANJEIRAS», DE JÚLIO DANTAS

O terceiro espectáculo do Teatro Nacional Popular é a reposição desta peça do ilustre Presidente da Academia (ignoro se ele o é exactamente, na actual presidência, dado que os rotativismos em vazio daquela douta instituição fazem muita confusão aos leigos como eu; mas, se o não é, tudo se passa como se o fosse). A peça ao que se diz, pois não sou erudito em Júlio Dantas, estreou há cinquenta e cinco anos e foi reposta pela última vez há quarenta, o que torna ainda mais comovente a ressurreição desta banalidade brilhante, lamentavelmente sobrecarregada de referências épocais, uma erudição de almanaque, de que são exemplo as «fugas de Lalande» da *Ceia dos Cardeais*. Há anos, depois de ter assistido à reposição desse repasto, eu escrevi: «Não considero acontecimento digno de especial referência a reposição deste entremédio de Júlio Dantas, a que, aliás, o público correspondeu com interesse desusado por teatro de declamação; mas não sou dos que exibem pelo seu autor uma repulsa mais baseada em snobístico desprezo por uma academia de facto desprestigiada que em justa apreciação das qualidades e defeitos de um académico de nascença. E a verdade é que, embora, à saída, a gente sinta ter assistido a uma encarnação do vácuo absoluto, se assiste sem desprazer, etc., etc.». Por esse tempo, ao criticar *Outono em Flor*, «inflorescência outoniça, um «sorriso» com que se encerram os 50 anos de teatro de Júlio Dantas», disse ainda: «Ora sorrindo, ora rindo, ora consentindo as pretensas emoções que se espraiam no palco, a gente assiste àquilo tudo, que é bem urdido, bem escrito, com uma sabedoria expressa em anexins fragilmente irónicos. Mas a verdade é que, entre esta diversão académica, absolutamente inócua, e outras diversões adaptativas (...) voto pela diversão académica, que, ao menos, nunca escreveu manifestos heróicos, se descontarmos, é claro, umas Antígonas capciosas e gritantes como *Santas Inquisições*), nem, obviamente, cortejou o vanguardismo teatral». A crítica a Júlio Dantas dramaturgo (ou qualquer outra coisa) está longe de ter sido feita, repartida desde sempre entre as consagrações de jornalistas «en mal d'Académie» e os ataques como o celebrado e excelente que Almada Negreiros ainda se lembrará de ter escrito. E não creio, de resto, que importe muito fazê-la. Simplesmente, como há anos, continuo a votar pela diversão académica, que não faz mal a ninguém, quando o teatro é forçado a restringir-se a peças confusionistas ou bem-pensantes, que podem fazer mal a muita gente, precisamente o género de «mal» que vários teatrólogos — encenadores de talento, como Francisco Ribeiro, por exemplo — estão mais do que complacentemente dispostos a servir. Mas acho, todavia, uma dissipação imperdoável, quando as exigências são de cultura e o Fundo de Teatro a isso se destina, que os subsídios sejam aplicados em reposições como esta que, a julgar pela encenação de Ribeirinho, relevam mais do circo que do verdadeiro Teatro, com fundo ou sem ele. Bem temia eu, ao referir-me ao primeiro espectáculo do T. N. P. [Teatro Nacional Popular], que o «urso amestrado» introduzido na peça de Shakespeare fosse um ominoso sintoma. Era-o, de facto. Porque, francamente, eu não percebo o que estão a fazer naquela companhia uma Eunice Muñoz, uma Lalande, e alguns dos melhores nomes mais jovens e prometedores do teatro português. Sem dúvida que uma Eunice tem ensejo, embora breve, de patentear a que ponto é capaz de ser também uma deliciosa actriz de comédia; e que um Curado Ribeiro, um Rui de Carvalho, um Costa Ferreira e a admirável actriz que é Josefina Silva vão muito bem, secundados notavelmente, com vivacidade e desenvoltura, por toda a companhia, em que, discretamente, Ribeirinho desenha com muita graça uma episódica figura. Mas tudo aquilo teria ainda mais piada, e não seria uma suspeita neutralização de talentos no quadro geral de uma diversão gratuita, se o texto tivesse sido gravado, para ser mimado por uma companhia de cãezinhos amestrados. O encenador provaria em definitivo a sua capacidade de animador teatral, o público riria com maior enternecimento e o teatro português, Júlio Dantas inclusivé, ficaria pela certa mais dignificado.

Os belos cenários de Matos e Silva, ou os excelentes figurinos de José Barbosa, nada perderiam com ser reduzidos à escala canina — e os actores e actrizes ficavam todos livres para prepararem, conscienciosamente, o próximo espectáculo que, segundo consta, vai ser uma peça de cordel, que tem sido apresentada pelas feiras da província, farsa sem consequências, a comparar com a qual a comédia de Júlio Dantas é, porque é, uma obra decente e digna.

NOTA. — Já depois de composta esta revista, soubemos que o suposto *Rei Lear* foi retirado de ensaios. Muito folgamos com esta vitória do bom senso.

«VENENO DE COBRA», DE ALBERT HUSSON

A curta carreira da apresentação, no Maria Vitória, de *La Cuisine des Anges* ou *Veneno de Cobra,* ou o nome que lhe deram, de [Albert] Husson (*), não nos permitiu apreciar uma excelente comédia, que foi, aliás, bem recebida, de um modo geral, pela crítica responsável e irresponsável. Ignoramos que factores intervieram na queda de uma peça com muita graça que, parece, estava posta em cena com decência e era representada com dignidade. Mas supomos que a maldição do reles em que chafurda há anos o nosso teatro popular e o seu público deve ser a responsável pelo fracasso. Em teatros popularunchos, só teatro para a populaça (a qual, evidentemente, é constituída por elementos de todas as classes, desde as pessoas altamente colocadas aos recrutas de tudo, chegados da província). Enquanto uma campanha de educação e de dignificação da consciência social não criar as suas próprias condições e produzir os seus frutos, o teatro popular terá de ser teatro reles. É evidente que o teatro ligeiro, a farsa sem consequências, etc., não podem e não devem ser banidos, porque nem toda a gente está disposta a gastar o espírito em diversões, ainda quando as condições sociais lhe tenham emprestado um espírito que por ora não tem. Mas tudo isso pode existir com dignidade e com decência. A crua sátira, a franca obscenidade, as pernas e o resto à vela, etc., etc., podem e devem ser uma salutar convivência pública, sem recalcamento nem inibições, em vez de uma reprimida e mórbida manifestação de grosseria, de vileza e de miséria moral e mental, uma espécie lamentável de anticonceptivos da imaginação. E de livre imaginação é que esta terra sempre precisou.

(*) Por lapso do Autor ou gralha tipográfica, lê-se [André] Roussin no texto publicado. (M. de S.)

«O DIA SEGUINTE», DE LUIZ FRANCISCO REBELLO

Já neste local, e recentemente, tive ocasião de me referir à obra dramática do autor de *É Urgente o Amor,* a propósito da estreia em Lisboa desta peça, levada à cena pelo Teatro Experimental do Porto. Chegou enfim a vez de *O Dia Seguinte,* um acto já representado em Paris e Espanha, e ainda não exibido em Portugal.

Eu não quero crer que o princípio de evitar ao público toda e qualquer excitação malsã, mantendo-o numa inócua paz de espírito (que a dos sentidos menos exigentes vai sendo enganada com umas titilações, aliás prudentes e comedidas, de teatro ligeiro), como se o público fosse composto por educadas adolescentes de internato rigoroso (que não tomam banho sem camisa) ou por catecúmenos cuja pureza se imponha aos poderes públicos preservar (como se todos, no Mundo, se estivessem preparando para virgens vestais) — não quero crer que um tal princípio acabe receando a sua própria sombra. E não quero, por me parecer que um tal princípio é como o Pedro Schlemihl da lenda: não tem sombra, e talvez, conjecturo-o na minha inocência, pelas mesmas razões.

Esta peça de L. F. Rebello foi demorada longamente no purgatório, e na 2.ª secção do dito. Na 1.ª secção, ficam retidas as peças que, como *Jacob e o Anjo,* de José Régio, são consideradas de meter medo ao público (e só metem medo aos empresários, aos directores, aos actores... que pelo seu próprio medo ou gosto medem o do público); na 2.ª secção do dito purgatório, são retidas as peças que tratam, com um mínimo de seriedade, as questões da vida quotidiana, e por essa razão caem sob a alçada do princípio respeitosamente referido acima. De modo que, em Portugal, o teatro que não é abrangido pelas limitações da 1.ª secção do purgatório, acaba infalivelmente por ser abrangido pelas da 2.ª secção ou vara — e o que escapa e afinal se representa, a despeito das varas supracitadas, ou com o apoio delas, ou a benevolência delas, ou até a iniciativa delas, escapa por equívoco e é representado por engano. As raras excepções de actividades meritórias, como tal reconhecidas, apenas confirmam esta regra de oiro, que expus, do bem-aventurado teatro português ou em Portugal.

Mas, desenvolvendo aquele tão interessante tema da sombra, a que me referi, e atendendo a que o *fait-divers* da demissão conjunta, via fogareiro de carvão, de um casal infeliz, que serve de base à peça de Rebello é precisamente o motivo da condenação do mesmo casal, pelo tribunal, nem colectivo, nem plenário, que o espera à saída da vida, do «outro lado», até porque, lembra-lhes o juiz (se bem recordo), privaram o Mundo da sua progénie — não se vê como uma defesa da insistência em viver e uma condenação do maltusianismo na sua forma mais generalizada, que a peça deveria ser para quem a mantinha no purgatório... enfim, não se vê... E foi certamente o que não se viu em Espanha, país certamente insuspeito de miopia nestas matérias; que a França... ai a França dá muito maus exemplos, e não pode servir de padrão nestas questões quotidianas de salvação pública (ou pode, mas os maus exemplos...) — fechemos o parêntese, e tratemos de teatro.

Coube ao Grupo de Teatro Popular, dirigido por Humberto de Ávila, crítico musical que ao teatro tem dado muito da sua devotada atenção, a iniciativa da apresentação da peça, que é, sem dúvida, uma das melhores do seu autor, e apenas requeria um maior dinamismo de encenação e as possibilidades que um grupo de amadores e o simpático e quase impossível palco da Caixa Económica Operária não possuem, nem podem possuir, para defender uma peça alegórica, com uma acção irreal, que constantemente salta no tempo, um tempo que surge em fracções de rememorada vida real. É paradoxo do teatro hodierno, aliás não só entre nós, que um acto como este de L. F. Rebello — exigindo o mais subtil profissionalismo para se impor com perfeito equilíbrio, e não à custa da nossa boa vontade — não encontre quase nunca o palco de que necessita.

Com momentos de pura emoção e achados cénicos muito curiosos (como a alternativa dos destinos dos filhos que poderiam ter nascido) figura-se-me que a peça claudica — e já o mesmo sucedia na 3.ª parte de *É Urgente o Amor* — por falta de dotes poéticos com que o autor revestir de linguagem a estrutura dramática que propõe. O recurso, aliás cenicamente hábil como seria de esperar, a repetições ou a expressões convencionalmente tidas como portadoras de atmosfera poética não supre esta carência que, é certo, uma dicção extremamente natural (difícil de manter numa acção irreal) poderia equilibrar. A inteligência brilhante de L. F. Rebello, a sua arte de movimentação cénica, se estão mais à vontade em peças como esta, são mais bem servidas pelos seus dotes de dialogador em experiências como *Alguém terá de morrer,* que vimos no Nacional. Estou convencido de que o seu talento virá a encontrar um harmonioso compromisso entre as suas tendências e os seus dons, para bem do nosso teatro contemporâneo, de que é um dos mais lúcidos elementos.

A encenação muito simples, de Humberto de Ávila, e o generoso esforço dos componentes do grupo conseguiram criar, apesar dos tão precários meios de que dispunham, a sugestão indispensável à realização da peça.

«FARSA DE INÊS PEREIRA», DE GIL VICENTE, E «O FIDALGO APRENDIZ», DE D. FRANCISCO MANUEL DE MELO, NO TEATRO DO GERIFALTO

Eu, apenas vira do Teatro do Gerifalto, dirigido por António Manuel Couto Viana, os dois espectáculos infantis que, nestas colunas, critiquei. Nada antes vira encenado por aquele director, e o estilo aplicado ao *Rei Veado,* de Gozzi, e à peça de Natália Correia e Manuel de Lima pareceu-me acertado, e condicionado pelo público infantil a que se destinava ou obedecendo a um critério — discutível, mas critério — de teatro para crianças. Ora eu, que admiro D. Francisco Manuel não só como um dos nossos maiores escritores mas também como uma das mais fascinantes personalidades da literatura portuguesa, e que nunca vira em cena *O Fidalgo Aprendiz,* não quis deixar de o ver, até porque à satisfação dessa curiosidade se acrescentava a de observar o Teatro do Gerifalto transformado em companhia itinerante para levar teatro, e não apenas teatro infantil, a diversas cidades e vilas da província. Por isso, fui a Sintra assistir à estreia, que aconteceu no largo fronteiriço ao Palácio da Vila, com o adro deste transformado em balcão para as altas personalidades que assistiam também ao espectáculo. Este compunha-se das duas peças em epígrafe, das melhores e mais subtis comédias do nosso teatro clássico, apresentadas pois ao ar livre, numa encenação *en rond* ou quase. O que se passou, porém, foi, digamo-lo sem rodeios e com profundo desconsolo, um total desastre. As duas peças, nem na interpretação global dos textos, nem na movimentação cénica destes foram compreendidas ou respeitadas, porque, sendo farsas, não são palhaçadas. É possível que o critério tenha sido o de adaptá-las a um traço muito grosso, não só para sublinhá-las numa cena a que falta totalmente um fundo reflector de som, como para com elas descer ao nível suposto para um público provinciano e portanto ingénuo de Teatro. Mas isto é um equívoco, porque, onde se ouve mal a progressão de um texto e para quem — supõe-se (eu não suponho) — não está apto a apreender subtilezas, apenas ficará nos olhos e nos ouvidos a imagem de uma agitação cénica toda em pulinhos e corridinhas e guinchos sem nexo algum. E, se a companhia assim conduzida de terra em terra tiver a sorte de fazer rir de facto, não faz rir ninguém *com* Gil Vicente e D. Francisco Manuel, que não serão tomados a sério, como clássicos, como grandes escritores, como grandes homens de teatro, que ambos são nestas duas peças. E o público ficará, ainda por cima, a supor que uma encenação moderna ou uma tentativa de arejo actual de textos vetustos é aquele disparate, e achará que afinal as macacadas do Parque Mayer, também sem consequências, são mais vivas, e que uma direcção moderna é apenas uma aventura cénica, de puro amadorismo incoerente. E formará esta ideia, porque, na sua boa-fé, não será capaz de admitir que uma companhia oficialmente subsidiada tenha dele uma visão tão degradada, de labregos inacessíveis à cultura, e à cultura nacional de que Gil Vicente e D. Francisco Manuel são dos mais altos expoentes.

Nem o arranjo dos textos, nem a concepção cénica para o ar livre e o palco quase completamente rodeado de público, nem os apontamentos cenográficos, nem a interpretação, manifestam mais que uma improvisação lamentável e gravíssima que envolve a causa da expansão geográfica do teatro sério, a divulgação de textos da maior categoria, o prestígio do teatro moderno em direcção e em actores. O êxito que a companhia encontre, o aplauso jornalístico, o apoio oficial ou oficioso que lhe seja garantido — tudo isso que, muitas vezes, na melhor das intenções se orquestra, e eu não posso crer más as intenções de António Manuel Couto Viana, que tanto se tem dedicado ao teatro, nem as de quem os subsidia, nem, em princípio, as de quem aplaude e louve este par de encenações — tudo isso contribuirá decisivamente para aumentar a confusão. O espírito de improvisação irresponsável, o desrespeito pela cultura autêntica e pelas iniciativas modernas, e — mais grave que tudo — o desinteresse e a descrença do público por quanto não seja palhaçada sem profundidade, nem delicadeza, nem categoria, espiritual.

Os cortes e alterações de texto não respeitando a estrutura e equilíbrio das peças, nem feitos com o cuidado da crítica literária que deve aplicar-se a uma actualização daquelas; a miscelânea de estilos e épocas e fantasias nos figurinos aliás ricos e bem executados; os apontamentos cénicos, perfeitamente inúteis, que só servem para quebrar ainda mais, nas mutações de cena, o ritmo já desconjuntado das três «jornadas» da peça de D. Francisco Manuel; a interpretação sem unidade nem nível, da qual devemos destacar a dignidade com que Fernando Gusmão, Rogério Paulo e Mário Pereira defendem os papéis que lhes foram atribuídos, e a presença insinuante de Fernanda Montemor que representou todavia os dois principais papéis femininos como se fossem do «quadro de comédia» de uma revista do Parque Mayer — tudo isto releva, quer-me parecer, de uma improvisação superficial, que não prestigia o teatro e compromete o nome de uma organização teatral que eu vira realizar, com graça e original vivacidade, duas peças infantis. Se, em Gil Vicente, ainda houve um certo equilíbrio, D. Francisco Manuel só não se afundou pela caixa do ponto, porque a não havia, mas a interpretação de Luís Horta, fazendo do pré-«burgeois--gentilhomme» um salta-pocinhas de feira, na sequência dos «primeiros-ministros» que lhe vi fazer e estavam certos, eram o menos que merecia. Esqueçamos tudo isto, e aguardemos outros espectáculos do «Teatro do Gerifalto». Mas — depois de Sintra — Sesimbra, Palmela, Beja, Évora, Portalegre, Alcobaça, Leiria, Vila da Feira, Barcelos, Guimarães, Viana do Castelo e Valença, também verão o espectáculo, e não são, creio eu, Paio Pires ou Alguidares de Baixo. Esquecerão também?

«A RAINHA DO FERRO-VELHO»,
DE GARSON KANIN E RUTH GORDON

Adaptada ao cinema, o nosso grande público viu a peça norte-americana *Born Yesterday,* que no Teatro Monumental tem feito uma triunfal carreira. Devemos dizer que esse triunfo é justo: não é uma grande peça, mas contém diversos ingredientes de actualidade e de agrado; a tradução, se não é brilhante, é correntia e graciosa; a interpretação, embora muito inspirada na da transposição cinematográfica, é sem dúvida equilibrada e por vezes notável. Eu não sou um fariseu dos vanguardismos teatrais ou outros; e muito menos o sou daquilo a que, com demasiada e incompreensiva facilidade, é costume classificar de mistificação optimístico-social. Claro que entre a fábula de prostituta-boa-rapariga que acaba humilhando o milionário e a «respectueuse», de Sartre, que é esmagada pela mesma máquina social, há um abismo — um abismo que até o nosso grande público, que fez o êxito de ambas, terá medido. Mas a irreverência, a sátira feroz das ligações capitalistas da polícia e da finança, o apelo à justiça, à liberdade e à independência de juízo, compensam, no plano de diversão popular em que se coloca a peça de Kanin, as perigosas inverosimilhanças psicológicas e sociais do enredo. O público bem o entendeu assim, pelo que sublinhou com o seu sorriso ou a sua gargalhada. Há males de que é preciso rir; não rir é pactuar com a respeitabilidade que eles se arrogam e de que vivem. Os acácios, os inquisidores-mores, as damas caridosas, etc., etc., tomam-se infinitamente a sério, pelo menos em funções, ou exigem sê-lo. E é já um grande serviço ensinar o público não só a rir deles, mas a saber que tal seriedade é precisamente o que os torna mais dignos do ridículo.

À tradução de Armando Cortês já nos referimos. A interpretação, confiada nos papéis secundários a Maria Helena (que encenou a peça),

Luís Filipe, Henrique Santos, Artur Semedo e outros, que pior ou melhor cumprem, é muito boa por parte de Alberto Ghira, Assis Pacheco e Laura Alves, nos principais papéis. Sobretudo os dois últimos, pela pormenorização e a vivacidade, têm excelentes momentos, dos quais se deve destacar a cena do jogo de cartas. Mas quando deixaremos de ver, nos nossos grandes palcos, repetições talentosíssimas de peças, de interpretações, de marcações, de encenações, como o cinema as fez e os palcos estrangeiros as delinearam? Não basta ter talento e conquistar o público. O grande teatro (grande, na interpretação, pode ser-se com a pior das peças, embora seja mal empregado) só se atinge pelo caminho mais difícil: o da criação. E, afinal, é esse caminho o mais rendoso, pois não há talento nenhum que resista à facilidade, até ao fim da vida. *Rainhas do Ferro-Velho,* está muito bem. E o teatro é uma indústria, e uma indústria cara e aventurosa, que necessita de êxito, tanto mais quanto menos subsidiado for. Se o produto, porém, for subtilmente cuidado, trabalhado em extensão e em profundidade, a clientela será menos volúvel. E não é de público eventual, arrastado pelo êxito, que o nosso teatro precisa. Mas de um grande público, que faça ele mesmo os grandes êxitos, ainda quando a crítica queira vender-lhe gato por lebre.

«O MENTIROSO», DE GOLDONI

A «nova companhia do *Teatro de Sempre* subsidiada pelo Fundo Nacional de Teatro e sob a direcção artística de Gino Saviotti» (do programa) apresentou-se no Avenida com *O Mentiroso,* de Goldoni. O espectáculo abre com um prólogo «expressamente escrito pelo ilustre escritor e crítico teatral» (do programa) Gustavo de Matos Sequeira, que, por ser sem dúvida coisa de muita circunstância, não lamento não ter chegado a tempo de ver, além de que dele (o prólogo) a crítica terá (que eu não verifiquei) dito mais que o suficiente.

«Representar teatro clássico, não é coisa de amadores, mesmo bem dotados. *O Mentiroso* é uma prova de exame dum artista, duma companhia e também de um ensaiador», diz Gino Saviotti no programa. Será. Mas, no nosso Conservatório, muitos exames se têm feito, desde que Dantas é Dantas, com as *Rosas de Todo o Ano,* sem que daí tenha vindo mal ao mundo. É certo que (diz ainda Saviotti) «dar vida cénica a uma obra de Teatro é trabalho de natureza artística, e não científica, e exige portanto, obediência à inspiração. Não pode limitar-se a aplicar regras ou a copiar o trabalho alheio. Deve ser, e é, um livre produto da intuição pessoal». Eu tenho para mim que, nestas coisas de teatro posto em cena, a inspiração e a intuição são coisas demasiado vagas e inconsistentes. Sobretudo quando há muitas inspirações e intuições a coordenar, não se vê bem que parte restará ao inspirado encenador. E o resultado pode afinal ser o desta apresentação de *O Mentiroso* em que todos os actores com o melhor da sua inspiração, da sua intuição e das suas escolas ou ausências de escolas, se esforçam por obter um ritmo descosido e vacilante, em que os «caprichos da fantasia» acabam por mutuamente se anular. Não fora a graça autêntica da peça (que possui no entanto alongamentos e repetições escusadas de situações, para o gosto de hoje), e seria muito difícil perdoar que aquela gente toda entre e saia, constantemente, como se fosse de peças diferentes. Sem dúvida que Rogério Paulo deu muito bem o protagonista, e que Carmen Dolores, Catarina Avelar, Madalena Sotto e Samwell Dinis o secundam. Pareceram-me infelizes as interpretações de Alexandre Vieira, que o T. E. P. revelou de outros méritos, e de Armando Caldeira. Os restantes cumprem. Mas... será que algum dos actores, do primeiro ao último, tomou a sério a comédia que ia representar? Parece-me que não. E é o perigo da intuição — não ser tomada a sério. Quanto à inspiração, faço minhas as palavras de Fernando Pessoa — «Escrevem ou artistam ao sabor da chamada 'inspiração' (...). Produzem como Deus é servido, e Deus fica mal servido» — com a reserva de que, referindo-se ele aos poetas portugueses, devemos ter em mente que o autor da peça — Goldoni — é um clássico italiano, e o encenador dela — Saviotti — também é italiano, embora vivendo em Portugal.

«DIÁRIO DE ANNE FRANK», DE F. GOODRICH E A. HACKETT

O Teatro Nacional Popular, subsidiado pelo Fundo de Teatro, inaugurou a época com a adaptação teatral do célebre documento que é o *Diário de Anne Frank,* excepcional testemunho do nosso tempo, que me honro de ter contribuído para que fosse publicado em Portugal. Eis um caso em que a adaptação teatral de uma obra só importa como teatro na medida em que respeita o espírito dela e teatralize com eficiência e dignidade o texto. Não mais se pode nem deve pedir. E muito bem o compreenderam os adaptadores, quando não cortaram de todo o cordão umbilical entre a adaptação e o «diário», com um prólogo, um epílogo, e a voz de Anne, entre os quadros, ligando-os, evocando-os, e banhando o espectador na atmosfera da sua personalidade e do significado de que o destino a revestiu. A peça é muito bela, e transmite o tom de verdade, ironia, argúcia, frescura juvenil, elevação espiritual, capacidade de meditação, visão profunda, que tornam o *Diário de Anne Frank,* para lá do trágico documento, que é, de uma criminosa loucura da humanidade, um autêntico documento humano de uma rara beleza e de uma transcendente emoção que, embora ajudadas por ela, não resultam apenas da triste sorte daquela adolescente tornada um símbolo. Porque o *Diário de Anne Frank* é o que a miséria moral do nosso mundo, dessas décadas terríveis que ainda atravessamos, suscitou de mais puro e menos convencional como *Imitação do Homem.* Com efeito, assim como a *Imitação do Cristo* foi durante séculos (e ainda o pode ser) um guia de espiritualidade, um anseio de desencarnação da dignidade humana ferida no convívio da sua solidão mundanal, assim aquele *Diário* pode ser visto como um regresso, uma reencarnação dessa mesma dignidade, através de uma jovem de olhos postos na vida e privada dela, pela reclusão e pela morte iminente sempre. É uma *educação,* uma redescoberta da humanidade, a refazer--se da e na sua própria destituição total. E é um sinal dos tempos que às memórias dos grandes deste mundo, os Saint-Simons, os Cardeais de Retz, os Samuéis Pepys, às correspondências elegantes e comovidas das Madames de Sévigné, sucederam as cartas imaginárias, e tão profundamente vividas, de uma pobre criança sem outros títulos de nobreza que a sua consciência de existir. Eu não sei se muitos dos santos da Igreja Católica terão demonstrado, nos seus processos de canonização, virtudes heróicas semelhantes às de Anne Frank. Mas vai sem dúvida longe o tempo em que os actos dos mártires serviam para a bela prosa romântica do Sr. de Chateaubriand, o qual se salva, não por ter sido *René,* mas por ter escrito as *Mémoires d'Outre Tombe.* Escreveu-as paulatinamente, é claro que em vida. Anne Frank viveu as suas num sótão de Amesterdam, onde foram encontradas num lixo que não interessou à Gestapo. Não há dúvida de que o lixo dos bandidos é o ouro dos homens de bem.

O Teatro Nacional Popular, depois de uma época, a transacta, dedicada a exibições de salsifré quais foram uma «noite de reis» e «um serão nas laranjeiras», parece ter optado pela autêntica dignidade e pôs em cena a peça de Goodrich e Hackett, em duas partes e dez quadros, com uma segurança e uma seriedade impecáveis. A direcção de Francisco Ribeiro exerceu-se na encenação de Garson Kanin, no cenário estudado por Boris Aronson e até nos efeitos de som nova-iorquinos. É de resto, ao que suponho, o que se fez em todas as grandes criações mundiais da peça, e eis mais um exemplo de como se deve distinguir entre a condenável utilização dos meios que serviram os êxitos estrangeiros e o inteligente uso de uma coordenação espectacular que deu as suas provas ao serviço de um texto que a transcende. Por parte de todos os elementos que intervêm na interpretação, atingiu esta um nível modelar de harmonia, discreção conscienciosa e apurada arte cénica. Devem destacar-se, porém, pela maior envergadura dos seus papéis: Fernando Gusmão, Costa Ferreira, Fernanda de Sousa, Canto e Castro, Maria Lalande, Maria Armanda e Francisco Ribeiro (pela ordem de entradas), sendo de justiça não deixar de mencionar, pela mesma ordem, os restantes: Lígia Teles, Isabel de Castro, Luís de Campos. Se não direi que Ribeirinho conseguiu encontrar e suscitar em Maria Armanda uma Anne Frank ideal, o que seria dificílimo e não sei mesmo se possível, a verdade é que essa rapariga evidencia dotes notáveis de actriz inteligente e sensível, de quem muito haverá a esperar, se esta interpretação, ao pisar que eu saiba pela primeira vez os palcos, a não deformar para o futuro.

A tradução de Luís Galhardo e de Francisco Mota é fluente e correntia, como seria de esperar. Só uma frase célebre — a da crença na bondade humana — continuará a soar a meus ouvidos como a versão inglesa a deu: «I still believe that people are really good at heart», que Ilse Losa, trabalhando sobre o original holandês, e a versão alemã do *Diário* traduziu: «Creio no que há de bom no homem».

TEATRO DO GERIFALTO

A 4.ª época do Teatro do Gerifalto iniciou-se, como habitualmente no Teatro Monumental, com mais um espectáculo subsidiado do teatro para crianças a que aquela organização se tem dedicado. Ao primeiro espectáculo da 3.ª época, em que o Teatro do Gerifalto, tornado companhia itinerante, tentou o teatro para adultos, me referi nestas colunas. E anuncia-se que, nesta época, o veremos em espectáculos experimentais. A mim e a Luiz Francisco Rebello foi pedida uma assistência artística que se cifrará na indicação de possíveis peças.

O presente espectáculo compõe-se de três pecinhas num acto — *Auto das Três Costureiras*, de A. M. Couto Viana, *De Cima desse Telhado*, do mesmo e de Eduardo Rios, e *O Nosso Amigo Sol*, de Lília da Fonseca, todas encenadas e dirigidas por Couto Viana. De todas as peças me pareceu mais feliz a segunda, embora haja na terceira algumas observações graciosas. A primeira pareceu-me um exercício subliterário sediço, pouco digno do poeta que a subscreve.

As formas e as temáticas são teimosas, e em eras como a nossa teimam em persistir, já esvaziadas do conteúdo que lhes era intrínseco, o qual procura uma compensação na «moralidade» que é *acrescentada* à historieta, e para a exemplificação da qual esta última foi arquitectada. É certo que vai desaparecendo (e o teatro infantil é sem dúvida, pelo conservantismo que sempre mentalmente se associa à educação das crianças, um dos refúgios do pseudo-maravilhoso arcaizante) todo um mundo de fadas e realezas, que transitou, por decadência e facilidade, da literatura oral e dos romances de cavalaria à indústria burguesa da literatura infantil. Sob este aspecto, as duas últimas pecinhas representam um esforço no sentido de renovar as fórmulas sem pretensiosismos. Mas estraga-as, quanto a mim, a preocupação moralizante, que chega ao absurdo das pazes entre o gato e o canário, na do «telhado», e de os vizinhos egoístas cada qual puxar, e puxar fisicamente, o Sol para o seu quintal — e a mim me parece que o absurdo é uma conquista intelectual do adulto, que não tem existência no universo lógico das crianças. Para as crianças, como para toda a gente, a lição deve ser uma consequência decorrente da própria acção que é vivida. De outro modo — e no caso das crianças parece-me grave essa conclusão — o mundo das preocupações éticas surge como algo sobreposto àquela acção. De facto assim é, nas sociedades desasjustadas ou hipócritas. Mas parece-me que é precisamente isso que se pretende que não seja.

Os figurinos e os cenários eram mais ou menos adequados, e alguns felizes. A interpretação foi muito viva e menos amadorística do que antes havíamos notado, parecendo-me de destacar a de Ruy Mendes no «gato» da segunda peça e a de Fernanda Alves no «canário» do mesmo acto.

«AZAZEL», DE JOSÉ-AUGUSTO FRANÇA

Uma deslocação ao Norte do País permitiu-me ver pelo T. E. P. o *Volpone,* de Ben Jonson, no Porto, e dispensar-me-ia de ver *Azazel,* de José-Augusto França, encenado por Salette Tavares, sob os auspícios do Centro Nacional de Cultura, espectáculo que eu, com justas razões, preferia não ter visto e não ter, portanto, que pronunciar-me sobre ele. Com dupla infelicidade, a morte de Robles Monteiro, ao mesmo tempo que representava a perda para o nosso Teatro de quem foi, com Amélia Rey Colaço, titular da única Companhia entre nós digna desse nome até à profissionalização do T. E. P. sob a direcção de António Pedro, fez adiar a apresentação eventual da peça do autor de *Despedida Breve,* no palco do Teatro Nacional, e não pude, pois, dispensar-me de assistir a uma «coisa» que eu, embora receoso, não esperava tão infeliz nem tão digna de condenação. Ainda há tempos eu assistira (até meio) a uma macacada teatral no Centro Espanhol, que remetera ao esquecimento como uma petulância ridícula que o que queria era que falássemos dela. Não havia responsabilidades envolvidas, tudo aquilo não passava de uma meia-tigela presumida. Não é o caso da apresentação de *Azazel.* Trata-se de uma obra que representa um esforço notável de criação de uma linguagem dramática moderna, subscrita por um homem cuja amizade muito prezo e que ocupa, por muito que nos desagradem as suas opiniões ou a maneira intempestiva como as exprime, um conquistado lugar de primeira plana na intelectualidade portuguesa, com tudo o que isso implica de mediocridades irritadas. E essa obra foi posta em cena por uma pessoa que também muito estimo, pela sua personalidade e pela sua culta inteligencia, e cuja poesia fui uma das primeiras pessoas responsáveis a reconhecer a ponto de lha ter incluído logo na lista inicial da 3.ª série das *Líricas*

213

Portuguesas que organizei e o público interessado está neste momento deglutindo. Mas a sua encenação pretendeu ostensivamente dar uma lição, constituir algo de decisivamente novo e inédito; e em tudo se sentia uma dominadora inteligência mergulhando no puro disparate — e eis o que, por forma alguma, pode ficar sem a crítica que o público deveria ter feito, não permitindo sequer que o pano tornasse a subir para os últimos actos, antes de uma peça que tem defeitos graves e qualidades de alto relevo ter sido completamente assassinada pelo desvario de uma encenação que, para mostrar a sua eficiência, se apoiou precisamente e sublinhadamente na gravidade daqueles defeitos. Sem dúvida que Salette Tavares impôs aos actores (?) a sua autoridade, e por tal forma que, com os males do amadorismo, lhes extirpou toda e qualquer veleidade de espontâneo talento. Dessa autoridade não se pode ter dúvidas: desapareceram todos os gestos, todas as inflexões de voz, e a peça foi psalmodiada numa cena quase nua, sob uma iluminação abstracta, por um grupo de autómatos dóceis e perfeitamente inconscientes. As pseudo-portas em frente da cortina, por trás das quais absurdamente apareciam e desapareciam as personagens, como o par de cadeiras sobrantes do fogo purificador, só encontravam desculpa, assim, no facto de os actores estarem vestidos como toda a gente, quando deveriam estar celenteradamente tunicados ou em pelota, numa corajosa afirmação de propaganda nudista, a que a marcação, tão abstracta como a do ballet *Jeux-de-Cartes,* de Strawinsky, tiraria por certo, do ponto de vista censório, qualquer perigo de atracção sensual, para não nos referirmos ao efeito anti-afrodisíaco que o físico dos intérpretes (para mais bastante trocados nas suas personalizações) não poderia deixar de ter.

A peça de José-Augusto França peca fundamentalmente por falta de teatralidade intrínseca. Tudo o que nela é *coup-de-théâtre* está perigosamente inserido numa abstracta discussão de princípios, em que as personagens se definem mas não vivem. É por vezes brilhantíssimo o diálogo, embora a uma sempre necessária retórica teatral se substitua uma agudeza literária que, em cena, sem aquela, perde muito do brilho que à leitura adquire. Mas a discussão cénica da culpabilidade colectiva, da compreensão social do pecado, da revolta individual, do mito do bode expiatório considerado em diversos planos, é conduzido por uma forma mais viva e mais funda, que a superficialidade dos paradoxos apenas prejudica, contribuindo para uma impressão de drama acrescentada a personagens por sua vez acrescentadas a uma dialéctica sem contacto com a realidade. Que José-Augusto França, é capaz dessa fusão do intelectualismo e do realismo, provam-no o seu romance e os seus contos. E, por isso mesmo, tenho para mim que a autoridade (no sentido de autoritarismo directivo) de Salette Tavares houvera decisivamente servido melhor a peça e a sua própria afirmação pessoal, encarnando aquela realisticamente, num jogo cénico e declamatório até exageradamente naturalizante. Creio ser axiomático que, por o teatro ser essencialmente movimento dramático e sublimação do real, todo o teatro realista *pode* ser posto em cena abstractamente, enquanto o teatro abstracto só pode sê-lo realisticamente, sob pena de se tirar a conexão subentendida com a realidade, que toda a abstracção até etimologicamente contém. Acho piedoso não recordar aos intérpretes que o foram deste prodigioso vôo de Ícaro, a não ser a Carmen Gonzalez que soube defender-se numa tão difícil Antígona ou Ifigénia. E resta-me desejar sinceramente que, neste tempo de helicópteros, Salette Tavares levante outra vez voo, não icaricamente, para nos mostrar do que de facto, estou convencido, é capaz. Nem mesmo em teatro, hoje, as encenações nascem, como Minerva, armadas e equipadas, da cabeça de Júpiter. Foi este o seu errô fundamental, de que o desastre a que assistimos constitui o prémio de um desafio que ninguém, suponho, lhe havia posto.

«O GEBO E A SOMBRA», DE RAUL BRANDÃO

A reposição desta peça capital da dramaturgia portuguesa, apesar de deficiências que apontarei, levada a efeito pelo Teatro de Sempre dirigido por Gino Saviotti, é um acontecimento que nenhum amador de teatro e nenhum interessado em literatura portuguesa poderá ignorar. Há que ver esse drama admirável, de um dos raros génios de que a nossa literatura pode autênticamente orgulhar-se. Na nota do programa, G. Saviotti, com infelicidade igualmente rara, diz que ele «foi no seu tempo uma das figuras de maior relevo da literatura portuguesa contemporânea» e cita o pobre dicionarista Perdigão a compará-lo a Richepin! E, na nota em que explica «como encenou», mostra, e a encenação em grande parte o demonstra, que não compreendeu a profundeza da peça em si mesma, nem as conexões íntimas com a obra de Raul Brandão, da qual ela é uma ilustração cénica directa, sobretudo de *Os Pobres* e de *A Farsa*. A atmosfera destes livros, tão peculiar e que é, transposta para o teatro, um sublime misto de Ibsen, simbolismo francês e literatura russa, não foi atingida na encenação, que não logra criar por si, em cena, a tensão opressiva do conjunto, nem valorizar o fulgor dilacerante de certas réplicas em que a profundeza do pensamento de Raul Brandão trata, com lucidez exemplar e moderna, a dialéctica da verdade e da mentira, do sonho e da ilusão, do dever e do arbítrio, da justiça e da liberdade, do sofrimento e da alegria de viver. Não há, modernamente, uma mais poética e funda crítica da alienação da humildade do que a exposta, nesta peça, pelo autor insigne de *Humus,* com uma categoria universal.

Dentro destas reservas, o espectáculo tem uma correcta e louvável dignidade, e sente-se que o encenador procurou um só estilo para os intérpretes, que se esforçam devotadamente por arcar com o peso de um texto de intensa e oculta teatralidade, denso de significações e reticências emocionantes. Sobretudo Rogério Paulo, jovem actor talentoso e inteligente, envelheceu e encarnou o Gebo por uma forma que, se não é uma criação definitiva, lhe garante aquela categoria que sabíamos ele merecer. Carmen Dolores secunda-o com discreta, talvez demasiado discreta finura, em Sofia, e Adelina Campos, Mário Pereira e Beatriz de Almeida são, respectivamente, aceitáveis Dorotea, João e Candidinha. Merece uma referência muito especial o Chamiço de Alberto Ghira, admirável de justeza no grotesco subtil da figura. Até me faz perdoar o mudo abraço que lhe fizeram dar ao Gebo no fim do terceiro acto e que não é da peça. A cenografia e os figurinos de Fernando Ramalho, um pouco pretensiosa a primeira e muito certos (menos para a Candidinha, que devia ser mais ridícula) os segundos, na evocação de um texto que em alguns passos tem data. Não sei se à direcção de cena, aliás correcta, de Henrique Santos, se deve a mobília dos três primeiros actos, excessiva para as passadas grandezas de um Gebo que nunca fora nada na vida. Mas tudo isto é somenos na reaparição — não saudada entusiasticamente pela crítica, nem pela afluência do público — desta obra-prima do teatro português.

«VOLPONE», DE BEN JONSON

Numa adaptação de António Pedro, feita sobre a tradução integral do Prof. Paulo Quintela, que foi publicada pelo Círculo de Cultura Teatral, o T. E. P. levou à cena, numa encenação também de António Pedro, um clássico da comédia universal: *Volpone*, de Ben Jonson, que, como muito bem verbera Paulo Quintela no prefácio à sua tradução, a maior parte do público leitor conhece na infra-adaptação de já uma adaptação, que Jules Romains, escritor e dramaturgo de alto mérito, perpetrou para fins parisienses ao que julgo. Não é aqui o lugar de encarecer o significado de *Volpone* e do seu autor, na história do teatro em geral, na do teatro inglês em particular, e mais em particular (um particular muito universal) na do teatro chamado isabelino e mais exactamente jacobita, a não ser para a acentuar que o aligeiramento do texto embora a suprimida intriga de Sir Politick Would-Be e da sua Lady não seja acessória ou o não seja menos do que todas as outras, nitidamente apenas agentes catalisadores para a exibição esplendorosa dos caracteres de Volpone e de Mosca, «seu parasita», o cenário convertível de Fernando Azevedo, os figurinos que parecem descidos da grande pintura italiana da Renascença e do Maneirismo, e o acerto da interpretação e da encenação, conseguiram recriar a atmosfera de feroz comédia tão peculiar desta peça e do seu autor. É só de lamentar que uma peça de *espaço* como esta é, tenha de ter sido contida no pequenino palco do T. E. P., o que mais miraculosa torna a eficiência do cenário e da marcação. Aqueles «caracteres» precisam de amplidão cénica para se espanejarem em toda a magnificência da sua vileza, e não tinham realmente por onde. A própria subtil majestade irónica do texto de Ben Jonson (texto contemporâneo do grande ciclo trágico de Shakespeare e das suas «comédias sombrias» e que a tradução me parece cingir demasiado à letra, com prejuízo de uma elegante fluência formal que só as alusões pedantemente eruditas engranitam e que poderia, sem recorrer ao artifício da metrificação, ter sido talvez obtida) exige uma largueza balética de movimentação que não era possível realizar ali. Neste sentido, creio que o grande monólogo do Mosca, admiravelmente servido pela excelente interpretação de Vasco de Lima Couto, foi muito bem resolvido pelo encenador, e a sua natureza de meditação sarcástica é, quanto a mim e ao contrário do que aventa Paulo Quintela, o passo que até melhor se coaduna com uma realização estática. Todos os intérpretes pior ou melhor cumprem, devendo destacar-se João Guedes, no protagonista (embora eu desejasse mais subtil a sua truculência), e ainda Ruy Furtado (no surdo usurário), Baptista Fernandes e Fernanda Gonçalves. Em resumo, um belo espectáculo, que necessário é «ampliar» ao nível do fôlego da peça.

«O DIA SEGUINTE», DE LUIZ FRANCISCO REBELLO
2.º ESPECTÁCULO DO TEATRO DE GERIFALTO

As minhas visitas críticas para este número iniciaram-se com a assistência ao 2.º espectáculo do Gerifalto, no Monumental, e à reposição, na Sociedade Guilherme Cossoul, de *O Dia Seguinte,* de Luiz Francisco Rebello. A esta última peça já tive ocasião de me referir, após tê-la visto encenada por Humberto de Ávila na Caixa Económica Operária, num espectáculo que mercê de circunstâncias várias não foi feliz. Agradou-me revê-la na presente encenação de Paulo Renato, com Glicínia Quartin no principal papel. A peça ganha em ser revista num espectáculo menos contrariado por improvisações de momento, e é muito curioso registar o seu indiscutível êxito entre o peculiar público que a ela assistia e assimilava perfeitamente o tom hipotético daquele jogo dramático.O espectáculo iniciava-se com o bem conhecido *Auto do Curandeiro,* de António Aleixo, de carácter nitidamente popular na sua versificação vicentina, a que não falta, e é onde a peça perde o interesse, o didactismo que possivelmente é o que pelo contrário lhe garante uma função cultural entre o público de aldeias e de bairros. A encenação de Varela Silva, muito aplaudida pela assistência, pareceu-me demasiado caricatural.

O Teatro de Gerifalto apresentava quatro peças: *Era uma vez um Dragão,* de Couto Viana, *A Cigarra e a Formiga,* de Fernando de Paços, *Carvão e Neve* (Auto de Natal), de Ricardo Alberty, e *O Guarda-Chuva e a Pomba,* deste mesmo autor, mas experiência de mímica. De todas as peças me pareceu de melhor interesse a de Couto Viana já apresentada noutras épocas, muito graciosa e equilibrada. A peça de Paços foi a que teve uma mais deficiente realização do texto; e sem dúvida que o «auto de Natal» era a mais ambiciosa de todas. O «mimo» de Ricardo Alberty, não propriamente mímica, mas mais uma espécie de bailado mimado nos moldes dos intermédios das comédias musicais americanas dos anos 30, resultou muito bem nas interpretações de Teresa Cottinelli Telmo e de Luís Horta, mas parece-me destituído de interesse para crianças. A direcção de Couto Viana, com os habituais actores da sua companhia, repetiu em todas as peças os mesmos métodos que já temos visto aplicados nos anteriores espectáculos, e que eu gostaria de ver renovados, antes que se tornem tiques irremovíveis de toda aquela gente em que há talento para mais larga aplicação.

«O PROCESSO DE JESUS», DE DIEGO FABBRI

Numa realização do espanhol Luca de Tena, em tradução do crítico jesuíta de arte, Agostinho Veloso e com a larga distribuição que a peça exige, a companhia de Amélia Rey-Colaço apresentou *O Processo de Jesus*. Acho muito bem que o tenha feito; mas acho muito mal, e significativo, o êxito de público e de crítica que a peça alcançou. A peça de Fabbri é uma habilidade lamentável posta ao nível das argumentações pró e contra o cristianismo audíveis, em salões ou em tascas, entre analfabetos e ressentidos sentimentais de ambos os sexos. Tudo nela é falso: a maneira como é apresentada a legitimidade do debate, a elevação com que é conduzido, a caracterização convencional das personagens, a transfiguração que estas sofrem ao passar das personagens que são às personagens históricas que representam, etc., etc. Falso é também, e perfeitamente superficial, ao gosto do possidonismo alti-burguês, o modernismo inócuo de que a construção da peça se serve. Eu quero crer que a peça de Fabbri é honesta e bem intencionada, e que a segura direcção de Luca de Tena o não é confessadamente tanto, e lhe rouba muita autenticidade humana em favor de um pretenso religiosismo em que se dilui o processo do nosso tempo que a peça de facto implica. Mas tudo isto é muito significativo: no despertar de certas confissões religiosas para uma visão progressiva da responsabilidade humana estão já sendo implacavelmente introduzidos os antídotos adormentadores. E estes equívocos são, entre outros, a confusão calculada entre personalismo e caso pessoal, a confusão da fé com a crença, a confusão da esperança com o sonho, a confusão da caridade com a abdicação comovida. E no fim não falta o beijinho que sela sempre a reconciliação das famílias desavindas, em que um, o beijado, fica com a consciência tranquila e a algibeira cheia, e o outro, o beijador, é elevado à categoria de santo como prémio de continuar com a algibeira vazia. No fundo, como se vê, este modernismo todo está em perfeito acordo com a paz de espírito em que continuam a produzir-se e a ser estimadas, ansiosamente estimadas, as feras e pombos esmaltados, tão tradicionais nas exposições familiares da Rua Barata Salgueiro. E não admira que, na rede de interesses hipocritamente estabelecidos que é a única essência que subsiste no mundo em que vivemos, se firme entre a crítica e o público do Teatro Nacional um acordo tácito para um deboche de sentimentalismo repulsivo, em que o nome de Cristo se torna apenas uma palavra de passe. Não: o cristianismo não é isto, mesmo que lhe convenha sê-lo.

Na vária e numerosa interpretação que a peça recebeu, com desequilíbrios de estilo e umas vozes embargadas de lágrimas demasiado espanholas (para as quais já naquela casa sempre houve tendência), devem destacar-se a discreção de Amélia Rey Colaço, Manuel Correia e António Palma, a excepcional vivência teatral que Luís Filipe dá ao seu papel de «presidente», e os brilharetes notáveis de Erico Braga e de Palmira Bastos. Tudo o mais, mesmo a hábil direcção de cena, é conversa fiada.

«GIGI», DE COLETTE–ANITA LOOS

Depois do deboche sentimental do *Processo de Jesus* senti-me saudavelmente reconstituído pela ironia de *Gigi*. Não haverá dúvida de que sou uma alma irremediavelmente perdida para a salvação a prestações, com bónus pela lotaria. Antes a ferocidade satírica, entre amável e ocasional, desta peça em 3 actos e 6 quadros, do que o cristianismo dos banqueiros do Templo. *Gigi*, de Colette, foi adaptada por Anita Loos, aquela de *Os Homens Preferem as Loiras*, grande êxito americano de há quase trinta anos ou coisa parecida. A tradução, anónima segundo o programa, que nos é oferecida, parece ter sido feita de uma readaptação francesa pelos galicismos imiscuídos no texto, como *garça* numa acepção que os nossos dicionários ou o nosso calão, que eu saiba, não registam. A encenação de Maria Helena Matos e os cenários e figurinos de Pinto de Campos são aceitáveis e muito sugestivos, os últimos, de uma época revoluta. A interpretação por parte de Irene Isidro e de Brunilde Júdice é notável, ao encarnarem a «dama» que venceu e a outra que se aburguesou com uma modesta família «onde ninguém casa», e às quais o amor ingénuo de Gigi «ultrapassa». Milu, estrela de cinema, desenvencilha-se, com excessivo desembaraço e uma encantadora presença, no papel da protagonista. Completam o elenco Maria Paula, Álvaro Benamor e Virgílio Macieira, com inteiro acerto.

«UM HOMEM SÓ», DE COSTA FERREIRA

Há cerca de um ano, referi-me neste mesmo lugar a *Um Dia de Vida*, de Costa Ferreira, levado à cena pelo T. N. P. como a peça da presente temporada. Confesso sinceramente que começo a duvidar de mim mesmo, da minha sanidade crítica. De uma maneira geral, toda a gente apreciou muitíssimo este novo original, que foi até aclamado como uma peça decisiva de teatro português contemporâneo. Ora eu achei que ela, embora escrita com todas as qualidades e defeitos que atribuí a Costa Ferreira naquele já distante n.º 88 desta *Gazeta,* para o qual remeto o leitor curioso, é, em grande estilo, um tremendíssimo folhetim. Se decisiva, sê-lo-á ao mesmo título que o folhetim do TIDE, tão numerosamente apreciado desde Melgaço a Vila Real de Santo António. E lamento que o talento do homem de teatro que Costa Ferreira é, se perca, assim, na construção de um Super-Tide e nada mais. Serei eu quem já não entende coisa nenhuma? Ou será que, nus como andam quase todos os autores e os críticos, não há quem diga aos outros a figura que fazem? Será que a companhia do T. N. P., ao representar sem convicção alguma esta peça, a liquida? Mas o público estava contente, tidicamente satisfeito. Logo havia pelo menos a convicção convencional que nos folhetins se requer. Nesta minha perplexidade, não discutirei mais o assunto. E os leitores me perdoarão que, de desânimo, entre «um homem só» e «um Jesus mal acompanhado», apenas com uma Gigizinha simpática, me haja faltado o ânimo para a «comédia romântica» apresentada no Teatro Avenida. O crítico também tem, como o público, o direito de se chatear.

«REQUIEM», DE WILLIAM FAULKNER

A companhia do Teatro Experimental do Porto, dirigida por António Pedro, veio a Lisboa para uma breve temporada e estreou-se no Monumental, com *Volpone,* de Ben Jonson, a que já tive ocasião de referir-me nestas páginas, por ocasião de ter assistido no Porto àquele espectáculo. A apresentação, em Lisboa, logo após uma precipitada chegada, não teve o brilho e o perfeito acerto de pormenores que me foi dado estimar no pequenino palco do T. E. P. E foi pena, pois que isso deu largos pretextos à crítica «profissional» para falar do «amadorismo» da única compahia que entre nós tem tido uma ininterrupta e homogénea actividade de anos e tem representado cada espectáculo mais vezes do que em Lisboa as companhias «profissionais» aguentam em cena os seus êxitos. O espectáculo seguinte foi o *Requiem for a Nun,* de William Faulkner, numa versão teatral de Jerónimo da Silva (suponho que o próprio António Pedro), paralela da que, para uso de existencialismos parisienses, fez o eminente Albert Camus. Essa obra de Faulkner encontra-se traduzida e publicada entre nós, pelo que o mais largo público interessado poderá verificar em que consiste a muito peculiar adaptação à cena de uma criação romanesca já em grande parte escrita em forma teatral, com longos intermédios descritivos, narrativos e sobretudo iluminantemente («à rebours», como é maneira de Faulkner) comentadores da acção e das intenções do autor (estas últimas sempre no plano da inteligibilidade, que não do romanesco, muito contraditórias e confusas). Na obra de Faulkner — complexa «saga», como tem sido chamada, do Yoknapatawpha, imaginário condado para as bandas do Mississípi — o *Requiem* é a continuação do célebre *Santuário,* o romance que inspirou a Windham Lewis o grande escrito e pintor inglês recentemente falecido e um dos primeiros e mais humoristicamente argutos críticos de Faulkner, para este um saboroso epíteto: «o moralista de maçaroca em punho». O *Requiem* trata da expiação de Temple Drake, a juvenil heroína de *Santuário,* já senhora respeitável e mãe de filhos, para, como ela acaba por dizer no final do 2.º acto: «Salvar a minha alma... se é que tenho alma. E se há um Deus para salvá-la... a God who wants it». E a peça é a longa e sempre diferida confissão de Temple, não só para «salvar-se» (numa expiação terrífica em que nada é perdoado), mas «para que as crianças, enquanto são crianças, permaneçam intactas, sem angústia, sem dilaceramentos, sem terror»). E é por isto mesmo que Nancy, a preta assassina, morrerá, porque é preciso crer. Em quê?, pergunta-lhe a desesperada Temple. Crer, crer apenas, responde ela. Poucas vezes, no nosso tempo, um autor terá posto, como Faulkner, e tão desgarradoramente, o problema do bem e do mal, da perversão e da inocência, da liberdade e da escravidão, do pecado e da salvação interiores e sobretudo do trágico cepticismo acerca de tudo que é um dos ferretes da nossa época. A questão de Nancy ser negra e da acção se passar no sul dos Estados Unidos, aristocrata e esclavagista, é perfeitamente secundária em face da magnitude dos problemas debatidos com uma ferocidade escandalosa, e da dignidade e majestade de tudo quanto se diz. Dalila Rocha arcou com o papel de Temple Drake — papel dificílimo e extenso, que não tem nunca o apoio de uma «teatrada» cénica para a lambarice do público — por forma exemplar. Outras se defenderiam de outra maneira, que outros poderão preferir; mas não se defenderiam melhor. João Guedes, no tio advogado, foi primoroso de discreta e intencional discreção, como o foi Ruy Furtado no carcereiro excelentemente composto, ou Baptista Fernandes e José Pina em papéis de uma ou de outra maneira difíceis. Madalena Braga estreante, recuperou no 3.º acto uma segurança que lhe faltava no 2.º. Só Vasco de Lima Couto, o admirável Mosca de *Volpone,* me pareceu pouco à vontade no seu Pepe. A encenação e os cenários, de António Pedro — sobretudo a belíssima cena do cárcere — foram excelentes: conseguir erguer, sem o prestígio das filosofâncias de Camus, uma peça terrível, que não é uma peça — safa!

«OS PÁSSAROS DE ASAS CORTADAS»,
DE LUIZ FRANCISCO REBELLO

O Teatro Nacional Popular, dirigido por Ribeirinho, apresentou mais um original português, desta vez uma peça do dramaturgo de *O Dia Seguinte*. Eu não sou dos que concordam com as regulamentações do Fundo de Teatro, ao exigirem um pesado contingente de peças nacionais às companhias que aquele subsidia. E não concordo porque deveria haver, para com os autores nacionais, uma licença de pensamento pelo menos análoga à benevolência com que são autorizadas as peças estrangeiras. Estou certo de que, se um católico português escrevesse mesmo uma má peça como *O Processo de Jesus,* logo se levantariam objecções que Fabbri não suscita. Apenas por isto não concordo; que, quanto ao mais, a qualidade das peças e a idade delas me parece que é uma questão a resolver entre as empresas e o público. Desta vez, porém, o caso é felizmente diferente: além da notável interpretação do conjunto à frente do qual se destaca Eunice Muñoz, a peça é não só muito bela como, em meu entender, a melhor de Luiz Francisco Rebello.

Não será ainda uma peça extraordinária; mas é, sem dúvida, uma peça excelentemente construída, brilhantemente dialogada e profundamente honesta e séria na sua exposição actual da juventude, à qual, a troco das suas asas, foi dada uma falsa liberdade que é cinismo, irresponsabilidade e cobarde culto das conveniências. O drama é, quanto a mim, essencialmente outro, no qual aquele se integra — e é esta, sem dúvida, a opinião do autor da peça, pois que lhe deu um epílogo por isso mesmo. A crítica de uma sociedade em que o dinheiro é tudo culmina na miséria patente, ante a revoltada heroína e o público (que uma e outro pertencem, com diferenças de grau, ao mesmo *meio*), do pobre viúvo que apenas deseja que lhe paguem a velhice a troco da vida, que irresponsavelmente tiraram à sua mulher atropelada. Pela primeira vez numa peça extensa Rebello se eleva acima do *fait-divers* e do comentário paralelo e moralizador, para obter uma verdadeira unidade dramática. O cenário do epílogo, sem gosto e sem correlação cénica com a profundidade da cena única anterior, deve ter contribuído muito para a sensação de acrescento inútil que este epílogo deu à crítica dos jornais diários e a grande parte do público da estreia.

A interpretação de Eunice Muñoz corresponde a uma reaparição, após as figurações que tem executado apenas proficientemente naquela companhia. Subtil, rica de cambiantes, admirável de inflexões, foi novamente a grande actriz que é. Logo após ela se destacam, pela segurança do tom e perfeito domínio cénico, Costa Ferreira, no pai; Fernando Gusmão, magistral de inteligência dramática, na rábula do viúvo; Rui de Carvalho, num papel muito difícil de criatura reticente e reservada; e Canto e Castro, muito certo numa personagem com maiores possibilidades cénicas que a do anterior. Mas todos os outros — Armando Cortês, Lili Neves, Fernando Muralha, Fernanda de Sousa e Joaquim Rosa — estão bem, sendo apenas de lamentar, na segurança geral, algum exagero de Fernanda de Sousa no papel da mãe irremediavelmente mundana e superficial. O cenário do 1.º e 2.º actos, de Matos e Silva, é tão feio quanto infeliz o do epílogo. E Ribeirinho imprimiu a toda a peça um ritmo e uma intensidade perfeitamente justos, que só o não estão tanto no epílogo, pois aí concordam com o cenário e não com a peça.

TEATRO DO GERIFALTO

No seu quarto espectáculo desta época, o Gerifalto apresentou mais uma pantomima, *O Arco do Triunfo,* A. M. Couto Viana e Belchior Viegas, na mesma linha graciosa e pouco infantil da que anteriormente critiquei: uma peça muito frouxa, *Também os Bonecos Falam,* de Maria Adelaide Couto Viana; e *O Relógio Mágico,* de Fernando de Paços, já representado numa época anterior e que eu não vira. É sem dúvida uma interessante peça esta última, engenhosa e espirituosa na sua simplicidade, em que Ruy Mendes mais uma vez se houve com a habitual desenvoltura. Todos os restantes membros da companhia cumpriram também habitualmente. O Gerifalto anuncia para breve espectáculos experimentais para adultos (é sem dúvida o caso de Betti que se anuncia). Mas quando tentará Couto Viana emergir, para as crianças, do convencionalismo dito infantil das peças que apresenta e do tom de amável improvisação com que são representadas?

«BAJAZET», DE RACINE, NO LICEU FRANCÊS

Tive, no ano passado e neste mesmo lugar, ocasião de aplaudir um notável espectáculo organizado por professores do Liceu Francês, sob a direcção de J. P. Ronfard. O *Monsieur de Pourceaugnac,* de Molière, foi de facto uma realização cheia de movimento e graça, de qualidade rara nos nossos palcos de qualquer natureza. Anteriormente, Ronfard levara à cena um Marivaux que não vi; e coube este ano a vez a Racine. Eu não sou dos que em Paris têm visto tudo e, quero crer, Racine também. Em Paris e numa única passagem rápida, apenas vi, e muito mal, Paris. De modo que este *Bajazet,* encenado por Ronfard, é tudo quanto de Racine, em carne e osso, me há cabido em sorte, já que ouvi-lo pela rádio, como tenho ouvido (e quão radiofónico ele é!), não basta. Cenicamente falando — no mesmo sentido em que me entusiasma Shakespeare, por exemplo — Racine seduz-me muito pouco. Sempre achei que aquelas personagens todas abusam do *naturel* que Racine lhes conferiu aos sentimentos e à linguagem para falarem demais. *Grosso modo* parece-me de resto isso inerante a quase todo o teatro fancês, clássico ou não, irremediavelmente um teatro de *rhétoriqueurs* da inteligência e da sensibilidade muito fina, que um véu de ideias, ou convenções sentimentais intelectualmente aceites, ou de cabriolas poéticas, ou de pompas versiculares mais ou menos bíblicas afasta bem mais da realidade que os desvarios imagísticos ou os entrechos absurdos de todo o teatro inglês isabelino ou espanhol do Século de Ouro. O teatro francês, desde que a França se formou como nação com preponderância política, sempre se me afigurou uma típica estrutura de *makebelieve* nacionalista, em que uma visão civilizacional é substituída como convenção teatral à autêntica teatralidade espontânea. Não quer isto dizer que o mesmo não tenha sucedido, e mais abominavelmente, a outros teatros em outras épocas. A tragédia grega do período áureo reflecte de uma maneira excessiva, para quem como eu não acredita na Grécia das estátuas, uma civilização cujo democratismo aristocrático e esclavagista ainda envenena precisamente o mais espiritualmente elevado da nossa herança cultural. Mas, voltando a Racine, sem dúvida que seria ridículo da minha parte confiná-lo a uma tediosa exibição de poesia cénica *ad usum Grand Siècle* e irradiação do *esprit* sobre os lapuzes da Europa (que é sempre muito a atitude dos franceses para com o resto do mundo), sem ter em conta a profunda audácia moral e psicológica das situações dramáticas e das figuras que ele preferiu. E igualmente seria ridículo e primário não sentir, e sentindo-o não o confessar, o excepcional poder de encantamento dramático de uma linguagem que tanto peca, cenicamente, pela excessiva unidade de estilo que faz as personagens só variarem, da «boa educação» que as caracteriza a todas, pelos diferentes sentimentos que na circunstância teatral lhes são atribuídos. E não deixa de ser dos mais *piquants* atributos de Racine essa capacidade de reduzir a um imenso denominador comum de urbanidade e fluência linguística paroxismos de paixões, que possuem muito pouco de urbanos ou de fluentes. De tudo isto resulta que o teatro de Racine, em tudo na aparência um teatro eminentemente de «câmara», exige, como contrapeso de um estatismo que só terá par no *Tristão* de Wagner, uma cena vasta e profunda onde aquele intérmino debitar de perplexidades sentimentais possa ressoar à escala da tragédia que de facto as personagens estão mais vivendo que falando. Ora isto faltou na pequena cena do Liceu Francês, embora Ronfard tenha procurado compensar essa falta com o despojamento total do cenário e dos adereços, bem como com um talvez excessivo imobilismo dramático das personagens. Para este último, teria sido necessário, além da excelente dicção que se ouviu por parte de todos os «actores», uma mais intensa e mais penetrante vibração intencional no dizer, o que não sei se mesmo em França os profissionais racinianos atingem por aquela forma ideal que Proust encontrou na sua Berma.

De entre as onze tragédias de Racine, a minha preferência pessoal vai para *Berenice,* para *Phèdre* e *Athalie,* e não para este *Bajazet* todavia estranho, em que o autor tentou a quase contemporaneidade, tão escandalosa para a tragédia «pura», desculpando-se no prefácio: *«L'éloignement des pays répare en quelque sorte la trop grande proximité des temps».* Ora aconteceu que, sem o apoio da antiguidade clássica (que é o do seu primeiro período, em que esta peça se inscreve), ou da antiguidade bíblica (que é o do seu retorno ao teatro), estes turcos, tão Hôtel de Bourgogne, são de uma desaforada desfaçatez amoral, da qual emerge apenas a personalidade da jovem Atalide. O próprio Racine — tão ciente daqueles dois pólos da sua civilização intelectual como o seu contemporâneo Milton, trinta anos mais velho — terá ficado incomodado com a nitidez da sua visão «contemporânea», ainda que tranferida para o serralho de Constantinopla, do mundo moral do seu tempo de Versailles não menos serralhesco que o do Grão-Turco.

A interpretação dos colaboradores de Ronfard foi muito digna, embora um tanto baça, devendo destacar-se André Müller no Vizir, Moussia Ronfard na Sultana e sobretudo Monique Lyon em Atalide, apesar de uma «ingenuidade» que não condiz com o tom geral da peça, nem com as intenções de Racine expressas no prefácio («y a-t-il une cour au monde où la jalousie et l'amour doivent être si bien connues»?), J. P. Ronfard não convenceu no seu *Bajazet,* sem qualquer firmeza de traço. Os figurinos de Abílio de Matos e Silva eram muito acertados, senão belos. Valeu a pena? Creio que sim — mas, embora ciente das dificuldades de Racine e da carência de recursos, esperávamos muito mais de Ronfard, como actor e como director. Talvez eu não devesse ter assistido ao primeiro espectáculo. E agora, após Marivaux, Molière e Racine, que teremos — Musset?

«SEIS PERSONAGENS EM BUSCA DE AUTOR», DE PIRANDELLO

Que a ideologia pirandelliana, tão largamente explorada pelo autor no seu teatro até às últimas consequências e pela crítica ao relevá-la não menos que o próprio Pirandello, é anterior ao teatro deste e ao estilo «grotesco» iniciado em Itália com *A Máscara e o Rosto,* de Luigi Chiarelli (1913), ao contrário do que com demasiada Itália tem sido afirmado, parece evidente, uma vez que a produção poética e novelística de Pirandello a vai manifestando claramente até a exigência cénica dessa ideologia o confinar, depois de 1910, cada vez mais exclusivamente ao teatro, em que ele veio a ser, senão um dos maiores dramaturgos de todos os tempos, sem dúvida um dos mais improtantes e significativos dramaturgos do nosso século. *A Comédia da Felicidade,* de Evreinoff (um tempo o opositor, em técnica de encenação, do grande Stanislawsky), representada na Rússia um ano antes da estreia mundial (1921) das *Seis Personagens,* e apresentada em Paris por Dullin em 1926, que anteriormente iniciara os franceses em Pirandello (*Il piacere dell'onestá,* vulgo *la Volupté d'honneur,* peça de 1918, mas adaptação francesa de 1922), como *Le Cocu Magnifique,* de Crommelynck, estreado também em 1920 (que é o ano da estreia mundial de *Heartbreak House,* de Shaw, já então o autor glorioso e representado de inúmeras peças havia trinta anos), são apenas marcos miliários de toda uma evolução do teatro europeu depois de Ibsen e de Strindberg, na qual o teatro italiano da época se insere bem mais que o próprio Pirandello, muito mais filho espiritual da crise do idealismo alemão dos seus estudos de juventude em Bona, quando traduzia conscienciosamente as *Elegias Romanas,* de Goethe, e compunha em *pendant* as suas *Elegias Renanas.*

Não é propriamente o conceito de *máscara,* que então por forma tão diversa de Chiarelli, Evreinoff ou Crommelynck vinha sendo a concepção teatral poética de um Yeats ou de um Hoffmanstahl (como a só poética, já também diversa, de Fernando Pessoa ou de António Machado), e que tentara igualmente o Benavente dos *Interesses Criados* ou o Hauptmann de *A Ascensão de Joaninha,* para vir assumir uma última reversão sublimadora no teatro de Brecht, em que as correntes do *grotesco,* do *intimismo,* do *expressionismo* e da *sátira social* se fundem e se invertem — não é pròpriamente esse conceito a cuja «nudez» Pirandello subordinou o seu teatro completo, o que o distingue imparmente na onda de perplexidade entre a verdade e a fantasia na arte, ou a verdade lógica e a verdade psicológica, que submerge a arte europeia até aos anos quarenta (e os romances de Proust, de Joyce, de Virginia Woolf, de Thomas Mann, são, na sua inventiva técnica, uma crítica igualmente da «ficção»), mas a forma humanística que à inteligência de Pirandello essa crítica da *máscara* assume: «...*aquelas preocupações que habitaram por tantos anos o meu espírito: o equívoco da compreensão recíproca irremediavelmente fundado na abstracção vazia das palavras; a personalidade múltipla de cada indivíduo segundo as inúmeras possibilidades de ser que cada um de nós contém* (Até parece Pessoa, ó críticos!); *e, por último, o trágico conflito imanente entre a vida que se move e muda constantemente e a forma que imutável a fixa»* (Prefácio à publicação de *Seis Personagens).*

Pirandello, como Shaw, era dos que escreviam prefácios, ao que se vê. E ambos a crítica não deixou, naturalmente, de considerar *desumanos* em suas criações. Pensando certamente na crítica (a crítica dos que só criam frustemente e se vingam de a inteligência tanta não lhes dar para mais), Pirandello reconhece, no mesmo prefácio, que *nada parece mais supérfluo do que o espírito num organismo humano.* E aqui se situa a crítica pirandelliana. Não uma crítica das convenções sociais, psicológicas, etc., em que se repoltreia e subsistirá a sociedade humana, mas mais fundamente a corajosa revelação cénica da «superfluidade do espírito», isto é, de como constantemente passa por individualidade, consciência, livre arbítrio, personalidade, nobreza, dignidade, por tudo o que supomos mais autêntico, uma total mistificação colectiva, um psitacismo transmitido hereditária e socialmente de geração em geração e com a qual a maioria dos homens se convence de que existe, pensa, ama, ou mesmo até deseja sexualmente. A corajosa afirmação de que uma obra é uma criação difícil, irónica e trágica, muito rara, que aparece como uma bomba (que são de hoje em dia as Madames Paces que nos caem do céu), no seio de uma humanidade inteiramente alienada do relativismo heróico da sua humanidade profunda, que é uma conquista e uma destruição de todos os momentos. Por isso, há nos *Seis Personagens,* entre os actores que não empreendem as personagens que lhes não foram «destinadas», o pobre demiurgo do encenador (e não autor, note-se bem) e as pícaras personagens que atribuem a maior importância individual aos seus dramas (drama que é, na peça, o confronto, mediante um acto decisivo, com a realidade que, intransmissível psicologicamente, é *irrealidade*), a irrupção daquela ridícula e peremptória Madame Pace e a gargalhada final pela coxia acima da Enteada (que da conclusão pirandelliana do texto foi suprimida na encenação do Avenida).

A direcção de Gino Saviotti, com luzes misteriosas, um palco arranjado demais, movimentos espectaculares (como a entrada pomposa das «personagens», contra a rubrica), um dramatismo exterior e sem pungência, não transmitiu o misto de vivacidade irónica e de terrível pungência «sem importância» que é o da peça. Não se pode dizer que Rogério Paulo, Carmen Dolores, Alexandre Vieira e Beatriz de Almeida não tenham arcado com os seus papéis com compreensão e talento, mas, ó ironia, era ainda «outra» peça que estavam representando! Na numerosa companhia dos «actores» acho de distinguir Madalena Sotto, que deu uma sugestiva, ainda que ocasional, «primeira actriz», e Samwel Diniz, que se integrou num director desconsolado como aquilo tudo. De resto, o director Saviotti, que ele ali *ex-machina* representava, havia afirmado no programa que a sua intenção fora «destacar quanto possível — e torná-lo evidente aos olhos dos espectadores — o último vigor dramático das várias cenas desta peça, cuja beleza não consiste na subtileza lógica, mas sim na potência fantástica». Não admira que, assentando Pirandello o seu pensamento cénico precisamente na potência fantástica da subtileza lógica até chegar ao absurdo e ao ilogismo reveladores, fiquemos sem saber o que terá faltado na dicotomia pirandelliana efectuada: se «subtileza», se «potência». Recordo agora que Álvaro Salema, há treze anos, no *Mundo Literário,* por sua vez recordava: «Eu mesmo o vi numa terra de província, em 1931, com a barbicha branca, um leve sorriso triste, muito levemente divertido com o ambiente que se lhe oferecia, nesse curioso Congresso da Crítica, que se realizou naquele ano em Portugal». Com que cara assistiria Pirandello agora, neste ambiente, à estreia da sua belíssima obra, que ao grande público terá aparecido como um confuso plágio experimental daquele tão luminoso processo de Jesus, que (ó manes de Dostoievsky!) ali prossegue a sua carreira nos Paços da Inquisição?

«O FEITICEIRO DE OZ», DE EDUARDO DAMAS

Sempre a história de Frank Baum me pareceu uma *Alice* de quinta ordem, em que o *non-sense* e o humor de Lewis Carroll, são subtituídos por uma graça superficial, com preocupações de empirísmo moralizante. Nunca, porém, tão superficial como a espécie de opereta interminável que Eduardo Damas extraiu dela, para a qual foi arranjada uma música de indescritível banalidade. Os «gerifaltos» desdobrando-se e multiplicando-se, arcaram com uma numerosa distribuição e sentiu-se em todo o espectáculo um esforço de Couto Viana para imprimir uma melhor coerência à sua realização. Soluções cenográficas mais sintéticas teriam resolvido melhor as sequências e mutações de cena e sem dúvida que algumas soluções mais felizes da encenação, ou menos repetidas de encenações anteriores (e a montagem desta peça não era fácil) poderiam ter imposto uma simplificação de um texto demasiado sobrecarregado de peripécias e escrito numa linguagem sem o mínimo recorte literário. Muito curiosos alguns dos figurinos de Moniz Pereira, que não podiam, de facto, esconder a indigência deste «feiticeiro» que, como o de Oz, não era capaz de fazer milagre nenhum. O caso é que as crianças estavam interessadas, embora não atingissem a sequência da história, tal como lhes era contada.

Cada vez me vou convencendo mais de que o teatro infantil é uma forma, como tantas outras, do infantilismo peculiar aos tempos que correm. Dá-me vontade — se eu mandasse — de pôr em cena, para crianças, o *Hamlet,* por exemplo, ou *A Castro*... Quem sabe se o *Édipo Rei.* Ficavam, por certo, na mesma fascinadas; e talvez acabassem por descobrir, de uma vez, a figura de urso que os adultos de hoje insistem em fazer diante delas.

«À ESPERA DE GODOT», DE SAMUEL BECKETT

Em Maio do ano passado, num artigo do *Diário Popular* em que me referia a esta peça (e também a *All that fall* do mesmo autor então publicada e a uma peça de Graham Greene), eu dizia: «*En attendant Godot* aguarda ainda que um teatro experimental ou uma companhia subsidiada, alguém, em suma, dedicado à causa do teatro, tenha a coragem de pôr em cena uns vagabundos à espera de Godot, tal como entediadamente o nosso mundo continua à espera de quem nunca chega». Teve essa coragem Ribeirinho, que só por isso mereceria os melhores aplausos, se não merecesse mais que melhores (mérito que o redime de muita pacotilha inane que tenho tido aqui ocasião de criticar) pela forma como dirigiu a peça e compôs a sua própria personagem de Estragon, embora eu não ache exacta, apesar de a reconhecer efectiva, a orientação imprimida à criação entre nós da «tragicomédia» de Samuel Beckett (*aviso aos críticos:* Samuel, com *u*, que com *w* é só o sr. Diniz, actor). O facto excepcional de ter sido superiormente autorizada uma linguagem — a da peça — que talvez o não fosse noutro palco (a menos que, sob a forma de trocadilho porco, em palcos de revista, já que até ao pobre Gil Vicente, que escrevia para reis bem educados, se corta a língua), em nada diminui a importância desta apresentação, a prazo relativamente curto sobre a estreia mundial de uma peça que é das mais admiráveis do nosso tempo. Não me congratulo com a liberalização que tal permitiu, porque discordo da situação de constrangimento que a justifica. Mas o caso é que desta vez uma obra discutida chegou na altura da discussão, e não trinta anos depois, por obra e graça de qualquer *revival* parisiense ou londrino que inspire os empresários a pôr o que os outros já estão *repondo*. E, se é certo que, anacrónico como é o nosso país, as discussões aqui se arriscam sempre a ser de lana-caprina, com argumentação do tempo do Pina Manique, a verdade é que os *à-la-page* ficaram dispensados daquele anacronismo *sui-generis* e do costume que os leva a zangarem-se com a gente por não vivermos mentalmente todos nos *boulevards* já centenários de Paris.

Eu concordo que não importa muito, entre nós, a apresentação ao grande público desprevenido de obras moderníssimas que o desorientam *anti-teatralmente,* quando tanto teatro que internacionalmente motivou, pela sua exaustão, as tentativas de anti-teatro contemporâneo ficou em Portugal por fazer. Mas, além de que julgo necessária alguma cautela com o irremediável, pois que não resulta fazer-se *fora do tempo* o que a seu tempo se não fez (e não sabemos bem, por falta de discussões públicas, qual é *de facto* aqui o tempo da maioria, embora saibamos que não é este que nos é dado), não se me afigura que a peça de Beckett (ou mesmo o restante teatro dele, como *Fin de Partie,* em que a coisa refina) seja «anti-teatro» — antes me parece que é teatro e do grande, inserindo-se numa linha evolutiva do teatro europeu, cujas dificuldades e cuja exaustão supera brilhantemente.

Como eu dizia no supracitado artigo, «raras vezes no decurso da História o homem se terá encontrado tão frontalmente e tão inescapavelmente perante a própria traição que o facto de viver implica, com a consciência tão nítida da sua impotência individual e um poder tão gigantesco de aniquilamento, num mundo em que tudo se revelou circunstancial e relativo. A ponto de ser necessário acreditar [...] em algo que talvez nem sequer chegue a ser dignidade humana e se chame apenas capacidade de subsistir apesar da última degradação, como Beckett. Na feira total de conceitos, mitos, complacências, abdicações, brutalidades e finezas de que o nosso mundo é feito, quase só na degradação e na infâmia é possível ser «honesto» e redescobrir essa dignidade humana que, há meio século, as letras e as artes desesperadamente proclamam. [...] Não somos um mundo sem fé: somos um mundo que, imerso, aguarda Godot, ou seja aquele diamante puríssimo que acabará por formar-se na escuridão e no peso asfixiante do abismo».

Perdoar-me-ão a longa transcrição, mas ninguém pode obrigar-me a discretear todos os anos, em lugares diversos, sobre o *Godot* de Beckett. Não falara então, até porque não vira em cena a peça, da sua teatralidade intensa e fascinante. Essa teatralidade é um facto, e demonstra-a o domínio total que a peça exerce sobre o público genérico. Mas a demonstração maior que a peça de Beckett traz consigo é outra: a teatralidade não é, em sua essência, espectáculo, nem acção (uma história contada em cena), nem sequer acção verbal (progressão dramática nas deixas, e não na «história»). Estes elementos são aspectos da teatralidade, ingredientes dela em maior ou menor escala, mas não são afinal essenciais. Na peça de Beckett quase não há, ao menos, sequência dialogal, que é forma mais descarnada daquilo a que chamei acção verbal e, no entanto, sem espectáculo, sem desenvolvimento narrativo, sem acção dialogada, até sem tempo próprio (pois que o fluir do tempo, no decurso da peça, é posto em causa: não para nós, mas para as personagens), a peça é fascinante, mantém o público suspenso das banalidades pungentes que os dois vagabundos atiram um ao outro ou da crueldade feroz das interpretações do par Pozzo-Lucky ou das aparições desorientadoras (das alusões simbólicas um tanto carregadas) do enviado de Godot, que são tudo o que acontece numa peça em que a tal ponto não acontece nada que até os objectos mais vis como uma bota velha, ou as frases mais anódinas se revestem de um valor terrífico. Porque sucederá isto? Será porque as alusões «ocasionais» dos incidentes e das deixas inconsequentes constituem, no subconsciente dos espectadores e no seu inconsciente colectivo, uma progressão dramática por acumulação de sugestões de ordem moral e sociológica e religiosa? Será porque a secura retórica total, a utilização consciente, por parte do autor, das banalidades do diálogo corrente da vida numa situação cénica que o não é, cria, ainda por acumulação, uma tensão cada vez mais densa e trágica? Creio que um pouco por tudo isto — criado e fundido num virtuosismo nitidamente visionário *à rebours,* ou não fosse Beckett mais um dos anglo-irlandeses que são o sal da literatura inglesa — se manifesta e impõe a teatralidade de *À Espera de Godot.* Mas impõe também pelo nível de interpretação que lhe fôr emprestado. E esse nível, no Trindade, com Ribeirinho à cabeça, foi dos mais extraordinários que nos tem sido dado ver. A subtileza, a inteligência, a movimentação, as luzes, o cenário, a indumentária, a composição das figuras excederam tudo o que seria legítimo e justo esperar, para contribuírem para a criação cénica mais poderosa que em Portugal, *como unidade,* em muitos anos se têm realizado: de uma dignidade e de uma austeridade de meios, de um equilíbrio entre texto e sua animação, simplesmente admiráveis. Por isso comecei por afirmar que achava *efectiva* a orientação que Ribeirinho imprimiu à peça. Eu desejava, todavia, que as personagens tivessem menos pungência humana, fossem mais obtusas, dissessem e sofressem mais por «acaso» (acaso da sua realidade como personagens, que não da sua composição pelos actores, é claro...), pois isso me parece mais de acordo com o estilo de Beckett. A pungência devia vir por *acréscimo* e não estar nelas que, na

240

sua degradação, nem pungentes deveriam ser. Para este senão (se o é) terá contribuído o texto da tradução que é fiel mas não exacta (não sei se por acção do tradutor, se por ligeiro arranjo do encenador para dar um pouco de carne à portuguesa àquele esqueleto), pois perde em secura asfixiante o que ganha em vibração impressionante. Todavia, este texto de Nogueira Santos — que não li — é dos melhores que nos tem sido dado ouvir em palcos portugueses ultimamente.

Ribeirinho, em Estragon, Fernando Gusmão, em Vladimir (que injusta é sistematicamente com este inteligente actor a quiquiricrítica dos quotidianos!), Armando Cortês, em Lucky, Costa Ferreira, em Pozzo e o jovem João Lourenço no Rapaz, foram excelentes: sem cordelinhos fáceis, sem excessos. Só o Pozzo de Costa Ferreira, aliás muito bem composto, deveria ser, suponho, mais grosseiro.

Na estreia, o apelo a Deus, seguido pela segunda aparição do duo Lucky-Pozzo reduzido à antítese da dialéctica do senhor e do servo (vide Hegel, etc.) foi saudado por uma teimosa pateada de «ultras». Acho imensamente coerente e patética esta pateada, quase indispensável à acção da peça aqui. Que mais lhes restará no mundo que patear? É um problema vital, esse de bater a bota, já dizia o Amigo Banana.

«ÉCOLE DE MARIS», DE MOLIÈRE,
E «JEU DE L'AMOUR ET DU HASARD», DE MARIVAUX
COMÉDIE FRANÇAISE

A empresa do Tivoli trouxe a Portugal, para dois espectáculos com um mesmo programa, a Comédie Française. Nem o programa, nem as encenações, nem a excelência da representação constituíram um acontecimento teatral, senão na medida em que é agradabilíssimo ver um estilo correcto e um ritmo de graciosidade impecável. Mas foi, sem dúvida, esta tão breve visita um acontecimento mundano, em que a grã-finagem de Lisboa pôde dar largas à sua prontidão de foca amestrada para rir a tempo, em coro desfasado de apenas uns décimos de segundo com a colónia francesa, das sediças mas clássicas piadas de Molière e Marivaux, vertiginosamente debitadas por sete ou oito dos societários de que a Comédie dispõe, para a sua contínua e sempre variada actividade, em número de cerca de oitenta. Este sistema de reanimar os clássicos pela velocidade — que vejo estar a tornar-se contagioso pelo mundo, ao que tenho visto e me consta — faz-me lembrar aquelas representações super-oxigenadas do *Doutor Ox,* de Júlio Verne. Já em Inglaterra o Shakespeare vai a toque de caixa; e não há dúvida de que a *École de Maris* (quase 298 anos) e o *Jeu de l'Amour et du Hasard* (229 feitos) foram comprimidos, sem aparente desfalecimento das focas, num espectáculo de duas partes. Deliciosa ironia de um mundo que até finge divertir-se, e se diverte, de facto, correndo e fazendo correr as suas imagens teatrais como o ciclista se treina sobre rolos! Não há dúvida de que os clássicos falavam demais, mas exactamente no mesmo sentido em que nós, por mal dos pecados alheios (a história do cabrito), falamos de menos.

Eu nunca tinha visto a Comédie Française, e se não fora a extrema gentileza do ilustre e lusófilo Pierre Hourcade, meu amigo e director do Instituto Francês, não a teria visto agora, já que o Tivoli ignorou que esta Gazeta tivesse crítica teatral (que tem, e não quiquiricrítica quotidiana como a que é feita conscienciosamente a todas as burundangas que são projectadas na tela, que quase sempre ocupa aquele agora excelente palco, a troco dos bilhetinhos com que os jornalistas pobres, e ricos, vão todos à semana ao cinema) e não dispõe de fundos para se dar ao desta vez demasiado caro luxo, a que costuma dar-se, de não pedir bilhetes a ninguém. Mas vi e ouvi, sim senhor, e direi do que vi e ouvi. Sobre Molière e Marivaux, nada, porque os manuais dizem tudo o que é preciso; sobre a Comédie também não, porque até pareceria que transcrevia o elucidativo programa, já tradicional da Comédie, e que os meus leitores, todos parísios, saberão de cor e salteado muito melhor do que eu. Sobre o cenário para o Molière não posso dizer nada, pois que é a réplica do cenário usado pelo próprio Molière. Sobre o cenário para o Marivaux também não posso dizer nada, porque o achei de uma banalidade atroz. Sobre a direcção de cena, de Jean Meyer para o Molière e a de Maurice Escande (o actual *doyen* da Comédie) para Marivaux, nada posso dizer também senão que se integraram na velocidade conveniente à reprodução mecânica e adequada de um estilo, o que não pode deixar de ser o mal e o bem de uma entidade que põe ou repõe em cena mais de cinquenta peças por ano. Na interpretação, sem grandes voos mas perfeitamente e cronometricamente integrada na integração já referida, agradaram-me sobretudo Micheline Boudet e Jean-Paul Roussillon, mais no Marivaux que no Molière. Robert Manuel e André Falcon, que não se repetiam de uma peça para a outra, foram um Sganarelle demasiado faceto e um Dorante demasiado hirto. Os figurinos de Suzanne Lalique, discretos e correctos, alinhavam no equilíbrio do conjunto que exibiu no palco do Tivoli e que trouxe até nós uma lição de escola e probidade burocrática que os meus parísios leitores tiveram enfim — confessem — oportunidade de ver (porque, segundo me consta, nunca ninguém põe os pés na Comédie, quando lá vai). Que o Tivoli traga mais teatro, não só para rir, e mais peças, não só de clássicos — e estou certo de que haverá, além das focas amestradas, quem lhe encha a casa como desta vez.

«INTRIGA E AMOR», DE SCHILLER, E «SAIAS», DE ALFREDO CORTEZ

Para comemorar o segundo centenário de Schiller, a empresa do Teatro Nacional de D. Maria II pôs em cena uma adaptação de *Kabale und Liebe,* ou seja *Intriga e Amor,* e confiou a direcção a Erwin Meyenburg que, há anos muitos, com a *A Ascensão de Joaninha,* de Hauptmann, e *A Locandiera,* de Goldoni, apresentou em Portugal os primeiros exemplos de encenação moderna unitária, orientadora e interpretativa. Comemorar o segundo centenário de Schiller, ainda por cima com uma das suas peças do período do *Sturm und Drang* (e não com o *D. Carlos,* que verdianamente o público conhece, uma parte do *Wallenstein,* a *Maria Stuart,* de que há uma belíssima tradução de Manuel Bandeira, representada no Brasil com êxito clamoroso, ou mesmo o *Guilherme Tell,* de memória rossiniano-sinfónica), não se vê que propósito tenha, num país onde a cultura germânica não representa efectivamente papel algum (o que é pena) e onde, em consequência, Schiller é apenas o autor daquelas palavras ininteligíveis que Beethoven aproveitou para as cantorias do último andamento da sua Nona. Apesar do prestígio lendário, na teatrologia portuguesa, de Meyenburg, assim o entendeu o público — e o êxito foi tão retumbante... que fez *pum!*... e a peça caiu antes de eu, que sou bissexto e além disso embirro com estreias, ter tido sequer tempo de a ver. Será que, para dar no estrangeiro uma ideia da categoria clássica do nosso teatro — no qual os Shakespeares, os Racines, os Calderóns, os Ésquilos, os Goethes e os Schillers são o pão nosso de cada dia, e eu nunca vi na minha vida chatice maior que uma arqueológica representação da *Medeia,* de Eurípedes, aliás coroada de consagrações académicas na Germania dos chatos professores —, a criação deste Schiller juvenil e histórico se destinava à exportação? Ou que o Dr. Meyenburg não tinha, nesta ocasião, no seu saco do trabalho já feito, outra coisa?

Seguidamente, a empresa do Teatro Nacional apresentou *Saias,* de Alfredo Cortez, também para exportação, com pauliteiros de Miranda e tudo. Eu, que admiro profundamente Alfredo Cortez, mas, além de embirrar com estreias (mais a mais no Nacional), embirro profundamente com o folclore, com o pitoresco exibicionista e rapioqueiro, esta mania de sermos apresentados ao mundo como um dos termos da alternativa — ou país de «music-hall» estilo Capri, ou uma curiosidade única (um dos últimos, senão o último povo primitivo da Europa, o que não somos), não fui ver. Anteriormente, a empresa do Nacional montara *Tá-Mar,* com muito folclore da Nazaré (que é o nosso Capri malfadado, desde os filmes de Leitão de Barros), para representação no Teatro das Nações. Agora lá vai o mesmo Cortez, em dialecto mirandês (o que, no estrangeiro, tanto faz). E não só parece que o teatro que se tem escrito recentemente em Portugal é à medida do folclorismo pitoresquista a que a propaganda do nosso País é reduzida, como se ficará julgando (e a crítica francesa é notoriamente suficiente no seu analfabetismo) que aquele que é um dos maiores dramaturgos portugueses deste século, o autor sangrento de *Zilda, Baton, O Lodo* e *Lá-lás,* o criador corajoso e lúcido de *Gladiadores* (peça que, essa sim, valia a pena ter encenado *para exportação...*) não passa de um comediógrafo de operetas, um fabricante de amáveis libretos para os Ruis Coelhos passados, presentes e futuros. *Saias* não envergonha o teatro português nem o seu autor, e muito menos *Tá-Mar* envergonhava. Mas são obras menores, que nem sequer vão fundo na investigação dramática dos micro-mundos folclóricos que retratam. Enfim, mais pauliteiro, menos pauliteiro, chega a ser pena que só os haja em Miranda, aliás, ao pé de Duas Igrejas, salvo erro, e para mais conservados no álcool da boa-vontade tradicionalista. A mim só espanta que espíritos progressivos, amantes dos folclores, não vejam ou não queiram ver a conexão íntima e inextricável que há entre tudo isso e sistemas de vida obsoletos em que isso tudo bebe a sua autenticidade. Bem sei que a questão é mais complexa... mas...

«FACHADA», DE LAURA CHAVES

Também não fui ver. As peças destas damas dramaturgas, que agora infestam menos do que infestavam os palcos portugueses, agoniam-me muito e não quero crer que sejam, mesmo por equívoco, «teatro de sempre», qual o que, segundo os cartazes, é feito (ou não) no Avenida. O que eu não compreendo — mas aplaudo com veemência — é que os três actos da Senhora Dona Laura Chaves tenham sido classificados para maiores de 17 anos. Não acredito que uma senhora respeitável tenha escrito ou retratado inconveniências. Mas, se acaso a peça é convencional, superficial, banal, etc. e tal, não só aplaudo a classificação como lamento que não tenha sido classificada para centenários, o que resolveria inúmeros problemas de fachada, inclusive os comemorativos.

«ELES, ELAS... E OS MENINOS», DE ANDRÉ ROUSSIN

A farsalhada de André Roussin tem feito uma carreira triunfal. Não há quem eu conheça que não a tenha ido ver, como aconteceu com *A Rainha do Ferro-Velho,* para rir, rir, rir — três vezes, como dizem os anúncios. Eu, se lá tivesse ido, se calhar também me ria. Por isso mesmo, não fui. O mero riso canalha e obsceno, a mera diversão titilante, de coceguinha no baixo-ventre da imaginação, quando há tanta coisa séria em que pensar, parece-me um passatempo de eunucos. Nada há melhor, nem mais saudável, nem mais temível do que o riso, diz-se. É conforme. O riso temível e saudável não é este, mas o riso amarelo do humor negro, das farsas trágicas. O outro é como a coca-cola ou as pastilhas elásticas, e nem sequer tem efeitos laxativos. Pelo contrário, de Aristófanes a Feydeau, passando por Gil Vicente, Shakespeare e Molière, foi quase sempre uma forma de prisão de ventre social, uma maneira de os grandes deste mundo orientarem o riso dos seus súbditos. As excepções, se as há entre estes mesmos, confirmam a regra. A gente, quando ri, precisa de saber muitas mais coisas do que quando se comove: porque ri, de que ri, como ri, quem nos faz rir, e por conta de quem nos faz rir, quem nos faz rir daquilo e assim. Ora meninos tenho eu mais de meia dúzia — e não foi o Roussin quem os fez.

IONESCO E LUÍS DE LIMA

Vindo do Brasil, Luís de Lima apresentou no palco do Trindade um Festival Ionesco, composto por cenas de *A Cantora Careca*, por *A Lição* e *As Cadeiras*, em traduções, encenações e interpretações suas. Hoje professor da Escola de Arte Dramática de São Paulo desde 1953, depois de ter trabalhado e estudado em França, para onde partiu em 1947, com que agrado revejo artista consciente e triunfante àquele Luís de Lima a cujos primeiros passos assisti em espectáculos do Teatro-Estúdio do Salitre, com os quais me estreei nestas lides crítico-dramáticas! Eu não sou dos que, afinados por Paris, já estão enfartados de Ionesco, ou conhecem por dentro e por fora todos os segredos pantomímicos de Marcel Marceau, de quem Luís de Lima foi discípulo. Nunca vira Ionesco em cena e, infelizmente para mim, nunca vi a companhia de Marcel Marceau. Sou, de facto, nestas matérias, um homem feliz, porque posso admirar livremente, e o único enjoo da minha vida de crítico é o que me causam todos os enjoados. Partilhei, portanto, com inteira sinceridade, da atmosfera entusiástica que acolheu o trabalho de Luís de Lima, o que evidentemente não implica uma admiração incondicional por quanto vi e ouvi, ou a pretensão de ter entendido e até ultrapassado o meu entendimento de Ionesco. Estes triunfos apoteóticos, que considero justíssimos na medida em que consagram o esforço, o talento e a inteligência dos executantes, sempre me parecem um pouco suspeitos da parte do público (que não era, é certo, na estreia a que assisti, o grande público genérico), quando visam a significar uma adesão imediata a uma obra insólita, difícil, de vanguarda. Logo me lembram aqueles célebres concertos de há alguns anos, quando um eminente agrupamento húngaro apresentou os Quartetos de Bartok, e, ante o pasmo e o constrangimento dos músicos, o público delirou pelas paredes acima, num entusiasmo bem diferente da perplexidade com que outras pessoas, mais entendidas e de não menos boa vontade, haviam recebido humildemente uma riquíssima, complexa e rebarbativa mensagem. E não me esquece nunca aquele alto espírito da nossa praça, que, na euforia bartokianamente gloriosa, se abriu comigo: — Ah, isto sim! Agora os Bachs e os Beethovens é que eu não suporto!...

Acontece, porém, que Ionesco, se pode ser insólito para quem não esteja identificado com as estruturas do teatro moderno (e o nosso público, apesar de tudo, não só vai estando mais habituado a essas estruturas, como até — e diversos êxitos literários ou cénicos o comprovam — desenvolveu uma consciência que se identifica nelas), não é por forma alguma um autor difícil, embora possam ser complexas muitas das implicações do seu teatro. Este, se tem uma primordial importância no desenvolvimento moderno das concepções cénicas, e se algumas das peças (ou anti-peças...) ficarão como excelentes obras (como por exemplo *A Cantora Careca* ou a maior parte de *As Cadeiras*), não atinge aquela craveira de emoção superior e arrebatadora que, aliás, o grande Bernard Shaw, também um dramaturgo intelectual, raras vezes atingiu, e o não menos intelectual Pirandello atingiu quase sempre. Com tudo o que de novo no seu erotismo *A Lição* nos traga, o seu absurdo, parente próximo do de *Arsenic and Old Lace,* fica, todavia, aquém, mesmo na linha do teatro moderno em que se insere, da genial peça que é *O Doido e a Morte,* do nosso Raul Brandão.

Quando digo que Ionesco não é difícil e afirmo não ter a pretensão de o ter entendido por completo, não estou a fazer paradoxos ou a passar a mim próprio um atestado de insuficiência mental. Aos primeiros, não acho graça; e, no segundo, não acreditariam os meus admiradores, entre os quais me conto. Limito-me apenas a sublinhar que um autor pode ter complexas e profundas implicações, sem que por isso o seu aspecto espectacular, imediato, deixe de ser aliciante, fácil de seguir. E é precisamente o caso de Ionesco, tal como Luís de Lima no-lo traduziu em texto e esplêndida linguagem cénica. Independentemente da angústia que se vai acumulando, *A Cantora Careca* é divertida, *A Lição* é emocionante, *As Cadeiras* é comovente. E divertem-nos, emocionam-nos ou comovem-nos, exactamente como Ionesco pretendia que, por essas vias, elas nos levassem à contemplação da inanidade total que podem ser (e são), respectivamente, a vida corrente, o saber e a sua transmissão, a incomunicabilidade da experiência intransmissível que é a vida. Os casais da *Cantora;* o professor, a aluna e a criada de *A Lição;* os velhos mais as suas cadeiras multiplicando-se — são cenicamente um anti-teatro tão teatral como qualquer outro que seja bom, porque, embora invertendo-os no seu sentido e utilização, emprega todos os elementos da técnica tradicional segundo o moderno teatro (que a Ionesco antecede) os reelaborou. A adesão não é, pois, complicada — o que é complicado é o que vem depois. E o que vem depois tem apenas a complicação cruel da lógica absurda, inerente ao mundo em que vivemos. Sob este aspecto — e dentro da dialéctica muito justa da noção de anti-peça proposta por Ionesco —, *A Cantora Careca* não deveria fazer rir, mas sim ter falta de ar; *A Lição* deveria deixar-nos frios; e *As Cadeiras* deveriam fazer-nos rir, essas sim. E nesta contradição, que não é por forma alguma a ambiguidade de Beckett, reside essencialmente o interesse de Ionesco, o qual — e a pouca gente isso acontece — por sinal coincide com o que ele quis e, como se vê, conseguiu.

As interpretações de Luís de Lima foram impressionantes de riqueza mímica, equilíbrio cénico, de justeza de tom, de modulação das vozes dos intérpretes, e enquadradas em cenários notáveis de sobriedade e sugestividade, dos quais destaco o que serviu tão notàvelmente a atmosfera de «belle époque» de *A Cantora Careca*. Elida Marelli foi uma admirável Mrs. Smith e uma correcta Governanta. Canto e Castro completou, com acerto, a distribuição de *As Cadeiras*. Mas Camilla Amado, que fora uma acertada «aluna», foi um prodígio de arte cénica na velha de *As Cadeiras,* em que, como que o superando magistralmente (tanto mais quanto é extrema a sua juventude), honrou o seu mestre, com o qual contracenava. Aquela Velha ficará uma das mais belas e profundas coisas que temos visto nestes palcos pacatos, onde afinal, em que aos enjoados pese, sempre vamos vendo alguma coisa que se veja. Eu lamento que os enjoados, no fartote em que vivem, percam a maior parte do que se faz por «cá», sempre a pensarem no que viram «lá». E lamento que o destino os una aos aventureiros e pedantes que arranjam sempre maneira de se distinguirem (ígnaros como são), não gostando, quando vão ver «cá» o que não viram «lá». Em resumo, o diabo que os leve a todos, que não fica rico. Nós, os pobres de pedir, somos afinal menos exigentes. Contentamo-nos com o que é novo, com o que é belo, com o que representa uma alta realização artística. Muito pouca coisa. Por isso queremos sempre mais do que nos dão e não fingimos estar à espera de outros Godots, quando vivemos tão contentes com os que temos...

«TWELFTH NIGHT», DE SHAKESPEARE
OXFORD PLAYHOUSE COMPANY

O British Council, a Feira das Indústrias Britânicas, o Ministério da Educação Nacional, o Secretariado Nacional da Informação, o Teatro Nacional Popular e a Associação dos Estudantes de Agronomia, as duas primeiras entidades como operantes e as outras todas como colaborantes, juntaram-se para trazer a Portugal, no plano das propagandas industriais da Grã-Bretanha, em curso no momento em que escrevo, com futebóis e «tatoos» e S. A. R. a Princesa Margarida, a Oxford Playhouse Company, que apresentou, no Auditório da Tapada da Ajuda, *Twelfth Night,* de Shakespeare, ou seja precisamente aquela peça que, muito simplificada em texto e opulentada em fatiotas, foi a primeira perpetração teatral que critiquei nestas musicais colunas. Que tanta gente junta, algumas reconhecidamente conspícuas e as restantes notoriamente poderosas, só tenha conseguido trazer a Portugal, num momento tão solene e decisivo para as mercadorias inglesas, esta meritória companhia de província, quando há na Inglaterra dezenas de companhias que poderiam vir de avião apresentar aos portugueses amadores de teatro um qualquer espectáculo portentoso, eis o que se me afigura tema de reflexões muito sérias e profundas. Ou o grande teatro inglês, com encenações ambiciosas e astros de primeiras plana, é coisa tão ponderosa e inamovível, que os esforços concertados destas entidades não conseguiram arrancá-lo às doces fruições do West End; ou, reconhecida a indigência do teatro português, se achou que, para exemplo de equilíbrio, dignidade e segurança, até a Companhia da Oxford Playhouse, aos ventos agrestes da Tapada, chegava e sobrava; ou, dado que muita gente junta, e para mais poderosa e conspícua, não se salva, todos, a puxarem cada um obstinadamente para sua banda, não arranjaram mais que esta embaixada honesta e modesta. Foi, de qualquer modo, forte pena que se tenha perdido uma oportunidade que, há bastantes anos, a Inglaterra, com a borda bem mais debaixo de água, não perdeu, quando vimos a companhia do Old Vic representar um *Henrique V* muito belo, tão revolucionário como o Dr. Meyenburg para olhos não viajados nem experimentados.

Não vou repetir aqui o que, no n.º 82 desta *Gazeta,* disse desta peça de Shakespeare. Mas apraz-me registar que a graciosidade discreta e a elegância rítmica com que a interpretação do texto foi, por esta companhia britânica, mantida num nível de «alta comédia», sem dicotomia manifesta entre um tom fársico e um tom de melodrama sentimental (como sucedeu entre nós, em que, conforme as cenas se caía para um ou outro lado), que nem um nem outro são compatíveis com a superior unidade de estilo desta maravilhosa comédia — apraz-me registar que mesmo a Oxford Playhouse Company, com a sua seriedade de propósitos e a consciência, já tradicional em Inglaterra, do que estava fazendo, me veio dar razão. Até quanto ao *clown* a tive, pois que o actor que o encarnou não possuía voz alguma, e *cantou* com exacta emoção cénica as canções que Shakespeare lhe atribuiu.

No pequeno auditório da Ajuda, ante um público escasso que nenhuma propaganda havia concitado, com fraquíssimas possibilidades de animar-se a acção por um sábio e variado jogo de luzes, sem uma ambiciosa ou arrojada movimentação de cena, com uma companhia equilibrada em que ninguém é excepcional ou fraco, não se podia todavia, fazer mais do que aquilo a que assisti. Mas *apenas isto* é já uma grande lição que o nosso público e os nossos profissionais, comparando as meias-tintas desta encenação tão digna com o brilhantismo cómico do espectáculo que há um ano e meio fez carreira no Trindade, deveriam meditar. É toda a diferença que vai de um texto autêntico a uma adaptação sem categoria alguma de ordem literária; de uma unidade imposta por esse texto e uma longa e sempre renovada tradição shakesperiana até à habilidade e ao saber de um homem de teatro (no caso em questão, Ribeirinho), capaz de «inventar» um espectáculo; de uma *presença* em cena, que é apanágio de quem pisa um palco em Inglaterra, ao ar de «mascarados» que os nossos actores têm quase sempre quando representam «clássicos»; de uma dicção impecável, harmoniosa sem ser cantada, e natural sem ser trivial, aos altos e baixos de fácil emoção declamatória que raras vezes não marca, entre nós, as mais felizes interpretações; e de uma ciência natural de que versos são versos, em teatro, prosa é prosa (ainda quando uns e outra transbordem de poesia), com ritmos próprios à natureza da linguagem, ao estilo do autor, ao tom da peça, etc., até à declamação gramatical, toda só de pausas nas vírgulas, pontos-e-vírgulas e pontos finais, em que não há poesia que resista na dicção dos portugueses.

Infelizmente, a lição — por fugaz e pouco reclamada — perder-se-á. Não vi, nesta terra onde agora toda a gente proficientemente cita e traduz àutores de língua inglesa, e há público para encher Becketts e Ionescos (rescendentes a novidade e escandalozinho, e não pelo facto de serem como foram, admiravelmente representados), que essa gente lá estivesse. Guardaram-se para os outros espectáculos pela certa, depois de a crítica que não sabe inglês nem Shakespeare se ter pronunciado. Com graça, mais ou menos dizia um ilustre romancista meu amigo, que a colónia inglesa achou que o espectáculo era para os portugueses e não compareceu em massa e os portugueses acharam que Shakespeare ao natural é indigesto e não puseram lá os pés. De resto, o auditório é quase inacessível, por aquelas trevas da Tapada adentro. Umas carreirinhas de autocarros e umas lampadazinhas teriam tornado menos tenebroso aquele festival em seara agronómica.

Do nível elevado e uno da companhia desejaria destacar John Warner no Clown (não tenho visto *clowns* de Shakespeare, autênticos, em número suficiente para saber se os trejeitos de Danny Kaye influíram neste, ou se o celebrado astro assimilou uma tradição), Harold Lang em Malvolio (um Malvolio sem mais ridículo que o que as outras personagens vêem nele, como está certo que seja) e George Selway em Sir Toby Belch. Dos figurinos de Jane Greenwood e Anthony Powell com a direcção de Frank Hauser, já tudo o que ficou escrito disse o suficiente. E enfim: para matar saudades do teatro inglês, não foi nada mau.

«O BAILE», DE EDGAR NEVILLE

Para uma temporada de Verão, a empresa do Monumental escolheu a peça *O Baile,* do espanhol Edgar Neville (um nome excelente para comediógrafo espanhol amável, pois que ao grande público desprevenido, à parte a peça se passar vagamente em Espanha, até parecerá que ele é inglês ou americano ou lá de para as bandas dos anglo-saxões, e não mais outra vez um daqueles espanhóis do teatro dos «bulevares», que não há em Madrid, escrevinhadores e carpinteiro cómodos para adaptação à prata e ao gosto da casa que os leva à cena e que tão longamente infestaram a miopia das nossas empresas, a preguiça dos nossos actores e o pretexto de bolsa dos espectadores que, com pouco esforço de bestunto, como ao burguês à noite convém, vão assim um pouco acima das pernas das coristas e vedetas de revista, salvo seja).

Peça em três actos, apenas com três actores, é barata se não forem caros os astros para os quais é uma boa oportunidade de parecer que representam virtuosisticamente. De facto, um *divertissement* executada por actores de talento afinado por um inteligente director, pode, mais fàcilmente e brilhantemente que uma peça não superficial e não amável (uma peça a sério), permitir a exibição de uma vasta gama de sentimentos e atitudes convencionais, cuja repercussão é «garantida» na emoção e no sorriso do espectador sem exigências e cuja feitura não exige esforço de *criação* de personagens, mas apenas *composição* hábil dos ingredientes (tantos gramas de boa movimentação, tantos gramas de mudança de expressão, tantos gramas de silêncio agitado, vestígio de voz trémula, etc.), à semelhança do que acontece sempre nos rótulos das águas minerais.

Eu não sou contra a ligeireza do teatro ou da música ou da ilustração gráfica ou da crónica, em exclusivo favor dos Ibsens, dos Brahms, dos Rubens ou dos Lambs e outros pastelões sagrados que eu admire. Nunca nenhuma obra grande foi composta sem uma parte (pequena, importante ou total) de superior ligeireza. O divertimento e o virtuosismo são elementos muitas vezes, senão sempre, essenciais da arte. A superficialidade, a acomodação amável às convenções sociais, a mistificação é que, porém, o não são nunca. À semelhança do que sucede com a música, lavra ainda uma confusão enorme entre o que se entende por *sério* e por *ligeiro*. Em música, toma-se por sério tudo o que é *antigo*, e por ligeiro tudo o que é recente e mais ou menos de dança. Em teatro, toma-se por sério tudo o que é dramático ou gracioso (desde que consagrado pela pedantaria secular da crítica), e por ligeiro o que seja mais ou menos musicado, meta piada grossa e perna fina e torneada (quanto possível). Mas toda esta confusão entre o conselheiral e o canalha (como se os canalhas não fossem sempre conselheirais e os «conselheiros» não fossem, quase sempre, canalhas, qual o Acácio de saudosa memória) vem apenas da industrialização burguesa do *divertimento,* não como *diversão* legítima mas como desvio mistificador.

Não quer isto dizer que muita grande arte do passado esteja isenta de conformidade com o gosto dos mecenas que pertenciam às classes dominantes e gostavam do que lhes convinha à paz dos bens e ao céu bem ganho. Significa, porém, que *ligeireza* é o que aborda com *frivolidade* as questões graves da vida e do destino, sem as eximir à *crítica* que toda a criação comporta. Crítica que, em arte literária (para o livro ou o palco) e em artes plásticas, é mais patente que na música, na qual surge, como pensamento musical que então é, transfigurada na natureza dos temas, no tratamento da orquestração. Um minuete de Haydn já não era «música de dança», mas podia ser dançado; e pode ser tão significativo da personalidade do compositor (personalidade deste, no mais lato sentido, implicando a sociedade em que vive e a variedade civilizacional e epocal em que se integra ou da qual irrompe) como um severo motete medieval.

A peça de Edgar Neville é um pretexto bem doseado de inverosimilhança cómica e sentimentalidade pseudo-dramática, que explora fundamentalmente a frustração de que a mediocridade burguesa se alimenta (e não a frustração trágica, que é outra coisa) e o mito de que a mulher apenas existe como jóia de preço e não tem funções sociais. É sabido que nesta mistificação ambígua (em que a mulher é, ao mesmo tempo, anjo do lar e cortesã doméstica, limitada entre a alcova que partilha mentalmente com quantos a rodeiam, e o analfabetismo conformista que aos filhos transmitirá, independentemente da pseudo-cultura que eles adquiram de professores-filhos-de-mães-iguais), reside um dos mais trágicos equívocos da mentalidade ocidental e que teima em subsistir, apoiado nos privilégios que nela se apoiam. Não é, portanto, uma peça *séria;* mas não é, também, uma peça *ligeira.* É uma diversão das tais. E, como tal, bem feita. E, sobretudo, muito bem interpretada por Laura Alves, Rui de Carvalho e Paulo Renato, que a sustentam ao longo de três actos, sem autêntica unidade e sem verdadeira acção, com excelente consciência profissional e uma finura que a segura direcção de António Pedro, chamado pela empresa a erguer uma coisa que, sem ele, se desconchavaria em floreados de *vedetismo,* soube suscitar no talento que todos têm. Laura Alves é uma excelente actriz, como quando não é apenas a «Laura Alves», que o grande público gosta de ver. Paulo Renato tem uma composição notabilíssima, talvez a melhor que lhe tenho visto. E Rui de Carvalho representa com uma superior discrição. Que desbarato de talentos e de virtuosismo de ocasião com esta espanholada «veraniega», que teve um imenso êxito madrileno e por certo o repetirá aqui. Enfim, cada qual come do que gosta. Mas, depois, não se queixe.

CRÍTICAS A LIVROS

«TRÊS PEÇAS EM UM ACTO», DE JOSÉ RÉGIO

Neste volume recentemente publicado estão contidas: *Três Máscaras*, uma das primeiras tentativas teatrais do autor de *Jacob e o Anjo*, publicada em volume com esta peça, em 1940, mas não reeditada posteriormente, como ela o fora; e duas novas peças, *O Meu Caso* e *Mário ou Eu Próprio-o Outro*. Eu acho *Jacob e o Anjo* e *Benilde ou a Virgem-Mãe* duas das mais importantes e belas peças da dramaturgia portuguesa. que representam precisamente, na produção teatral de José Régio, dois pólos extremos da sua expressão, entre os quais raro se move a problemática que tem por vezes excessivamente conformado a sua vasta obra de poeta, dramaturgo, contista, ensaísta, crítico, romancista, uma das mais notáveis e dignas da nossa literatura. Eu explico. Se *Jacob e o Anjo* representa, com um equilíbrio raro, o desbordamento formal e dialogal de que é susceptível o peculiar estilo de Régio, *Benilde* é o pólo oposto, de uma contenção e de uma elegância em que o naturalismo não colide com quantas alegorias o autor quis ou foi temperamentalmente levado a emparelhá-lo. Nas outras suas peças, *El-Rei Sebastião* e *A Salvação do Mundo*, a tendência de Régio para a abstracção fantasista (que lhe permitiu, a partir da tragédia pessoal e histórica do nosso D. Afonso VI, criar *Jacob e o Anjo;* ou lhe deu a capacidade de idear *O Príncipe com Orelhas de Burro*, de que *A Salvação do Mundo* é uma repetição teatral) colidiu sempre com o naturalismo, um pouco pausado e circunloquial, que lhe deu a obra-prima de banalidade subtil que é a novela *Davam grandes passeios aos domingos*. Naturalismo de sarro histórico em *El-Rei Sebastião* ou de sátira demasiado individualista para ser efectiva em *A Salvação do Mundo*. São estas colisões de estilo e de incerteza de tom, num autor tão consciente e seguro da sua própria e pessoal linguagem, que dão a certos passos da prosa e até dos versos de Régio algo de constrangedor, e que não provém, como nas grandes obras (e nas suas melhores), do contacto de um autor com uma transcendência ou uma imanência terríficas, ante as quais ele tremeu e nos faz tremer a nós. É antes a disponibilidade literária de um certo dandismo individualista, que se deixa excitar por gosto de si próprio, por certa complacência com os seus artifícios estilísticos. Curiosa como é, *Três Máscaras,* que ilustra o tema de a *máscara* ser uma possível libertação do quotidiano da personalidade que aceitámos desempenhar (ou, reciprocamente, de nos «mascararmos» daquilo que no fundo *somos*) é uma conversa a três em que a teatralidade não chega a impor-se, a transfigurar as reminiscências literárias e temáticas sobremodo presentes. Significativa para o estudo de José Régio, não a creio em si mesma uma peça importante na nossa dramaturgia ou na obra do autor. O mesmo se não dá com *Mário ou Eu Próprio-o Outro,* que dramatiza transpostamente (com o desdobramento peculiar a José Régio, e tão efectivo em *Jacob e o Anjo,* do Rei e do Anjo) o suicídio de Mário de Sá-Carneiro. Parece-me uma bela peça, com um final em «achado»: a transformação em «espectáculo» do poema *Fim.* Mas o diálogo entre Mário e o Outro enferma demasiado da prolixidade concessiva com que Régio se entregou à problemática que lhe é mais cara — a dialéctica do «poeta como tal» e da «realidade», ou do homem «ideal» e do homem «real» — e corta assim as asas do actor para atingir aquela afinada e profunda dramaturgia *crítica,* na análise de uma personagem como a de Mário de Sá-Carneiro, que não nos é apresentada mais que convencionalmente, metaforicamente, e não na ilustração da sua real e genial complexidade, como seria de esperar-se no culto inteligente que José Régio lhe vota. Se exijo mais e melhor de uma peça que é notável, é porque esperava isso mesmo. Estarei enganado? Não deveria ter esperado? Ou não terei lido bem (já que *ver* é tão diferente?) Só a cena, que para esta peça se impõe, dada a importância crescente de Sá-Carneiro, o poderá esclarecer.

Guardei precisamente para o fim, *O Meu Caso,* que reputo uma pequena obra-prima, uma das mais profundas farsas do nosso teatro, e uma das mais senão a mais *adulta* obra do adolescente perpétuo que tem sido José Régio (e por isso se não cansa de contemplá-lo nas páginas menos felizes de *A Velha Casa,* onde as há de primeira ordem). O ritmo intensíssimo da acção, o fino humor de toda a situação exposta, a leveza do diálogo (que em Régio parece comprazer-se diabolicamente em rir-se da sua forma circunloquial em que as prosopopeias propositórias por vezes não dão lugar à exposição), tudo se conjuga para que esta peça seja excelente. E assim aquele pano, que cai pela boca abaixo do Desconhecido, quando ele enfim diz: «Vou renunciar a fábulas e tentar expor directamente...», e que Régio, complacente, não fez cair às vezes na cara de *El-Rei Sebastião* ou do princípe de *A Salvação do Mundo* como eles mereciam, seja o sinal de uma renúncia, *de facto*, àquele dandismo pretensioso e sem profundidade autêntica que, sendo uma das causas injustas do prestígio justo que Régio adquiriu, não é digno de quem, pelas dimensões, variedade, riqueza e unidade da sua obra, é um caso raro na literatura portuguesa.

(1958)

«TEATRO», DE BERNARDO SANTARENO (*)

Não tive oportunidade de ver *A Promessa,* de Bernardo Santareno, retumbantemente levada à cena no Porto, pelo Teatro Experimental. E, absorvido por outros trabalhos, só agora me foi possível ler o seu volume de Teatro, quando, sobre este ou sobre apenas aquela peça, já se pronunciaram entusiasticamente os críticos das mais variadas procedências, e depois de os mais diversos dos meus amigos me terem falado no livro com muito interesse. De todos estes preparos resultou que li o volume com a maior prevenção, uma irresistível desconfiança. É que eu, nestes casos de «grande acontecimento», bastante convicto de que as obras genuinamente superiores, destinadas a *ficar* para o futuro, encontram sempre pela frente uma conspiração de silêncio e de má crítica, fico sempre desconfiadíssimo de uma exibição tão colectiva de bom gosto e largueza de vistas, e lembrado daquela anedota do político francês que, tendo feito na Câmara uma afirmação categórica e vendo-se aplaudido unanimemente por todos os partidos, exclamou em aparte: — Quoi?! Est-ce que j'ai dit une bêtise?

O teatro de Santareno está imensamente longe de ser *une bêtise,* susceptível de agradar por isso mesmo a todos os sectores. É isso precisamente o que não é. E eu preferiria francamente que o fosse... não uma dessas que agradam a todos, mas uma daquelas que, colossais, não agradam a ninguém e incomodam no entanto toda a gente, tal como a audácia destas três peças foi um tremor de terra para o nosso meio.

(*) Lisboa, 1957.

Eu não conheço a poesia de Santareno, e não sei portanto a que ponto ela e o teatro são ou não *sideways* de uma mesma ou de uma dividida personalidade. E tenho para mim que o que há de mais fruste no seu vigoroso teatro é o constante raiar pela literatice que são as aproximações das cenas, das situações ou do diálogo com uma expressão literária autenticamente teatral. Num teatro que mistura constantemente — e por vezes notavelmente — o naturalismo cénico e as alusões ou referências a um transcendente, eu creio que a poesia surge sempre como um devaneio acrescentado, uma sentimentalidade de imagens ou de símbolos a que o autor abandonou por vezes uma problemática violenta e um talento indiscutível de homem de teatro. Parece-me que nisto mesmo reside o segredo do seu êxito e o maior perigo de uma personalidade artística com que haverá que contar a sério. Eu não encontro, nestas peças, uma dilucidada visão do mundo, mas um obsessivo complexo de castração, que apela, por atracção ou repulsa, para toda uma sociedade; uma certa organização repetitiva do diálogo faz lembrar muito a circunloquialidade com que José Régio criou para o seu teatro uma aparência de realidade falada; uma certa ambiguidade entre imagem e metáfora, entre a transposição poética e a obsessão, evoca Garcia Lorca como já foi dito. E, no entanto, tudo isto se funde numa intensidade de acção cénica tal, que se não nota ou escapa ou não importa que as personagens não sejam complexas psicologicamente ou às vezes nem definidas efectivamente. Porque, de facto, importa menos o que elas dizem ou o que elas são do que a problemática obsessiva que as transporta e, mais do que a elas, ao autor. E é este o segredo do êxito: toda a gente vibrou, com o vigor novo com que foi posto em cena um complexo latente em quase todos os aspectos públicos ou particulares da vida portuguesa, um vigor que usa de formas teatrais, dialogais, metafóricas, que, em si mesmas, não são estruturalmente novas, mas apropriadas por um talento fogoso, uma imaginação cénica capaz de criar os três quadros finais de *A Promessa* ou o primeiro acto de *A Excomungada* (apesar de quanto este lembra o *Diálogo das Carmelitas,* de tanta gente e Bernanos também). E o perigo está em que um tão grande talento venha a fazer em vez de peças «mal feitas» como Ibsen, Strindberg ou Shaw, peças primorosamente arquitectadas e escritas, em que nada mais haja que um talento obsessivo e sombrio, usando de uma linguagem conhecida para dizer o que toda a gente sente e não diz só por lhe faltar a coragem (e não a expressão) para o dizer. Eu não gastaria tanto latim, se Santareno não fosse, sob certos aspectos, uma revelação estrondosa no nosso fraco panorama; e se a nossa dramaturgia e ele próprio não corressem o risco de, mais uma vez, nos contentarmos com o brilho e a força, em lugar de uma serena intensidade luminosa e uma energia interna transfiguradoras. Poucas pessoas têm tantas qualidades como Santareno, para se perderem ou salvarem, nos pântanos do talento e do êxito, na celebridade das discussões apaixonadas, no vazio total e infernal das obsessões de angelismo.

«MAR», DE MIGUEL TORGA
(poema dramático em três actos), 2.ª edição refundida

O primeiro volume de teatro de Miguel Torga, publicado em 1941, incluía duas peças complementares pelo ambiente: *Terra Firme* e *Mar*. Aquela, refundida, foi reeditada em 1947. Coube este ano a vez à segunda. Com *O Paraíso* (1949) e *Sinfonia* (1947), constituem a produção teatral do autor de *Alguns Poemas Ibéricos*. Eu não creio que, na obra de Miguel Torga, o teatro ocupe uma posição preponderante e indispensavelmente significativa, entre os quarenta volumes publicados nos trinta anos que este ano de 1958 se cumprem. Claro que não se trata de uma questão do número de títulos bibliográficos ou da massa de páginas consagradas relativamente à poesia, à prosa de ficção, à prosa de impressões quotidianas e ao teatro. As peças de Torga não acrescentam, em elucidação ou enriquecimento, nada à personalidade que lhe conhecemos senão na medida em que demonstram a sua capacidade para transpor para a cena qualidades que são dos seus versos e da sua prosa: uma linguagem viva e popular no melhor sentido da naturalidade expressiva, uma capacidade para animar ou sugerir figuras exemplares, um sentido, que tudo difunde, da poesia como projecção de uma personalidade vincada, e uma humanidade muito peculiar, feita de cultura e de instintiva rebelião camponesa.

Miguel Torga tem sido acusado de escrever e publicar muito, de se repetir, de se reeditar, de se refundir. Os quarenta volumes, alguns muito reeditados, publicados em trinta anos de actividade literária, parecem dar razão a essas acusações, e por vezes dão-na de facto. Mas a verdade é que as reedições provam uma procura, um prestígio. As refundições demonstram uma insatisfação e também uma típica maneira de criar. A larga produção é consequência, igualmente, dessa maneira típica e de um pessoal modo de ser, que tem numerosos pares na vida

265

literária deste mundo e do outro, onde há e tem havido gente de todos os feitios, desde os Camilos Pessanhas que nem escrevem os raros versos que fazem, aos Vítores Hugos que nunca se cansaram de escrever torrencialmente até a morte acabar com o desaforo.

Se o teatro de Torga não é essencial, quanto a mim, no conjunto da sua obra, como o é, por exemplo, na obra de um José Régio — seu par e rival na primeira fila dos «presencistas», antes e depois das dissidências —, não é, por forma alguma, para lá de uma auto-retórica nem sempre feliz, uma actividade de somenos importância no panorama teatral português. Pelo contrário: e tem, como o de Régio, não um sabor de terra e de gente, que continua, e afina por forma superior, a atmosfera apenas regionalista de *Entre Giestas* de Carlos Selvagem e do *Tá-Mar* do grande dramaturgo que foi Alfredo Cortez. Evidentemente que ninguém é obrigado, a bem do teatro, a limitar-se a regionalismos que só fixações de subdesenvolvimento social ou de equilíbrio económico-regional possibilitam, e é assim que, lucidamente e para lá do mero pitoresco, podem surgir, subsistir ou persistir literaturas regionalistas. Mas, por admiração que uma obra nos mereça, podemos sempre lamentar que as figuras teatrais que ela apresenta sejam mais símbolos intelectuais apenas revestidos da humanidade pessoal que o autor lhes empresta (e às vezes empresta muitíssima, como é o caso de Régio), do que figuras reais, cheias da complexa simplicidade de quem apenas vive, às quais o poeta empresta menos a sua humanidade que a sua arte de transfigurá-las poeticamente (como é o caso de Torga, sobretudo na peça que nos ocupa agora).

Eu sou pessoalmente contrário à lima de Horácio, talvez por um venenoso misto de cadernos de Malte Laurids Brigge (em francês) e de manifestos surrealistas, bebido muito cedo e irremediavelmente; mas não o sou como crítico, e compreendo e aceito que um autor, evoluindo, queira que a sua obra, mesmo passada ou sobretudo essa, evolua com ele. É o caso, por exemplo, de Paul Claudel que levou uma data de peças a chegar à última versão de *L'Annonce,* umas melhores, outras piores, mas todas a mesma. Já me custa a compreender, por exemplo, que um Aquilino Ribeiro, tendo escrito uma obra-prima do conto, *O Derradeiro Fauno,* o tenha suprimido, quando o transformou no excelente *Andam Faunos pelos Bosques;* também *Tristão* é o núcleo gerador de *A Montanha Mágica,* e Thomas Mann sempre, e com razão, o manteve, como admirável novela que é, a par do monumento em que a transformou (e a relação de monumentalidade, se existe neste caso, não existe no caso citado de Aquilino Ribeiro que do seu conto não fez uma «suma teológica»...). Miguel Torga tem refundido ou

revisto muito da sua obra, e, quanto a mim, nem sempre com felicidade. Eu não creio, até certo ponto, no carácter instintivo da sua criação,
porque o suponho, através dos livros, um homem de letras extremamente consciente, até talvez demasiado, da personalidade que o destino, a cultura, o talento e o êxito lhe formaram. Mas há, de facto, na
sua obra (como na de Aquilino que, com nova seiva e novo sentido do
humano, certos aspectos dela continuam), uma tensão criadora de artista que se entrega ao que faz; e daí lhe advém uma frescura imediata
que as correcções por vezes estiolam, precisamente quando mais parecem favorecê-la. Porque essas correcções e adições, se revestem de
maior expressividade e de superficial sabor mais intenso um esquema
algo precipitado, não o aprofundam nem enriquecem verdadeiramente.
São uma multiplicação e aperfeiçoamento do pormenor ou do acidente, mas pouco ou nada acrescentam ao sentido fundamental da estrutura a que se aplicam. É o que, quanto a mim, sucede com este poema
dramático, *Mar,* que tem, na brevidade um pouco excessiva da primeira versão, uma teatralidade íntima e um fulgurante ambiente poético,
como de um Synge ou de um Yeats, embora se pudesse reconhecer
que, tal como era, fosse pouco no palco (assim o entendeu o autor, que
o refundiu). Também muitas das peças de Yeats, típicas de um teatro
simbolista ou post-simbolista na sua exploração de uma mitologia entre pessoal e folclórica, o podem ser. E Yeats era um poeta que emen-
dava muito a sua obra. Mas emendar, para intuir mais fundamente, ou
ampliar e expandir, com adições de diálogo e novos acidentes (parale-
los ou acessórios do tema fundamental, sem que deles resulte uma estrutura contrapontística destinada a relevar, por contraste, aquele), não
são, creio, a mesma coisa. E *Mar* se ganhou em riqueza expressiva do
diálogo, cheio de locuções e sintagmas do melhor sabor popular autêntico, perdeu em concisão — e parece-me que o tema lírico restrito
de si, se diluiu sem proveito para a intensidade da acção, como o ambiente poético entrou em desequilíbrio pelo excesso de naturalismo
que alonga escusadamente aquela. As próprias personagens principais,
que não foram aumentadas substancialmente na mesma proporção que
o resto, quase deixaram de o ser — e fazem agora parte de um belo
quadro poético em três actos, quando eram, antes, figuras centrais de
um breve apontamento cénico, admiravelmente equilibrado, que pro-
gredia para um lindíssimo final, menos espectacular que o desta nova
versão, mas mais pungente na sua sonhadora simplicidade. Não sei
como resultarão, em cena, uma e outra versão — e aí é que era eu tê-
-las visto. Mas espero que Miguel Torga, quando vier a publicar o seu
teatro completo, as mantenha par a par. Pode haver quem, como eu,

prefira a primeira versão, e com a vantagem de, não sendo eu, ter carta de crítico passada, por exemplo, pela Universidade de Coimbra, quando uma lei devidamente autoritária impedir de uma vez o exercício da crítica a pessoas que não tenham recebido, dos feudatários letrados daquele ou doutro académico areópago lusitano, a solene investidura.

(1958)

«O INSEPARÁVEL», DE AGUSTINA BESSA LUÍS
PEÇA EM 3 ACTOS

Quase ao mesmo tempo que o seu sexto romance, a autora de *A Sibila*, publicou uma peça de teatro. A minha posição de leitor em relação a esta personalidade notável, tão discutida e aclamada, e que tem feito em poucos anos uma carreira fulgurante nas letras portuguesas (se o seu primeiro romance foi publicado há apenas dez anos, a sua celebridade e consagração pela crítica dos mais variados matizes data do prémio que distinguiu em 1954 o supracitado volume), é, declaro-o desde já, a seguinte: tendo lido com o maior interesse *A Sibila*, procurei conhecer as obras anteriores, e achei muito fracos, embora qualidades futuras neles surjam, os dois primeiros romances, e muito interessantes alguns dos «contos impopulares», um dos quais, *Os Peripatéticos*, julgo uma obra-prima de pôr a par de *O Derradeiro Fauno*, de Aquilino, de *O Barão*, de Branquinho da Fonseca. e outras criações do género. Iniciei depois a leitura de *Os Incuráveis*, que não concluí por circunstâncias várias, de entre as quais devo destacar o esforço que o livro requeria. De modo que *A Muralha* e *O Susto* — dada a minha mania cronológica — aguardam que eu me «cure», para saltar uma e sofrer o outro...

Eu sempre tive fama de ler livros «chatos»; e nunca nenhum «pastelão» ilustre do romance clássico ou moderno me assustou ou foi para mim intransponível: creio que os li todos, e com gosto. Aqui havia coisa. Apliquei-me em descobrir o que era: e demoro-me nestas considerações, porque elas me são necessárias (ou me parece leal expô-las) para julgar em público a peça de teatro de Agustina Bessa Luís, que li com uma curiosidade que me fez, para ver como seria uma obra teatral sua, obliterar a mania cronológica...

Tenho visto e ouvido comparar A. Bessa Luís a Proust, ou aproximá-la dele; é uma comparação que, curiosamente, surge àqueles que nunca o leram seguido e completo, ou o não leram de todo em todo. Essas pessoas têm de Proust uma impressão que se resume assim: um relento de passado rememorado no bafio de um velho salão do «ancien régime»; uma total ausência de arquitectura romanesca, que apenas se vislumbra ocasionalmente, através de uma torrente de meditações «artistes» e de sentenciosas análises ambíguas sobre o comportamento de numerosas figuras vagas e distantes, diluídas em estilo; um amor minucioso do pormenor, de pequenina coisa, de uma erudição mundana que nada ignora, desde a estratégia clássica às modas femininas; uma visão reaccionária dos seres humanos como decadentes, falhados, viciosos, irreversivelmente condenados na medida em que o gozo estético os não redime misticamente; uma concepção do autor como demiurgo solitário e irónico, idealisticamente suspenso da sua superioridade de requintado e de susceptível ao êxtase de compreender como até o gozo estético é inane. Este resumo é inteiramente verdadeiro, para quem não leu Proust; mas aplica-se, de facto, apenas a Agustina Bessa Luís, e, mesmo assim, com as diferenças que vão do antigo Boulevard Saint-Germain às quintas provincianas de Entre-Douro-e-Minho.

Se a algum autor contemporâneo, de grande nome, podemos comparar, com proveito — para nós e para ela — Bessa Luís, é a Faulkner. Nós não tivemos a Guerra da Secessão, mas tivemos (e temos ainda) as lutas liberais. E, embora as estruturas sociais do Sul americano — que, com as suas contradições, tanto se reflectem na confusão ideológica em que se compraz o génio de Faulkner — se não assemelhem às estruturas rurais do Minho e do Alto Douro, é sem dúvida nesta região que persistem ainda diversos tipos de exploração e de comércio, de características seiscentistas, às quais por conquista ou infiltração se adaptou a burguesia liberal, para a qual a cidade — o Porto — é menos uma fixação urbana que um entreposto terminal das trocas mercantis. Um mesmo saudosismo amargo, que se rebela sarcasticamente contra a mentalidade actual dessa burguesia decadente, não por desejar ou crer em reformas autênticas ou na alteração decisiva da estratificação económico-social, mas por nostalgia de uma época áurea de esclavagismo ideal — assim como a de Atenas, com os filósofos, extremamente idealistas, a viver dos rendimentos, à sombra das estátuas — informa, porém, a mentalidade de um Faulkner e de uma Bessa Luís. Todavia, na medida em que, na caótica riqueza de Faulkner, actua, apesar de tudo, um liberalismo paternalista, de raiz jeffersoniana, que precisamente está ligado à origem aristocrático-liberal, dos Estados Unidos, em Bessa Luís repercute apenas, limitada aos valores do Douro, a faceta agrária do «despotismo esclarecido» que organizou em «trust» o vinho do Porto. Se, portanto, num Faulkner há tonalidades de escritor moderno, porque o «modernismo», contra o academismo liberal, herdou muito do aristocratismo desempoeirado que o precedera e propiciara, em Bessa Luís subsiste, poderosamente, o espírito de Camilo, naquilo em que Camilo, mesmo no seu tempo, é um arcaizante, originário de uma posição socialmente intermédia, e desprezando igualmente a aristocracia a que não pertence e o povo de que pretensiosamente se separou. O impressionismo sonâmbulo e desesperado em que a decadência dessa burguesia liberal, ao mesmo tempo rural e mercantil, culminou com Raul Brandão reflecte-se ainda em Bessa Luís: é a mesma voragem de sonho, a mesma consciência de que nenhuma arquitectura artística liberta o espírito perdido e ensimesmado no seu azedume. De modo que, paradoxalmente, Bessa Luís, longe de ser um escritor do nosso tempo, um escritor moderno, é, com o seu indiscutível talento *evocador,* a sua riqueza de estilo, até o possidonismo provindiano da sua excelente inventiva imagística e analógica, uma sobrevivência, o último dos antigos. Daí que, com a complexa orgânica que procurei anotar, tenha fascinado pessoas das mais variadas procedências e dos mais diversos credos — há, afinal, no fundo deste complexo notável uma banalidade vingativa, anti-social e anti-humana, que apela para o cansaço literário do nosso tempo, pelo muito que, na viragem em que nos encontramos, todos se consolam ìntimamente com a sobrevivência de um passado pertinaz, mesmo os que o não trazem na massa do sangue ou dos interesses. E uma consciência moderna, da arte como participação, cansa. A mim o que me cansa, em qualquer época, é a mastigação feroz, rangente, de uma qualquer visão que disfarça a vacuidade do seu pensamento — vacuidade no sentido de pensamento que se demite, fechando-se no círculo da sua vaidade — com uma pirotecnia excepcional, em que a humanidade acaba por definhar e morrer. É o que sucede, precisamente, com a peça que suscitou estas linhas.

O Inseparável retoma o tema do *Revisor,* de Gogol ([1]), muito menos que as projecções moralístico-medievalistas do «mistério» teatral, à Priestley, que são uma praga intolerável do teatro moderno. E não deixa de ser curioso o paralelo com o genial autor das *Almas Mortas,*

([1]) A genealogia temática de Bessa Luís é sempre de alto coturno: já *Os Peripatéticos* retomavam o tema daquele episódio dantesco que deu a Puccini a sua obra-prima: *Gianni Schicchi.*

também ele um reaccionário, mas crucificado entre as suas convicções e a sua lúcida consciência das estruturas sociais da realidade, as quais, todavia, na sua humildade de carácter, não escamoteia nem transfigura em visões e juízos de artista «predestinado». O «amigo por testamento», que é a alternativa de título desta peça — aliás por vezes bem dialogada, quando a autora não põe as personagens a filosofar mediocremente num tom insuportavelmente sentencioso —, é, de facto, um pouco aquele inspector que toda a gente teme e que se repete autêntico quando a peça acaba. Há, todavia, uma desenvoltura de estilo e de movimentação, que não seria de esperar da linguagem feita romance que é a maneira de ser peculiar da autora. É muito possível que esta nos reserve ainda algumas surpresas — talvez mas reserve já, naqueles do seus romances que ainda não li.

«ENCONTROS COM O TEATRO», DE REDONDO JÚNIOR

O comediógrafo de *O Atrevido* e crítico de *Pano de Ferro* voltou a reunir em volume diversas crónicas sobre teatro representado em Lisboa e alguns estudos de estética teatral. Como um Luiz Francisco Rebello, ou o actor Costa Ferreira, Redondo Júnior é dos novos escritores portugueses mais exclusivamente dedicados a questões de teatro. A dramaturgia teórica ou prática absorve-os, pode dizer-se que inteiramente. E será curioso notar como de diferente maneira em cada um, e como, não obstante, os pontos de contacto são muitos. Em tempos idos, o teatro era uma actividade poética, e se nem todos os poetas foram dramaturgos, os dramaturgos eram, na generalidade, poetas todos. O teatro prosaico da Renascença, que imita a comédia latina, é um equívoco de espíritos cultos e, ao mesmo tempo, uma tentativa de compromisso entre o realismo da adicção e a criação autónoma de um «género literário». É no século XVIII, e na comédia, que o divórcio entre poetas e homens de teatro, acentuado no século XVII — e refiro-me ao teatro europeu — se traça com uma nitidez que o teatro realista do século passado acabou por consumar, precipitada a evolução pela fugaz ilusão dos poetas românticos. Entretanto, os problemas de direcção e encenação assumiram nos últimos decénios uma importância preponderante, por vezes excessiva, e as questões de estética teatral passaram, como tudo, a ter os seus especialistas. E os homens de teatro, predominantemente ou exclusivamente de teatro — autores, actores, críticos e estetas —, adquiriram, aliás paradoxalmente favorecidos pela decadência geral do espectáculo burguês, e manifestam mesmo na expressão das suas justas exigências pela dignificação da arte cénica, uma desconfiança pelo teatro não direi poético (pois que a essa expressão todos aspiram), mas pelo teatro dos poetas (claro que na mais lata acepção da palavra, já que toda a criação literária pode atingir o plano da poesia, sem que forçosamente para tal se escrevem versos — e não devemos esquecer que, no passado, muito teatro em verso o foi por força de exigências convencionais, que impunham a metrificação do texto). Quando falo em desconfiança, não quero evidentemente dizer mais que uma reserva ante o teatro *como* criação literária e uma preferência clara pelo teatro como actividade específica, já que, por outro lado, o dramaturgo-poeta raramente é hoje «homem de teatro». Porque, a menos que de cordel (e mesmo esse...), o teatro autêntico foi sempre criação literária. A preferência por formas ambíguas que «imitam» a poesia, mas apenas prolongam, quanto a mim, o equívoco realista; ou a insistência absorvente na gramática cénica, quer teoricamente discutida, quer praticamente experimentada; ou importância quase exclusiva atribuída ao teatro como fim em si mesmo, quando nenhuma forma de expressão, por sê-lo, pode bastar-se a si própria e constituir portanto uma *cultura* — tudo isto, que é tão peculiar do mundo do teatro moderno, documenta, julgo, uma crise — que aliás por demais é um lugar comum de tudo e em tudo — de confiança na cultura propriamente dita, à qual nada do que é humano é alheio, e da qual as técnicas todas, por necessárias que sejam, e são, não passam de instrumentos.

O problema entre nós põe-se com uma especial agudeza, por quanto a nossa situação mental exige em todos os campos o mais apurado e consciente tecnicismo, quando, paralelamente, não atingimos nunca — em extensão e em profundidade — aquele grau de desenvolvimento cultural que justificasse uma verdadeira crise da cultura, ou seja o estado normal, *crítico,* de toda a cultura viva e colectiva. Para que haja crise desta, é preciso primeiro que esta exista autonomamente, e não apenas subsista, através de mutações superficiais, ou só individuais, e sem contacto profundo com uma realidade para mais pouco diferenciada e evoluída. Por tudo isto, a actividade crítica de personalidades como Redondo Júnior reveste-se de um especial interesse.

Se um dramaturgo não é, nem tem de ser, necessariamente um homem de teatro (isto é, um técnico sabedor de como resolver-se qualquer problema particular que surja durante a montagem de uma peça, ou uma personalidade devotada, a todo o momento, à causa do teatro ou à vida quotidiana deste), não menos é verdade que o teatro é uma entidade muito complexa, capaz de se apoderar de uma personalidade e de preenchê-la, tantos são os vários planos por que é necessário observá-lo e conveniente conhecê-lo, se se quer verdadeiramente esse homem de teatro. E é da maior importância num país como o nosso, de fictícias especializações ou descarados amadorismos ou de pedantes evasões literatas, que haja homens de teatro, estudiosos dos multímodos aspectos de uma arte que não é só o texto, nem só o espectáculo, nem só a arte de representar, mas uma actividade colectiva que envolve autores, actores, cenógrafos, técnicos das mais variadas procedências, a começar pelo engenheiro e pelo arquitecto que devem saber projectar, à luz dos ensinamentos modernos e das actuais possibilidades cénicas, uma casa de espectáculos. Eu, que me considero poeta e dramaturgo não representado, e pratico a crítica teatral, mas não me tenho deixado absorver totalmente pelo teatro, não adquiri também a actualizada, variada e aprofundada informação e especialização técnico-crítica que um Luiz Francisco Rebello ou um Redondo Júnior patenteiam nos seus estudos. Eles são, sem dúvida, homens de teatro; e eu, com mágoa o reconheço, não. O Teatro interssa-me mais como o que imagino, o que vejo, o que leio — e toda a técnica me parece um instrumental que me cabe pessoalmente adquirir para uso próprio. E, ao fim e ao cabo, nem me interesso o suficiente, nem me informo o bastante. Uma pessoa não pode chegar para tudo; e, por temperamento e por preconceitos humanísticos já antiquados, custa-me a sobrar para uma só.

Mas a importância, para o bom combate, da informação extensa é manifesta; assim se impõem eficazmente aos leitores os princípios justos e o conhecimento de como se tem feito, bem melhor do que se apenas nos servimos de quanto, por nós próprios, vamos meditando. A vivacide crítica de Redondo Júnior, o seu esforço de enquadramento dos problemas, o seu polémico interesse pelas questões de estética teatral, o seu valioso exame de várias realizações frustes, tornam muito importante este volume, sobre o qual, abusivamente, tantas considerações bordei. Demasiado entre nós se marginam as questões, falando-se *ex cathedra,* na aparência, e na realidade *ex persona.* De cátedra não falei, que confessei logo não a ter; de pessoa falei, que é o pouco que me resta para estimar os outros.

«A TRAIÇÃO INVEROSÍMIL», DE DOMINGOS MONTEIRO

O novelista de *Enfermaria, Prisão e Casa Mortuária* e de *O Mal e o Bem* acaba de publicar uma comédia dramática em 3 actos. Li-a logo após o prazer que colhi na leitura de um conto, *O Sortilégio do Natal,* brinde de boas-festas de Ed. Estúdios Cor, que me pareceu uma obra notabilíssima. Em presença de *A Traição Inverosímil* fiquei, porém, um tanto perplexo. Se é certo que Domingos Monteiro se distingue actualmente, entre os nossos novelistas, como um dos raros que têm uma autêntica e profunda consciência do Destino, certo é também que esta sua peça se me afigura um demasiado *imbroglio* de coincidências excepcionais ou fortuitas, em que o velho tema dos gémeos surge condimentado de alguns freudismos sortidos e mundanos... e para Destino exemplificado não era preciso tanto. Todavia, a tensão dramática, a caracterização das figuras e de peripécias harmonizam-se, graças a um vivo e convencional diálogo de «teatro», para a formação de uma peça que, há um século, sem dúvida inspiraria o Verdi do *Trovador,* e ainda hoje, por certo, resultaria brilhantemente na cena em que deve ser posta. Não são tantas as peças «antigas» dos nossos autores contemporâneos que a remoída e cansada dramaturgia dos nossos palcos possa dispensar-se desta que é sem dúvida, uma estranha coisa, uma espécie de dinossaurio dos tempos de faca e alguidar, habilmente e inteligentemente traduzida para a alta burguesia elegante e abastada que é a última récua de aristocracia ainda em exercício no malabarismo pobretão do circo social portuguˆes. Estranha coisa, na verdade. Grandes surpresas de coexistência nos revela este país: aqui há de tudo, lado a lado, em cotovelada amiga, desde o folclore refervido ao surrealismo rançoso, passando pela trapalhada circunstancial com que já os Ésquilos faziam grandes tragédias. *A Traição Inverosímil* é, sem dúvida, uma peça mais profunda do que a sua carpinteirada trama nos pode fazer supor; mas não tanto quanto quereríamos que certas coisas excelentes, ditas oportunamente pelas personagens, o merecessem em despojamento e intrínseca dignidade. Mas é certo que a dignidade não é o forte daquela gente em que a peça, por seu mal, foi situada. Essa traição das personagens que escolheu paga-a, suponho eu, Domingos Monteiro não atingindo aquela grandeza íntima a que o tema e as situações visavam. Inverosimilhança? Que importa isso em teatro? Porém que as personagens traiam a gente, não indo além da sua sovela, não é inverosimilhança — é o que acontece a quem se mete com tais criaturas. O Cortez de *Lá-lás* e de *Baton* que o diga — e por isso as tratou a pontapé, para se safar. Eu temo que o autor de *Histórias Castelhanas* se não tenha safado; e é o que me deixa aflito ante esta peça. Gostava bem de a ver em cena, tanto mais que à leitura sou pouco sensível às estruturas formais do teatro «realista».

Isto não quer dizer que prefira, por princípio, as três pecinhas que Correia Alves, Mendes de Carvalho e Papiniano Carlos reuniram num volume. O modernismo formal, com apenas aparato de exterior, personagens que são e não são, o tempo de trás para diante, muitas figuras que passam na rua naquela ocasião, já aqui registei que era uma praga do pretensiosismo vanguardista. Este, à semelhança do que acontece com as ruas e os palácios, vai decaindo de classe intelectual, cada vez mais, a ponto de que ainda o veremos pelas feiras. Mas não menor praga é o *toque* de poesia: uma linguagem empolada, alegorias progressistas personificadas ou em forma de efeitos de luz, uma petulância de «pinsamento» em certas deixas discursivas. Todavia, parece-me que as peças de Correia Alves e Mendes de Carvalho demonstram qualidades cénicas reais, que julgo faltarem inteiramente à cantata sacra de Papiniano Carlos, certamente uma obra superior para jornalistas esclarecidos de Paranhos ou São Mamede de Infesta. Isto não visa ninguém, pois não sei os endereços dos jornalistas esclarecidos.

Teatro para todos, posto ao alcance de todos, teatro de autores portugueses, etc., etc., estou e sempre estive por tudo isso. Mas confesso detestar igualmente, antigo ou moderno que seja, o teatro de capelista.

«TEATRO ANATÓMICO», DE MÁRIO SACRAMENTO

Desde a publicação em 1945, sobretudo, de *Eça de Queiroz — uma estética da ironia*, que Mário Sacramento é considerado, e eu o considero, um dos melhores críticos portugueses. E assim, após a leitura atenta do seu *Fernando Pessoa, Poeta da Hora Absurda*, recentemente publicado, e que me parece um livro infeliz como metodologia crítica, embora cheio de observações penetrantes, foi com a maior curiosidade que me dei a ler *Teatro Anatómico*, estreia do autor nos caminhos da criação. São quatro peças num acto, que, em boa verdade, me custa a compreender que Mário Sacramento tenha escrito e, tendo-as escrito, publicado. Não lhes encontro nexo íntimo, transbordam de literatura e de racionalizações abstractas, nada acrescentam ao teatro português e servem muito mal ao prestígio real do autor. Se este prestígio não existisse, e não fosse merecido, talvez não valesse a pena escrever isto, e melhor fora deixar no esquecimento uma estreia que, no entanto, pode ser o prelúdio lamentável de uma criação mais sólida e menos desorientada. Quantos muito bons não começaram pior? Mas Mário Sacramento tem responsabilidades, explorando as quais não faltará quem ache requintes maviosos — como tem acontecido sistematicamente com maus poetas que há vinte anos gozam de um sistemático prestígio cívico — nestas cento e tantas páginas de disparates cénicos. Por isso, eu, que sou sempre o «mau» para dizer estas coisas, aqui me apresso em dizê-lo, enquanto é tempo. Estou em crer que muitas observações do *Fernando Pessoa*, como o desespero incontrolado destas teatradas, são filhas de uma angústia insuportável, de uma perda de serenidade em que os melhores se vão consumindo. Estamos todos atingindo aquele ponto crucial em que a corda estala... Defendamo-nos de que estale em nós, ou não se salva nada.

«AS DUAS FACES», DE ALEXANDRE CABRAL

Também Alexandre Cabral, o novelista de *Terra Quente* e o contista das *Histórias do Zaire,* se lançou ao teatro. Que a expressão teatral comece irresistivelmente a tentar toda a gente parece-me um excelente sinal dos tempos, que deve consolar-nos daquela angústia de que falei acima. Mas o teatro moderno está estragando tudo, pela ânsia atrasada e natural com que todos buscam, na aparente liberdade dele, uma confusão que substitua ao cansado desabar de tantas convicções primárias e simplistas de que a esperança — estômago pouco exigente, quando vê longe a meta das suas aspirações — se tem alimentado literariamente nestas últimas décadas. Daqui resulta que, neste teatro, e é o caso da peça de Alexandre Cabral, a gente não entende aonde é que o autor quer chegar, e nem sequer teatralmente o autor nos distrai a ponto de nos fazer esquecer que não entendemos. Tecnicamente, em princípio é engenhosa a alternância do conferencista e dos quadros da peça, mas a justificação interna não me parece suficientemente buscada, nem o dramatismo cénico se desenvolve por forma a transcender aquela atmosfera de aldeia abstracta e convencional que tem sido o erro insistente de tanto neo-realismo.

«TEATRO I», DE LUIZ FRANCISCO REBELLO

«As três peças que constituem este primeiro volume de teatro foram escritas entre 1946 e 1954 e representadas pela primeira vez entre 1947 e 1956» — assim começa Luiz Francisco Rebello o post-fácio ao volume em que reúne *O Mundo Começou às 5 e 47, O Dia Seguinte, Alguém Terá de Morrer.* A estas três peças tive eu ocasião de referir--me, a seu tempo, na *Seara Nova,* nestas colunas, e na *Vértice,* respectivamente, e delas disse então o que não vou repetir, nem do que deva desdizer-me. Continuo a considerá-las das peças mais efectivas do nosso moderno teatro, assim como Rebello é dos que ao longo destes últimos anos, mais tem feito por uma sólida e documentada cultura teatral entre nós. Há, pois, que aplaudir a iniciativa do autor em publicar este primeiro volume, para continuar o qual se anuncia já um segundo. Se o teatro é, antes de mais, para ser representado — e nunca um dramaturgo escreveu para ser só lido, e apenas os literatos usam às vezes da forma teatral como de qualquer outra, o que tantas confusões causa a quem imagina o teatro uma coisa em que o texto não importa... ou só importa para literatos (ó delícias do analfabetismo!) —, a verdade é que deve poder ser lido. Se a representação feliz é uma pedra de toque teatral de um texto, a leitura deste é a pedra de toque da sua qualidade literária, daquilo que, na linguagem teatral como em tudo, é um índice: o *estilo.* Estilo esse que, no grande teatro que, *se impõe* precisamente àquilo a que comummente se chama em teatro estilo e não passa de uma qualquer escola interpretativa. Sem dúvida que o teatro de Luiz Francisco Rebello tem sido, entre nós, das mais sistemáticas e actualizadas tentativas para a construção de um estilo. E, num país onde o estilo é apanágio (às vezes tão fruste) de poetas, e o teatro se contenta com a hábil carpintaria sem estilo nenhum, isto não significa pouco. Que esta publicação estimule outros, como um Costa Ferreira, a publicarem as suas peças, e desiluda os restantes de escreverem-nas. Convençam-se todos que teatro... é melhor vê-lo que escrevê-lo. Lê-lo... é conforme.

«TRÊS SETAS APONTADAS AO FUTURO», DE AFONSO RIBEIRO

Há dois números desta revista dizia eu, a propósito de uma peça de teatro de Alexandre Cabral e das peças em um acto de Mário Sacramento: «Que a expressão teatral comece irresistivelmente a tentar toda a gente parece-me um excelente sinal dos tempos (...). Mas o teatro moderno está estragando tudo, pela ânsia atrasada e natural com que todos buscam na aparente liberdade dele, uma confusão que se substitua ao cansado desabar de tantas convicções primárias e simplistas de que a esperança — estômago pouco exigente, quando vê longe a meta das suas aspirações — se tem alimentado literariamente nestas últimas décadas». O que disse das tentativas daqueles dois escritores é inteiramente aplicável à peça de Afonso Ribeiro que, como eles, se destacou nas fileiras do «neo-realismo», e é autor de pelo menos um romance merecedor da melhor atenção *(Escada de Serviço)*. Mas porquê esta peça de teatro, e na qual estão perdidas e inutilizadas tantas coisas dignas de aproveitamento romanesco? Nem a acção, nem a crítica social à vida em Lourenço Marques, nem a caracterização das personagens são relevantes, pois tudo se dilui numa estrutura teatral indecisa, a que o diálogo por vezes convencional acrescenta maior imprecisão. Eu chego a pensar que a razão destas tentativas teatrais é no fundo uma fuga ao colete de forças da técnica realista ultrapassada, a que se confinou muito neo-realismo, e em que o toque da poesia é apenas retórica de não-poetas, como a vibração íntima das personagens e do destino delas não passa de repisar dos lugares-comuns romanesco do século XIX, anteriores ao novo espírito que o próprio neo-realismo visa. Não é poeta nem dramaturgo quem quer, mas também neo-realista ninguém o é de encomenda, por conta dos seus próprios anseios de outra ordem. Há crises que são de crescimento — e sem dúvida que o neo-realismo as tem tido para ultrapassar-se e ultrapassar um simplismo perigosamente aburguesante. Mas há outras que não são de crescimento, ou apenas o são na medida em que, pelo aprofundamento humano e cultural, os artistas tomam consciência da sua própria criação como tal. E um dia descobrem, por experiência directa, que há mais coisas no céu e na terra do que o sonha a (tua) filosofia, sobretudo quando a filosofia é de trazer por casa. O *Hamlet,* que fez essa verificação (conforme Shakespeare o atesta), limitou-se a ser personagem teatral, dar conselhos aos actores, pôr em cena peças por vingança, mas guardou-se de escrever alguma. Ora cresçam em romance os cansados dos romances a que se meteram — e convençam-se de que o génio do Brecht não serve de desculpa a ninguém.

TEXTOS DIVERSOS

«ESCOLA DE MARIDOS» — APRESENTAÇÃO

Minhas Senhoras e Meus Senhores

Mais uma vez me encontro perante vós, colaborando gratamente convosco numa obra cultural. Aqui, neste palco, vos falei de Florbela Espanca e de Camões, em comemorações que, graças a vós, ficaram memoráveis nesta cidade do Porto. Cumprido um ano sobre o último destes acontecimentos, aqui volto — e não o digo sem alguma emoção — para apresentar-vos um espectáculo, que, como tereis ocasião de apreciar, é a todos os títulos notável. [Tão notável que, como sempre, a crítica encartada e jornaleira, a propósito da estreia triunfal em Lisboa, no salão nobre do I. S. T. [Instituto Superior Técnico], anteontem, não perdeu oportunidade de espraiar-se naqueles simpáticos dislates que são seu apanágio, como nosso — e vosso — é o denunciá-los, pela palavra e pela acção, promovendo o esclarecimento do público e dignificando, sem desfalecimentos a cultura nacional.] (*)

Nestas comemorações camonianas que são sempre nos Fenianos, com inteira justiça, a sua própria festa, não fica mal esta inédita representação de Molière. Os grandes espíritos, mesmo quando se detestam, no fundo amam-se e respeitam-se, precisamente na medida em que são grandes espíritos.

Aproximar dois clássicos é sempre uma festa do espírito, uma manifestação de vitalidade, uma demonstração de fraternidade, uma afirmação de independência humana. Tão diferentes como são, díspares na cultura, na época, e nas respectivas situações nacionais, o grande poeta universal português e o grande dramaturgo universal francês ir-

---

(*) Cortado, no original. (M. de S.)

manam-se no mesmo implacável amor da humanidade, na mesma lúcida consciência do seu tempo, no mesmo corajoso desassombro — e até os irmana o facto de serem, um e ouro, culminâncias linguísticas, em que a linguagem ora crua ora subtil, mas sempre vigorosa, vive nacionalmente um dos seus mais esplendorosos períodos e universalmente uma das mais autênticas glórias — porque é uma glória humana, de que todos participamos, a vitória da expressão da vida que um verdadeiro génio comunica.

O Clube Fenianos Portuenses ao patrocinar este repetido espectáculo dos «Companheiros do Pátio das Comédias», agrupamento para defesa do bom teatro e das novas aptidões, que já representou Gogol e Tchekov e revelou três peças portuguesas, assumiu, portanto, uma grave responsabilidade. Não se assustem — é de facto assim. Nem a noção de uma responsabilidade é incompatível, antes pelo contrário, com a alegria íntima, profunda, que um bom espectáculo comunica. E se há autor a cujos efeitos se aplicam exactamente estes adjectivos que acabo de usar, esse autor é Molière. Ao levá-lo à cena, representando numa original realização de António Pedro uma das primeiras senão a sua primeira peça séria — seriedade que não exclui a comédia de primeira água, pois que Molière só uma vez caiu, com o *D. Garcia de Navarra,* na seriedade convencionalmente trágica, que não era a sua — os Companheiros do Pátio das Comédias prosseguem a obra cultural que a si próprios determinaram. Se o teatro sustenta o seu prestígio solene com a separação, definida pela ribalta, entre o que os actores vivem e a visão desse viver que o espectador tem, a verdade é que, nos teatros experimentais, se forjam as garantias desse prestígio, aquelas garantias que, por vezes, já fossilizadas ou pelo menos encanecidas, vedes nos palcos profissionais. O que renova as profissões, o que lhes conserva mais seguramente a vitalidade, é o contacto aberto, leal e franco com todos aqueles que se prezam não só como profissão-modo de vida, mas como profissão-vocação, quanto aos que as praticam, e como profissão digna de interessado apreço, e é o papel dos agremiados, dos «companheiros», neste nosso caso.

E deixai-me lembrar-vos o que representa de amor pelo teatro um espectáculo como este. Trabalhar quotidiana e humildemente, ganhando a vida, e, como disciplina, consumir as noites, exaustivamente, em preparar uma representação que honra a cultura nacional, é coisa tão digna de respeito, tão merecedora de carinho, que qualquer falha seria desculpável. Mas não haverá. Como, há poucos dias, António Pedro disse numa entrevista, não se trata de uma representação de amadores, senão na medida em que é levada a cabo por pessoas amadoras do teatro, por pessoas que amam o teatro.

A encenação original, renovando revolucionariamente certas convenções cénicas; a dicção restituindo ao verso a sua alta categoria de, pelo ritmo, exprimir a humanidade; o movimento cénico restituindo aos palcos portugueses a unidade sem a qual não há aquela humana criação de harmonia, que, no teatro e na música, é a mais bela prova de nobreza das aspirações do homem; o divertimento puro extraído de um clássico imortal, provocando das mais subtis entranhas do público, aquele riso a que nem os deuses resistem — eis o que, se não sou ave agoireira, ides ver.

Apresentar-vos António Pedro, poeta e pintor, infatigável animador, que foi, em certa difícil altura, uma voz de Portugal, apresentar-vos componentes como Costa Ferreira, dramaturgo que uma revista do Porto já publicou, apresentar-vos Wallenstein, que ontem, nesta sala, fez vibrar camonianamente a língua portuguesa, apresentar-vos Pepita de Abreu, que foi um nome do Teatro português que o Porto bem conhece — não creio necessário — o espectáculo me dispensa. [Dizer-vos o que foi preciso de coragem e persistência e sacrifício, vossos e nossos, para estarmos aqui? Para quê, se estamos?

E o teatro, essa voz animada, esse gesto falado, como diria, em Portugal, um contemporâneo de Moliére?] (*)

O teatro, na mais alta acepção que dele podemos ter, é poesia — aquela poesia personificada cuja perene e donjoanesca procura é a própria essência da poesia lírica. E se a poesia, em cada época e lugar, exprime, como nenhuma outra voz, os mais autênticos desejos do homem, sem dúvida que, ao teatro, cabe a *representação* desses desejos, a *representação,* dessas vivências, a *representação* do destino humano.

Deveríamos, então, homens de hoje, dedicarmo-nos inteiramente a pôr em cena peças de hoje? Não: o critério da actualidade é por vezes falível, ou nem sempre é possível aplicá-lo à nossa inteira medida. E estudar, ensaiar, e pôr em cena um clássico pode ser obra mais actual, mais viva, mais fecunda, sobretudo se o clássico não é daquelas múmias de que só o facto de muitos historiadores literários lidarem com elas do lado da lombada explica a demora pelos manuais de literatura. A vida que ainda hoje esfuzia em Molière ireis vós avaliá-la dentro de momentos. Avaliá-la pela representação, pois que o autor imortal do *Tartufo,* do *Misantropo,* do *Avarento,* e desta *Escola de Maridos,* que

---

(*) Cortado, no original. (M. de S.)

ides ver, não necessita, evidentemente, de ser-vos apresentado. Todos vós sabeis como ele foi evoluindo de um teatro para *troupes* de província, até atingir a subtileza misteriosa de *O Misantropo* e morrer quase em cena, aos 52 anos após uma representação de *Le Malade Imaginaire*. Todos vós sabeis, como ele próprio diz, em *L'Impromptu de Versailles*, que «a sua intenção é [...] representar, na generalidade, todos os defeitos dos homens e, em particular, os dos homens do nosso século». Mas não sabeis talvez que só por poucos dias esta *Escola de Maridos* não reabre aqui, no aniversário da sua, digamos, abertura em França. Com efeito, *L'école de maris* representou-se, pela primeira vez, no dia 24 de Junho de 1661. Na véspera, assinara Portugal o tratado de paz e de aliança com a Inglaterra, ajustando o casamento de D. Catarina de Bragança com Carlos II, e a cedência de Tânger e Bombaim em troca de auxílio na guerra da independência, com a Espanha. Florescia nas letras um D. Francisco Manuel de Melo cujo *Fidalgo Aprendiz* terá, segundo alguns, influído no *Bourgeois Gentilhomme* que Molière faria representar em 1670. Está prestes a desencadear-se, na cultura europeia, a crise de consciência que culminará na Revolução Francesa. Eis a traços muito rápidos o quadro daquela época. É tempo, Minhas Senhoras e Meus Senhores de irmos à *Escola de Maridos*.

SOBRE TEATRO UNIVERSITÁRIO

Entre nós, as empresas meramente culturais são, *ab initio,* e até pelos seus próprios promotores, votadas ao malogro. As razões são várias, todas elas no fundo nascidas da ignorância e desinteresse em que a crítica irresponsável mantém o público, em obediência a interesses que, por vezes, nada têm de ignorantes. Quando uma iniciativa cultural, apoiada em fundamentos exteriores ao meio teatral, surge, essa mesma crítica aplaude; e, porque não há perigo de concorrência, não se mobilizam contra ela todas as forças possíveis e imaginárias da má-vontade prática. Mobilizam-se, todavia, as da má-vontade teórica, porquanto apresentar clássicos é sempre lembrar ao público que há outro teatro, ou melhor, que há *um teatro* que, de longa data, criou obras-primas, bem diferentes da produção corrente mais ou menos canalha ou sensacional. Esta mobilização é sempre feita em nome da actualidade, do interesse vivo, acoimando-se benevolentemente de arqueológicas todas as reposições ou apresentações que pretendam transcender os compadrios estabelecidos. Na questão dos actores é isso mais evidente: tudo o que, de fora do meio teatral, deseje revitalizar os palcos, encontra uma surda oposição que se abriga por detrás do epíteto amável de amadorismo insuportável, logo colado à actividade ressurgente. De modo que nunca é demais repetir que a crise do teatro é, antes de mais, o reflexo de um estado de coisas mais geral, no qual desempenha factor de importância a falta de dignidade profissional e intelectual que impera por toda a parte. Porque não merecem respeito profissional aqueles que, clamando contra a falta de liberdades na sua profissão, tudo fazem para que se mantenha um estado de coisas que lhes permita especular no mercado negro dos talentos disponíveis.

No meio de tudo isto, a função de um teatro de estudantes é bem diferente da dos grupos de amadores. Sem dúvida que uns e outros saboreiam o prazer de mergulhar no teatro, e é segundo ele que agem. Sem dúvida que uns e outros, pela pureza desse amor que sentem pelo teatro (amor diferente da mancebia em que com o teatro vive a maior parte dos profissionais), preferem o grande teatro antigo e moderno, ou aquelas obras modernas, boas ou más, que possibilitarão aos seus autores a saudável experiência de ver o que escreveram, que é a única maneira de profissionalmente se salvarem ou perderem os dramaturgos virtuais. Mas, igualmente sem dúvida, um teatro de estudantes universitários não joga, na roleta do teatro, do palco, da vida cénica, o seu destino. Os seus componentes amam o teatro, a ele se dedicam, a ele poderão sacrificar-se, nele poderão descobrir uma vocação que os faça atirar às urtigas os graus universitários para enveredar pelos árduos caminhos do teatro como ganha-pão. Se assim fizerem, deixarão de poder ser elementos de um teatro universitário, que, portanto, só subsistirá em função da reserva social com que os seus dedicados cultores o pratiquem.

Mas, por outro lado, e por estas mesmas razões, pode um teatro universitário usar daquele prestígio que às universidades ainda cabe, para impor, culturalmente, as virtudes do teatro. Sabido é que as próprias dificuldades com que, entre nós, o teatro luta lhe não permitem aventurar-se em realizações estritamente culturais, sob pena de incorrer nas iras secretas da crítica vigente, enfeudada aos baixos interesses comerciais de bastidores e apartamentos afins. Mas, mesmo que, por milagre de uma boa vontade subitamente descida sobre tantos pseudo--espíritos, o pudesse, muito tempo haveria de passar, e com ele muitos riscos a serem corridos, antes que o público tomasse a sério as aventuras culturais, e se convencesse de que o grande teatro de todos os tempos não é, ao contrário do que sub-repticiamente lhe dizem, de museu.

Cabe, pois, a um teatro universitário dar o tom das ressurreições culturais, segundo os ventos mais actualizados da cultura; cabe-lhe, também, impor, com a sua autoridade, autores novos, julgando representativos, cujas peças podem até não ser, para nós, obras-primas, desde que essas mesmas peças pareçam significativas de tendências artísticas que, no teatro e pelo teatro, urge esclarecer. Tudo isto o teatro universitário pode fazer, com outros resultados teóricos e práticos que o teatro de amadores não atingirá nunca — porque o teatro de amadores abre-se da cultura para a vida, e um teatro universitário abre-se da vida para a cultura.

Não quer isto dizer que teatro universitário, teatro cultural, seja sinónimo de uma fruição espectacular alheia à vida. Não. O que isto significa é que a sua missão se aproxima da da própria entidade cultural que o alimenta e possibilita: estar atento à vida, extrair dela os motivos de reflexão para compreendê-la, e propor bases para a sua criação futura.

De entre vários e mais ou menos ambiciosos grupos teatrantes universitários, tem-se destacado, pela dignidade e por ser verdadeiramente universitário, o teatro dos Estudantes da Universidade de Coimbra. A sua actividade actual e a história dessa actividade são inseparáveis do Prof. Paulo Quintela, que o tem dirigido. Se defeito se deve pôr a tudo que se louve, há que lamentar que as realizações e os espectáculos não sejam mais frequentes e as sessões sejam, quando as tem havido, quase eventuais, sem aquele número de seguidos espectáculos que liberta do ferrete de trabalho para quase um dia o esforço admirável que tal criação significa. Se, para um certo prestígio hierático de seja o que fôr, convém aparecer pouco, para não cair em popularidade que desvirtue a sugestão que se deve criar e impor, também convém aparecer mais vezes — constituir ameaça para os vendilhões do teatro e motivo de nobre consolação para quantos o teatro é a mais alta expressão da sociabilidade de um povo.

RESPOSTA A UM INQUÉRITO
«OS INTELECTUAIS PORTUGUESES CONTRA O ACTOR ASSIS PACHECO»

— Houve uma acusação? Que lhe parece?

— Eu estou um pouco em dificuldades para pronunciar-me: considero-me um intelectual (e vejo que assim me consideram, pois me consultam), e costumo ir ao Teatro criticá-lo; e, além disso, sou ainda dramaturgo publicado, embora não representado. A minha posição é intermédia e, portanto, difícil. Se tenho podido ir ao Teatro (e tenho ido ver tudo o que julgo valer a pena ver, por qualquer razão) é porque me pagam os bilhetes, dado que, como intelectual, não ganho para teatro. O facto de do palco se verem nas poltronas só os críticos (que, na maioria, só por «extensão» são intelectuais), ou admiradores abastados e mais ou menos íntimos, não quer dizer que os intelectuais não estejam, em certo número e em cada dia, no galinheiro. De resto, intelectuais, se os não tenho visto ou sei que não foram ver qualquer peça, trata-se, na maioria dos casos, de peças sem categoria: e um intelectual não vai ao Teatro «só» para ver representar, por exemplo, o Sr. Assis Pacheco. E é bom não esquecer que não só os intelectuais como o grande público têm acorrido consoladoramente ao grande teatro desde que não se espalhe, insidiosamente, que é mau ou mal representado. Confie o Sr. Assis Pacheco um pouco mais no público e no bom teatro do que no seu talento e no dos seus colegas; de outro modo, não pertence ao partido dos intelectuais, que, como actor que é, deveria ser o seu, mas ao partido dos empresários e teatreiros analfabetos, sempre chorosos de o público (e os intelectuais fazem parte deste) nem sempre os reembolsar das burundangas que encomendam e põem em cena. Se os actores não conhecem os intelectuais, e se há intelectuais que vale a pena conhecer, como estou convencido que há, isso só depõe tristemente a respeito da ignorância e da incultura do meio teatral, que julga no mesmo plano um José Régio e uma parçaria de adaptadores. Creio que essa incultura é que é um problema grave, porque alimenta um factor importantíssimo, que não vejo aflorada nas queixas do Sr. Assis Pacheco: a sufocante rede de interesses que ligam entre si as tais parçarias, os empresários, a grande imprensa e quantos têm «interesses» na mútua incultura do palco e do público que deveria ser todo o povo.

SOBRE A CRISE DO TEATRO EM PORTUGAL

Não há quem não fale, a propósito de teatro, na crise que o nosso teatro atravessa. Simplesmente, quando certas pessoas falam nisso, a mim parece-me que não estamos todos a falar na mesma coisa. De facto, uma coisa é o teatro português, outra, o teatro que se representa em Portugal. Os empresários, os actores, os encenadores, etc., são, como as salas de espectáculos e os carpinteiros de cena ou os electricistas, as gentes do nosso teatro. Esses, quando falam em crise do teatro, falam, em geral, da crise do teatro *tout court*, isto é, das dificuldades económicas de cujo rendimento vivem. O funcionamento desse organismo não depende porém, até certo ponto, da existência real, autêntica e continuada, de um teatro português. É na crise deste último que a crítica e alguns autores falam, quando falam de crise.

Sob este aspecto, deixemo-nos de ingénuas pedantarias: não temos, ao longo da nossa literatura, uma literatura dramática que, mesmo com altos e baixos, possa competir com as tradições de literatura dramática — e representação dela — da Inglaterra, da França, da Alemanha, da Itália, ou da nossa vizinha Espanha, bem mais do que vizinha em literatura até aos meados do século XVII. Embora devamos não esquecer que as tradições são feitas de épocas sucessivas, que a renovação das classes, dos interesses e dos gostos, torna muito pouco afins (e até mais afins de épocas análogas de outras tradições), a verdade é que Gil Vicente e os seus continuadores, *A Castro,* de Ferreira, as comédias de Camões, *O Fidalgo Aprendiz,* as «tragédias» do século XVIII ou as óperas do «Judeu», Garrett, o teatro romântico e neo-romântico, Raul Brandão, António Patrício, Alfredo Cortez, José Régio, um Ramada, um Miguel Torga, eu próprio, mísero e mesquinho... — será isto uma tradição dramática? Descontado o que está perdido ou se

296

ignora de épocas transactas — não é. Pois não são alguns talentos, superiores ou inferiores, e algumas obras de excepção, e muita mexerufada, que constituem uma tradição teatral como a da Inglaterra, de Thomas Kyd e Marlowe a T. S. Eliot, a da França, de um Gringoire a um Anouilh ou um Sartre, a da Alemanha, de um Lessing a um Brecht, a da Espanha, de Lope de Vega a Garcia Lorca. Todos esses países atravessaram períodos de decadência, ou de inexistência do teatro. Nós vivemos sempre, em matéria de teatro, na meia-tigela, da qual surge, às vezes, como que por milagre, uma obra ou um autor.

Não admira que assim tenha sido, pois que o teatro português, como forma de expressão, sofreu sempre aquilo que o negócio teatral sente hoje tão duramente: a falta de liberdade, que o impediu de ensaiar a sua forma em contacto com as tábuas do palco, e o afastou de criar para si próprio um público. Há, pois, uma crise endémica, de raiz sociológica, do teatro português que hoje naturalmente se revela nas condições de sobrevivência de uma forma de expressão só desejável (para os que a ouvem...) e só possível (para os que a fazem) em períodos de estreita identificação quanto aos ideais da sociedade, ou de neutralidade política em matéria de expressão artística (como foi, de certo modo, o período áureo do liberalismo).

Eu não sou dos que não confiam na existência de uma literatura portuguesa, autónoma e representativa. Sou, pelo contrário, e tenho sido sempre, um defensor da sua existência e do seu real valor, não apenas por patriotismo, que não me pejo aliás de proclamar, nem por interesseira defesa do terreno em que procuro destacar-me, mas porque essa literatura é um facto que só pode ser negado pela paixão polémica ou por ignorância ou insensibilidade crassas. Mas, precisamente porque assim penso, penso e sei que, no panorama dessa literatura (que, de resto, foi e é vítima das mesmas hipotecas que o teatro, mas com consequências menos destruidoras, visto que a literatura pode conformar-se ou fazer o impossível, e o teatro é ou não é), as obras dramáticas são inteiramente ocasionais, quer em continuidade, quer em categoria. O ambiente ou foi hostil, salvo em raros momentos, à livre eclosão delas, ou nunca chegou a haver ou se não deixou que houvesse aquela evolução social que bastasse para ele deixar de lhes ser adverso ou adverso à mais alta plenitude da sua mensagem. E na adversidade não há teatro, ou o teatro, como se sabe, é outro.

Tudo o mais, causas e remédios, é decorrente desta situação que óbvias limitações me não permitem analisar mais largamente. Mas, claro está, a insistência pode muito, como se diz da água mole em pedra dura. Não se conseguiu que diminuíssem as dificuldades de ingresso na profissão de actor? Porque não há-de conseguir-se que, sobre o teatro-espectáculo, deixem de pesar os encargos que o asfixiam, uma vez que é ou deveria ser (e como o poderá ser, se é levado a defender-se, ganhando o pouco que ganha, por todos os meios, desde a degradação do actor à degradação das peças que se representam e à degradação do público que, por sua vez, o degrada a ele!) a mais alta expressão ou o mais vigoroso promotor do nível cultural e social de um povo ou mesmo só de uma classe? Porque não há-de conseguir-se que, sobre o teatro-texto, deixem igualmente de pesar os terríveis encargos que são o receio e o medo de encarar de frente, com coragem e com franqueza, os duros e ásperos problemas da natureza humana? É perfeitamente imoral que não aflija ninguém a obscenidade, inteiramente destituída de nobreza, «escatológica», que se consente aos revisteiros, e que não seja possível tratar a sério, sem obscenidade, os mesmos temas. Porque não há-de conseguir-se que a gente que trabalha para o teatro, que faz dele a sua vida, melhore, na medida do possível, a sua consciência cultural e social de quanto ao teatro devem? Porque não há-de conseguir-se que desapareça ou se desmascare o compadrio de meia dúzia de grupelhos, que, com a sua incompetência gananciosa, tem dominado os destinos do pouco teatro que ainda sobrevive?

Para que haja teatro em Portugal e para que haja, além disso, teatro português (quando não existe um repertório clássico, de real quantidade, para entreter as horas vagas dos receios e pruridos, que são tantos); para que se saia ou tente sair efectivamente do círculo vicioso em que o nosso teatro se debate — é preciso muito apenas... Deixemo-nos de histórias, como há pouco de pedantarias — todos sabemos, com gosto ou sem ele, o que é preciso. Que os puritanos lá tinham as suas razões, quando, em Inglaterra, em 1642, acabaram com os teatros. Mas também depois, com a «Restoration», aquilo é que foi um regabofe!...

SOBRE TEATRO QUANTO POSSÍVEL EM PORTUGAL

Devo principiar por confessar que me desagradam as discussões inúteis, em que os interlocutores defendem ou atacam acaloradamente aspectos secundários de um problema, pretendendo-os essenciais, querendo-os significativos, ou apenas deixando-se conduzir pela habilidade ou a omnipotência dos que não querem por forma alguma descer ao âmago da questão. E eu tenho para mim que quantos pugnem, para si próprios e para os outros, por uma consciência lúcida e independente, devem abster-se inteiramente de participar, directa ou indirectamente nesses prélios, cuja finalidade não poderá deixar de ser contrária aos superiores interesses da cultura, já que é da essência do pensamento que tudo possa e deva ser posto em causa. Quem não quer ou não pode pôr as questões até ao fim discuta o que quiser em nome do que quiser, mas não invoque os destinos «sagrados» da Cultura... Sagrado só Deus ou o que lhe diz respeito, para quem acredita nele. E os escolásticos medievais, *que acreditavam,* discutiram-No, com um desaforo que é saudável recordar.

Que nisto de destinos, ou se acredita que o homem é transcendente ou imanentemente senhor do seu próprio destino, cuja responsabilidade tem o dever e o direito de assumir à face das coisas e dos outros homens, ou se não confia que ele seja capaz de atingir aquela mesma liberdade que é condição de qualquer humanismo. No primeiro caso, aceita-se que tudo é transitório e mudável e apenas vale como algo de provisório no caminho para uma salvação terrena ou extra-terrena. No segundo caso, duvida-se, em última análise, da existência até de *uma* salvação, uma vez que se não deixam à livre consciência a possibilidade e os meios de informação e de crítica para procurá-la responsavelmente.

Isto que foi exposto disjuntivamente não é um dilema em que o mundo moderno se debata, ao contrário do que habitualmente se afirma. Entre a salvação autêntica, livremente reconhecida e procurada, e uma salvação condicionada por factores *extrínsecos* ao próprio método que se elegeu para interiormente obtê-la (método que pode ser a aceitação pura e simples de uma ortodoxia), entre estas duas, que uma *é* e outra *não é,* não há para o homem qualquer dilema. Há muito apenas, no caso dos condicionamentos, uma tendenciosa *obstrução* das vias que os Cristãos chamam da *Graça.* Discutir, portanto, o tipo de obstrução é, de qualquer modo, sancionar a legitimidade desta última, ou admitir a divisão da humanidade em dois grupos humanos: um, o dos eleitos, a que cabe pôr as pedras no caminho, e outro, o grupo humilde dos caminhantes, a que cabe aceitar como naturais as pedras que os outros puseram. Discutir assim até poderia parecer que era uma questão de invejar ou ter ciúmes dos eleitos. Abrenúncio!

Por tudo isto, recuso-me terminantemente a discutir a situação do Teatro em Portugal. Seria ocioso fazê-lo. De resto, eu acho perfeitamente correcto e na ordem das coisas que o Estado, subsidiando por um Fundo de Teatro as empresas, tenha total autoridade para impor ou suprimir a representação de peças.

É perfeitamente compreensível que esse impor ou suprimir dependa inclusivamente do gosto de quem atribui os subsídios, uma vez que as pessoas foram pessoalmente designadas para exercerem aquelas funções. É perfeitamente certo que o mesmo Estado, não contente com ter passado a classificar os espectáculos segundo as idades mentais dos espectadores, mesmo assim continue a suprimir para os adultos certas cenas, certas frases, certas obras. Nem outra coisa seria de esperar, porque o Estado considera, muito justamente, o Teatro como a actividade suspeita que ele sempre foi e será.

De facto, o Teatro serviu sempre para alguma coisa, mesmo quando, com um Calderón ou um Racine, possa parecer que não servia genialmente para nada e consistia nisso a sua virtude inócua e estabilizadora. É certo que nunca se pode ter a certeza, nestas formas *incarnadas* de Arte, do que estarão servindo, se forem chamadas a servir responsavelmente, abdicando nós da salvaguarda do que entendemos perene e mais conforme à nossa própria felicidade e à dos outros. Ou melhor, pode ter-se a certeza, mesmo com os Calderóns e os Racines e os Gis Vicentes à ordem da Corte, que o teatro... Mas para que havemos nós de repetir uma vez mais o que toda a gente, mas toda, está farta de saber?

Não discutamos, pois, como sages que todos somos, o teatro em Portugal. Limitemo-nos a ir ao teatro que ainda vá havendo. E falemos dele, sobretudo falemos dele. Não há como falar em Teatro. Por isso mesmo, prudentemente, aqui me calo.

COMENTÁRIOS VÁRIOS

É preciso daqui avisar o público e os interessados nas coisas de teatro: os que as fazem, e os que as vêem. Avisar de quê? Apenas disto que se segue. A *Gazeta Musical e de Todas as Artes* e o seu crítico teatral são entidades que trabalham gratuitamente, desligadas de quaisquer redes de interesses, isentas das obrigações de «silenciosa gratidão» que os auxílios ou subsídios inibitoriamente implicam. Para a crítica aos espectáculos compram-se em regra os bilhetes: e só se aceitam convites para aqueles que por convite são. Isto, porém, não dispensa ninguém de reconhecer a existência da *Gazeta* e da sua crítica de teatro, caso deseje que, em princípio, a nossa atenção lhes pague na mesma moeda. O receber notícia de que se vai perpetrar qualquer teatrada, o ser convidado para ela, etc., etc., não obriga, evidentemente, a crítica da *Gazeta*. O signatário só vai ver e criticar aquilo que a ele e à *Gazeta* pareça merecer consideração, e a verdade é que a vida nem sempre permite que mesmo isso tudo seja visto. Mas a *Gazeta* não pode nem deve permitir-se o luxo de comparecer em quaisquer festas de família, clandestinas, para as quais não seja convidada, tendo de pagar, ainda por cima. Vem este arrazoado a propósito do recente Festival da Primavera, que se passou entre alunos do Instituto Superior de Agronomia e suas famílias, na Tapada da Ajuda, com o apoio do S. N. I. e a participação do Teatro da Universidade de Coimbra e do Teatro Experimental do Porto, que vieram, não se sabe para que público ou crítica, representar em Lisboa, respectivamente, a *Medeia,* de Eurípedes, e *A Morte dum Caixeiro-Viajante,* de Arthur Miller. Sempre a *Gazeta* pugnou pela realização, a sério, de festivais como esse, e considera da maior importância todas as experiências nesse sentido. Mas é preciso que o público seja chamado a elas, e que se não menospreze a dignidade da função crítica e orientadora de órgãos como a *Gazeta Musical,* menos efémeros que as colunas da grande Imprensa, onde o elogio irresponsável ou o desdém não menos irresponsável — descontadas evidentemente as desvantagens manifestas de uma crítica escrita à pressa e a desoras, depois do espectáculo — ficam sempre entalados entre a facada da véspera e a burla do dia seguinte. Aqui, ao menos, não há nem a facada, nem a burla. E irresponsabilidade também não. Por isso mesmo se escreve esta nota.

Noticiaram os operosos periódicos que os «críticos de Lisboa» (desvarios de titulação nas redacções), ou mais exactamente, os «críticos teatrais dos jornais diários» concederam o seu prémio ao actor Rogério Paulo, pela interpretação na época transacta, em *Alguém Terá de Morrer,* de Luiz Francisco Rebello, e vão conceder o prémio seguinte, por maioria, a Erico Braga, em *Amor à Antiga,* de Augusto de Castro. Esta instituição de um prémio fora suscitada pela magnífica interpretação de Eunice Muñoz em *L'Alouette* de Anouilh, e teve, então, um carácter da mais elevada justiça e significado. Abstenho-me de comentar a concessão dos prémios seguintes, porque acho justo que se distinga um jovem e talentoso actor, embora naquela época teatral outras interpretações mais profundas o pudessem ser também; e porque não vi a reposição da peça de Augusto de Castro nem, obviamente, Erico Braga nela, embora me pareça um pouco absurda esta compita actual de reposições entre os autores, respectivamente, do *Fumo do Meu Cigarro* e de *Os Galos de Apolo.* Mas a verdade é que, trocando impressões com um crítico ilustre e bissexto como eu, chegámos à conclusão que o prémio da crítica diária era pelintra demais, apesar de simbólico. Se um livro basta para a gente passar por Gulbenkian, Ricardo Malheiro, Nobel, etc., etc., que diabo... qualquer pode instituir um prémio igualmente prestigioso, dada a nossa garantida ainda que bissexta categoria. E todos juntos — críticos ou teatrólogos bissextos — sempre poderemos oferecer... a *Enciclopédia Britânica* ou coisa de igual peso. Mas talvez o diploma para encaixilhar seja mais bonito, se tiver iluminuras. Ou mais útil uma salva de prata, que sempre servirá para o artista pôr no «prego», quando os colegas despeitados o perseguirem e puserem a pão e laranja. Que é o que acontece, pela certa, a quem a gente premiar.

A MORTE DE UM ACTOR

Como crítico teatral, embora bissexto ao longo do tempo, mas agora com tribuna mensal, e como amador de teatro em Portugal e algures, eu creio — e um comovido impulso a tal me obriga — de meu dever não deixar passar em silêncio, para além do gelo horrível das despedidas retóricas (com piscadelas de olhos a todos nós, que ficamos vivos), a morte de Vasco Santana. O teatro ligeiro e o cinema *pretoguês,* mais ligeiro ainda, haviam-no popularizado até aos confins do sertão metropolitano ou ultramarino. A sua voz era, debitando banalidades insulsas das mesmas parçarias e comparsarias, célebre através da rádio. A sua figura foi popular nas ruas, entre o povo, que o estimava e de que ele foi, popularuncho, sentimentalório, chasqueador, uma hipóstase sem sublimação alguma. Toda esta popularidade justa foi das que serviram, como poucas, a lamentável mediania do nosso teatro popular, nas últimas décadas. Mas — e é isto que mais importa, se não esquecermos o resto — com que virtuosismo de personalidade e de emoção essa popularidade foi dedilhando a estreita gama de uma figura exótica, de uma dicção apurada e intencional, de um amor pelas tábuas do palco e a comunicação com o público, das que mais decisivamente têm contribuído para impedir o teatro ligeiro de morrer. Quanto que não podia ser feito nem dito, nas graves limitações do comércio e das rolhas, foi dito num gesto, numa entoação da voz, numa lágrima sincera e apaixonada! Actores há, dos maiores, que são a inteligência fina e culta, a arte consumada de encarnar e de criar as figuras dos textos. Outros, dos maiores também, são «monstres sacrés» que tudo reduzem à sua personalidade portentosa e rica. Mas outros, não sei às vezes se estranhamente maiores ainda, são a comunicação por excelência, a satisfação de os vermos e ouvirmos, nem por eles, nem por nós, nem pelo texto. E foi um desses estranhos seres tão simples, tão sem complicações, tão paradoxalmente vulgares e tão raros, que o teatro português acaba de perder.

TEATRO EXPERIMENTAL DO PORTO

Em Dezembro de 1952, foram aprovados os estatutos do Círculo de Cultura Teatral do Porto. Em Fevereiro de 1953, António Pedro assumia a direcção do seu Teatro Experimental. Em pouco mais de seis anos, este agrupamento dramático tornou-se uma realidade insofismável do renascimento do Teatro Português que por diversas formas nos últimos dez anos se vinha operando, e o Círculo de Cultura Teatral, com os seus cinco mil sócios, coloca a cidade do Porto na primeira fila das cadeiras de orquestra do público português que, em Lisboa, continua disperso entre a geral do Parque Mayer e os camarotes esverdinhados do D. Maria II, ali aos Paços da Inquisição.

A maior parte do público, esse tão vário, tão desorientado e tão bem intencionado público; mergulhado constantemente na azáfama mesquinha de ganhar a sua côdea ou de aparar as migalhas caídas das mesas dos grandes; sempre mal informado por uma imprensa que tem sido, com raras excepções, um dos veículos mais fiéis do confusionismo dos valores nacionais nas últimas décadas; privado de qualquer contacto autêntico com a luta dos que se têm empenhado em salvar o teatro da geral degradação do gosto e do sentido crítico — esse público, absorto e distraído, que só agora começa a descobrir (incipientemente, ai de nós, através de *Rainhas do Ferro-Velho* ou *Processos de Jesus*) a que ponto o teatro é uma força irresistível ao seu serviço (mas não para «todo o serviço»), não sonha sequer o que foram e têm sido, para os amantes do teatro, estes anos em que a cena portuguesa, sem actores, sem peças, sem encenadores, sem crítica, se viu à beira de uma *falsa crise,* pois se tratava, não de uma crise, mas de uma *peça* montada com extremo cuidado: a única peça que se representou de facto, durante estes anos todos, com sempre o mesmo cenário, as mesmas deixas de patriotismo de coreto e de moral de sacristia, as mesmas Mistinguetts mostrando a bota de elástico.

Por tudo isto, muito pouca gente avalia — uns porque vivem embalsamados nos salamaleques cortesanescos, outros porque morrem de inanição agoniada, outros ainda por lhes parecer (ó juventude!) que o mundo é dos que atropelam com mais descaro — o significado de uma obra como a do Teatro Experimental do Porto, em prol do Teatro, significado sobretudo para aqueles que consideram a arte cénica como mais alguma coisa que um ritual burguês de lavar os pés ao sábado.

Sem dúvida que, sobretudo em Lisboa, a tentativa nortenha foi precedida de várias tentativas, das quais menos proveio uma organização continuada, um baluarte, do que gente nova, um espírito novo.

Que este espírito novo seja uma tal realidade que perante ele se curvem com maior ou menor azedume, todos os salafrários das redacções, dos bastidores e dos cafés, no desejo sub-reptício de pertencerem a ele, terem contribuído para ele, principalmente viverem dele, eis o que, apesar de tudo, não pode deixar de ser considerado uma vitória por todos quantos, no palco, na criação dramática ou na crítica, trabalharam quão ingloriamente, quão desorientadamente às vezes, por revitalizar a cretinice nem sequer académica em que o Teatro Português vegetava melancolicamente.

Foi, porém, no Porto, que uma escola se tornou persistente realidade, transitou dos esforços beneméritos do amadorismo para o profissionalismo.

Eu sei que perigos encerra o «ensaísmo» teatral, uma vez profissionalizado, num país onde tudo o que excede — ainda que velho de séculos e de consagração — a bitola de frioleira pequeno-burguesa (toda a burguesia, por pelintra, é aqui pequena, e essa pelintrice irrisória ainda assim é como um paraíso mirífico para os restantes «desprotegidos da sorte»), é considerado «novo», «audacioso», e faz «piri-piri» nas espinhas caquéticas. Porque um teatro profissional de ensaio tem, no nosso país, de fazer tudo: representar clássicos que nunca ninguém viu nem ouviu, apresentar como grandes novidades de última hora o que o melhor teatro universal tem produzido com um adiantamento de cinquenta anos, e ainda oferecer a possíveis dramaturgos nacionais a oportunidade de franquearem o abismo que separa a plateia, em que todos somos espectadores, do palco em que deixamos integralmente de o ser. Um teatro como esse tem de desempenhar um papel de *concorrente* no teatro comercial (apresentando peças de grande público, que as empresas não se interessam por pôr em cena) e do teatro universitário (fazendo obra de divulgação cultural por amor do teatro e não do prestígio dos clássicos sempre garantidos, universitariamente falando). Ora é muito difícil ao mesmo tempo criar-se um *estilo* onde não o há, nem tradições dele (pois que eu não acredito no estilo das «grandes épocas» do nosso teatro, com génios da cena a representar os Marcolinos e os Júlios), e ao mesmo tempo, saltando de Shakespeare para Guilherme de Figueiredo, de Bernardo Santareno para Eugene O'Neill, do antigo para o moderno, do nacional para o internacional, do literário para o cénico, e vice-versa, conseguir-se que aquele *estilo* não seja um amável denominador comum, uma arte consumada de fazer tudo depressa e bem como há pouco quem. Além de que o «ensaísmo» e o «experimentalismo» teatral interessam, actualmente no nosso país, num sentido prévio que não é, nem pode ser, o dos pretensiosos culturais que estão sempre sonhando com o que não viram — ou viram — em Paris de França ou qualquer outro coio do analfabetismo internacional. Não só os dramaturgos e os actores experimentam, a ver se prestam (geralmente é coisa que lhes custa a ver, e nesta meia-tigela que é a nossa há sempre quem descubra maravilhas na inanidade, e se recuse a ver qualidades no que seja pelo menos digno), como encenadores, cenógrafos, etc., dão as suas provas. Num país de precária indústria como o nosso (onde o teatro, como tudo, vive de parçarias, de «combines», de negócios fechados no café e de letras protestadas), não podem os teatros comerciais — reconheçamo-lo — arriscar-se ao experimentalismo de pessoas ou de coisas, ou só se arriscarão na medida em que sejam «experimentalistas» os pacatos aventureiros que deles vivem depois de subsidiados para o serem. De modo que a um teatro de ensaio cabe afinal, por cima da cruz que já carrega, a obrigação não de «ensaiar» novos caminhos do teatro, qual se passa nos grandes centros, mas de fazer dar os primeiros passos a toda a gente, desde o público ao último dos carpinteiros, na corriqueiríssima e banalíssima senda de começar por aprender a pregar um prego e a falar com voz devidamente colocada.

As vindas a Lisboa do Teatro Experimental do Porto — que devem contar-se no âmbito de uma acção itinerante difícil de exigir a grupo tão sobrecarregado e que no entanto tem sido levada a cabo — não foram nunca, salvo o caso de *A Morte dum Caixeiro-Viajante* e recentemente, por parte do jovem público, do *Requiem,* aquela aferição de entusiasmos, de soluções de estilos, que à crítica compete exercer. Sobressaíram sempre aos olhos das nevroses inspiradas que, na sua maioria, quando não são múmias já fósseis, constituem a reduzida e familiar hoste dos críticos quotidianos — esses que, iniciando mais uma tradição num país onde elas sobram, agora dão anualmente, com almoço, um prémio de consolação aos carecas de que gostam mais — sempre sobressairam mais aqueles defeitos fáceis de detectar onde o bom gosto e o equilíbrio se tornam regra.

Mais de trinta peças em seis anos, antigas ou modernas, «continentais», inglesas ou americanas, estrangeiras ou portuguesas é uma actividade de que o público e a crítica lisboetas só terão visto metade. Os profissionais de teatro e a sua clientela — ou melhor, os profissionais das caixas e a sua clientela dos palcos — habituados ao improviso medíocre em que se dispersam talentos e esforços, mas em que ao menos fica toda a gente nivelada na mesma dissipação, dificilmente aceitam um profissionalismo orientado, em que, naturalmente, muito transparecerá da personalidade vincada de quem dirija. Há o receio primário de que os talentos não resistam à prova da subordinação, o que se reflecte nas insinuações de que os talentos «experimentais» não resistiriam à prova da desorientação. Tudo isto é lana-caprina e importaria pouco se não contribuísse lamentavelmente para a confusão superficial em que assim se persiste. O que importa sobremaneira é o esforço sistemático que se coordena em grupos profissionais e de alunos, no apoio de uma massa associativa que — e é o caso do Porto — ergueu uma pequena sala de espectáculos e sublimou o bairrismo em amor pelo Teatro. E isto que é um modelo e um exemplo, existe entre nós, nesta terra eivada de individualismos estéreis e absurdos, que são o estrume por excelência de todas as abdicações elegantes. Porque — não o esqueçamos nunca — as grandes tradições portuguesas são os milagres que nunca houve, como o de Ourique ou o da Rainha Santa com as rosas que já eram da sua (dela) avó; e não é com milagres que o teatro se faz, embora um milagrezinho aplicado a preceito possa servir, numa peça, para arrancar lágrimas a qualquer solteirona empedernida (e quão poucos espectadores, no fundo da alma, o não são!). O teatro faz-se com trabalho orientado e com dinheiro, e cada vez mais assim é, quando o público já vai sabendo distinguir e o teatro é uma arte colectiva e cara, que ou excede as posses do espectador e não vive, ou é ao alcance de todas as bolsas e não ganha com que viver. No caso do Teatro Experimental do Porto, os subsídios do Fundo de Teatro e da Fundação Gulbenkian são, ao mesmo tempo, o reconhecimento de uma actividade que é cultural e de que sem profissionalismo não há cultura que não seja veleidade graciosa e fugaz. Mas são apenas aquela condição necessária para um desafogo sem o qual todas as realizações são frustes. O resto — a direcção de António Pedro, os cenógrafos que se têm revelado, talentos de actor como Dalila Rocha ou João Guedes (entre outros de bom nível profissional já), as peças apresentadas — é condição em parte necessária e em parte suficiente. Necessária, porque são os elementos indispensáveis de um todo que se ergueu do nada e há que acarinhar e manter. Suficiente em parte, porque há que continuar, que renovar continuamente, que fugir até à justa satisfação de uma obra realizada, para encará-la como um núcleo de uma extensão cultural que abranja Portugal inteiro. Deus meu! Que palco imenso, cheio de perigos... Pois se há oito séculos o teatro falha tanto entre nós nos palcos, por irem para homens ilustres as melhores vocações teatrais!

SOBRE O «JUDEU»

O estudo da literatura e das formas de vida no século XVIII português ainda não encontrou, em extensão ou em profundidade, panoramicamente ou nas figuras e nas obras, a atenção que merece, por parte dos estudiosos e dos historiadores: e, quando acaso a encontrou, essa atenção, voltada para determinados aspectos específicos, não soube libertar-se de preconceitos culturais ou sócio-políticos, e muito menos situar-se num plano de sério comparativismo cultural e literário, que actualizadamente analisasse, num nível que não fosse o das referências primárias a estudos ou histórias elementares, os problemas de uma época que, no entanto, é, para Portugal e para o Brasil, da maior importância.

A vida cultural e política do Portugal setecentista foi, em grande parte (e uma parte que está tremendamente longe de ter sido estudada, em ambas as margens do Atlântico, como importa que seja), e natural seria que acontecesse, dominada pelos brasileiros, isto é, pelos naturais do Brasil de então. Alexandre de Gusmão, António José da Silva, Matias Aires, importantes figuras (e a última, por certo, o maior prosador português do século XVIII), estão longe de sê-lo isoladamente, na primeira metade de um século cuja segunda metade, assistindo ao movimento arcaico ou Época Rococó, também não mereceu a atenção devida a um período que igualmente encontrará, e em sequência do final do período anterior, a sua melhor floração na América portuguesa. O muito que se tem dito e escrito dos árcades brasileiros não foi ainda comentado, salvo honrosas e passageiras excepções, no quadro mais amplo de vê-los como homens que, no cosmopolitismo racionalista da segunda metade do século XVIII, partem de uma expressão «portuguesa» desse cosmopolitismo para a consciência política que só mais tarde o Romantismo manchará da mistificação «nacionalista» de um nativo que, neles, ao parecer assumir premonitoriamente o mito do «Bom Selvagem», procura muito mais uma visão optimista da natureza humana, em termos universais, que o pitoresco das peculiaridades «tradicionais», com que a burguesia, abandonado o «Esclarecimento», trairia disfarçadamente as suas mais autênticas tendências literárias. A primeira metade do século XVIII foi, com todas as dificuldades resultantes da compressão espiritual a que o mundo português estava sujeito, a preparação dessa segunda metade que culminaria, em Portugal, com a revolução liberal de 1820, e, no Brasil, com a Independência. E não é despropósito acentuar que os liberais portugueses mais esclarecidos ou mais radicais compreenderam perfeitamente — e na paradoxal medida em que eram, pela cultura, muito mais homens de «Sturm und Drang» que os românticos que é mania considerá-los totalmente — a importância que, para eles, tinha a independência política e cultural do Brasil: Herculano e Garrett foram os primeiros a saudá-la, numa contrapartida das atitudes colonialistas com que a Constituinte precipitou, em termos de reacção violenta, aquela mesma independência. Por tudo isto, as escassas páginas do estudo de Pierre Furter, «La Structure de l'Univers dramatique d'António José da Silva, o 'Judeu'», separata do *Bulletin des Études Portugaises,* N. Série, Tome Vingt Cinq, 1964, revestem-se de um interesse que em muito multiplica o notável valor delas.

O «Judeu» tem sido considerado «brasileiro», porque nasceu no Brasil. Mas tem figurado sempre nas histórias literárias portuguesas. Todavia, este lugar que elas lhe têm concedido resulta de duas circunstâncias que têm pouco que ver com a real importância dele, ou que a desvirtuam: na fragilidade da cena teatral portuguesa da primeira metade do século XVIII (em grande parte devido à desatenção que tem incidido sobre os aspectos literários do período), ele serve para preencher uma lacuna que, na superstição das continuidades (que não existem, para nenhum género, em nenhuma das grandes literaturas universais, senão na invencionice nacionaleira dos historiadores), por certo seria um pesadelo; e ele foi uma vítima da Inquisição que, reduzindo-o a cisco, cometia a imprudência de, para a posteridade, eliminar precisamente o único dramaturgo que consolara essas superstições. Como vítima da intolerância inquisitorial, ele merece o nosso maior respeito e a nossa maior piedade — mas isso não lhe daria um valor que ele, pela sua obra, não tivesse. E, na verdade, não deu, a lerem-se as tolices que se têm escrito a seu respeito, muito displicentes, muito mais valorizadoras do seu destino simbólico, que da significação da sua obra, em termos universais. O pobre coitado foi um «brasileiro» que os portugueses queimaram... — nitidamente em crise colonialista! E foi um escritor que a Inquisição queimou... — evidentemente um exemplo da opressão que esmagou os intelectuais de Portugal, com raras abertas, nos últimos quatro séculos... Se a Inquisição portuguesa o não queimou por «brasileiro», mas por judeu falsamente converso e impenitente, também por esta mesma razão portuguesmente o queimou, e não para perseguir um escritor independente e audaz (que ele aliás foi), cujas obras não mereciam atenção especial, como escritas para divertir, com «bonifrates», um público mais ou menos popular. O equívoco da Inquisição ao queimar António José da Silva por judaizante, e não como o autor que era, continua a ser o dos críticos que dele e da sua obra se ocupam. Para a correcção desse equívoco contribui decisivamente Pierre Furter, com excelente segurança erudita e crítica, na valiosa comunicação, de que estamos tratando, apresentada ao 5.º Colóquio Internacional de Estudos Luso-Brasileiros, reunidos em Coimbra, em 1963.

A denúncia discreta que Pierre Furter faz do disfarçado descaso com que estudam António José da Silva mesmo aqueles que parecem pretender valorizá-lo não é dos menores atractivos do seu estudo, e é pena que o confinamento temático da sua investigação, à obra dramática, o tenha impedido de comentar as *Obras do Diabinho da Mão Furada,* escrito atribuído ao Judeu, e que faz parte do manancial vastíssimo de panfletos jocosos que, desde a *Arte de Furtar* (com antecedentes, por exemplo, nas *Cartas* de Camões) até aos escritos liberais das primeiras décadas do século XIX, são uma das inexploradas minas da literatura portuguesa, como o é também em grande parte, o jornalismo político que lhe sucedeu e que culminará, mais social que político, nas *Farpas* de Ramalho Ortigão e Eça, e nos *Gatos* de Fialho de Almeida.

Furter, com base em estudos alemães sobre o teatro barroco, e mesmo no admirável volume de Poulet, *Les Métamorphoses du Cercle,* situa, em termos de estrutura e de temática (embora as observações de ordem temática sobrelevem, na sua crítica, o verdadeiro estruturalismo), o teatro do Judeu, em relação ao seu tempo. A importância do fantástico, da metamorfose, da apoteose, no teatro barroco, como na ópera que encaminhou esse teatro para as transformações do Rococó, é devidamente acentuada, e de modo a salvar o do Judeu dos preconceitos romântico-realistas que os historiadores usam, mesmo sem quererem, para diminuí-lo. Quer-nos parecer, porém, que Pierre Furter, precisamente no momento em que se debruçou sobre um tema (ou um motivo, conforme o papel que desempenhe) tão fundamental como a «metamorfose», deixa escapar alguns sinais da sua maior relevância. As metamorfoses do Barroco são, quanto a nós, muitas vezes apenas transformações, sempre que não haja uma concepção dinâmico-temporal da vida e das coisas que, dialectizando-as, as eleva a autênticas metamorfoses. E é nisso que o teatro do Judeu, como tão justamente Furter aponta, parece prolongar certos aspectos da teatralidade e da dramaturgia barrocas de, por exemplo, Calderón de la Barca (ou mesmo, como também aponta com justeza, de algum Corneille). Mas a mentalidade que, na primeira metade do século XVIII, preparava as grandes revoluções do fim do século, defendia-se do absolutismo político e cultural, difundindo uma noção da relatividade total das coisas humanas, que, em termos de racionalismo crítico, opunha a permanência do relativo (e da correlata igualdade dos homens, que um Matias Aires tão bem expôs em frases do mais belo ritmo poético) ao dogmatismo do absoluto. Apenas muitas vezes o fazia em formas de variabilidade, de mutação, de transformismo, que chegavam ao pessimismo de saber que a Razão podia servir (e serviria durante toda a Época Barroca) a justificar toda a casta de inquisidores. Disto, e nas próprias citações de Furter, tem António José da Silva perfeita consciência. Mas do que não podia tê-la (e é o que parece retirar carácter moderno ao seu teatro, dando-lhe, na aparência, um ar de fantasia barrocamente gratuita) era de que a relatividade polémica das coisas humanas era a chave de metamorfose mais autêntica, da Revolução: só a segunda metade do século o saberá claramente, com Montesquieu, com Diderot, com Rousseau, com Voltaire. Todavia (e nisto o pessimismo do Judeu não é barroco), era possível uma forma de pré-consciência disso: uma melancolia psicológica ante a impotência da razão e do indivíduo para fazerem prevalecer os seus direitos. Esta melancolia, este sentimentalismo, que se resolve em ironia amarga (que a grosseria ou o cómico fácil servem a disfarçar ou de que são contraditória expressão, como a fantasia descabelada de um teatro sem responsabilidades «literárias» ou cénicas), são porém uma das características do teatro do Judeu, e possivelmente o são mais agudamente na medida em que ele era um «outcast» oculto, e em condições de observar mais finamente, mais rebeladamente, e mais desesperadamente, um mundo de que ele se excluía e seria definitivamente excluído. É neste sentido, supomos, e só neste, que o caso de António José da Silva, como perseguido que foi pela religião, deve servir-nos a interpretá-lo em maior profundidade. De resto, o ser-se cristão-novo suspeito, no século XVIII, era menos uma manifestação de judaísmo ortodoxo, que uma indirecta exigência de liberdade de pensamento — e é assim que Ri-

313

beiro Sanches coloca a questão na sua bela carta sobre «cristãos novos e cristãos velhos», recentemente editada, em 1956, após dois séculos de esquecimento. Tal como sucedera aos fins do século XVI (e Camões é o mais alto expoente disso mesmo então), a «metamorfose» era, na criação artística, o refúgio expressivo de quem via que o mundo não era, ou não devia ser, ao contrário do que o Barroco postulará, uma inescapável ordem geométrica e fiscalista. A consciência, com um Tempo que a sobrelevava metafisicamente, porque era um tempo científico e teológico e não era ainda um tempo histórico, não podia senão ficar triste ante si mesma, ou refugiar-se (muito menos evasivamente do que possa parecer à primeira vista) na fantasia libertadora das transformações. Estas, porém, nem sempre seriam, como estamos vendo, «os sobressaltos de joguetes do destino», como afirma Furter, ao dizer que, por isso, o mundo de Silva parece muito distante das nossas preocupações, pelas quais ficamos insensíveis a pseudo-metamorfoses. Se o ficarmos o mal é nosso; porque é nossa obrigação entendermos o que há de revolucionário e de progressivo (como sucedâneo provisório de uma dialéctica da metamorfose) numa apresentação sistemática do Acaso, e do acaso como destino, no seio de uma sociedade que assentava na ordem hierárquica da providência divina, sob a égide da qual um Bossuet redefinira a História. E isso, de uma maneira totalmente laica (para o que tinha o recurso dos mitos clássicos), foi o que António José da Silva fez, de uma maneira afinal mais profunda do que pode parecer-nos à primeira vista. Terão sido estas as razões, e muito o lamentamos em tão brilhante e sério estudo, de a Furter haver escapado que há uma íntima relação entre o *Anfitrião* do Judeu, e a peça de mesmo assunto, de Camões: tão íntima, que as confusões de Saramago, duvidando de ser ele mesmo ou o «outro» que também é ele, e que Furter tão finamente releva como traço valorizador da acuidade de Silva, ecoa muito directamente o magnificente monólogo de Sósia, na peça de Camões, monólogo que já era, quanto a nós, uma antecipação do monólogo célebre do *Henrique IV* de Pirandello. É que, tanto um como outro dos dramaturgos portugueses se encontravam em fases «críticas» de regressão ou progressão espiritual da sociedade — e a confusão e a dúvida da personalidade é a angústia da metamorfose que não encontra, na consciência individual, o ponto de apoio, que a História foge elusivamente de oferecer-lhe.

Muito bem frisa Furter como a ópera é, de certo modo, utilizada por Silva, para outros fins que os de pura diversão espectacular. Note-se que esse italianismo barroco e gratuito (que culminará na virulência sócio-política das tão traiçoeiramente galantes óperas de Mozart) a que Silva sacrifica, não fora nunca exactamente só isso. A pura diversão setecentista (desde o mitologismo classicista ao libertinismo licencioso) foi um dos grandes revulsivos pré-revolucionários. E a ópera dessa época não deve ser entendida à luz do que veio a ser (se é que o foi) como diversão predilecta do conservantismo burguês (ou mitigadamente liberal ou só nacionalista) do século XIX. Em Portugal, o D. João V que protegeu essa transformação do gosto, e que pessoalmente presidiu, de público, ao churrasco do Judeu, foi também o «modernista» (cujas relações com Roma, sempre muito mais tensas do que se pensa, vieram a dar a frieza da época pombalina) que propiciou, com a exportação de bolsistas para o estrangeiro, e com a protecção à Congregação do Oratório, a derrocada «esclarecida» da teocracia pedagógica e política dos jesuistas. E foi também o homem que soube abafar discretamente uma das tentativas setecentistas de independência do Brasil, na pessoa do seu irmão, o infante D. Manuel (o amigo de Matias Aires), episódio que até hoje não mereceu o estudo e a difusão que está exigindo. A ópera, se era uma diversão das altas classes, foi, de certo modo, um dos veículos da dissolução reformista a que todas elas, pelos seus elementos mais esclarecidos, então tendiam; e, pela mistificação classicista e espectacular, forneceu os esquemas da dissimulação crítica que, mais tarde, os árcades souberam discernir num autor tão operativo e tão amável (e também tão licencioso às suas horas) como Metastasio. É neste sentido que o facto de António José da Silva, imitando para os seus bonifrates a ópera dos grandes senhores (e ele não era, repare-se, um autor meramente popular, mas um jurista nascido no Brasil e formado em Coimbra, o que evidentemente pressupunha até avultados meios de fortuna), satirizar a própria ópera se reveste de muito especial interesse. Ele não está apenas, para o seu público, fabricando as óperas que este não podia ver nos grandes espectáculos líricos: está também indirectamente criticando essa mesma sociedade que se diverte com a ópera e que julga poder transformar o mundo, ou mantê-lo dominado, entre dois garganteios de «prima donna». A própria circunstância de tratar-se de teatro para bonifrates, mas com categoria literária, mostra a que ponto, pelo próprio meio estético, é feita uma crítica do mecanicismo barroco. Quando Furter recorda, a propósito de Silva, a *Dreigosschenoper,* de Brecht, e também *The Beggars' Opera,* que lhe serviu de modelo, incorre no único grave pecado de descuido no seu estudo, e do mesmo passo perde o grande argumento que vinha desenvolvendo em favor da dignificação do teatro do Judeu. Na verdade, Brecht, ao usar a peça inglesa do século XVIII, não pretendeu «desmistificar o género da ópera», mas sim actualizar, para os seus fins de dramaturgo revolucionário, a desmistificação sócio-política que, através da sátira da ópera, o autor daquela peça tinha feito, e de um modo que não escapou aos britânicos poderes constituídos que logo no ano seguinte ao do êxito retumbante de *The Beggars' Opera,* proibiram, em Londres, a representação de *Polly* que a continuava. Embora o teatro do Judeu não se coloque, ou não se coloque todo, no plano «realista» para que Gay transporta o mundo idealizado da ópera (pondo em cena o inframundo dos criminosos e das prostitutas), não menos é da maior importância aproximar o carácter satírico (não só da sociedade, mas das próprias convenções estéticas de um género estimado) da dramaturgia do Judeu e das peças de Gay. Estas são de 1728 e 1729 e as óperas do Judeu foram apresentadas entre 1733 e 1738: integram-se estas, portanto, num mesmo movimento de ridicularização da ópera, que, naquelas, tem um nítido carácter de sátira social (espírito que foi aliás partilhado pela maior parte dos homens que, na Inglaterra, fizeram grupo com Gay). O que mostra que o Judeu não estava tão fora das realidades europeias do seu tempo, como barrocamente (e portuguesmente...) poderíamos vê-lo. Duas vezes, no estudo de Furter, o nome citado do autor de The Beggars' Opera aparece escrito Gray, como se fosse o do grande poeta setecentista também, no mesmo tempo neoclássico e pré-romântico, autor da célebre e belíssima *Elegy written in a country Churchyard,* gralha ou distracção que pode ter contribuído para serem atribuídas a Brecht as coisas que ele já encontrou feitas em Gay, e tendo-se escapado um filão de tamanho interesse, a explorar eruditamente, como as coincidências de atitude entre o amigo de Swift e de Pope, e a judaica vítima da Inquisição portuguesa.

A estes senões afinal frutuosos, quereríamos ainda acrescentar dois pequenos reparos. O romance de Camilo Castelo Branco, *O Judeu,* de 1866, escrito e publicado quando o autor andava de briga com os fantasmas da Inquisição (que lhe deram, no mesmo ano, uma obra-prima: *O Olho de Vidro*), e quando qualquer atenção séria por António José da Silva (para além das observações perfunctórias de Bouterwek, Varnhagen, Pereira da Silva, Fernandes Pinheiro, e Wolf, que eram o que havia) vinha ainda nos quintos dos Infernos, não é «enorme»: são dois voluminhos da colecção de obras de Camilo, da edição da Parceria António Maria Pereira, e dos ralos de composição tipográfica. A «enormidade» do romance resultou, aos olhos de Furter, do facto de um só capítulo da obra tratar das peças de António José da Silva (e era no drama dele que Camilo estava interessado). Outro reparo é a menção, feita sem reservas, das obras de G. R. Hocke, sobre o Maneirismo na literatura e na arte. Furter, com a sua segurança de erudição e de informação actualizada, não a teria feito, depois do que é contado, a respeito delas, em *Critique,* n.º 209, Outubro, 1964, acerca das reacções que os delírios de Hocke provocaram naqueles mesmos que, como Ernesto Grassi, os haviam encomendado. Hocke é muito interessante, mas não constitui autoridade nenhuma — e quanto a simpatias pelo Maneirismo o signatário destas linhas, como um dos propugnadores profissionais que é do reconhecimento desse período, será por certo insuspeito.

Muito mais se poderia desenvolver ou discutir a propósito do substancioso estudo de Pierre Furter. Que os reparos feitos não diminuam, aos olhos dos leitores interessados, o valor dele como preciosa achega, que é, para a compreensão de uma figura notável das letras portuguesas, e para o conhecimento, em nível de dignidade crítica, da literatura do século XVIII português, tão abandonado a jacobinos da esquerda e da direita ou a eruditos da patriotada e do papel velho, em detrimento de um entendimento verdadeiramente culto e comparatista. Como muitas vezes tem acontecido, ainda mais uma vez são os estrangeiros quem nos dá uma lição de conhecimento de nós próprios, e de respeito e de amor pelos nossos valores culturais.

ALGUMAS NOTAS SOBRE O TEATRO DE JOSÉ RÉGIO

Nos quarenta e tantos anos de vida literária de José Régio, que a morte encerrou há pouco, a publicação de obras teatrais alonga-se por cerca de trinta anos. O que por certo significa que, para ele, o criar teatro não foi apenas uma preocupação profunda que algumas obras eventualmente revelassem, mas um contínuo interesse da sua personalidade, paralelamente à obra poética, à de ficção e à ensaística, em que deixou do melhor e mais importante da literatura portuguesa do século XX. Como também no teatro — do que estas notas tratam.

A produção teatral de Régio compõe-se, publicada (pois não sabemos que inéditos os seus papéis nos reservam), de quatro peças de fôlego e três peças num acto. Há quem figure com menos em histórias do teatro em qualquer língua. E, se considerarmos que, dessas sete obras, pelo menos duas contam como das mais importantes do teatro português, sendo que as outras têm sem dúvida todas um alto interesse literário, ainda quando a teatralidade lhes falte, ou lhes falte que se libertem da personalidade do seu autor, por certo que esse teatro não pode ser ignorado de quem se interesse por literatura portuguesa. Diríamos mesmo que quem se interesse por teatro moderno não pode ignorá-las, quando tanto crítico pernóstico se debruça sobre banalidades pretensiosas que a Espanha ou a França têm lançado no comércio dos palcos.

A primeira tentativa teatral de José Régio apareceu nas páginas da revista *presença,* de que havia sido um dos fundadores e cujo director foi até ao fim dela: é a «fantasia dramática» em um acto, *Três Máscaras,* em 1934. Pouco depois, o «mistério» *Jacob e o Anjo,* em três actos, um prólogo e um epílogo, começou a sair na *Revista de Portugal* de Vitorino Nemésio, e foi publicada em volume, em 1940, juntamente com a pecinha anterior. Em 1947, o Teatro Nacional de Lisboa levou à cena a segunda peça de fôlego, *Benilde ou a Virgem--Mãe,* numa realização notável. Uma tempestade de controvérsias malignas assassinou o que poderia ter sido enfim a chegada triunfal do teatro de vanguarda aos grandes palcos lisboetas, enfeudados à mais baixa e vulgar das comercializações. Nesse mesmo ano, a peça foi publicada em livro. Dois anos depois, lançou Régio, em livro também, a terceira das suas peças longas: *El-Rei Sebastião,* classificando-a de «poema espectacular». Em 1952, *Jacob e o Anjo* (a que os palcos portugueses estavam proibidos) estreou-se em Paris, numa adaptação infeliz, e poucos foram os críticos parisienses capazes de reconhecer nela uma grande peça moderna. Em 1954, Régio publicou a quarta peça longa: a «tragicomédia» *A Salvação do Mundo.* Em 1957, apareceram *Três Peças em Um Acto,* em que Régio, à sua primeira «fantasia dramática», acrescentava a «farsa» *O Meu Caso* e o «episódio tragico-cómico» *Mário ou Eu Próprio-o Outro,* em que dramatiza a divisão de personalidade, que é a essência da poesia do protagonista, o poeta Mário de Sá-Carneiro, um dos fundadores, com Fernando Pessoa, do vanguardismo português em 1915, e que, por razões que importam a este artigo, Régio sempre preferiu ao criador de Alberto Caeiro e da *Ode Marítima.* Independentemente de encenações eventuais de algumas das peças por grupos de amadores, pode dizer-se que o teatro de Régio só foi representado em 1947, como acima acentuamos, e em 1968, quando finalmente *Jacob e o Anjo* foi apresentado em Lisboa.

Para compreender isto e para igualmente situar José Régio, há que historiar um pouco, começando por lembrar que a sua obra toda se desenvolveu após a instituição da censura em Portugal, e que esta actividade repressiva atingiu principalmente e sistematicamente o teatro, protegendo o comercialismo inócuo, e impedindo a representação de qualquer peça nacional ou estrangeira (ainda quando não proibida em volume) que suscitasse problemas ou questões de ordem religiosa, moral (as obscenidades e indecências do teatro «boulevardier» não incomodavam, é claro), social, sexual, etc., etc., e não apenas política, o que seria óbvio. Quando muito, representavam-se peças no estilo do realismo burguês tradicional, em que as situações de comédia ou a falsa intensidade dramática não fossem ao fundo das coisas que afinal não punham em causa. Assim, de 1926 a 1946, perderam-se vinte anos em que frutificassem e se transfigurassem em teatro moderno as consequências dos experimentos simbolistas e vanguardistas do primeiro quartel do século, os quais se consumiram desanimadamente na luta em duas frentes: a repressão de todas as audácias e o comercialismo das empresas. Depois de 1946, as gerações criadas no espírito «aliado» de 1939-45, bem como algumas personalidades direitistas mas esteticamente inteligentes, desencadearam uma luta sistemática contra o marasmo em que se afundava o teatro português e as restrições oficiais que mesmo dificultavam a entrada na profissão de actor. Foi nos teatros experimentais que se criavam e conseguiam montar peças à custa dos mais variados subterfúgios, que se formaram quase todos os homens de teatro de hoje, e os actores e actrizes que renderam a velha guarda. E só muito recentemente uma aurora de mínima libertação — muito distante ainda da liberdade de que gozam hoje outros palcos do mundo, onde até *Oh Calcutta* é possível sem cueca — parece permitir que o teatro *seja*. E que sobretudo não seja teatro para ser lido, como o teatro não pode se, pelo menos para quem o escreve, e para o público que não é capaz de ler teatro (e que é muito mais numeroso do que se supõe, já que muitos críticos literários são incapazes de entender, à leitura, uma peça de teatro).

Quando, em 1934, José Régio publicava a sua primeira peça, que teatro moderno (ainda que não necessariamente modernista) o precedera em livro ou nos palcos portugueses? Por certo que, ao contrário da imagem de miséria que os portugueses tanto se comprazem em exibir, e que os outros, desejoso de sabê-los miseráveis, prontamente aceitam com delícia igual, muito teatro notável e sem dúvida superior a várias peças de outras línguas, que têm merecido a douta atenção dos estudiosos.

Citemos, por exemplo, o teatro naturalista e simbolista de D. João da Câmara na viragem do século, a esplêndida sátira ibseniana, *Sabina Freire,* de Teixeira Gomes (publicada em 1905, e só recentemente representada com merecido êxito), os dramas psicológicos e morais de Vitoriano Braga nos anos 10 e 20, o teatro expressionista ou de sangrenta sátira social de Alfredo Cortez nos anos 20 e 30, o teatro pré-existencialista (e genial) de Raúl Brandão nos anos 20, o magnífico teatro simbolista de António Patrício (desde *O Fim,* em 1909, a *D. João e a Máscara,* em 1924, que é uma das mais poéticas e profundas dramatizações do mito), o teatro de vanguarda de Almada Negreiros (uma das grandes figuras da criação do modernismo português), desde *Antes de Começar,* em 1919, a *Deseja-se Mulher,* em 1928, passando por *Pierrot e Arlequim,* em 1924. A este breve quadro haveria que acrescentar outros nomes e algumas peças mais; mas, tal como está, inclui os elementos que explicam e situam o teatro de José Régio, se lembrarmos que o teatro histórico, pretensamente poético, conhecera, no fim do século XIX e princípios do actual, um renovo neo-romântico de grande êxito (como em França, com Edmond Rostand), a que António Patrício, com *Pedro-o-Cru* (retomando o célebre assunto de Inês de Castro, sempre disponível no teatro universal) e com *Dinis e Isabel,* deu uma seriedade poética que ele não tinha, para lá da boa retórica cénica e oratória.

O teatro de José Régio, na sequência deste quadro, funde três linhas nele destacáveis (como em todo o teatro moderno): o alegorismo poético do post-simbolismo (em que as figuras históricas são menos «historicistas» que símbolos), o realismo-naturalismo usado como veículo de problemas religiosos e metafísicos, e o experimentalismo das formas expressionistas, como libertação dos esquemas rígidos do convencionalismo do teatro burguês realista. Com efeito, se *Jacob e o Anjo* continua a linha de António Patrício, *Três Máscaras* prolonga o diálogo de *Pierrot e Arlequim* de Almada Negreiros, como *Benilde* reflecte o expressionismo e a superação do realismo efectuada por Alfredo Cortez e por Raul Brandão (de que *Mário* por certo se recorda). Mas seria injusto, ou poderia ser mal compreendido situá-lo apenas neste quadro nacional que ele, nalgumas peças (como também alguns dos nomes citados), indubitavelmente transcendeu.

Nascido em 1901, José Régio é um poeta que vem do post-simbolismo para o modernismo, como no Brasil Ribeiro Couto ou Cecília Meireles, ou na Espanha a chamada geração de 1927. Como dramaturgo europeu ou, melhor, euro-americano, a sua geração é a dos que nasceram nos anos 90: Betti (1892), Montherlant (1896), Zuckmayer (1896), Wilder (1897), Ghelderode (1898), Lorca (1898), que nenhum corta inteiramente com as convenções realistas senão para a transfiguração poética, e cujas preocupações são essencialmente filosófico-morais. Este grupo, em que, de certo modo, fazem excepção Maiakovski (1893) e Brecht (1898) — e o realismo invertendo-se em «teatro épico» é fundamental na estética deste —, distingue-se nitidamente do seguinte, os nascidos dos primeiros anos do século (Beckett, em 1906, e Sartre, em 1905) até cerca de 1920 (Weiss, 1916, Vian, 1920, Dürrenmatt, 1921), dramaturgos em quem a crítica da «realidade», implicitamente aceite pelos anteriores ao oporem-se-lhe simbolisticamente, se torna conscientemente *subversiva,* graças a Deus e ao Patriarca Noé. Se, como poeta — e grande, que foi — José Régio pode ser considerado segundo uma periodização teórica, «anterior» a Fernando Pessoa, Sá-Carneiro, Almada Negreiros e aos aspectos vanguardistas do modernismo lançado em 1915 para Portugal, o seu teatro não se pode dizer que estivesse (e isto longamente não tem sido entendido pela crítica portuguesa) desfasado em relação à época em que se desenvolveu.

Ao enumerarmos sucessivamente as peças de Régio, tivemos o cuidado de mencionar sempre as classificações que ele deu a cada uma das suas peças. Só duas vezes em sete ele usou as mais comuns: «drama» para *Benilde* e «farsa» para *O Meu Caso*. As outras são: mistério, fantasia dramática, poema espectacular, tragicomédia, episódio tragicómico. Estas classificações, e Régio em prefácios e post-fácios mais do que uma vez mostrou a que ponto era ciente da problemática teatral, claramente revelam dois aspectos importantes, sobretudo se acentuarmos que elas encaixam exactamente em cada uma das peças a que foram apostas: a sua sistemática experimentação com a *forma* (já que, como se vê, não repetiu nehuma, pelo menos na sua intenção), e o didactismo que informou grande parte da sua actividade literária, e sem o entendimento do qual ela é, em grande parte, incompreensível no seu sentido último. Que didactismo é esse?

Nas suas manifestações mais elevadas (não no carácter repetitivo e insistentemente explicativo de muitos dos seus escritos, como que dirigidos a analfabetos e débeis mentais que, diga-se a verdade, o público culto luso-brasileiro em grande parte é, mais do que o inculto), uma intencionalidade expositiva e impositiva das suas convicções mais profundas e mais urgentes: um espiritualismo atraído e repelido pela simbologia cristã e católica de que o poeta usa para metaforizar uma sensual dialéctica da carne-espírito; um abstraccionismo ascético que se conquista ou se descobre para lá do social, do moral e do político; uma visão barroca da morte como o absoluto a que tende toda a relatividade da vida; uma ambiguidade na interpretação deste mundo e do «outro» que pode não ser senão este mesmo despojado de toda a contingência e toda a circunstancialidade; um fascínio pelo «humano» (palavra-chave da ideologia *«presencista»*) entendido como o estranho, o anormal, o incomum, o gratuito, que podem surgir nas criaturas mais simples e nas situações mais coerentes; um gosto do grotesco, menos como o contraste romântico do sublime, que como o essencial esconderijo em que o sublime se revela; e a noção de que uma visão poética é um dom especial, uma intuição profunda de outra realidade em que a poesia é pura vivência que independe de formas, de palavras, ou de ideias. Tudo isto, que é o cerne da personalidade literária de José Régio (e o tornou antipático, depois dos fins dos anos 30, à maioria dos escritores portugueses marcados pelas preocupações sócio-políticas, a que, na vida pública, o próprio Régio, por democratismo libertário, não foi alheio; da mesma forma que permitiu ao conservantismo católico um namoro com ele, feito de proibições suspeitosas e de críticas esperançosas de que o poeta viesse um dia ornamentar o redil das ovelhas do Senhor), transforma-se, no seu teatro, em figurações que tendem para a alegoria contraditória ou para a abstracção intelectualizada, e que, em prosa (o teatro moderno, em Portugal, reagiu contra a metrificação do neo-romantismo), falam numa gama variada de expressão eloquente e às vezes grandiloquente, muito devedora à retórica tradicional nos seus opulentos artifícios (de que a poesia de Régio usara magnificemente nas suas primeiras e mais ricas fases), mas palpitante de uma angústia metafísica, ainda que algo literária e vaga, que não havia sido o forte dessa retórica desde o Romantismo. A crítica que achou palavroso o teatro de José Régio, ou irritantemente alegórico, por certo nunca lera o teatro moderno de Paul Claudel, Yeats, ou Hoffmanstahl, como a maior parte do teatro expressionista alemão. Ou os detestaria pelas mesmas razões.

Não se julgue, porém, que, nos seus melhores momentos que são *Jacob e o Anjo* e *Benilde* (esta última, precisamente uma peça em que a acção descarnadamente e aparentemente realista é servida por uma linguagem «realista» também, muito semelhante à dos diálogos na ficção de Régio), este teatro não atinge ou não comunica emoção espectacular senão a sofisticados literatos. Muito pelo contrário: a alegoria do Rei roubado de trono e de esposa (que foi abstraído por Régio da história do soberano português Afonso VI) e que ascende à visão do Anjo da Morte, como a intensa vibração da jovem que se entrega ao sonho (ou à realidade?) de ser uma nova Virgem Maria, são ambas de uma pungência extraordinária, como a história do homem que, pirandellianamente, quer contar o «seu caso» no teatro, se reveste de irresistível comicidade. E sem dúvida que *El-Rei Sebastião* é, sob muitos aspectos, uma análise profunda, no palco, do mito sebastianista ainda na própria personalidade do rei que o encarnou. Que tenhamos a Sebastião e ao seu mito uma espécie de ódio teológico, pelo que ele simboliza de paralisia luso-brasileira, não nos autoriza a menosprezar uma peça que o observa numa sequência de belas cenas a que só ele dá unidade.

Por outro lado, o teatro de José Régio não é, de modo algum, o que se diria um teatro de «poeta», isto é, um teatro que nos interesse como o prolongamento cénico da actividade de um poeta excepcional, e portanto um teatro predominantemente para ser lido. As suas qualidades cénicas, a subtileza dramática, a possibilidade que oferece de magnífi-

323

cas e audaciosas realizações espectaculares serão patentes a quem o leia com simpatia. Não é como ficou dito acima, o teatro de um companheiro de Beckett, Genet, Ionesco, etc., na criação de um teatro «anti-treatro», nem o de um Brecht ou de um Boris Vian. Mas não está, paradoxalmente, tão longe da actual agonia juvenil com o «realismo burguês» e as suas mistificações, como possa parecer. E o seu espiritualismo anárquico e visionário por certo está mais próximo das gerações actuais que das tendências programáticas e pequeno-burguesas--revolucionárias das imediatamente anteriores. E tem, pelo menos, uma capacidade de articulação cénica muito distinta dos gaguejos de muito teatro contemporâneo.

Depois de Régio, o teatro português, com as suas limitações, enveredou pela ferocidade satírica, o realismo social transposto para um expressionismo cénico, ou reverteu a um regionalismo poético que atraíra dramaturgos anteriores a José Régio e que ele evitou. Ele, porém, ficará como um dos homens de teatro mais importantes do século em Portugal, e o autor de pelo menos duas obras-primas do teatro português: o seu «mistério» (em que o facto de usar a classificação para uma história que não é de Deus revela a intenção de pôr Deus no próprio Homem) e o seu «drama».

Criticamente, Régio foi um dos primeiros a impor o modernismo que o precedera e que realmente veio a ter larga influência pública só quando Régio já ascendera à consagração. O que foi menos um paradoxo, se recordarmos como ele era um post-simbolista «anterior» a Pessoa e a Sá-Carneiro. O que explica obliquamente a natureza do seu teatro e a razão de ele ter sempre aclamado Sá-Carneiro a *par* e não *depois* de Fernando Pessoa, por quem Régio sentia admiração misturada de suspicaz reserva. Como o erotismo, sob todas as suas formas, é parte essencial da estética de José Régio, e se encontra notoriamente ausente do intelectualismo de Fernando Pessoa, isto nos ilumina mais profundamente o teatro dele, o qual, como a sua poesia, era uma superação post-simbolista (da mesma maneira que Sá-Carneiro leva o esteticismo simbolista à expressão da sua negação expressiva), e não um experimentalismo da personalidade. Que a personalidade se dividisse, Régio aceitaria como última situação dramática do maniqueismo. Que a personalidade se multiplicasse e, em si mesma, se anulasse, eis o que ele, individualista por excelência, não podia realmente aceitar. E muito menos que o erotismo se neutralizasse no comprazimento da personalidade una da tradição romântico-simbolista se ver dividida, arrastando com isso uma total relatividade dos modos de ser e de estar no mundo. Talvez que o paradoxo mais profundo da obra de José Régio resida nisto mesmo, de que o seu teatro se fez ilustração: a perplexidade final de não haver maneira de, ao mesmo tempo, estar-se no mundo e fora dele.

(1970)

OUTROS ESCRITOS
SOBRE TEATRO

CRÍTICA A ESPECTÁCULOS DE TEATRO

SOBRE O EXÓTICO, O FOLCLÓRICO, ETC.
A PROPÓSITO DO TEATRO CLÁSSICO DA CHINA

Em Londres, que é uma espécie de Babilónia com o ar infinitamente pacato e solene de todas as Babilónias (realmente, a propriamente dita ter-se-á revestido de fascinações horrorosas apenas aos olhos dos campónios burgessos e fanáticos que eram os judeus), é sempre possível ver-se tudo, até mais que uma vez. E assim, os londrinos que haviam caído de cócoras, babados de exotismo, perante o Teatro Clássico de Pequim, creio que o ano passado, puderam este ano, já sem o pasmo da iniciação, repetir a dose com o mesmo Teatro Clássico, mas vindo da Formosa. Ambas as companhias são — ao que se chamam — rigorosamente tradicionalistas, como convém àquele classicismo, e mais quadro menos quadro, mais pulo menos pulo, mais falsete menos falsete, representam exactamente a mesma coisa, na mesma clássica ausência de cenários e de adereços, com uma indumentária deslumbrante, ao som de idêntico chinfrim (por certo das mais doces melodias do então Celeste Império).

O meu primeiro contacto com a China, além das porcelanas de chá e dos jarrões vetustos e familiares, foi, se me não engano, *As Atribulações de um chinês na dita,* do Júlio Verne; e daí nunca consegui passar para as denguices dos Lotis, dos Hearns ou dos Wenceslaus de Morais. Quer tratassem da China ou de Japão, foram sempre para mim intoleráveis. De resto, ao percorrer museus como o Victoria and Albert, as salas muçulmanas, indianas, chinesas, etc., prendem-me muito pouco, excepto quando deparei com o momento único das esculturas do Afeganistão, em que, fugazmente, num equilíbrio como só acontece às vezes, o romano e o budista se cruzaram — e não sabemos se é Apolo quem sorri na bonomia irónica de Buda, se é este que, de súbito, aceitou, sem mais, a sua realidade física de deus, de homem e de estátua.

331

Eu sou, por natureza e convicção, inimigo declarado de todos os particularismos colectivos, de todos os peculiarismos exóticos, de toda a ternura folclórica com que se pretenda manter à margem do mundo uma aldeia só que seja. Eu sei que os povos só valem como humanidade, nunca valeram como outra coisa: e a alegria que sinto, no Museu Britânico ou no Louvre, ante as colecções onde palpita ainda vida milenária, não provém de esta ser milenária, estranha, distante, bárbara ou requintada, mas sim de eu sentir em tudo, desde as estátuas aos pequeninos objectos domésticos, uma humanidade viva, gente viva, pessoas, sobretudo pessoas. Ao voltar ao Museu Britânico, não pude deixar de ir visitar o meu amigo Artemidoro, grego do Egipto, cuja múmia alinha entre tantas, naquela formatura ridícula da «1.ª sala egípcia» dos cocurutos do museu, e cujo rosto, pintado na tampa (num estilo que sobrevive no Greco), me fitou como antes, entre grave e despreocupado, tendo nos olhos aquele espírito da Alexandria, helenística que Cavafy gloriosamente reanimou nos seus versos. Como a estátua de Mausolo, no Museu Britânico, ou a cabeça truncada de Mitrídates Eupator, no Louvre, ou a escultura que citei, do Victoria and Albert, Artemidoro é um velho amigo através dos séculos — porque é evidente em todos eles, a civilizada harmonia do mundo, sem Oriente nem Ocidente na flutuação barroca e sincrética da vida livremente aceite.

Por tudo isto, eu fiquei sinceramente perplexo ante o teatro clássico da China. Poderia ter tomado o partido de grande parte do público, e divertir-me à gargalhada. Mais facilmente o tomaria do que me deixaria titilar pelas magnificências misteriosas dos Li-Pi-Ri-Pi-Pós com que sempre engalinhei nas traduções que Camilo Pessanha fez de elegias chinesas. E fiquei perplexo, porque a desumanidade total e abstracta, de tipificação, que aquele teatro representa; o extremo requinte evolutivo de uma tradição teatral que, há séculos, cristalizou num convencionalismo de que as maiores audácias cénicas do nosso teatro moderno parecem uma lamentável e incipiente caricatura; aquele misto subtil de hieratismo, de ópera e de ballet, em que ao cómico ou ao grotesco está confiada a nota do individualismo humano; o virtuosismo ágil daqueles actores e actrizes que parecem andores da Semana Santa em Sevilha, tal o peso das sedas e bandeiras e barbaças e carantonhas que acarretam (um grande general traz sempre quatro bandeiras, com pau e tudo, às costas); tudo isso me dá a imagem monstruosa de uma humanidade que se fossilizou voluntária e pacientemente, com uma lúcida inteligência crítica, através dos séculos. Porque, no teatro chinês, não há dia nem noite, senão nos gestos. Uma porta, que não existe, é arrombada, com todos os pormenores do esforço, diante de nós. Um actor que entra, empunhando uma vara com laços, vem a cavalo, e apeia-se ao entregá-la a um servo. Assisti a uma batalha naval, em que as duas esquadras são dois cortejos pomposos e rivais, na cauda de cada qual um figurante segue, correndo acocorado, com um remo a dar, a dar. E os cavaleiros desembarcaram todos em pleno palco, saltando ao pé do remador, que balouçava ao salto de cada um... Tudo isto — como o falsete convencional em que todos cantam ou miam — é teatro puro.

O que vemos são apenas fragmentos, pequenos intermédios, duetos ou bailados de óperas intermináveis que levam dias a representar. Como não sou sinólogo (à semelhança de toda a gente), acredito, e vejo. Aquilo pode ver-se sem se entender. Mas entende-se melhor, com o programa na mão,para sabermos, por exemplo, que o general subiu para cima da mesa para, do alto da montanha, inspeccionar o campo de batalha. Entender-se-ia ainda melhor, sabendo chinês e chinês clássico para os perceber. Não sei. E creio que, em Portugal, só o Fernão Mendes Pinto seria capaz de plenamente apreciar aquilo, embora a minha ignorância sinológica me permita suspeitar que aquele deslumbramento, no tempo dele, ainda não passara à codificação «clássica» do teatro.

Teatro puro, sem dúvida. Puro espectáculo, sem dúvida. Isso entendo eu, como o pobre Fernão não entenderia. Refiro-me ao teatro levado às últimas consequências; que do resto sabia ele tanto ou mais do que eu.

Morram os folclores e viva a humanidade! Compreendo e aceito que, na China, não haja maior prazer teatral do que assistir a uma comédia idiota, de boulevard, com as pessoas vestidas como toda a gente, e em que ter a cara pintada de vermelho seja apenas ter a cara pintada de vermelho e não ser «uma pessoa de alta integridade moral».

VARIAÇÕES SOBRE UM TEMA DE SHAKESPEARE

Por mim, que saboreio com delícias, por exemplo, as «Variações sobre um tema de Frank Bridge», de Benjamim Britten (esse grande compositor que não atingiu ainda a consagração da proficiente crítica musical portuguesa), acho que este titulo de mais um artigo britânico e dedicado ao Shakespeare, que vi ou não vi «in loco», está muito bem. Que dissertar sobre o Shakespeare propriamente dito nem pela cabeça me passava, quando a vida não me chegaria para nada, mesmo que eu me decidisse a só ler os títulos da bibliografia shakespeariana do universo e arredores. Shakespeare, ainda que uma pessoa se limite a «provar», para três meses de celebridade jornalística, que ele era ou não era o Bacon (patifório politiqueiro que não estimo pessoalmente), o Marlowe (aventureiro muito suspeito que profundamente admiro), o diabo (que não vem ao caso se me agrada ou não), ou simplesmente o «great Wil!» cuja canonização anglo-saxónica está montada em Stratford-upon-Avon por forma a comover o mais empedernido dólar, é — que distante vai o sujeito desta oração, Deus meu, ou não fosse «ele»! — uma especialização muito séria. E sem a especialização técnica no manejo do verbete (que os eruditos permutam entre si, como os coleccionadores de selos fazem com as suas razões de existir) um crítico está sempre, nestas matérias, muito desprevenido.

Quando fui em peregrinação aos lugares selectos e veneráveis da cidade natal do talvez maior espírito de todos os tempos (isto é uma citação, cujo autor lamento não recordar); quando lá assisti no «Memorial Theatre» às representações de *King John* e de *Julius Caesar;* quando no Old Vic, em Londres, me pareceu que, por um estranho equívoco, iam representar a *Viúva Alegre* em vez de *Hamlet;* quando ouvi «Sir» John Gielgud e Dame Peggy Ashcroft (em Inglaterra, como se sabe, pelo teatro também se chega à nobreza, e não só pela banca ou pelas indústrias), à paisana, transfigurarem-se lendo cenas de Shakespeare; quando li eu nos jornais que podia ver, se quisesse, um *Macbeth* positivisticamente aperfeiçoado, limpo de todas as superstições, fantasmas e feiticeiras, que são nele o tributo pago por um génio ao obscurantismo torpe da sua época — não era, de facto, para menos. Estava inteiramente desprevenido, e desprevenido fiquei, como se vê.

Em Portugal (embora de vez em quando se perpetre a representação de uma como que peça de Shakespeare), a gente não vê daquilo todos os dias; e lê-lo muito não só dá trabalho, como «ele» é de facto uma criatura demasiado grande para o convívio quotidiano. É certo que Margaret Webster, ensaísta, actriz e encenadora diz, no seu *Shakespeare sem Lágrimas* (assim, em tradução livre, o sobredito cujo sem mestre, como o francês dos métodos rápidos), que nunca nos devemos esquecer de que ele era um homem como nós. É bom de dizer. *The trick* está precisamente nisso. Assim como em Granada vira em tempos as sandálias (as últimas?) de S. João de Deus, como em Bruges não vi (porque está fechado o tubo num cofre e não era sexta-feira) o «Santo Sangue», como na Tate Gallery, em Londres, vi de facto a paleta e os pincéis de Turner, também em Stratford-upon-Avon vi uma data de coisas nas paredes da casa onde «ele» nasceu. Não eram, é certo, o chinelo da sua refastelada reforma no palacete de «New Place» (cujas fundações, como as dos palácios de Conimbriga ou de Pompeia, se conservam, devidamente exumados e enrelvadas) nem o tinteiro com a tinta que sobrou de escrever a *Tempestade* ou a sua parte na *Henrique VIII* (últimas peças presumivelmente, e a tinta que sobrou só pode ser delas), nem a pena com que tão bem sempre elidiu o seu pensamento (como supremo homem do teatro que era). Mas eram fotocópias de documentos vários, edições contemporâneas dos livros por onde terá estudado as suas, que se saiba, pouquíssimas letras (como é possível que não fosse formado em humanidades literatas um tão grande homem? Muito estranho), dos livros que utlizou descaradamente nas suas obras, etc., etc. Tudo ali está para provar, como o busto do nicho sobranceiro à sua pedra tumular e às da família (é de facto indecente insinuar que ele casou aos dezoito anos com uma rapariga mais velha, e que a primeira filha nasceu seis meses depois), todas floridas pelos devotos ou pela Comissão de Turismo, na Holy Trinity Church, que ele era o cidadão emérito e, no entanto, não se sabe quem. Se o busto foi posto lá poucos anos depois da sua morte, quando viveriam ainda muitos que o haviam conhecido, como foi, deve estar parecido. Parecidas estarão também a casinha confortável onde se criou sua mulher, a casa de seu pai onde ele nasceu, a casa de Mary Arden, sua mãe. A escola, onde andou, ainda é a mesma, e funciona. A sua lendária carteira (de bom aluno?) existe. E é com emoção que se passa por diante da tipografia velhinha que imprimiu o Primeiro Folio, ou seja a 1.ª edição das Obras Completas, em 1623, e que ainda imprime, para o «Memorial Theatre», os argumentos e os programas das peças. O rio, os campos verdejantes, as casas isabelinas autênticas ou imitadas, o *inn* do seu tempo que é o hotel onde estive (e em cujo *lounge* se descobriu numa parede uma pintura a fresco do tempo da cerveja que ele bebeu — *«oh no more cakes and ale»*), até a imagem da floresta de Arden, que desapareceu, tudo isso comove profundamente. Os espíritos fortes, em geral, não se comovem com o que é expressamente feito para comovê-los. São uns tristes. Não percebem nada de arte. Eu, que percebo (é uma das minhas presunções), comovi-me. Mesmo o célebre monumento do jardim, no cimo do qual ele está abandonado como o nosso poeta Chiado, de papel da mão (ou a meditar no «To be or not to be»? — não me recordo), tudo em bronze, com o Falstaff e o Hamlet e a Lady Macbeth e não sei quem mais à volta, todos em bronze, no gosto mais «caca» que o século XIX produziu (até parecem fugidos aos quadros pré-rafaelistas da Tate), mesmo esse me comoveu, e andei, como se fosse americano, à volta dele. O mau gosto comove os críticos desprevenidos, e é uma excelente introdução às obras-primas. Quem nunca leu o Campos Júnior não pode apreciar Camões sem complexos de inferioridade. Quem nunca foi a Stratford ouvir uma daquelas peças, ali no coração lendário da sua terra natal, sabendo que pisou por onde ele pisou, e sabendo que é parvoíce ligar importância a essas emoções, pode amar Shakespeare, mas não o conhece pessoalmente. É exactamente como os eruditos e os sábios professores, com a diferença, que lhe é favorável, de estes, coitados, serem perfeitamente incapazes de amar seja quem for e muito menos os cadáveres imaginados que dissecam.

Quando voltei a Londres a crítica ocupava-se de uma obra shakespeariana, escrita meritoriamente por uns sujeitos que tinham sido funcionários, na América, dos Serviços de Cifra. Pois aplicaram a sua ciência experimental na guerra quente e fria aos textos, e não encontraram o Bacon! Não encontrariam também o Shakespeare, se o procurassem. Eu honro-me de o ter encontrado nos palcos, mesmo vestido de Luís II da Baviera, quando Hamlet.

Mas esta primeira variação — parentética e safada — vai longa. Prometo que a segunda não será desprevenida.

VARIAÇÕES SHAKESPEARIANAS «IN LOCO»

Ir a Inglaterra e não ver representar Shakespeare é como ir a Roma e não ver o Papa. Nunca fui a Roma, e gostaria de ver o presente Pontífice, além do mais que por lá há e é romano e renascença e tudo. Mas vi em Inglaterra três peças de Shakespeare, uma delas romana — *Júlio César* — e o Império Britânico foi o que de Roma se pôde arranjar nos tempos modernos. As outras duas — *King John* e o *Hamlet* — precisamente exemplos da «crónica histórica» e da «tragédia do grande período» shakespeariano, completaram um excelente panorama, a que só faltou o fantástico remate: *A Tempestade,* na encenação de Peter Brook, com «Sir John Gielgud as Prospero», a que não pude assistir, em Stratford, e veio para Londres depois de eu ter partido. *In loco,* na terra natal de Shakespeare, a amabilidade do British Council permitiu-me ver o que de outro modo, com bilhetes marcados e esgotados a longo prazo, não poderia ter visto nos dias em que lá estive: a odisseia do irmão de Ricardo Coração de Leão e a tragédia mais de Bruto que de César, com uma grande ária para Marco António. Mas, para o teatro de Shakespeare, Londres é afinal bem mais *in loco* que Stratford-upon-Avon, e lá, no Old Vic, tive ocasião de assistir à discutida encenação que Michael Benthall inventou para *Hamlet.*

King John é uma trapalhada esplêndida, um desbordamento de desconexão e retórica desaforada, com cenas terríveis de eficiência dramática. *Júlio César* é, para mim, sobretudo até ao fim das cenas romanas, uma peça extraordinária, como construção, visão profunda, elegante e pomposa dicção — e tenho por certo que a maior parte das desvergonhas da política universal provém de que os politicastros — os bem e os mal-intencionados — não são obrigados, para seu escarmento e vergonha, a ouvir todos os dias os discursos de Bruto e de

337

Marco António. *Hamlet* — se trezentos e cinquenta anos de crítica erudita ou impressionista, filosófica ou literária, etc., ainda não disseram a última palavra sobre o que é essa peça, estavam então à espera que me propusesse eu dizê-lo aqui?... Mas posso dizer que, para lá da revelação que é sempre ver uma peça genial que muito se ama (e para mais se viu apenas reduzida a brilhantíssima produção cinematográfica), a «ideia» de Benthall é aliciante, um autêntico ovo de Colombo, de que a peça resulta uma obra com desenvolvimento lógico (de lógica shakesperiana, bem entendido), de uma pungência que nada ou quase nada fica a dever aos mistérios de olhos em alvo ou por outras partes, com que sempre se olha a personagem do príncipe da Dinamarca.

Como é sabido, o *Hamlet* foi publicado, pela primeira vez, num folheto de cordel, em 1603: o «First Quarto». Logo no ano seguinte, outra edição de Hamlet contém o mais complexo texto que da peça se conhece. O primeiro texto é péssimo, mais parece uma paródia ordinária que a exploração literária de um grande êxito cénico. Mas tem uma coisa curiosa, que os textos definitivos não vieram a possuir e se tem mantido inalterada neles, do Folio aos nossos dias: a ordenação das cenas e dos grandes monólogos, que não é a mesma aceite sempre depois. Benthall limitou-se a pôr em cena, em matéria de texto, a versão autorizada, mas na ordem do Primeiro Quarto. E, assim, por exemplo, o celebrado «To be or not to be», quarto monólogo, passa a ser o terceiro e adquire um sentido inteiramente diferente na sequência dramática, embora mantendo, é claro, toda a magia poderosa e específica dos seus versos magníficos. O que deste ovo de Colombo advém para a evolução da personalidade de Hamlet é surpreendente: o *Hamlet* é, afinal, menos a crónica das tergiversações do intelectual ante a acção, ou das perplexidades do homem «moderno», que a *educação* para a vida (e para a morte) do que os franceses de certa época chamariam uma «belle âme». Hamlet vai descobrindo progressivamente, desde o encontro com o fantasma, aquilo que, para outros, é apenas um comentário conformista: «algo está podre no reino da Dinamarca». Sua mãe e seu tio, Polónio e Ofélia, Guildenstern e Rosencrantz, são a escada de desilusão que a sua boa fé sobe (ou desce), cena a cena. A encenação, utilizando adereços e figurinos como de há um século, coloca imaginosamente a acção numa espécie de principado germânico de opereta, e por isso eu já disse, em artigo anterior, que, ao acenderem-se as luzes para a cena da corte (já que, na semi-treva anterior da esplanada do castelo, pouco ou nada se via), me pareceu que iam cantar *A Viúva Alegre*. Se nos lembrarmos de todas as conexões literárias e lendárias, como Mayerling, Luís II da Baviera, etc., reconheceremos que a *interpretação do Hamlet,* como história de uma alma que desperta por ser fadada pelo destino para, se possível, despertar, é acentuada pela sua «viagem» através das desilusões de uma corte corrupta do século passado. Uma corte renascentista, como até certo ponto tem sido o ambiente atribuído cenicamente à peça, menos daria talvez este aspecto que o texto agora revela — as «belles âmes», na Renascença, conheciam todas «de gingeira» o Mal. E complicações psicológicas atribuídas à personagem de *Hamlet,* certas delas, a crítica levou bem mais de um século a descobri-las. De resto, a peça é tão extraordinária, de uma tão absorvente e poderosa fascinação, que, a certa altura, tudo aquelo se podia passar mesmo com os actores em pelota que a gente não dava por nada. E a cena, quase única e sombria, com afinal ligeiras indicações de vagas colunas, recortava por tal forma as figuras ou a voz delas, que só o texto e o movimento sobressaíam. Não concordei com a dicção, sobretudo a de John Neville no seu Hamlet. Uma certa preocupação de falar naturalmente provoca, para esta linguagem meditativamente metafórica de Shakespeare, um acréscimo de velocidade por vezes perfeitamente ridículo. Notei que a tendência se está generalizando no teatro inglês, e foi com alívio e encantamento que ouvi, noutra ocasião, John Gielgud e Peggy Aschcroft dizerem cenas de peças, com uma magestade que não exclui a naturalidade convencional da linguagem do grande teatro.

As produções, em Stratford, do *Júlio César* e do *Rei João,* dignas, grandiosas e correctas, não tinham mais que a beleza própria a servir a acção. Esta, que é complexa na primeira, e dispersa e caótica na segunda, não tem o mesmo apaixonante interesse que em *Hamlet.* Na interpretação, Robert Harris, no Rei João, e Richard Johnson, em Marco António, tinham momentos excelentes, sendo a daquele uma verdadeira criação, tanto mais difícil quanto a figura histórica e a personagem dramática (na peça) de João Sem Terra são contraditórias, incongruentes, ingratas. Mas a pessoa pusilânime, cruel, orgulhosa, do Rei shakespeariano era dada com um vigor e uma intensidade impressionante no charivari de faca e alguidar, exposto numa retórica desproporcionada, que é o *King John.* Joan Miller, em Lady Constance, foi quem deu, da grande cena do seu desesperado protesto, a medida do que a categoria de uma actriz pode fazer de um texto emocionante, à força de repetições, jogos verbais, metáforas, lágrimas, gritaria, etc. Em compensação, Alec Clunes, que era um correcto Bruto, fazia com grande êxito um Faulconbridge que me pareceu o Errol Flynn no *Robin dos Bosques.* Influências do cinema barato nas fraquezas do teatro caro.

339

Foram estas as minhas modestas aventuras shakespearianas. Das outras aventuras teatrais contarei em breve. *The rest is silence,* como muito bem diz, ao morrer, o príncipe da Dinamarca. Guardo dele uma recordação inolvidável, que me foi acentuada, quando saía do Old Vic, pela travessia da ponte de Waterloo ao encontro da visão feérica e soturna de uma Londres turisticamente iluminada. Aquele «sweet prince», transformado pelo génio na mais extraordinária personagem que o Teatro jamais criou, e a partir do manequim de uma velha *revenge play*... Não; não creio que ele deva alinhar com D. João ou Fausto ou Édipo entre os arquétipos. Como Cervantes ao Quixote, Shakespeare criou-o de tal modo, que ele ficará, por muito que de hamlético tenhamos, sempre esta coisa insubstituível, irrepetível, única: uma pessoa simplesmente humana. As diferentes interpretações — embora, como ao Quixote, possamos meditá-lo interminavelmente — serão só, suponho eu e em que pese ao meu amigo José-Augusto França, as dos actores que lhe dêem o corpo e o sangue de que ele precisa para falar, falar, falar até ao fim do mundo.

ALGUM CHÁ E MUITA SIMPATIA

Eu prometi, sobretudo a mim mesmo, que falaria aqui de todo o teatro que vi em Inglaterra. Bem sei que estas promessas são das que podem não ser cumpridas, e ninguém dá por isso. Mas parece-me que não seria eu fiel à minha missão de espectador e testemunho, se não chegasse a falar das peças de John Osborne, que ambas vi, e da celebrada *Chá e Simpatia,* que também vi. Só depois de as ter visto li aquelas, até porque uma delas, *The Entertainer,* foi publicado por ocasião da reposição a que assisti; quanto à peça de Robert Anderson, foi-me grato vê-la, quando a lera logo depois das imensas repercussões críticas que a sua estreia na América suscitou. Devo desde já dizer que acho de segunda ordem todas estas peças; mas, no entanto, a peça americana reveste-se de uma importancia e de uma beleza que transcende o profundo americanismo circunstancial em que se situa, enquanto as peças de Osborne, extremamente significativas de uma mentalidade que está alastrando pelo Mundo, não transcendem de facto o aspecto britânico dessa mesma mentalidade, do qual são, todavia, excelentes exemplos, principalmente *Look Back in Anger,* por vezes muito bela e bem construída peça. *The Entertainer* proporcionou-me, porém, com a interpretação de «Sir» Laurence Olivier, um dos maiores senão o maior dos pasmos teatrais de que jamais fui vítima.

John Osborne, o jovem autor das duas peças referidas, é uma espécie de Françoise Sagan do moderno teatro inglês, como Kingsley Amis o é do romance ou Colin Wilson não sei se do ensaio. Aos 27 anos, atingiu a glória e a fortuna, e a estreia há poucos dias, em New York de Laurence Olivier em *The Entertainer,* estrondosa e ansiosamente esperada, deve ter coroado condignamente as suas ambições. As suas peças foram lançadas pelo «English Stage Company, Ltd.», organização fundada em 1956 para protecção do teatro contemporâneo, em especial o mais jovem teatro inglês. Com a sua sede no Royal Court Theatre, em Sloane Square, em Chelsea, e ocasionais «raids» a outros teatros londrinos mais centrais (*The Entertainer* foi reposto no conspícuo Palace Theatre), esta sociedade já apresentou peças dos ingleses Nigel Dennis, Ronald Duncan, Angus Wilson, etc., dos americanos Carson Mc Cullers e Arthur Miller *(As Bruxas de Salem)*, e ainda Brecht, Giraudoux, Ionesco, Samuel Beckett. Quando parti, estreara-se no Royal Court Theatre uma reposição do Festival de Edimburgo: *Nekrassov,* de Sartre, com Robert Helpmann no protagonista. Não se pode deixar de reconhecer que Osborne não anda teatralmente falando, em «más companhias»; e o êxito das suas peças, excedendo em muito o experimentalismo e o correlativo público, demonstra a que ponto o pouco, contraditório e confuso, que elas exprimem apela para as largas camadas da população britânica.

Tem-se dito que Osborne é um filho típico do *Welfare State;* e que estes filhos da segurança social não perdoam à sociedade em que nasceram aquilo que ela lhes não pode dar, um *pedigree* familiar e um chazinho, tomado a tempo, pela linhagem que falta. *«The Angry Young Men»* — os jovens irritados — seriam assim uns invejosos das «country houses», da alta sociedade, dos tempos imperiais. Há um pouco de tudo isso nas peças de John Osborne, com a sua nostalgia — que dá alguns dos momentos realmente «bonitos» das duas peças — do 1900 dourado e fascinante, ainda quando visto apenas, pela pequena burguesia, da beira do passeio ante o qual desfilavam em pompa, irresponsavelmente de parte a parte, as figuras cintilantes de uma era «anterior ao bombardeamento», na feliz expressão de «Sir» Osbert Sitwell. E não deixa de haver um pouco de tudo isso na covicção quase carnavalesca com que a indumentária dos «teddy boys» macaqueia as elegâncias aristocrático-burguesas num atraso de décadas.

Mas interpretar assim o aspecto britânico de um conservantismo anarquizante que vemos desenvolver-se — e ser estigmatizado — desde a América à própria Rússia, será talvez não querer compreender, com algum chá e muita simpatia, uma consequência espúria e ocasional dos tempos que vão correndo. Por muito que custe aos amantes infelizes da respeitabilidade e do imobilismo, está nascendo por toda a parte um novo mundo, até mesmo onde se faz o impossível para reduzi-lo à imagem e semelhança do que já estamos fartos de conhecer. E não se pode exigir que os filhos do *Welfare State* — nos países onde, sob uma forma ou outra, o há, como nos países onde o não há e esses filhos são uma espécie de abortos das circunstâncias — aprendam de um momento para o outro o que seus pais e avós não sabiam, ou estimem aquilo que foi, *de facto,* o símbolo exterior de uma respeitabilidade que se alimentava da indignidade de seus pais e avós. A macaqueação nostalgica é, assim, menos uma inveja, que uma transposta apropriação de uma dignidade ainda não traduzida para termos actuais, dada a paralisia de «linguagem» em que o mundo se debate... Os «rebeldes sem causa», os *teddy-boys* emplumados como perus e pavões, a brutalidade gratuita, mesmo os crimes gratuitos reservados anteriormente aos Lafcadios da estabilidade burguesa ou aristocrática (e, no fundo, sempre vingança dos desajustamentos devidos a uma ascensão ou uma decadência na importância social — e os «Marialvas» surgem quando a aristocracia deixa de ser, por si só, uma força) tudo isto não tem outra origem. E é menos imagem de um mundo que nasce, que caricatura trágica do mundo que morre. É um novo-riquismo passageiro, como o nacionalismo aristocratizante dos criados de quinta promovidos a senhores de solar.

Se o aspecto colérico desta atitude transparece principalmente em *Look back in Anger,* a *The Entertainer* confiou Osborne o aspecto nostálgico. Mas, na figura do artista falhado e antiquado de um *music-hall* da *belle-époque* que já não interessa a ninguém, há, além das virtualidades de uma criação que Laurence Olivier elevou ao incrível da mais espantosa coisa de teatro a que tenho assistido — uma exibição de gratuito virtuosismo em profundidade como só um génio da cena é capaz de fazer —, uma consciência irónica, que a peça mal construída não favorece, da teatralidade irrisória da vida, quando as pompas e as circunstâncias perdem o significado oportuno. E a encenação de ambas as peças era excelente, e não esquecerei, ao lado de Olivier, Brenda de Banzie que, na figura da lamentável esposa, tinha uma criação alarmante de pungência e terrífica de humanidade. Ambas as peças, porém, estuam de humor, de brilho fácil das réplicas, e quem me dera contar aqui a história do homenzinho que chega ao céu e, instado por S. Pedro (?) resume as suas impressões... Essa anedota, cuja narrativa é um dos *clous* de *The Entertainer,* admirável de comicidade, é, apesar de tudo, e salvas as devidas proporções, uma espécie de parábola do Inquisidor-Mor do nosso tempo... Se Osborne não é um Cervantes, nem um Melville, nem um Dostoïevsky para parábolas de tamanha responsabilidade, talvez a culpa seja dele, da sociedade em que vive, do tempo que é nosso, sei lá que mais. Mas... enfim, não se diga que não gastámos com ele o melhor do nosso chá e da nossa simpatia... A ponto de o chazinho de Robert Anderson ter de ficar para outra vez. Mas esse tem muito que se lhe diga, como se verá.

SÓ CHÁ E SIMPATIA

Gastei há pouco algum chá e muita simpatia, neste mesmo lugar, falando das peças de John Osborne, que vira em Londres... e, quando me propunha dissertar apenas sobre «chá e simpatia», que também vira, acabou-se-me o espaço. Entretanto, tive ocasião de assistir a uma exibição da peça de Robert Anderson, adaptado ao cinema, e com os mesmo intérpretes que a estrearam num teatro da Broadway — Deborah Kerr e John Kerr. Tenho, assim, uma oportunidade mais definidamente util para elucidar o nosso publico, acerca de uma peça que por certo não verá no palco e que muito se engana se julga que a viu na tela. De facto, Holywood, usando as mesmas interpretações magníficas dos protagonistas (que maravilha a dicção de Deborah Kerr — que voz de perfeita musicalidade teatral, em que não há uma intenção dos contidos gestos que não ressoe inteligentemente!), Holywood, ia eu dizendo, serviu a todos os públicos de cinema, com a miserável colaboração do próprio autor a quem o argumento se deve (apesar da fatal decadência, o dinheiro de Holywood ainda é dinheiro que chegue para um autor se vender à «moralzinha» tacanha contra a qual a própria peça é feita), um chá requentado e torpe, em que, subtilmente, tudo é borragens, tília, laranjeira, uma casquinha de limão. E o drama acaba, a cada passo, por fazer rir o público — e é bem feito para os produtores e o autor, e é pena para muito acerto de ambiente no filme, para as interpretações, e, sobretudo, para a lição que o drama no teatro encerra, na sua quase perfeição de soneto parnasiano, a que, como ao *Eléctrico chamado Desejo,* de Tennessee Williams, não falta sequer a «chave de ouro», que é a última deixa da peça. «Quem quer que o senhor seja, eu sempre dependi da bondade de estranhos» — dizia Blanche. E Laura diz: «Anos depois... quando falares disto... e falarás... sê delicado».

O público londrino, no Comedy Theatre, só se ria, ou quase, do que na peça estava para ele se rir: e a produção, correcta até ao caricato de toda a gente, por causa da «cor local», falar com sotaque americano, não convidava muito à sisudez. O nosso público de cinema — e o riso vinha mais da «grã-finagem» que dos lugares baratos, a tal ponto um certo alarde de «masculinidade» é típico de classes socialmente desvirilizadas — ria-se muito, mas tinha a desculpa de estar vendo a peça tornada injustificada, tendo de «escabroso» só o suficiente com que possa, à boa paz e receita, dar a volta ao mundo. Em Londres, a peça fora proibida, e toda a gente a viu. Eu explico.

Assim como há lá a English Stage Company, que apresentou Osborne e Beckett, e de que já falei, há por exemplo o New Watergate Theatre Club, que, em vez de só promover a representação de teatro «novo», põe em cena aquele do «novo» que o Lord-camareiro tem por missão, no exercício das suas funções protectoras dos bons costumes teatrais, proibir. E como os sócios de um clube podem fazer o que quiserem, desde que pessoal e publicamente não ofendam a moral publica; e como toda a gente pode ser sócia de um clube desses (para o que basta inscrever-se, antes de comprar o bilhete, e exibir o seu gosto pelo teatro ou a «indecência», e não qualquer «pedigree» de bolas brancas e pretas), acontece que toda a gente pode ver a peça que a censura proibiu. A Inglaterra é, assim, como mais uma vez se prova, um país admirável: quando se trata de salvar as aparências, mas não há dúvida de que não se perde mais nada senão elas... A censura cumpriu, proibindo uma peça tida por escabrosa, isto é, prevenindo as almas ingénuas, pudicas e desatentas; o clube cumpre, pondo-a em cena com o labéu publicitário que a censura amavelmente lhe forneceu para despertar o interesse das almas descaradas mas desatentas também; e o público, o ingénuo que queira indignar-se, e o descarado que queira divertir-se, além de algumas pessoas decentes e esclarecidas, ora!... desses todos, só não vai ver a peça quem não quer. Não é isto admirável? Não é um monumento, em que o livre arbítrio de Erasmo e o «servo» arbítrio de Lutero se dão as mãos, simbolicamente, numa defesa coerente dos valores em que assentou sempre a civilização ocidental? Eu, sinceramente, acho que é — e recomendo instantemente a adopção deste critério que satisfaz meio-mundo. O outro meio... — mas também esse meio fica satisfeito, verdadeiramente satisfeito como nenhuma censura o pode satisfazer, na angustiosa e saborosa tortura de que «aquilo» afinal aconteça, apesar da influência para proibir-se tudo! Porque, não esqueçamos nunca, na impotência é que a própria impotência pode encontrar, legitimamente, as suas maiores delícias. E, de resto, como já não sei quem disse (se calhar foi aquele diabo do Gide ou ele é quem cita): «On se trompe de vice, comme de vertu». A esta frase, tragicamente basilar da moral social contemporânea, é a peça de Anderson um corajoso e indirecto comentário.

Em meu fraco entender (fraco, porque não sou sensível a coisas que não me incomodam nada), a peça de Robert Anderson não é escabrosa. Pornográfica, não o é, pois nela se não dizem, por palavras ou gestos, «porcarias»... E obscena também não, pois que nela o sexo não é elevado a categorias míticas.

Mas, antes de prosseguirmos, dilucidemos para o grande publico a confusão de Roberts e de Andersons, que o nosso noticiarismo costuma fazer na literatura norte-americana. Há o Sherwood Anderson (1876-1941) mestre de escritores, novelista insigne, autor de *Winesbur, Ohio;* há o dramaturgo Maxwell Anderson, o autor de *Winterset* e de muitas peças em verso, inclusive uma bergmanesca *Joana d'Arc;* há o dramaturgo Robert Sherwood, o autor de *The Petrified Forest* e de *Idiot's Delight,* que ambas o publico se lembrará de ter visto adaptadas ao cinema; e há também este Robert Anderson, que, ao lado do Williams do *Eléctrico,* do Miller das *Bruxas* e do Inge do *Piquenique,* é um dos nomes mais recentes do teatro norte-americano.

Ora *Chá e Simpatia,* de Robert Anderson, trata o caso de um jovem estudante de uma universidade, que, com outros, vivem em pensão, como é costume, em casa de um professor. O professor é casado... e o estudante e a esposa daquele (que decididamente é uma vocação para salvar homens em perigo) apaixonaram-se um pelo outro. O estudante é um mariquinhas que, em vez de jogar a bola na praia, joga o ténis (em que é campeão, mas há «campeões femininos» de ténis) e sabe coser botões. O professor, que se dedica apaixonadamente a desenvolver a varonilidade desportiva dos alunos, abandona muito a esposa. E esta, que já casara uma vez com um jovenzinho que se deixou morrer na guerra para provar que não era um cobarde, tem uma esfomeada pena deste rapazinho que todos perseguem com suspeitas idiotas. Isto, assim como na fita em Portugal, é perfeitamente irrisório; e, na América, também o seria, se a América não apreciasse mais, por ser mais lisonjeiro, o bilhete postal hollywoodense que o relatório Kinsey. Lá se me acabou, e muito a tempo, outra vez o espaço.

AINDA CHÁ E SIMPATIA — A PEDIDO DE VÁRIAS FAMÍLIAS

Eu peço perdão de voltar a isto. Mas várias famílias — homens, mulheres, soldados e crianças (embora os meus artigos sejam para maiores de 17 anos) — me manifestaram o seu desagrado pela forma insólita como, no meu ultimo artigo, me faltou o espaço, quando se ia entrar precisamente no melhor da festa. Porque são ingénuas e inocentes nem sonham a que ponto o espaço me faltou. Com efeito, punge-me lembrar-lhes que não vivemos em Sírius, mas num jardim da Europa à beira-mar plantado, onde é proibido expressamente colher flores ou pisar a relva. Postas estas reservas, eu reato.

Se bem me lembro, eu contara o filme extraído da peça de Robert Anderson, e comentara quanto era insólito em si mesmo e em Portugal. De facto, coser botões e executar outros trabalhos análogos não se pode dizer que seja quebra de varonilidade (não sei se o é na América, país rico, onde certamente, quando um botão das calças cai, se deitam as calças fora). Quanto à predominância, na vida masculina, das actividades desportivas, é sabido que se preconiza o desporto, sem distinções de especialização, aos homens e às mulheres; e que nunca coragem física, sobretudo a coragem lúdica e gratuita, foi sinal seguro do que hoje se considera uma virilidade sem mácula: a História o provaria com inumeros exemplos, que estão na memória de quantos se interessam pela «petite histoire». E de resto, num país como o nosso, onde o desporto não é, por variadíssimas razões, uma actividade fundamental da vida, e as massas apenas praticam um desporto do assento nos estádios, ao domingo, ante as proezas dos seus futebolistas predilectos, seria perigosíssima e ofensiva a generalização dos princípios irrisórios, como lhes chamei, a deduzir do filme, que não da peça. Por outro lado, é certo que a paixão pelas artes, a vocação artística ou até um

347

requinte de maneiras ou de gostos foram progressivamente, sobretudo na sociedade burguesa, pretensiosa e grosseira, olhados com suspeição na medida em que, socialmente essa sociedade se foi desvirilizando. Pessoas há que acentuam mesmo uma rudeza de modos ou uma grosseria de porte, para se eximirem a uma naturalidade elegante e graciosa, que os pés-de-boi, invejando-a e receando-a como sinal externo, classificariam mal. É costume, e a psicologia moderna desmascarou-o iniludivelmente, ver-se tudo isto precisamente em quantos, no subconsciente ou até na consciência, se não sentem seguros de si próprios. A intolerância sob qualquer das suas formas, e em qualquer campo é sinal certo de uma falta de confiança nas íntimas capacidades de *resistir* seja ao que for, ou de uma falta de coragem para entregar-se cada um àquilo que, no fundo do seu ser, desejaria, se esse desejo não comportasse riscos.

Ora na medida em que estas questões se não enleiam no caso pessoal da heroína da peça — aliás admiravelmente posto, e propiciatório da crítica que a peça comporta — Robert Anderson havia desenhado firmemente, e com notável delicadeza, a maneira ao mesmo tempo brutal e subtil como as convenções sociais podem criar um *outcast* e uma incapacidade complementar e trágica para, sendo-o, não se saber viver até ao fim a consciência disso mesmo. Quando tudo na peça tem início na inocência do protagonista e na malícia de um mestre que o levou a passear para a praia, e tudo culmina em o rapaz delicado e tímido acabar por duvidar de si próprio, sob o peso da suspeita colectiva; e quando tudo se baseia num monstruoso e convencional equívoco (que é o da sociedade contemporânea, apoiada inteiramente nas aparências), a crítica da formação de um *outcast* e de como esse *outcast* pode ver-se impelido para uma situação de vício como vício, por não ser essa, digamos, a sua «vocação» — eis uma crítica pertinente e justa ao moralismo estreito que estadeia no nosso tempo uma ferocidade incompatível com as tradições critãs de liberdade e responsabilidade, e com o primado do amor no fundo da consciência contemporanea. E mais: um ataque frontal ao convencionalismo frágil em que assentam as caracterizações, *in extremis*, de masculino e feminino. Não é evidentemente, que os géneros não existam!... Mas o que, socialmente, caracteriza um numa civilização pode caracterizar o outro numa outra época ou noutro povo em cada época. Como muito bem diz a protagonista da peça, uma mulher tem sempre um meio infalível de saber... — e mesmo esse, afinal, não é seguro. E é este o ponto fundamental: não é só o sexo que distingue os homens e as mulheres, mas a natureza inata ou adquirida para *possuir* ou ser *possuído*, ainda quando tudo pareça desmentir que assim seja. As classes e os povos podem desvirilizar-se, é certo. Mas não se julgue que isso acontece porque se generaliza e tolera a prática do vício. Tudo pode ser vício ou virtude. Acontece quando, instaladas as classes ou os povos no formalismo convencional de uma vida que perdeu o sentido da autenticidade e da dignidade, *se deixam possuir*. Não foram os Proust e os Gides que perderam a França, nem é a complacência das Sagans e dos seus leitores o que a perderá mais uma vez; mas sim todos os recalcados, como aquele homem ilustre que, lendo comigo, há quase vinte anos, as notícias emocionantes da derrocada gaulesa ante o ímpeto nazi, exclamou: — que brutalidade! Mas que *admirável* brutalidade!

E basta de «chá e simpatia».

CRÍTICA A LIVROS

TEATRO DE T. S. ELIOT E DE CHARLES MORGAN

Foram recentemente publicadas *The Confident Clerk,* de T. S. Eliot ([1]) e *The Burning Glass,* de Charles Morgan ([2]), duas peças que só têm de comum o êxito e as controvérsias que suscitaram, além de serem obras de dois nomes celebrados das letras inglesas. Devo desde já dizer que tanto quanto apreciei a primeira me foi repelente a segunda. É certo que, ao contrário do que nestes últimos anos tem sido presunção intelectual do continente europeu em relação à Inglaterra, nunca comunguei na excessiva consideração atribuída a Charles Morgan, enquanto, apesar das divergências ideológicas e de atitude em face da arte, sempre me inclinei curiosa e respeitosamente perante a personalidade de T. S. Eliot. De resto, é indubitável que os dois escritores não podem, em boa justiça, ser colocados num mesmo plano. Nem em valor relativo de suas obras, nem pela importância das suas influências na cultura e na literatura, são eles comparáveis. Ambos, porém, vieram tarde para o teatro, depois de, noutros campos, terem já conseguido uma sólida reputação. Poeta e ensaísta de primeiro plano, sem a compreensão do qual é impossível uma perspectiva correcta das literaturas anglo-saxónicas, o americano T. S. Eliot — hoje uma das maiores figuras da Inglaterra, condecorado com a Ordem de Mérito — estreou-se no teatro aos 47 anos, com *Murder in the cathedral,* a peça que escreveu para o festival da Catedral de Canterbury em 1935. *The Confident Clerk* apresentado em 1953 no festival de Edimburgo, é a quarta peça. Charles Morgan, romancista largamente premiado (Pré-

---

([1]) Faber and Faber.
([2]) Macmillan.

353

mios Femina-Vie Neurense a *Portrait in a mirror* e Hawthornden a *The fountain*) no estrangeiro, e durante largos anos um dos anónimos críticos do «Times», estreou-se no teatro em 1938, aos 44 anos. *The burning glass* é a sua terceira peça. O seu teatro, bem construído e prestando-se a excelentes criações dramáticas (não esquecerei tão cedo a representação da sua *The river line*, com Pamela Brown, que vi), nada traz de novo à literatura teatral: é, com efeito, a transferência para o teatro, nos moldes correntes da técnica do velho «teatro de ideias» de Curel ou de Pinero, da mesma atmosfera artificial do esteticismo depurado e vago idealismo platonizante, que caracterizava já as suas obras de ficção. Com uma arquitectura experimental e a tentativa de uma linguagem em verso tão prosaico e correntio quanto possível, o teatro de T. S. Eliot, que não atinge a altitude magistral da sua poesia (sobretudo, quanto a mim, a mais recente: os *Quatro quartetos*), é todavia, de um interesse excepcional, não só por ser a expressão teatral do seu autor, como por ser uma das mais notáveis do renascimento do teatro em verso. Pode mesmo dizer-se que *Murder in the cathedral*, a peça sobre o assassinato de S. Tomás Becket à ordem de Henrique II, no Natal de 1170, marca a reaparição em Inglaterra do teatro poético, apesar de lhe ser anterior a representação de *The dog beneath the skin*, de Auden e Isherwood. Com efeito, o próprio Eliot já ensaiara, anos antes, uma forma livre de teatro poético, com os fragmentos *Sweeney Agonistes*, que são verdadeiramente os textos inauguradores de um caminho em que vieram a surgir Ronald Duncan, Christopher Fry, Norman Nicholson, Anne Ridler, etc.

Seria, porém, injusto limitar o teatro inglês depois de Shaw e da magnífica renascença irlandesa por obra e graça de Yeats, Synge e Lady Gregory, aos dois extremos que as duas peças que nos ocupam representam, e não mencionar os nomes ilustres de Sean O'Casey e de J. B. Priestley, talvez precisamente os maiores dramaturgos da Inglaterra de hoje.

The confident clerk que, segundo me consta, foi criada no palco como uma farsa que dramaticamente se adensa no momento culminante do último acto, mas cuja ambiguidade de expressão permite que seja entendida (e até representada) em todos os tons ascendentes da identidade dramática, é talvez a mais bem feita de quantas peças Eliot criou até hoje. Há uma unidade e um equilíbrio de situações, que flagrantemente uma e outro faltavam em grau variável nas peças anteriores. Parece, porém, que essa unidade e esse equilíbrio foram obtidos em detrimento de profundidade poética e psicológica, não obstante a peça conter alguns dos mais belos versos de Eliot. Não admira que assim seja, se nos lembrarmos de que há uma contradição fundamental entre o Eliot-poeta e o Eliot-ensaísta (não o ensaísta que procura elucidar, e quão brilhantemente, os problemas, mas o ensaísta que a esses problemas aplica as soluções do seu conservantismo político-religioso, bem mais tragicamente voluntário, que sentido na profundidade de que brotam as perplexidades que são o melhor da sua poesia); e que essa contradição fundamental não poderá deixar de revelar-se no teatro, a menos que a criação dramática não seja aprofundada. No entanto, é significativo que *The confident clerk* seja, até certo ponto, um comentário irónico — e talvez nem procurado pelo poeta — ao problema da personalidade como pusera Pirandello. Houve quem relevasse, para condená-lo, o irrealismo da peça, a incongruência de algumas situações. Passou já o tempo de exigir-se do teatro outra realidade que não seja a sua própria, outra congruência que não a da mesma peça que o autor pretendeu criar. Porque a realidade em teatro — e o teatro poético é o melhor meio de atingi-la — é um *resultado* da comunhão simpática entre o texto e o espectador, através da representação. E essa comunhão, que podemos à leitura recriar no nosso espírito, não depende, se a peça é bem feita, senão da nossa capacidade de aceitação de uma mensagem boa ou má, para nós, mas coerente consigo própria ou até com a sua própria incoerência.

Não houve esforço de comunhão simpática que me reconciliasse com a peça de Charles Morgan. Não, é claro, por encontrar nela o autor do *Sparkenbrook* (essa visão do «génio» poético com todos os «cordelinhos» da convenção mediana e pedante que, para vergonha minha, não consegui ler até ao fim), se o encontrei em *The River Line,* que é uma bela peça. Mas porque me repugna e me indigna a perversão idealista de que esta peça é acabado expoente. Com efeito, trata-se do seguinte: através de várias peripécias mais ou menos «thrilling», o cientista que descobriu o «burning glass» (o segredo de transformar em lente uma camada de estratosfera, para com aquela queimar qualquer região distante, com resultados imediatos e gigantescamente devastadores... — está-se a ver, não está?) decide, como explica o próprio Morgan no seu prefácio «acerca do poder sobre a natureza», permitir que o «vidrinho» seja utilizado contra um inimigo totalitário para «dar ao mundo tempo de sacudir o pesadelo que o totalitarismo sobre ele mantém, porque o totalitarismo é uma proibição demoníaca de o espírito do homem abrir os olhos». Que o totalitarismo é, de facto, o que Morgan diz na sua linguagem idealista, não há disso dúvida. Mas que, das reflexões do autor e das suas personagens se deva concluir que a bomba atómica é a melhor maneira de «dar tempo a sacudir o pesadelo» — aí entra a perversão idealista. Primeiro, porque o burning glass não dá tempo a nada. Segundo, porque «sacode» efectivamente muito mais do que um mero pesadelo no espírito do homem. Terceiro, porque só para aqueles para os quais a Natureza é a paisagem campestre contemplada da varanda de uma situação estabelecida, é que é, além de certos limites, um crime o «poder sobre a Natureza». De facto, é esse poder que liberta o homem. E só por perversão idealista que urge denunciar (e era inevitável que Morgan chegasse a ela) se pode conceber a noção de que um «pum» muito grande liberta o homem da sua sujeição àquilo mesmo que o liberta. Peças como a de Charles Morgan são uma vergonha para a consciência humana, exactamente quanto a honram, por muito que nos desagradem, peças como a de T. S. Eliot.

A PROPÓSITO DE UMA «FANTASIA» DE J. B. PRIESTLEY

Priestley não é um desconhecido para o público português. A apresentação receosa de peças suas — *Dangerous Corner (Curva Perigosa)* e *An Inspector Calls (Está Lá Fora Um Inspector)* — constitui um dos raros êxitos autênticos do teatro em Portugal nos últimos anos, um êxito do escasso público intelectual e do público que apenas ama o teatro. E constitui também mais uma lição que tanto os que do teatro vivem como os que o apreciam deveriam ter aprendido: a necessidade urgente, inadiável, de tornar bem claro que o desinteresse do público sério reflecte apenas o divórcio deste pelo dessoramento e a tacanhez cultural das camarilhas compostas de pretensos empresários, pretensos críticos, pretensos revisteiros, pretensos adaptadores, pretensos actores, que, com o monopólio dos seus maus negócios, têm dominado os palcos e os bastidores do teatro português. Essa lição está, de resto, implícita em tais peças, e é até uma das características principais da personalidade de Priestley. Há trinta anos que, no ensaio, no romance, no teatro, no artigo do jornal, na palestra radiofónica, Priestley dirige um combate incessante a tudo o que é falso e pretenso no mundo de hoje. Ainda há bem pouco suscitou escândalo o seu ataque aos cientistas atómicos que emprestam a ciência para fins que não deveriam ser os dela. A sua voz truculenta, transbordante, copiosa, insistente, é hoje a mais difundida expressão dos anseios de segurança, de liberdade, de amor da vida, que o «homem comum» de língua inglesa tem ao seu serviço. A quem perdeu o sentido e o amor da liberdade e da paz, uma tal voz parecerá monótona e até atingida de um vago e ineficaz anarquismo. Mas são igualmente monótonos e igualmente não desarmam quer os inimigos da liberdade de cada um, quer as hipocrisias que, pouco a pouco, vão envenenando cada palavra humana, cada gesto, cada uma daquelas breves possibilidades do inconsequente gosto de viver que à humanidade vai sendo conscientemente roubado.

Nascido no Yorkshire, em 1894, John Boynton Priestley, revelou--se inicialmente como crítico. Em 1929, o seu romance *The Good Companions* transformou-o, aos olhos do público letrado e pedante, de crítico subtil, senhor de um admirável estilo vivo, penetrante, ressumante de humor, num romancista grosseiro, palavroso, vulgar nos temas e nas personagens, que, num relance, conquistara naturalmente o grande público. E quando, em 1932, se estreou no teatro com *Dangerous Corner*, a mesma crítica logo afirmou que o seu êxito se devia ao facto de a sua inteligência de romancista aparecer traduzida em termos de sensacionalismo teatral. Hoje, nos países de língua inglesa, J. B. Priestly, mantendo com o prestígio do seu talento e da sua coragem indomável, uma popularidade incontestada, caiu sob a alçada do anátema que, durante largos anos, pesou sobre um Somerset Maugham e começa agora a fulminar um Graham Greene. Não deve, porém, ser estabelecida uma comparação descuidada entre estes factos e o que possa parecer em Portugal uma situação análoga. Nós não temos, culturalmente falando, um público restrito (por oposição a grande público) como o têm os países de língua inglesa, onde as pessoas de tendências, gosto, actividade, profissionalismo, cátedra universitária, etc., são suficientemente numerosas e categorizadas para constituírem um público exigente e sabedor do que exige, mesmo quando o faz presa de uma pedantesca estreiteza. O êxito popular, em países onde existe, além daquele, um grande e vasto público que lê sucessivamente quanto o conquiste ou lhe prenda a atenção, não tem, pois, o mesmo significado que entre nós, onde não há vida propriamente intelectual e onde, culturalmente falando, com excepção de meia dúzia de pessoas, o tal público restrito e exigente é o que há de grande público, com todos os defeitos provincianos de um e de outro e nenhumas das qualidades, pois que, para ser o primeiro lhe falta consciência, e para ser o segundo lhe faltam as letras. Quando em 1929, em *The Good Companions,* Priestley nacionalizava, nos moldes da luxuriância romanesca do séc. XVIII inglês a visão unanimista que Jules Romains, em 1913, expusera admirável e concisamente em *Les copains* (como expusera contrapartida sentimentalmente trágica na outra obra-prima que é *Mort de quelqu'un*), também esse facto não tem o mesmo significado que teria num pequeno país sem independência económica suficiente para sustentar e consciencializar uma cultura própria (e não uma cultura por arrancos individuais). Aquela truculência, que os ingleses acham ser do Yorkshire e que apontam em Priestley, não é paralela da truculência beiroa do nosso Aquilino, Anatole da Soutosa. Onde um traduz magistralmente em linguagem de recoveiros do séc. XIX os alfarrábios de um sótão de passal (e que belas, sobre isso, as páginas de *A Via Sinuosa*) sob a égide risonha do francês céptico, o outro, o inglês do Yorkshire, não tem atrás de si apenas o génio trágico de entre Vila Real e o Porto, de Camilo ou as águas límpidas (e perfeitamente destiladas) de Bernardes e Frei Luís de Sousa, que são o que se pode arranjar de alimento mais conforme à atmosfera espiritual do ruralismo culto: um misto de complacência de abade letrado e da fidalguia de meia-tigela burguesa dos heróis de Camilo. Quer isto dizer que onde um procura libertar-se de um condicionalismo estreito, e o faz nos termos vivos que estão ao alcance da sua energia criadora (e a literatura portuguesa seria mais pobre sem Aquilino), o outro simplesmente aumenta com as suas ressonâncias individuais uma vasta e multímoda cultura onde podia encontrar correntes, já civilizadas, em que integrar aquelas.

Vem tudo isto a propósito do último romance de J. B. Priestley que ele não intitula «romance», mas «frolic» (= brincadeira, fantasia). *Low notes on a high level* ([1]): eu não creio que este livro adiante alguma coisa ao significado da obra vastíssima do seu autor: dezoito volumes de ficção, mais de vinte peças de teatro, uma dúzia de volumes de ensaios e miscelânea, montanhas de artigos e palestras radiofónicas. Mas, através da hilariante sátira aos meios de radiodifusão (e a intenção de ferir a B. B. C. é evidente), perpassam, às vezes caracterizadas em meia dúzia de frases primorosas, inúmeras figuras, as mais desconchavantes situações. Nas entrelinhas, e às vezes na primeira linha, aparecem os discursos e as diatribes contra a «organização política» e a favor da independência e da responsabilidade individuais, que são já prato obrigatório na obra de Priestley. Mas o que é de facto admirável é a sem-cerimónia, o à-vontade, com que o livro é conduzido: nenhuma convenção é respeitada, nenhuma regra de compor é seguida, sob a aparente narrração de um naturalismo gracioso. E esse desequilíbrio, esse descuido que poderá ter tirado partido de certas situações e as abandona, não é o menor dos encantos de uma obra menor, que se lê com agrado sem consequências, e é, por isso mesmo, um oportuníssimo desmentido ao «vale de lágrimas» que tantos se obstinam, tenebrosamente em que o mundo seja.

([1]) W. Heinemann.

DUAS PEÇAS INGLESAS RECENTES E MAIS UMA

Acabo de ler duas peças inglesas, recentemente publicadas, nenhuma das quais acrescenta ao que já sabemos e admiramos em seus autores, mas não inferiores ao que ambos representam no panorama intelectual do nosso tempo. Uma, em três actos e cinco quadros, *The Potting Shed* (¹) é a segunda de Graham Greene, estreada na América do Norte e apresentada em Londres só a 5 do mês passado. Dá-se com ela a curiosa circunstância de o 3.º acto, na cena e em livro, ter uma versão para cada margem do Atlântico, sendo a «inglesa», que é a original, a que eu li. A outra peça, *All that Fall* (²), é um acto radiofónico que a BBC encomendou a Samuel Beckett e radiodifundiu com grande êxito em 1957. Nem uma nem outra acrescentam, de facto, à categoria ou ao significado das obras excepcionais do britaníssimo autor de *O Fim da Aventura* ou do bilingue autor de *Waiting for Godot* «tragicomédia em dois actos», embora a peça de Beckett, numa apurada realização, deva constituir uma audição penetrante e pungente, em que a humanidade *in extremis* do dramaturgo de *Fin de Partie* se reveste de uma vibração quase carinhosa.

Graham Greene, bastante traduzido em Portugal, e cuja primeira peça *The Living Room,* foi posta em cena entre nós na medida dos possíveis, é, pelo livro, pelo teatro, pelas adaptações cinematográficas de obras suas, como pelo que se tem falado dele, muito conhecido e estimado no nosso país. O mesmo se não dá com o autor de *Molloy* e de *Malone Meurt,* originalíssimo romancista e dramaturgo irlandês,

---

(¹) W. Heinemann.
(²) W. Heinemann.

cujo *En Attendant Godot* (³) aguarda ainda que um teatro experimental ou uma companhia subsidiada, alguém, em suma, dedicado à causa do teatro, tenha a coragem de pôr em cena uns vagabundos «à espera de Godot», tal como entediadamente o nosso mundo continua à espera de quem nunca chega. *All that Fall* transporta muito subtilmente para a rádio a problemática e a técnica que, sob a aparência de uma inanidade total e de uma ausência completa de estrutura, constituem a mais relevante característica do inovador desesperado, que é Beckett. Por seu lado, a peça de Graham Greene é, como a sua anterior, um romance resolvido cenicamente ou uma arquitectura teatral que a carne romanesca não encobriu apesar da riqueza escondida sob uma forma quase fruste, muito típica esta das obras que na produção já vasta de Greene se sucederam ao ciclo encerrado com o magistral *O Fim da Aventura* que, tendo eu revisto agora para reedição, a tradução que desse livro fiz, ainda mais admiro pela maestria técnica e pela maneira como esta sugere as conexões ilimitadas (à nossa medida) de tudo o que nos «acontece». Samuel Beckett situa-se num pólo exactamente oposto: os seus romances longos e compactos não chegam «a acontecer», como as suas peças são virtuosisticamente feitas de não acontecer nada, por nada já poder acontecer às personagens a quem o dramaturgo se confina para exprimir-se.

Este «confinamento» tão diferente em Greene e em Beckett, de uma solidão que se sublima, é muito da geração a que ambos pertencem na literatura inglesa, em que o primeiro se inclui, e na literatura francesa, pois que o segundo é entre as duas que se situa.

O conceito de geração é muito falível, e traiçoeiro: mas tem um certo sentido para «certas» figuras, quando todas foram simultaneamente «apanhadas» por momentos cruciais da História. E não deixa de ser curioso irmanar um Saint-Exupéry, um André Malraux, um George Orwell, um Evelyn Waugh, um Graham Greene, um Jean-Paul Sartre, um Samuel Beckett, nascidos todos entre 1900 e 1906, que se fizeram homens no período que decorreu da 1.ª à 2.ª Guerra Mundial e que a Guerra de Espanha e aquela última encontraram com menos de quarenta anos. Católicos ou ateus, a todos irmana uma funda preocupação pela liberdade do espírito e pela condição do homem num mundo cada vez mais tornado caricatura da humanidade. Sob este aspecto, é de todos Samuel Beckett quem mais longe leva a aná-

---

(³) Li a tradução inglesa de *En Attendant Godot,* feita pelo próprio autor (Faber & Faber).

lise do estado de «destituição» total a que a humanidade chegou, e não é menos significativo que Malraux se haja refugiado no «museu imaginário», observando as «metamorfoses dos deuses». É que raras vezes, no decurso da História o homem se terá encontrado tão frontalmente e tão inescapavelmente perante a própria traição que o facto de viver implica, com a consciência tão nítida da sua impotência individual e um poder tão gigantesco de aniquilamento, num mundo em que tudo se revelou «circunstancial e relativo». A ponto de ser necessário acreditar no «milagre» como faz Greene nesta sua peça, que de outra coisa não se trata, ou acreditar em algo que talvez nem sequer chegue a ser dignidade humana e se chame apenas capacidade de subsistir, apesar da última degradação, como Beckett. Na feira total de conceitos, mitos, complacências, abdicações, brutalidades e finezas de que o nosso mundo é feito, quase só na degradação e na infâmia é possível ser «honesto» e redescobrir essa dignidade humana que há meio século as letras e as artes desesperadamente proclamam.

Na sua peça Graham Greene põe precisamente o problema de destituição através do padre que para salvar da morte um sobrinho seu, oferece em holocausto a sua fé, o bem que mais precioso lhe era no ambiente familiar agnóstico em que se formara e a que reagira. A peça é, de certo modo, o inquérito a que o sobrinho procede até descobrir na pessoa do tio padre degradado e sem fé, a razão de ele, miraculado e prova *à rebours* da existência de Deus, ter sido para a família a pedra de escândalo, a partir da qual tudo desabara. Independentemente de outras razões, a peça de Greene, que artisticamente não é o que se diz uma peça bem feita e desenvolvida (o essencial à acção é mais descurado de certo modo que várias «consequências» menos importantes), vale fundamentalmente pelo que, num plano transposto, diz do nosso tempo pelo menos para mim, pois que não sei se diz isto mesmo para o autor. O estado de «destituição» surge assim correlacionado com o sacrifíício da fé em favor da vida, que é a mais decisiva característica do nosso tempo de deuses e de ideais divinos metamorfoseados, em contrapartida, num esburgado esqueleto de interesses, motivações sócio-económicas, mesquinhez confrangedora e repugnante. O nosso mundo é tipicamente, um mundo em que os melhores sacrificaram a sua fé para salvação da humanidade, e a deixaram degradada àqueles que só sacrificam os outros à salvação de si próprios. Não somos um mundo sem fé: somos um mundo que, imerso, aguarda Godot, ou seja aquele diamante puríssimo que acabará por formar-se na escuridão e no peso asfixiante do abismo.

O *Godot* de Beckett, estreado em Paris, em 1952 e só em 1955, em Londres, como esta *All That Fall,* em que, uma velha quase entrevada, vai à estação de caminho-de-ferro esperar o marido cego que ainda trabalha na cidade (e o comboio atrasa-se, porque atropelou uma criança), é uma peça que participa simultaneamente do treatro e do circo, mas um circo com palhaços de Picasso e de Rouault, em que vibra *in extremis* uma humanidade que subsiste — e subsistirá, ainda quando os comboios atropelem crianças. O acidente, na peça de Beckett «apenas» um acidente, permite-nos compreender a destituição tal como Greene e Beckett, de pontos opostos, a vêem: algo de fundamental inerente à condição humana, no sentido que Malraux lhe dá, mas também algo de «acidental», sem importância autêntica por mais horrível e injusto que o acidente seja, ou mais ocasional. Essa acidentalidade do efémero que somos, e que é «absurdo», que seja acidental. Já o poeta dizia e muito bem que o maior mistério do mundo é não haver mistério nenhum.

TEXTOS DIVERSOS

O TEATRO E A MORAL

«Shakespeare, porque a sua fidelidade aos factos e a sua indiferença pelas doutrinas o protegem do paradoxo e da tolice, jamais trai a verdade moral. Muito se fala da moralidade necessária ao teatro; e esta expressão não tem sentido, encerra apenas confusão e erro, se não se limita significar: poetas, sede *verdadeiros*. Não há outra moralidade dramática. O elemento imoral de uma obra de arte não residiu nunca na veracidade com que o poeta descreve o crime, o vício ou a paixão, mesmo que tal faça com cinismo. Reside, sim, no sofisma, na falsidade, isto é, nas doutrinas; onde não há doutrinas, onde há só a verdade nua, como em Shakespeare, Molière, todos os grandes poetas, não pode haver imoralidade. A imoralidade provém dos que dão à arte um fim didáctico. Tomando as almas a seu cargo, o poeta aceita uma pesada responsabilidade. Quem nos garante que não seria corruptor o seu magistério? Não é evidente que a moralidade está mais segura quando o poeta se apoia na natureza e a apresenta como ela é, sem se preocupar com o bem e o mal, preocupando-se apenas com a verdade?»

Este trecho não foi escrito no nosso tempo por qualquer dos teorizadores *perniciosos* da Arte dramática. Foi-o há mais de sessenta anos, por Paul Stapfer, professor que era da Faculdades de Letras de Bordéus, no seu admirável trabalho *Shakespeare et les tragiques grecs,* 3.º volume da série *Shakespeare et l'Antiquité,* na qual, a propósito de Shakespeare e do teatro da antiguidade clássica, a Arte dramática é estudada magistralmente. Essa série de estudos foi premiada pela Academia Francesa. Tudo isto é caso para duvidar da melhoria dos tempos — ou não?

SHAKESPEARE E A CRÍTICA
OU A CABELEIRA DE BOILEAU

Sem dúvida que não há, culturalmente, lugar mais comum e, ao mesmo tempo, mais deserto que o dizer-se da profunda ciência da humanidade, que Shakespeare patenteia. Essa profunda sabedoria do comportamento exterior e interior do homem, a acuidade com que Shakespeare evidencia o grau de lucidez, em cada situação, das suas personagens — são, de facto, muito naturais características do seu génio dramático. Toda uma crítica, julgando-se e julgada humanística, autorizando-se, sem o saber, na tradição de menosprezo pela totalidade da obra shakespeariana, tem posto em relevo essa «ciência». Não é paradoxal nem injusto dar, porém, a uma crítica assim orientada tal filiação. O menosprezo por Shakespeare *como ele é* vem de mais longe, e nasceu na própria Inglaterra, quando lá começou, em finais do século XVIII, a dealbar para o seu teatro um esboço de glória autêntica que, em escala menor, o lírico dos *Sonetos* e de *Vénus e Adónis* nunca deixara de ter. A cisão no entendimento latino ou latinizante de Shakespeare veio a consumar-se em França, a partir da violenta querela dos «clássicos» e «românticos», dado que os primeiros, abrigados com o prestígio de Racine, Voltaire e a Enciclopédia chamavam *bárbaro* a Shakespeare, cujo teatro se não conformava com as normas ditas aristotélicas e que os segundos defendiam, inspirados pelo *Sturm und Drang* e o romantismo alemão, a liberdade da composição, que permitisse representar mais directamente a «vida». Apagada a querela com a vitória do *Hernani* e a extinção gradual dos últimos «clássicos» é hoje evidente que nem uns nem outros tinham em conta (ou apenas lhes vinha por acréscimo) a natureza poética, *isabelina,* desse teatro que discutiam, embora não possam acusar-se o génio de Victor Hugo e a clara visão de um Gauthier de defeituosos nesta compreensão que o romantismo intuitivamente tivera. E a crítica mais «científica», numa tradição racionalista alheia ao romantismo e à dialéctica originariamente romântica de Hegel, ao ir pondo em relevo o «humanismo» de Shakespeare, foi esquecendo ou ignorando os elementos líricos e épicos, e o puro jogo cénico (quer nas situações, quer na linguagem), que são uns e outro absolutamente típicos de teatro isabelino de Kyd e Marlowe a Beaumont e Fletcher, e esquecendo ou ignorando ainda mais imperdoavelmente, o próprio sentido evolutivo do teatro shakespeariano, das «crónicas» a *The Tempest*.

Ora, a verdade é que, com um critério psicologístico, que se extasie perante a complexidade de *Ricardo II* ou de *Hamlet* ou perante o encanto espiritual de Pórcia, não é possível o êxtase perante a fantasia simbólica de *The Tempest*. Com um critério naturalístico de verosimilhança estrita das situações e dos caracteres não é possível aceitar *Cymbeline* e *The Winter's Tale*, lado a lado com *Coriolanus* e *Julius Caeser*. Com um critério de realismo da linguagem cénica, só é possível admirar, em Shakespeare, os intermédios de truões (e nem sequer o bobo do *King Lear*), soldados e população, visto que a linguagem de todas as outras figuras é redundantemente florida, ou, nos mais célebres solilóquios e nos mais belos diálogos, é poética e quase abstracta meditação das personagens sobre o seu próprio destino e a condição humana. Acentuamos que essa meditação ultrapassa, pois, o plano da introspecção, e impossibilita uma análise imediata, de que pudesse ter nascido qualquer teatro realista.

De todos estes critérios, uns por cima dos outros a pretender-se humanísticos, tem sofrido a apreciação das obras de Shakespeare. E, quer humanística, quer simbolizante, quer apenas gramaticante, a crítica tem, por sua vez, sobre esta confusão assentado os seus edifícios, vendo só ou não procurando ver, epocalmente, o significado, como expressão do humano, de formas tidas por «gongóricas», ornamentais, ou de simples regressão medievalista da alegoria.

Ora, pode e deve falar-se da existência, através dos séculos da expressão literária de tendências simbolistas, que não apenas do simbolismo como escola poética francesa... O conhecimento comparado das literaturas permite, a qualquer pessoa bem informada e bem intencionada, verificar a coexistência de poetas ou mesmo prosadores de expressão primacialmente simbólica e de outros, cuja expressão é, digamos, por contraste, naturalista. Claro que a expressão simbólica pode não ser redundante, como redundantíssima pode ser a expressão naturalista: ser prolixo não é bem o mesmo que ser «gongórico»...

Não foi para se divertirem à custa do leitor que um Maurice Scève, um John Donne, um Nerval, um Rimbaud, um Proclo, um Píndaro, um Horácio, um Góngora, um Miguel Ângelo, um Hölderlin, um Rilke, um Maiakovsky, um Lorca (para exemplificarmos com diversas épocas e línguas) usaram de uma linguagem transposta, misto de redundância retórica e de secura expressiva. Foram, ainda quando intelectualistas, homens mais sensíveis à complexidade e à riqueza da vida que ao intelectual amesquinhamento dela; e a tal ponto assim o foram, que, levados por um discreto pudor do intelecto, atingiram por vezes um ascetismo e contenção expressivos, justamente mais raros nas efusões sentimentais ou nos raciocínios didácticos dos poetas sem imaginação universalizante. Notemos que, daqueles poetas, alguns, senão todos, implicam a existência do leitor culto, de gosto apurado e fina inteligência, capaz de apreciar a sobriedade que parece excesso, a sensibilidade sem cócegas na lamúria, o sereno e inteligente êxtase perante o universo e a condição humana, aquele e esta sentidos como um todo orgânico, harmonioso ou não, que seja a razão de ser da dignidade do homem. Nada disto — a imaginação simbólica e respectivas exigências — tem que ver, seja o que for, com a alegoria. A alegoria... esse recurso retórico, de que, por exemplo, o século XVIII e os primórdios, ainda «clássicos», do século XIX, tão *iluminados,* tão anti-medievais, tão racionais, usaram e abusaram, quer na literatura, quer nas artes plásticas, até aos derradeiros espasmos do mau gosto.

No caso de Shakespeare, que estamos tratando, pode e deve, além disto, falar-se de um crescente simbolismo adensando a linguagem, libertando o jogo cénico, esvaziando psicologicamente as personagens, que, em *The Tempest* e nas outras peças das últimas épocas, chega à terrível obscuridade (não apenas devida à distância, no tempo, de pretéritas formas linguísticas) de versos admiráveis pela beleza formal e rítmica, debitados por figuras desprovidas de qualquer realidade autêntica... E, no entanto, quão longe estamos da gratuitidade amável, aparentemente semelhante, das primeiras comédias! — porque tudo isso está servindo agora, para cenicamente ser exposta uma visão poética do mundo, ou, também, o devaneio melancólico de um lúcido génio que essa visão entristeceu. É, portanto, pelo menos paradoxal condenar Calderón cujo Segismundo é bem de carne e osso a comparar com Próspero, Hermíone ou Marina, e condená-lo em nome, afinal, de um certo Hamlet e de um certo Otelo.

De resto, a complexidade das personagens renascentistas e post-renascentistas é uma complexidade menos psicológica do que de acuidade, humanisticamente natural, na percepção das virtualidades do homem e da sua situação em face das coisas e do destino. Além de que complexidade e subtileza não são bem o mesmo e a subtileza tinha esplêndidos antecedentes medievais, senão na escolástica, pelo menos no provençalismo e no «dolce stil nuovo». Mas toda a Renascença, pela pena dos seus poetas e filósofos, se entrega, desde às especulações de Paracelso às canções camonianas, às consequências intelectuais e emocionais da posição humanística. Não admira, nem é regressivo, que essa acuidade haja culminado, quer numa tipologia, de que é flagrante exemplo a obra de Ben Jonson, quer numa simbolização, de que são exemplares, catolicamente, um Calderón, e, até certo ponto ateisticamente, um Shakespeare.

Sem se compreender primeiro a importância dessas formas que, em Shakespeare e Calderón, tão belamente esplendem, não é possível compreender o iluminismo de Lessing, a doutrinação de Herder, o idealismo do *Sturm und Drang*, o naturalismo simbólico dos românticos, que todos meditaram por oposição ao classicismo afrancesado, os problemas sugeridos pela riqueza «gongórica» de um Shakespeare. E, sem ter compreendido isto, não é possível interpretar, no seu verdadeiro valor, o sentido da reacção *humanista* e materialista de Feuerbach.

É que, ainda à maneira dos enciclopedistas, e anti-dialecticamente para o nosso tempo, continuam válidos um «bom senso» e uma «razão», afinal mais de Boileau que de Descartes...

RETORNO À TRAGÉDIA OU A FARSA DOS RETORNOS

Ao fim de milhares de anos de inculturação intermitente, com progressos, regressos e estagnações, e de algumas centenas de anos de viagens turísticas, no espaço e no tempo, pelos páramos das culturas tidas por alheias, quando, de hoje em dia, se proclama um qualquer aspecto da cultura é sempre lícito perguntarmo-nos a que ponto isso não será apenas literatice de papagaios. É difícil saber-se — e por vezes não importa muito — o grau de autenticidade de qualquer retorno cultural. Nem sempre o que se generaliza como um fogacho à maioria dos escritores e críticos, que desatam todos a ver tudo de uma dada maneira, será exactamente o que a dialéctica do momento postularia, propiciaria ou estaria em condições de dar à luz. É a humanidade por demais dotada de faculdades de convicção, que, aliadas às aptidões e necessidades de entertenimento das disponibilidades espirituais, levam a aceitar por autênticos certos retornos formais ou temáticos, que podem apenas encobrir deficiências de lucidez ou de imaginação. A um estado de espírito generalizadamente dúbio e ansioso, é natural que venha a corresponder, no domínio da expressão, e sem maior aprofundamento, a exploração frenética da primeira forma proposta, que, na aparência, satisfaça tais indecisões e ansiedades. Por vezes, tão assim é inautêntica e teimosamente convicta uma atitude destas, que a demonstração crítica, reflectida e documentada, de uma destas ilusões colectivas levanta uma onda de impropérios extremamente suspeitos e significativos, assim como a exibição de uma obra que, de facto, corresponda às necessidades profundas, uma obra que, de facto, exprima, com retornos ou sem eles, uma aguda situação espiritual, precisamente porque, só por existir, desmascara uma certa inanidade real dos exercícios comuns, é recebida friamente, calorosamente atacada ou simplesmente ignorada. Depois, as faculdades de convicção e as necessidades de entretenimento constituem, na maioria dos mortais, um meio de afastar da consciência a solidão apavorante e o tremendo e natural silêncio de um universo, cujos deuses, como deuses, se calaram para sempre. E a mentalidade mediana ergueu, com tudo isto, uma série de inibições e tabos, que é pelo menos perigoso contrariar. Citemos, de passagem, o que, entre nós, se passou e tem passado com a *Benilde,* de José Régio, e a *Forja,* de Alves Redol.

Eu não creio que, apenas por si, seja muito significativa esta mastigação actual do teatro grego, a que, de Eugene O'Neill e Anouilh, temos mais ou menos *in mente* assistido por esse mundo. Na maior parte dos casos, tudo isso me parece literatura de novos ricos, que compraram, nos armazéns da cultura, uns metros de tragédia grega, encadernada na cor mais a seu gosto, quando não for requintadíssimo exercício literário, o que será, de certo modo, o caso de algumas peças, aliás muito belas, de Giraudoux.

Significará tudo isso, antes de corresponder de facto a uma consciência dos altos valores trágicos e míticos do teatro, a agonia do drama burguês, que floresceu de Diderot a Bernstein, e à margem do qual se deu outra evolução mais séria, de que serão expoentes máximos um Ibsen, um Strindberg, um Tchekov, um Shaw ou um Pirandello, independentemente da importância que tenham tido como expoentes desse mesmo teatro burguês que ajudaram a liquidar. Mas *Os Espectros, A Dança da Morte, As Três Irmãs, Santa Joana* ou o *Henrique IV,* com o que têm de específico dessa dramaturgia post-romântica, são ou podem ser consideradas peças tão trágicas como o *Rei Édipo,* de Sófocles, a *Fedra,* de Racine, o *Macbeth,* de Shakespeare, a *Ifigénia em Áulida,* de Goethe, o *Tristão,* de Wagner, ou *A Casa de Bernarda Alba,* de García Lorca.

Se o retorno à tragédia fosse coisa inerente às épocas trágicas, a maior partes destas últimas obras primas não teria surgido, porque surgiram quase sempre em épocas de esplendor social, como súmula crítica de um ciclo cultural. Se esse retorno fosse igualmente inerente às épocas precursoras de grandes convulsões, seria de esperar que as tragédias de Voltaire e dos seus sequazes fossem obras-primas, que não são nem primas nem cunhadas, por serem por sua vez, mastigação final de toda uma cultura clássica que morria, sem que os seus cultivadores o soubessem, a cada leitura da *Enciclopédia,* que lhes parecia o supra-sumo dessa mesma cultura.

De um ponto de vista político-filosófico moderno, imaginar-se que uns coros gregos e uma consciência de fatalidade bastam para garantir uma essência prática, ainda quando o sentimento trágico teatralmente se cumpra, é, quanto a coros, uma ingenuidade coral de coros que se vêem gregos nessas e noutras matérias; e, quanto a consciência de fatalidade, uma noção extremamente errada e profundamente reaccionária. Fatalidade!!... — *ó manes de Anti-Dühring!...*

Independentemente disso, a fatalidade não tem obrigatoriamente nada que ver com a tragédia, da qual não é condição necessária e raras vezes será condição suficiente. Nunca é demais repetir que a tragédia surge precisamente da natureza dialéctica do pensamento humano e não é tragédia, quando através dessa consciência se não manifestar. Nem se impõe analisar as mais extraordinárias obras tidas como trágicas, para verificar que é do choque dialéctico de duas razões contrárias mas igualmente válidas, que a tragédia nasce. Essas razões podem estar vivas nos protagonistas, nas situações a que estão sujeitos, nas condições sociais que criam essas situações, etc.: não é só de agora que os deuses vêm sendo substituídos como razões *ex-machina,* pois que, já em Eurípedes, se haviam começado a diluir na psicologia das personagens.

Se acaso o protagonista é salvo como Orestes, ou fica condenado, sine die, como Prometeu, ou ilude a condenação, como o Peer Gynt de Ibsen, ou é totalmente esmagado como Tristão e Iseu, isso também não implica que a oposição se resolva ou não resolva. E ao contrário exactamente do que é costume julgar, a verdadeira tragédia resolve a oposição, mesmo quando apenas pondo a tese e a antítese, na mentalidade do espectador, remeta, nobre e dialecticamente para a consciência crítica de uma época, a resolução dos contrários.

Agora que fiz os possíveis para esclarecer o público no que se refere à tragédia e aos respectivos retornos, espero que ele seja crente de que estamos numa época de tragédia, por dialéctica como nenhuma outra, e menos lépido em tomar a sério a farsa dos retornos. Que a farsa também é para tomar a sério... mas depois de sabermos, em verdade, o que é tragédia. Cuidado com as imitações.

TEATRO POÉTICO, TEATRO EM VERSO
DICÇÃO DOS VERSOS E OUTRAS CONFUSÕES

Sem dúvida que é hoje um lugar-comum o saber-se que uma obra em prosa pode ser extremamente poética, enquanto uma outra obra, esta em verso, poderá ser lastimavelmente a-poética, desconsoladamente charra. Toda a gente sabe ou sente isto — e a tal ponto, que o próprio verso, se no ouvido o distingue, por como verso lhe ser dito, a incomoda e lhe desagrada, seja ou não seja o mais poético dos versos. No que, por certo, haverá sabedoria ou sensibilidade a mais...

Ainda há pouco, a propósito de uma representação experimental e triunfal da *Escola de Maridos,* de Molière, que o Porto igualmente pôde apreciar, a crítica lisboeta, com raras excepções, lamentou que, na dicção, se ritmasse, embora teatralmente, o verso, e não fossem, por sua vez, escamoteadas as rimas!... Segundo a maioria desses críticos, aliás singularmente compreensivos, apreciadores e animadores da iniciativa, essa mesma subtileza expressiva e essa mesma delicadeza de actuação teatral seriam, pelo contrário, indício certo de amadorismo e de inexperiência, em pisar o palco — a tal ponto nestes palcos portugueses tem sido, por quase todos os actores profissionais pisada, repisada ou engolida o que ao texto teatral empresta categoria, ou lha revela, se de direito ele a tem: a dicção.

Demasiadamente se tem confiado, e aceite que se tenha confiado, a um pretenso gesticular dos actores e a um pretenso intencionalismo da dicção, o valor das representações, sacrificando o prestígio da palavra e o hieratismo simbólico do movimento cénico a um preconceito errado de naturalidade. Porque a naturalidade em teatro não é nem pode ser a pintura fiel da quotidiana pacatez da vida. A própria essência da acção teatral exige atitudes raras, dado que as crises dramáticas se resolvem sempre em situações excepcionais, embora exemplares do que pode suceder a cada qual, na vida quotidiana, um belo dia. Mas, ao discorrermos assim, ainda estamos próximos do teatro naturalista. *Murder in Cathedral*, de T. S. Eliot, *Le Soulier de satin*, de Paul Claudel, *Bodas de Sangre*, de García Lorca, *Emperor Jones*, de Eugene O'Neill — podem estas peças magníficas (do melhor que o teatro poético moderno possui) ser medidas e interpretadas por um padrão de dicção corrente, quando a linguagem delas é luxuriantemente metafórica ou alucinantemente sugestiva? A riqueza linguística, prenhe de desenvolvimentos por associações de imagens, que é dos mais densos factores do valor de um Shakespeare ou de um Calderón, sinuosa elegância de um Racine, e a rítmica graça violenta de um Gil Vicente — podem reduzir-se a um «dize tu direi eu» de conversa corrente? Pode uma obra autenticamente em verso ser debitada como se em prosa, sem que um soporífero tédio submerja intérpretes e assistência, exactamente ao contrário do que se imagina? Alguém, no caso inverso, aguenta que uma prosa correntia seja declamada com abundantes e arrepiantes pausas, entrecortadas de uivos e urros nas sílabas acentuadas? O facto de o público nem sequer estar habituado a ouvir em traduções em prosa o grande teatro que é na maioria, em verso; mas, por desconhecimento ou conhecimento menos profundo das línguas originais, estar habituado a imaginá-lo em tradução (que as não há, na maioria dos casos prosaicas ou não), é triste causa para tais incongruências. Depois, que demónio, mesmo os clássicos escreveram muitas vezes em prosa, outras vezes entremeando prosa e verso, outras ainda inteiramente em verso. Não se pode historicamente, salvo em raras excepções, querer supor que o escrever em prosa ou em verso seja um sinal dos tempos, no que respeita aos tempos desta nossa dita civilização cristã. E parece que seria, pois, natural ser-se levado a pensar que o escrever em prosa ou em verso fosse, antes, um sinal de dignidade que o autor desejasse imprimir a certos passos ou, na totalidade, a certa acção, assim como, por contraste, com uma prosa rica e redundante a poderia obter (e é o caso, por exemplo, de *Jacob e o Anjo,* de José Régio). Quanto à rima, «contínuo zum-zum do consoante», como dizia pejorativamente o nosso Correia Garção, os escritores usaram-na ou não, quando lhes aprouve, tendo-a muitas vezes até entremeado na prosa.

Tudo isto, porém, ainda é conversa fiada. O que interessa, quanto antes, perguntar, é o seguinte: o verso teatral é um artifício, destinado a embelezar a estrutura de discurso, ou, fundamentalmente, essencialmente, a própria natureza de uma certa categoria de linguagem?

O teatro neo-romanticista (e não neo-romântico), com a sua versalhada hiperbólica, embora por vezes «teatralmente» bela, faz pender para a primeira hipótese a resposta do vulgo. E, todavia, a subtileza de inflexões, que o ritmo impõe, define, com a segurança da inspiração poético-teatral, o tom psicológico das situações em todo o grande teatro, que, assim, ficará menos entregue ao critério respiratório dos actores ou dos encenadores. «Segurança da inspiração poético-teatral?» — interrogarão, sorrindo, alguns espíritos superiores. Sim: segurança... segurança relativa. Há, por certo, que partir do princípio de que o autor, por a muito pouco que o tenham reduzido, em certo tempo, grandes encenadores, sempre é o autor. E, como tal, fez isto ou aquilo, assim ou assado, em busca da melhor expressão do que queria exprimir. E o verso, rimado ou branco, medido ou não medido, mas sempre ritmado como prosa o não é (pois não se considera má prosa a que fôr curtamente e sub-repticiamente medida?), garante, por um lado, uma dignidade da dicção e, portanto, do homem que livremente se exprime, e, por outro lado, desenvolve, segundo esquemas rítmicos, a própria emoção a comunicar. Tudo para maior glória da arte e, consequentemente, do homem.

Não é esta minha prosa uma apologia do teatro em verso e uma diatribe contra o teatro em prosa. É apenas esta coisa tão simples: o pedido de que ambos os modos se não confundam, na dicção, se não estavam intencionalmente confundidos nas obras a representar. E, sobretudo, deixemo-nos de embirrar com o verso no teatro, quando toda da gente delira com poemas teatralmente recitados por actores, com um realíssimo «Anica, vai à fonte», prosaíssimo, mas dito com aquela tonitruância de Prometeu e aquelas pausas de «grand-guignol», que uma e outras costumam lançar corridinhas de arrepios na espinha do público desprevenido. Desprevenção sim, mas... fiquemos por aqui, de bem com toda a gente.

SHAW

Morto há poucos anos, passa agora o seu centenário — o centenário de George Bernard Shaw. O nosso tempo de literatos e de anti-literatos tão ou mais literatos do que aqueles, de existencialistas cristãos e não-cristãos, de surrealistas e de académicos, de fenomenologistas, etc., etc., não poderá deixar de olhar sobranceiramente a obra demasiado política deste homem. E sem dúvida que aos «políticos» — e refiro-me apenas aos que, não tendo arriscado nunca mais do que uma chávena de café entre amigos, possuem todas as soluções, e das científicas — essa obra parecerá, como é habitual: ingénua, lamentavelmente ingénua, desactualizada, ultrapassada. Por outro lado e por tudo isto, os homens do teatro como puro devaneio literário ou como puro gozo espectacular acharão o teatro de Shaw uma coisa intelectualista, descarnada, seca. E é sabido que os partidários das ideias secas, esses, por sua vez, não vão ao teatro. Se fossem, também cá não viam Shaw, ou só teriam visto uma *Dona Joana,* bem posta e com alguns momentos muito equilibrados, de um dramatismo tão exterior que toda a subtil e pungente ironia da peça se perdia para ficar um drama muito aceitável. De Shaw, o nosso grande público conhece sobretudo as anedotas apócrifas com que a Inglaterra estabelecida procurou jornalística e sistematicamente reduzir à laracha a altitude espiritual de um homem que nunca perdoou aos imbecis que tal fossem e com lucros. Conhece também, é certo, e além do mais, uma ou outra peça, alguns dos romances que ele escreveu antes de se descobrir o maior dramaturgo do seu tempo e uma das figuras mais importantes e influentes da nossa época. É difícil comemorar o centenário de um homem que viveu quase cem anos, e que, durante uma longa vida, conscientemente incomodou todas as ideias feitas, todos os juízos estabelecidos, todas as instituições que delas e deles auferiam ou auferem o melhor da sua lucrativa impunidade. Depois, para nós, Shaw não desempenhou o mesmo papel «contemporâneo» de agitador de ideias, que foi o seu para o mundo de fala inglesa e para países da Europa como por exemplo a Alemanha. A sua importância como um dos fundadores do socialismo inglês, como renovador de um teatro culturalmente morto desde o século XVIII (o teatro inglês limitava-se então a dramalhões sentimentais ou reposições pomposas e truncadas de «clássicos»), como crítico — literário, musical, de teatro e de artes plásticas —, como polemista político e social, é uma importância que se desvanece na onda geral de espírito progressivo e independente que, em Portugal, tem entrado sempre em forma de puré, pelo passador. Sem dúvida que Shaw brilhará literariamente mais pela esfusiante harmonia das suas numerosas peças, dezenas em que há de tudo, desde a nobilíssima tragédia ao «sketch» descabeladamente fársico; e é mesmo difícil no seu teatro, traçar uma linha definida e nítida entre esses dois extremos da expressão teatral. Mas não deveria intelectualmente para nós brilhar menos pelo audacioso desassombro dos seus «prefácios», de muitas das suas críticas, dos seus manuais de política. Não há educação liberal e progressiva que, entre nós, se possa ou deva precessar sem Bernard Shaw. A actualidade, de país para país, não é a mesma, ou não é a mesma a oportunidade; e, se muito do que Shaw escreveu seria entre nós inoportuno, porque atacou coisas, factos e ideias que não chegaram a atingir entre nós aquela vitoriosa realização e expansão sem a qual a vida dos povos se não encaminha para o futuro, a sua lucidez, a sua rude franqueza, a sua consumada arte de liquidar espantalhos respeitáveis, são extremamente tónicas para uma gente que se refugia pacatamente, na rebelião literária, da «mauvaise conscience» do seu imobilismo, do seu conformismo, das suas cobardias espirituais. A obra de Shaw é vastíssima, e bem mais complexa do que os «highbrows» e os pedantes — que eternamente sobrevivem aos génios, mesmo quando estes vivem quase cem anos — insistem em fazer-nos crer. E, «como arte», ao contrário do que os «jongleurs» consciente ou inconscientemente ao serviço dos grandes interesses senhoriais condescendentemente proclamam, o seu teatro sobreviverá qual expressão de um dos mais agudos momentos da consciência europeia. Porque o teatro «não é» uma comovente e edificante construção ou uma elegante ou desbragada farsada, destinadas «a distrair» o público, a distraí-lo dos seus deveres de ser humano e de cidadão responsável. O teatro, como Shaw disse do de Ibsen, é um espectáculo «para culpados». E culpados não do pecado original apenas, ou do pecado de não serem poetas ou ilusões de poetas virando as costas ao mundo, mas do permanente pecado do pacto infame com o pior dos demónios: aquele que preside aos contratos de demissão humana. É como arte desta, como a única forma válida de arte, como única arte verdadeiramente imortal (dentro da imortalidade das civilizações, bem entendido...), que o teatro de Shaw ficará vivo. Só um artista superiormente dotado e superiormente sensível ao choque das idiossincrasias sociais pode exprimir, por uma forma colectivamente significativa, a superação dramática dos conflitos humanos. Muito se escreveu sobre a ausência de «conflito» no teatro de Shaw, sobre o excesso de discussão intelectual, sobre a natureza de simples porta-voz de receitas das suas principais personagens, sobre o carácter transitório e até localista de muitos dos seus temas e figuras. É certo que a Inglaterra nem sempre é para nós traduzível socialmente: que a posição de irlandês, e de irlandês não-católico ou não catolizante é muito específica no mundo anglo-saxónico, e que nos têm faltado as circunstâncias que permitiriam uma plena repercussão de certas intenções de Bernard Shaw. Mas isso é, apesar de tudo, uma outra questão. Shaw afirmou algures que o seu teatro reatava a grande tradição de Eurípedes e de Shakespeare, de Goethe e de Ibsen. Nunca ele se poupou a dizer o que os outros sempre se esqueciam de dizer dele — e esta afirmação é verdadeira. A acusação de irrealidade de principais personagens poderia partilhá-la com o Shakespeare das comédias, que a tem sofrido. O intelectualismo poderia partilhá-lo com os outros três. Mas, pela pureza e harmonia do seu acerado estilo, pela dignidade das concepções dramáticas, pela profundeza em que sempre as baseou numa reflexão atenta e corajosa, pela originalidade das situações cénicas, pelo vigor com que as ideias são teatralmente debatidas (quem será porta-voz... — Joana ou Cauchon? O Rei Magnus ou o seu primeiro-ministro? D. João ou o Diabo? Bárbara ou o potentado dos armamentos? Lavinia ou o centurião? — não o saberíamos, se não houvesse «prefácios», e se não houvesse, sobretudo, uma intencionalidade irresistível, que é a da justiça, em Joana, em Magnus, em John Tanner, em Bárbara, em Lavinia), por tudo isso e pelo admirável poder de diversão, Shaw reata de facto uma tradição de grande teatro. E o grande teatro oscila, sem meios termos, entre a sangueira de *Macbeth* e a delícia espiritual de uma conversa como a de Carlos II com a sua rainha, Catarina de Bragança, numa das últimas peças que Shaw escreveu. O «conflito» em teatro, ou seja a forma real e autêntica daquilo que em linguagem de bastidores se diz «ter muito teatro», ou é um debate ou um crime. Surgido da luta pela verdade cénica e pela verdade social que o ibsenismo foi, e comprometido, portanto, com as aparências do naturalismo, Bernard Shaw escolheu o debate de ideias, mas as suas peças não são menos detectivescas que o *Rei Édipo*, de Sófocles. Se o criminoso Macbeth é morto num combate leal, também as ideias em Shaw são vivas, e morrem em cena com a dignidade de que são susceptíveis. E a caça ao crime são as próprias peças, como tácito libelo contra a injustiça. É através desta sua natureza intrínseca que o teatro de Shaw é um teatro poético, transcendendo, pela vibração apaixonada do debate e da linguagem e pelo carácer simbólico das situações dramáticas, a mera «representação» naturalista do falecido teatro de «tese». Este é feito para demonstrar alguma coisa a que o teatro como o teatro é alheio. A dramaturgia de Shaw não se propõe demonstrar, mas «expor». Cabe aos tempos que temos vivido a culpa de a exposição ser pelourinho. Um grande teatro poético não está confinado às magnificentes fanfarronadas líricas de um Paul Claudel ou aos silêncios angustiosos de um Tchekov. É também a beleza luminosa e límpida da obra de quem, como dele disse o grande escritor inglês e católico G. K. Chesterton, «quando o espírito que nega atacava a última cidadela, blasfemando contra a própria vida, alguns houve, em especial houve um, cuja voz se ouviu e cuja lança nunca se quebrou».

BERTOLT BRECHT

Bertolt Brecht, falecido há pouco em Berlim, bem novo ainda pois nascera em Augsburgo em 1898, é uma das mais altas glórias do teatro mundial e era um dos maiores, se não o maior escritor da Alemanha actual. Ante o seu génio, a dignidade da sua obra poética, o seu desassombrado e lúcido amor da humanidade, devemos todos curvar comovidamente e gratamente a cabeça. Não morrem todos os dias vozes tão irredutíveis, que tão bem saibam unir num todo e inseparável a mais pura realização artística e a mais firme e esclarecida intencionalidade. Como poeta, dramaturgo, ensaísta, romancista, director teatral, a nobre figura de Brecht, que abandonou a Alemanha em 1933 para só regressar aquando da libertação, exerceu uma enorme influência na evolução do teatro moderno, procurando pelo exemplo e pela doutrinação criar um teatro do nosso tempo: o teatro épico — um teatro oposto, pela natureza do texto e da interpretação, ao que ele chamou o «teatro de ilusão», designação que engloba igualmente os «clássicos» e os «românticos». Porque, como disse Brecht, trata-se, não de comover, mas «de suscitar uma crítica social no espectador». Porque «o essencial é que o teatro implique uma mutação orgânica». E é verdade. O teatro é o mais poderoso agente e índice das mutações orgânicas da sociedade. Precisamente por ser, de natureza, a mais dialéctica das artes — em que o comentário e a acção se nutrem e superam —, é também a que, negativa ou positivamente, denuncia a «alienação» espiritual. E precisamente porque é da humanidade *ser teatro* e não a natureza que o homem a todo o momento reforma, é que não há forças humanas, ingénuas afinal na sua resistência tão sabida, que o possam deter. Sempre foram no fundo inimigos do teatro aqueles que suspeitam de si próprios que estão mortos. O teatro é vida, sempre vida, ainda que morram, para desgosto nosso, poetas como Brecht.

O TESTAMENTO DE EUGENE O'NEILL

Não me proponho dissertar sobre quanto deixou o grande dramaturgo norte-americano em testamento à família, com a qual morreu malquistado. Ainda quando, nesta última, se conta, no papel de genro, uma figura tão eminente como Charlot, essas questões notariais não importam aqui. Igualmente me não proponho analisar, nas dimensões de um artigo necessariamente breve e o mais ligeiro possível, fazer o inventário de quanto nos deixou a todos nós, como dramaturgos, como escritores, como público, ou mais genericamente como seres humanos, para cuja cultura e educação ele contribuiu altamente, já que pertenceu àquele reduzido número de homens que contaram e contam de facto alguma coisa. Não. Apenas pretendo referir-me ao significado de uma sua peça, que, não sendo a última que ele escreveu, é por certo a que representa mais pungentemente o seu testemunho espiritual. Quero referir-me a *Long Day's Journey into Night,* escrita em 1940 e publicada só em 1956, três anos depois da sua morte, ocorrida em Boston, aos sessenta e cinco anos. Com efeito, O'Neill nascera em New York, em 1888, o mesmo ano que viu nascer T. S. Eliot e Fernando Pessoa. Autor de mais de trinta peças — desde as curtas num pequeno acto, à trilogia imensa que é *Mourning becomes Electra,* que Lisboa viu há bastantes anos já — Eugene O'Neill ocupa na história do Teatro e na literatura do seu país um lugar de destaque, e foi sem dúvida um dos grandes dramaturgos do nosso tempo. O Prémio Nobel desta vez não errou, ao galardoá-lo em 1936, como galardoara antes um Hauptmann, um Shaw, um Pirandello. É certo que o dito Prémio deixou morrer, sem premiá-los, génios do Teatro como Ibsen e como Strindberg, que eram, para mais, escandinavos. Mas, enfim, ao premiar O'Neill a Academia Sueca terá, com maior ou menor consciência, distinguido aquele dramaturgo da nossa época que deu ao teatro do seu país foros de cidade, logo seguido por um Robert Sherwood, um Elmer Rice, um Thornton Wilder, um Clifford Odets, e nos nossos dias um Tennessee Williams, um Arthur Miller, um William Inge. Mas distinguia também um grande dramaturgo, um homem tão visceralmente de teatro, que as suas dolorosas memórias de família e a sua experiência cristalizaram numa peça terrivelmente autobiográfica, que é ao mesmo tempo uma tragédia prenhe dos mais transcendentes símbolos: esta *Long Day's Journey into Night,* que, a convite de António Pedro, acabo de ter a honra de traduzir para o Teatro Experimental do Porto. *Jornada para a Noite* é o seu título em português.

Participando igualmente do realismo superior de um Ibsen, pelo qual se reformara o teatro nos fins do século passado, e da vaga de expressionismo que varreu os palcos no primeiro quartel deste século, muito lido na poesia e na filosofia em voga no seu tempo (essas leituras são largamente referidas nesta peça), profundamente marcado pelo seu «background» católico e irlandês e pelas aventuras marítimas da sua mocidade tempestuosa, Eugene O'Neill ergueu uma obra estranha e poderosa — de quem, como ele disse, estava primacialmente interessado nas relações do homem com Deus (Deus que, nele como em tantos outros dos seus contemporâneos, é um anseio vasto e vago, um conceito extremamente elástico, e no entanto uma transcendência bem definida da teatralidade essencial do mundo e da vida). Dessa obra, *Jornada para a Noite* é, de certo modo, o coroamento, como *A Tempestade* o é para Shakespeare, ou *Quando Acordamos de entre os Mortos* para Ibsen, ou para Tchekov *O Pomar de Cerejeiras,* ou o *Parsifal* para Wagner.

Não sei quem disse que os grandes dramaturgos acabam sempre por escrever a peça essencial das suas vidas, a que representa mais que nenhuma outra o exame de consciência, a confissão, o Juízo Final. Esta peça que, se não é a última, é como se o fosse, constitui como que um testamento espiritual em forma dramática, uma exposição crítica da vida humana dedicada ao teatro, ou o que é o mesmo, do teatro identificado com a Vida. Há muitas formas de chegar-se a isso, que, para eles todos, terá constituído o motivo que os levou a ser dramaturgos, a intuição fundamental, a visão do Mundo que ao longo de suas vidas os acompanhou e é a própria matéria de que brotaram todas as obras. Muitas vezes o motivo, a motivação, não coincidirá com a intuição fundamental, a relação de um momento que para sempre marcam o pensamento que em torno a ela se organiza. Magnificamente, e com uma coragem extraordinária, O'Neill os dissocia na sua vida, como nesta peça se vê, quando ele apresentando tudo o que hereditariamente e circunstancialmente o preparou, descreve a «visão do véu que levanta de sobre as coisas momentaneamente». O véu não será o mesmo para todos os poetas, nem as coisas entrevistas o serão também. Mas este erguer do véu que oferece num instante, e afinal de uma vez para sempre (ainda quando se repita ou nunca mais), o espectáculo da realidade autêntica, eis o que distingue o conhecimento superior reservado aos escritores e aos santos, da ignorância feliz em que vivem e proliferam e se multiplicam e mutuamente se lambem os falsos escritores em prosa ou verso e os falsos santos que exercem burocraticamente uma cómoda e conformista caridade.

Para dizer isto aos outros homens, ou sugerirem o que viram, ou muito apenas e mais humanamente, que é possível ver com todos os riscos que a visão comporta («Quem vê o Deus, morre»...), há de facto muitas maneiras. Shakespeare criou uma fantasia em que a voz do dramaturgo, a voz da personagem demiúrgica e a voz da natureza teatral da Vida se fundem nos versos maravilhosos que Próspero diz. Ibsen escreveu um drama terrível em que se ensina o horror de descobrir-se que «quando acordámos de entre os mortos, saberemos que jamais havíamos vivido». Tchekov leva o realismo poético ao doloroso «ruído longínquo, como que vindo do céu, de uma corda de violino que rebenta. Ruído sinistro que pouco a pouco se vai extinguindo». Wagner transfigura no mito do Santo Graal a chaga de Amfortas, a maldade castrada de Klingsor, a volúpia de Kundry, a peregrinação do cavaleiro inocente. E, na sua autobiografia Eugene O'Neill, ao retratar num dia imenso das 8 da manhã à madrugada, a viagem de seu pai, de sua mãe, de seu irmão e dele próprio para a solidão inenarrável desenha afinal, através dos ódios, das mesquinharias, das amarguras e dos vícios de uma família indissoluvelmente ligados pelos laços da mútua justificação de todos existirem, um auto tão sacramental como *La Vida es Sueño* ou *El Grã Teatro del Mundo,* de Calderón de la Barca. Este carácter sacro de uma peça em que quatro personagens se desmascaram, se devoram e se amam com um exagero asfixiante que só tem paralelo na própria Vida, escapou a toda a crítica, que assistiu respeitosamente, como o público americano ou parisiense, a um «tour de force» de representação, através da qual um grande dramaturgo recentemente falecido mas já arrumado nas estantes da História do Teatro, vinha libertar-se das misérias das suas origens. O facto de, por disposição expressa, o drama só poder ser representado e publicado depois da sua morte mais apoiava esta opinião que o carácter directamente realista da peça justifica. O carácter sacro da meditação teatral — sem um único cordelinho, de uma espantosa dignidade de factura — escapou-lhes, e viram autobiografia e melodrama, embora «very fine» onde havia Vida e Teatro: sempre autobiográfica a primeira e melodramática a segunda, se nos debruçamos, de olhos abertos, para nós próprios, que de mais não dispomos. Eu não me gabo de ter visto o que é bastante evidente. Não há maior evidência que o teatro. E eu, por meu mal, até já escrevi um poema a dizer que «as evidências» eram comigo.

Já não direi, porém, aqui o muito que entendi e amei na peça, pelo muito que de meu, por estranha coincidência ou paralelismo, O'Neill viveu (o meu «eu» burguês protesta que não tive bêbados ou morfinómanos na família). Mas desejaria ter dito o que há de fundamento religioso, de nobre e de digno nesta sombria peça, em que ao longo de um medonho dia em quatro actos e cinco quadros, acontecendo tudo àquela gente, não acontece nada, senão talvez uma tragédia da graça que se recusou ou perdeu. É curioso: não me ocorrera que, esta peça nos fosse, a todos nós, tão simbolicamente destinada.

SOBRE «TEATRO DE VANGUARDA» — ENTREVISTA

Apresentar-se-á no próximo sábado nesta cidade um conjunto de teatro amador representando uma peça de vanguarda. Poderia o Senhor Professor oferecer ao nosso público numeroso uma explicação a respeito do que é, na verdade, o «teatro de vanguarda»?

A expressão «teatro de vanguarda» pode ter, quanto a mim e para simplificarmos, três significações principais, as quais correspondem a três missões bem definidas em relação ao público. Muitas vezes, se não quase sempre, essas missões acumulam-se e identificam-se. O Teatro de Vanguarda pode dedicar-se a apresentar ao público peças de grande categoria que, por razões da mais diversa ordem — desinteresse das organizações comerciais do teatro, falta de educação teatral do público, restrições inerentes à ousadia dos temas ou das situações —, não seriam de outro modo apresentadas a êsse público amador de teatro. É uma das missões do Teatro de Vanguarda dar aos amadores de teatro aquilo que desejariam ver e ninguém põe em cena. Outra será, pelas possibilidades de simplificação cénica que ao «vanguardismo» se perdoam, levar teatro simples e acessível, expressamente escrito ou adaptado, a tôdas as cidades onde as grandes companhias teatrais não chegam, contribuindo assim para uma difusão do gosto pelo teatro e uma educação do público. É uma segunda missão. A terceira — que é a que, em sentido menos lato, se designa habitualmente por «vanguardismo» — é uma missão *experimental,* isto é, oferecer a dramaturgos, directores, actores, cenógrafos, etc., possibilidades de experimentarem, nas tábuas do palco, as suas ideias sobre o que teatro deve ser e, na opinião deles, não estará sendo. Um «teatro de vanguarda» pode ser tudo isto. E, quando, com bom senso e bom gosto, leva a cabo uma destas missões está prestando um serviço inestimável — divulgando, educando, possibilitando que novos talentos se ensaiem.

Como já estamos devidamente esclarecidos sobre o que é «teatro de vanguarda», pergunto agora ao Senhor Professor se o mesmo tem concorrido para o progresso do teatro em geral. Há peças de vanguarda que tenham conquistado o respeito da crítica e o aplauso do público?

É evidente que, do que acabei de dizer, se deve concluir a minha convicção de que o «teatro de vanguarda» é indispensável ao progresso do teatro em geral. Em anos e anos de crítica teatral que exerci, sempre propugnei pelo «vanguardismo» de toda ordem. Quanto a haver peças de vanguarda que tenham conquistado o respeito da crítica e o aplauso do público, quase se pode afirmar, acho eu, que todo o grande teatro autêntico, todo o património de literatura teatral da humanidade, foi, em certa medida e no seu tempo, «teatro de vanguarda». Em todas as épocas os grandes dramaturgos, que introduziram nas suas peças inovações audaciosas — encontraram pela frente críticos incompreensivos ou um público perplexo. E acabaram por triunfar, e hoje são «clássicos». A fundamental atitude a ter ante o que nos parece disparatado ou absurdo, por inabitual, deve ser de respeito, de curiosidade e de carinho. Carinho, porque o teatro é uma arte que exige, de quem a ela se dedica, um esforço e uma devoção que, muitas vezes, o público não avalia devidamente. O teatro, por exemplo para um actor, é um sacrifício de todas as horas, e até um sacrifício da sua própria personalidade.

Acha o Senhor Professor que deve haver sempre um «teatro de vanguarda»?

Eu acho que sim. Quer queiramos, quer não, o mundo nunca é o mesmo, embora os homens moralmente não difiram muito. E sempre haverá quem queira *ver* as coisas de outra maneira, queira *experimentar* novas coisas — que por sua vez ficarão velhas. A própria vida é um «teatro de vanguarda». Claro que eu não aceito um vanguardismo pelo vanguardismo, mas um vanguardismo consciente do que quer e do porque quer. Se não, na vida —, acabaríamos achando que o melhor «vanguardismo» seria o dos «play-boys», que não é vida, com «v» maiúsculo, mas vida, com «v» muito minúsculo. O teatro é outra coisa. E o melhor de tudo é vê-lo e ouvi-lo.

TEATRO POPULAR

Nos tempos que correm, o papel do teatro é fundamental na formação de uma consciência crítica do povo e na educação estética das massas. Esta exigência da cultura contemporânea torna-se mais aguda nos países em vertiginosa transformação de suas estruturas político-sociais, e, mais ainda, quando as grandes massas, de cuja evolução dependem a estabilidade e a liberdade de um país, se encontram destituídas de qualquer cultura tradicional que pudesse de algum modo suprir o estado de analfabetismo em que se encontram. O desenvolvimento da população, as suas deslocações migratórias em busca de subsistência, a miscigenação de culturas próprias mas de diversas bases, que se dá nas áreas subordinadas a estruturas agrárias obsoletas, tudo contribui para que as populações percam a sua cultura tradicional, em favor de uma inconsciência social que as coloca na inteira dependência dos interesses constituídos. E estes interesses não estão empenhados em que as populações tomem mais consciência que a necessária a votarem de cabresto, segundo as pressões que têm todos os meios económicos e culturais de exercerem sobre elas. Portanto, numa fase de transformação destas estruturas, e quando o analfabetismo é um ónus tremendo, o teatro feito para o povo e levado à sua audiência constitui um factor de importância no esclarecimento e na educação. Só em limites muito especiais esse teatro pode ser tido como algo de semelhante à popularização dos clássicos ou à divulgação do teatro de vanguarda. Estas actividades podem ser eficazmente exercidas, onde haja correntes educativas que, paralelamente, arrastem ao teatro camadas populacionais cuja consciência estética tem já um nível superior. Sem dúvida que, para as grandes massas, é possível, eliminando dificuldades de textos antigos ou de estruturações estéticas alheias aos seus hábitos de pensamento, apresentar textos de alta categoria artística. Mas, numa primeira fase de iniciação, é muito difícil conseguir-se, entre palco e público, a identificação mínima sem a qual o teatro não funciona. Repare-se em que, mesmo nas tentativas que têm sido feitas, pelo mundo ou no Brasil, nesse sentido, o público acaba sempre sendo recrutado nas camadas politizadas intelectualmente, quando não entre os grã-finos que se divertem a ouvir o que era feito para incomodá-los. Numa primeira fase de iniciação teatral, que é também uma primeira fase de iniciação da consciência social, será preferível que o povo aprenda que o teatro é uma forma elementar, mas decisiva, de desdobramento da sua consciência. O povo destituído de consciência social não está habituado a, reflexivamente, *ver-se*. Isso, o teatro pode ensinar-lhe. Para tal, necessários são textos simples, directos, mas não tão simples nem tão directos que constituam implicitamente um insulto à própria inteligência daqueles a quem se dirijam. A humanidade, mesmo a mais destituída, nunca é tão burra como os intelectuais que pretendam orientá-a. A inteligência, nas suas formas primárias, está sempre numa correlação directa com as exigências da vida quotidiana. Se o teatro para o povo se colocar exactamente onde essa consciência luta por entender as estruturas a que está submetida, terá sempre possibilidades de acertar em cheio, cumprindo a sua missão. No entanto, é necessário que os textos preparados ou criados para iniciação do povo sejam belos em si mesmos. Como? Na medida do possível, procurando não apenas serem «verdadeiros» e «críticos», mas também cenicamente eficazes como acção teatral e como emoção a ser colhida dos acidentes. E, ainda, sem perderem o tom acessível ao público a que se destinam, sendo literariamente cuidados. Parece-me que, a tudo isto, poderiam acrescentar-se experimentalmente outros factores ou possibilidades. Certa margem deixada à improvisação do momento e do ambiente, e até à participação do público, por certo ajudará muito a estabelecer-se a comunicação e a quebrar-se a timidez que é óbice à consciencialização crítica e ao prazer estético que deve acompanhá-la. Para que estas actividades sejam realizáveis e profícuas, será por certo necessário que os promotores tenham conhecimento objectivo do público a que se dirigem, tenham amor pelo teatro e experiência técnica dele (no que respeita a textos, como no que respeita aos problemas de direcção e realização teatral), a que, constantemente, confiram o valor dos seus êxitos e das suas experiências, observando cuidadosamente se aqueles e estas continuam a processar-se em função dos fins específicos a que a comunicação teatral, que empreenderam, se destina. Uma das coisas mais difíceis de manter em teatro resulta do próprio paradoxo que o teatro é. Despersonalização e impersonação o teatro corre sempre o risco de satisfazer-se consigo mesmo, arrastando consigo as melhores virtudes dos que se sacrificam em praticá-lo, para um plano gratuito. Por isso, um verdadeiro teatro popular, como o Brasil necessita, e não o teatro popularizado (de que necessitam, noutra fase, as camadas supostamente mais elevadas da população), exige uma dedicação sem limites, uma cultura esclarecida e vigilante, uma capacidade de organização firme e decidida. E exige, sobretudo, uma total independência dos circuitos do comércio teatral que obedece, necessariamente, às imposições e aos limites da estrutura político-social. Parece que, nestas condições, só estão as universidades, e até certo ponto. Teatro universitário — representação escolar de clássicos e de autores e de vanguarda, que os circuitos comerciais não estão em condições de apresentar — é um dos aspectos da obra cultural do ensino superior, e não deve ser descurado. Mas, numa sociedade em que pelas suas mais largas ou mais poderosas camadas, a consciência sócio-crítica não prevalece ainda, haverá sempre tempo para os luxos externos da divulgação cultural, que poderão pouco a pouco ir acompanhando as actividades mais elementares, mais modestas, mais móveis, mais adaptáveis a todos os lugares onde possa e deva ir. E está certo o signatário destas linhas que as coisas acabam sempre por vir a seu tempo, quando o tempo trabalha para nós e nós com ele. O próprio povo, na medida em que vai assistindo a si mesmo em acção num palco, saberá exigir que lhe dêem mais. Quando ele apreciar Shakespeare ou Racine, isso terá sido uma vitória daqueles que lhe levaram primeiro a sua própria imagem desdobrada, em forma de consciência.

NOTAS BIBLIOGRÁFICAS

Da Necessidade do Teatro

Este artigo abria o número especial (quádruplo, correspondente aos n.ºs 50 a 53, de Junho a Outubro de 1967) que a revista *O Tempo e o Modo* dedicou ao Teatro, ou, como na respectiva nota de abertura se frisava, «mais precisamente ao Teatro em Portugal». Dividia-se esse número, cuja releitura ainda hoje, vinte anos volvidos, mantém uma inquietante actualidade, salvo no que se refere à instituição da censura prévia, em quatro partes: na primeira, além do texto de Jorge de Sena, incluíam-se artigos de José Domingos Morais («Ausências e Permanências do Teatro Português»), Luiz Francisco Rebello («Presença — e Ausência — da Moderna Dramaturgia no Teatro Português Contemporâneo») e Augusto Sobral («A Criação Teatral Portuguesa e a Representação Teatral Portuguesa»); na segunda, enfeixavam-se as respostas de Eunice Muñoz, Bernardo Santareno, Vasco Morgado, Manuela de Azevedo, José Palla e Carmo, Gérard Castelo Lopes, Luzia Maria Martins, Glória de Matos, Fundação Gulbenkian e do próprio «Tempo e o Modo» a um inquérito sobre a circunstância teatral portuguesa; na terceira, António Osório, Artur Portela e Filipe de Sousa analisavam modalidades específicas de teatro (a revista, o teatro televisionado e o teatro lírico, respectivamente); na quarta, finalmente, recolhiam-se textos sobre teatro de autores nacionais (Santareno, Portela) e estrangeiros (Lorca, Brecht, Artaud, Ionesco, Kenneth King) e um monólogo de José Sasportes.

393

DO TEATRO EM PORTUGAL

CRÍTICA A ESPECTÁCULOS

2.º espectáculo «essencialista»
Teatro-Estúdio do Salitre
Seara Nova, Ano XXVI, n.º 1022, de 1/3/1947

O 1.º espectáculo do Estúdio do Salitre havia sido em 30 de Abril de 1946, e era constituído por quatro peças em um acto, a saber: *O Homem da Flor na Boca,* de Pirandello, *O Beijo do Infante,* de D. João da Câmara, *Maria Emília,* estreia de Alves Redol como dramaturgo, e *Viúvos,* de Vasco Mendonça Alves; na composição do programa desenhava-se já aquele eclectismo que levaria Jorge de Sena a dizer, a propósito do 5.º espectáculo, que «há, nele, contradição em lugar de síntese». O 2.º espectáculo, levado à cena pela primeira vez em 16 de janeiro de 1947, repetiu-se em 15 de Março seguinte, tendo essa repetição suscitado a Jorge de Sena a nota publicada no *Mundo Literário* de 5 de Abril, também reproduzida neste volume.

A referência às «dissidências familiares» do Teatro Nacional reporta-se à companhia dos Comediantes de Lisboa, que António Lopes Ribeiro e Francisco Ribeiro organizaram em 1944 com elementos trânsfugas da Casa de Garrett (Lucília Simões, Maria Lalande, Villaret, Igrejas Caeiro e outros) e que até 1950 actuou, sucessivamente, nos Teatros da Trindade (1944-47), Avenida (1947-48), Apolo (1949-50) e Sá da Bandeira (1950).

«Ana Cristina», de Eugene O'Neill
Teatro Avenida
Seara Nova, Ano XXVI, n.º 1023, de 8/3/1947

A versão cinematográfica citada nesta crítica foi realizada por Clarence Brown em 1930, e teve como protagonista Greta Garbo. *Mourning Becomes Electra,* a trilogia de O'Neill sobre o mito dos Átridas, também neste artigo referida, subiu à cena no Teatro Nacional em 1943 com o título *Electra e os Fantasmas.* A peça de Cortes-Rodrigues, *Quando o Mar Galgou a Terra,* igualmente citada, estreou-se em Fall River, no ano de 1938, e foi adaptada ao cinema em 1954 por Henrique Campos, com a actriz Mariana Vilar no papel criado por Ilda Stichini. A carreira teatral do actor Barreto Poeira limitou-se a esta temporada no Teatro Avenida, no decurso da qual ainda interpretou a comédia de Noel Coward *Vidas Privadas,* adiante criticada por Jorge de Sena.

394

3.º espectáculo «essencialista» — «Filipe II», de Alfieri
Teatro-Estúdio do Salitre
Seara Nova, Ano XXVI, n.º 1024, de 15/3/1947

A tragédia de Alfieri, escrita entre 1775 e 81, foi, mais tarde, reposta pelos Companheiros do Pátio das Comédias, numa encenação de António Pedro (Teatro Apolo, 1949).

«Alcipe», de Tereza Leitão de Barros
Teatro Nacional
Seara Nova, Ano XXVI, n.º 1025, de 22/3/1947

Foi esta, além de uns inéditos *Homens de Boa Vontade,* que por certo nada teriam que ver com os homólogos do ciclo romanesco de Jules Romains, a única produção dramática original de Tereza Leitão de Barros (1898-1983), que em 1925 traduziu, para o Teatro Novo de António Ferro, *Uma Verdade para Cada Um,* de Pirandello, acerca da qual se recolhem neste volume duas críticas de Jorge de Sena.

2.º espectáculo «essencialista» (repetição)
Teatro-Estúdio do Salitre
Mundo Literário, n.º 48, de 5/4/1947

Veja-se a nota alusiva à crítica da primeira apresentação deste espectáculo.

«O Cadáver Vivo», de Tolstoi
Teatro da Trindade
Seara Nova, Ano XXVI, n.º 1029, de 19/4/1947

A «conferência de triste memória do jornalista filosófico Ortega y Gasset» havia sido proferida em 13 de Abril de 1946, a abrir o ciclo «A Evolução e o Espírito do Teatro em Portugal», organizado pelo jornal *O Século,* e foi publicada sob o título «Ideia de Teatro — Uma Abreviatura».

«Vidas Privadas», de Noel Coward
Teatro Avenida
Seara Nova, Ano XXVI, n.º 1030, de 26/4/1947

Esta comédia de Noel Coward (1899-1973), em nova versão devida a Miguel Esteves Cardoso, voltou à cena em 1985, no Teatro Maria Matos, interpretada por Graça Lobo e Filipe Ferrer nos papéis criados, na estreia londrina de 1930, pelo próprio autor e Gertrude Lawrence e em Portugal por Madalena Sotto e Barreto Poeira. Outras peças de Coward representadas entre nós foram *Uma Mulher do Outro Mundo* («Blithe Spirit») em 1949 no Teatro Avenida, *Fim de Semana* («Hay Fever») em 1952 no Teatro da Trindade, e *Seis Aparições de Lenine sobre um Piano* («Design for Living») em 1981 na Casa da Comédia.

«A Casa», de José María Péman
Teatro Nacional
Seara Nova, Ano XXVI, n.º 1044, de 2/8/1947

Única peça representada em Portugal deste poeta e dramaturgo espanhol, que fo um dos mais destacados escritores «oficiais» do regime franquista.

5.º espectáculo «essencialista»
Teatro-Estúdio do Salitre
Seara Nova, Ano XXVI, n.º 1046, de 16/8/47

Apresentado em três dias sucessivos — 17, 18 e 19 de Julho de 1947 —, com a participação de João Villaret no monodrama de Tchekov, o espectáculo compreendia uma reposição de *O Homem da Flor na Boca* com que, um ano antes, o Estúdio do Salitre havia iniciado as suas actividades. António Vitorino, contista hoje injustamente esquecido *(Gente de Vieira, A Vida Começa Assim),* que retomou o papel do «pacífico freguês», criado por Eurico Lisboa na estreia, havia sido discípulo de Araújo Pereira e o primeiro intérprete, em 1931, do monólogo de Raul Brandão *O Rei Imaginário.*

Pedro Bom e Carlos Montanha eram, de facto, os pseudónimos dos irmãos José Manuel e Luis da Fonseca, e deles, mas separadamente, o Salitre pôs em cena *A Menina e a Maçã,* do primeiro, e *A Fábula do Ovo* e *Para lá da Máscara,* do segundo. Esta constituiria o último espectáculo do Estúdio do Salitre, em 26 de Julho de 1950; aquelas duas, ambas incluídas no programa do 7.º espectáculo, foram criticadas por Jorge de Sena na *Seara Nova* em 26 de Junho de 1948.

«Rapazes de Hoje», de Roger Ferdinand
Teatro Nacional
Seara Nova, Ano XXVI, n.º 1048, de 30/8/1947

Esta comédia de Roger Ferdinand (1898-1967), presidente da Sociedade Francesa de Autores Dramáticos, director do Conservatório de Teatro e antigo autor de vanguarda revelado por Dullin e Lugné-Poë, cujo título original é *Les J-3,* estreada em Paris, no Théâtre des Bouffes-Parisiens sob a ocupação, em 30 de Setembro de 1943, conheceu então, por manifesto equívoco, um êxito fabuloso, mantendo-se em cena durante duas temporadas consecutivas: como notou Alfred Simon, «não era ela a sátira lúcida de uma juventude desmoralizada pelo mercado negro, que nela alguns quiseram ver, mas uma comédia de grosseiros cordelinhos em que tudo está calculado para provocar o riso pelos efeitos mais fáceis e as mais pesadas alusões aos tiques da época».

A *Locandiera,* de Goldoni, neste artigo referida, havia-se estreado no Teatro Nacional em 1 de Abril anterior, com o título de *A Hospedeira.* A alusão constante do último parágrafo refere-se à peça de Júlio Dantas *Frei António das Chagas,* que nesse ano também se representou no Teatro Nacional.

Sobre «Benilde ou a Virgem-Mãe», de José Régio
Teatro Nacional

Este artigo crítico, publicado na *Seara Nova,* Ano XXVII, n.º 1063, de 13/12/1947, está recolhido no volume *Régio, Casais, a «presença» e outros afins,* editado pela Brasília em 1977 (pp. 105 a 117), com o título de *Sobre «Benilde ou a Virgem-Mãe».* Sobre o teatro de Régio, Jorge de Sena escreveu um notável ensaio «in memoriam», publicado no suplemento literário do *Estado de São Paulo* em 27 de Dezembro de 1970, recolhido naquele volume de 1977 e neste também incluído; antes, havia criticado, quando saíram em 1958, as *Três Peças em Um Acto,* em artigo que figura igualmente neste volume.

No Ano XXXIII, n.º 1285-86, da *Seara Nova* (Janeiro-Fevereiro de 1954), publicou-se um excerto da *Salvação do Mundo,* de José Régio, precedido de uma nota sobre o teatro deste, assinada pelas iniciais S. D. (que supomos corresponderem a Sant'Ana Dionísio), a qual motivou a seguinte carta de Jorge de Sena saída no número seguinte:

«Na 1.ª página do n.º 1285-6 da folha que V. Ex.ª edita, acabo de ler, acerca do teatro de José Régio, que «ainda não se tentou dizer entre nós»... «qual o sentido do teatro deste estranho Poeta».

Se estivesse escrito «não se disse», não faria o mínimo reparo. Mas diz-se que «não se tentou». E tentou: precisamente na *Seara Nova,* na crítica, que escrevi, da representação da *Benilde ou a Virgem-Mãe.*

Sai a revista, que V. Ex.ª edita, tão acidentalmente, que são perfeitamente desculpáveis estes lapsos de memória ou de índice.

Creia-me V. Ex.ª, meu querido Amigo, desde já muito grato pela publicação destas linhas (o público, que não tem memória, tem, no entanto, o direito de ser esclarecido.)

Seu camarada e admirador, J. de S.»

....

É a seguinte a nota que acompanha a publicação desta crítica na obra acima citada:

«*Benilde ou a Virgem-Mãe*» — Crítica à estreia desta peça no Teatro Nacional, ao Rossio, em 1947, e publicada na *Seara Nova,* n.º 1063, de 13 de Dez. desse ano, e no qual então, colaborador que fui dela muito tempo, fazia crítica teatral (repartindo os deveres com João Pedro de Andrade, o qual me deixava aquilo de que não queria ou não podia escrever, ou aquilo que eu, ao fim de muita luta, conseguia). Convém recordar aqui, nesta nota, em que circunstâncias se publicava esta crítica e ela passara pelo crivo «censório» que era o inferno com que Salazar & C.ª grelhavam regularmente a *Seara Nova* (e é de notar, dentro de uma nota a uma nota, que, nesse tempo, muito «seareiro» via com péssimos olhos a minha presença e de outros, como Casais Monteiro, na revista, considerados «vermelhos» de mais, enquanto, comicamente, éramos alguns de nós tão suspeitos a outros que passavam por ser ou eram realmente, como se dizia, «ferros em brasa»).

Quando se soube de que, apesar de todos os esforços dos inimigos do modernismo e de José Régio, aliados (em vários casos havia perfeita coincidência nas pessoas) a numerosos fascistas notórios e agitadores profissionais dos anos 40, a peça *passara* a «comissão de leitura» do Teatro Nacional, e fora autorizada pela Inspecção Geral de Espectáculos, soube-se também que, em desespero de causa, se preparava uma manifestação destinada a transformar a peça em desordem, para fazer cair a peça, ou criar as condições necessárias à sua proibição. Assim, o ambiente da estreia era tensíssimo, e as provocações, com gritos e tentativas de interrupção da representação, várias, a que a maioria esmagadora do público, já prevenida e predisposta, respondia com gritos de «não respondam à provocação». E a peça foi por diante e triunfou. Do ponto de vista político, há que ter presente, em relação a Régio, o seguinte: ele havia sido, em 1945, creio que em Portalegre, um dos mais ilustres signatários das famosas listas reclamando eleições, o primeiro grande abalo que aterrou Salazar. E não vem para aqui mencionar o papel que ele desempenhou regionalmente em várias campanhas eleitorais ulteriores (embora recordá-lo aos jovens de hoje não seja má medicina). [Jorge de Sena]

Centenário de Cervantes — «Retáblo de maravillas»
Teatro Avenida
Seara Nova, Ano XXVII, n.º 1065, de 27/12/1947 a 10/1/1948

O encenador alemão Erwin Meyenbourg viera a Portugal em 1944 para montar *A Ascensão de Joaninha,* de Hauptmann, no mesmo Teatro, onde igualmente dirigiu *A Hospedeira,* de Goldoni, recordada nesta crítica, e, anos mais tarde, *Intriga e Amor,* de Schiller, em espectáculo recenseado por Jorge de Sena na *Gazeta Musical* de Junho de 1959, e *A Peliça de Castor,* também de Hauptmann, em 1963.

«Rebecca», de Daphne Du Maurier
Teatro Nacional
Seara Nova, Ano XXVI, n.º 1065, de 27/12/1947 a 10/1/1948

A popularidade da peça da romancista inglesa Daphne Du Maurier, estreada no londrino Queen's Theatre em 1940, ficou a dever-se à adaptação cinematográfica de Alfred Hitchcock, que é desse mesmo ano e foi o primeiro trabalho do grande realizador nos estúdios norte-americanos.

Miss Ba, peça do dramaturgo inglês Rudolf Besier (no original, *The Barretts of Wimpole Street,* 1930), que conta a história dos amores dos poetas Elisabeth Barrett e Robert Browning introduzindo- -lhe habilmente uns laivos freudianos, havia constituído, em 1944, o primeiro grande êxito de público dos Comediantes de Lisboa, traduzido em cem representações consecutivas na abertura da sua segunda temporada.

Cocteau no Teatro Nacional — «A Águia de Duas Cabeças»
PORTUCALE, 1.ª série, n.º 13-14, Janeiro/Abril de 1948

O bailado *Le Jeune Homme et la Mort* foi apresentado no Teatro de S. Carlos, nos começos de 1947, pelos «Ballets des Champs-Élysées», que dirigia Roland Petit; do elenco faziam parte alguns jovens bailarinos que não tardariam a atingir o estrelato, como Jean Babilée (o «Jeune Homme» do bailado de Cocteau), Irene Skorik, Nina Vyrubova, ou, numa bifurcação para o «music-hall», Zizi Jeanmaire.

A Águia de Duas Cabeças, estreada em Paris em 1946, foi, até agora, a única das peças de Cocteau a representar-se entre nós.

«O Morgado de Fafe», de Camilo
e «A Ceia dos Cardeais», de Júlio Dantas
Teatro Avenida

«O Comissário de Polícia», de Gervásio Lobato
Teatro Nacional
Seara Nova, Ano XXVII, n.º 1074, de 28/2/1948

6.º espectáculo «essencialista»
Teatro-Estúdio do Salitre
Seara Nova, Ano XXVII, n.º 1074, de 28/2/1948

O programa impresso deste espectáculo abria com um notável texto de Almada Negreiros, «O Pintor no Teatro», dedicado «à memória do muito querido companheiro Federico García Lorca, por excelência, a vocação de Teatro em nossos dias».

A previsão de Sena quanto ao dramaturgo italiano Roberto Zerboni não viria a confirmar-se: além das três peças em um acto que reuniu sob o título *Primavera de 44* (uma das quais é este *António* aqui criticado), e de *Beco sem Sol,* de 1942, a sua obra dramática, em que se destaca uma versão cénica da *Metamorfose,* de Kafka, limitou-se a algumas peças num acto, na sua maioria inéditas. Estranhamente, o seu nome nem sequer figura entre as centenas que vêm citadas no volume *Autori e Drammaturgie,* «primeira antologia do teatro italiano do após-guerra», publicado em 1988.

«Paulina Vestida de Azul»
Teatro Nacional
Seara Nova, Ano XXVII, n.º 1083, de 1/5/1948

Espectáculo do Gupo Universitário de Teatro Cultural
Seara Nova, Ano XXVII, n.º 1088, de 5/6/1948

7.º espectáculo «essencialista»
Teatro-Estúdio do Salitre
Seara Nova, Ano XXVII, n.º 1091, de 26/6/1948

As «tentativas polémicas» a que neste artigo se alude são o prólogo de Costa Ferreira *Nocturno,* apresentado no 1.º espectáculo do Pátio das Comédias (1948) e a minha fábula *O Mundo Começou às 5 e 47,* incluída no 2.º espectáculo do Estúdio do Salitre (1947), cuja crítica por Jorge de Sena se contém neste volume.

As «fábulas» de Pedro Bom e Carlos Montanha que, com as peças de C.-H. Frèches e David Mourão-Ferreira, completavam o programa deste espectáculo, eram, respectivamente, *A Menina e a Maçã* e *A Fábula do Ovo.*

....

Um espectáculo deste «género» veio a ser organizado, cinco anos mais tarde, pelo Grupo de Teatro Experimental: *Variações,* de Pedro Bom. Jorge de Sena referiu-se-lhe na *Seara Nova,* Ano XXX, n.º 1252/53, de 3, 10, 17, 24 e 31/5/52, nos seguintes termos: «Não foi a *Seara* convidada a assistir a este espectáculo, que se realizou no Clube Estefânia. Acontece, porém, que a minha crítica a este género de teatro e autorias já está feita. Como adiante se transcreve: «[...] Há que provocar o esclarecimento [...]; vaidades feridas e outras petulâncias só confirmarão o estado actual que acabo de denunciar».

O futuro não me desmentiu, porque isto foi publicado no n.º 1091, de 26 de Junho de 1948, da *Seara Nova.*» [M. de S.]

O 2.º espectáculo do «Pátio das Comédias»
Seara Nova, Ano XXVI, n.º 1092, de 11/9/1948

Fundado em 1948, o Pátio das Comédias, denominação depois acrescentada para Os Companheiros do Pátio das Comédias, a que Jorge de Sena esteve ligado (e, com ele, José-Augusto França, António Pedro, Costa Ferreira, entre outros intelectuais), havia apresentado, no seu espectáculo inaugural, o prólogo de Costa Ferreira *Nocturno* e a comédia de Gogol *O Casamento,* em que se revelou uma grande actriz, prematuramente desaparecida, Sara Vale.

A Continuação da Comédia, de J. P. Andrade, neste espectáculo pela primeira vez representada, havia sido escrita em 1931 e publicada em 1939, no penúltimo número da *presença,* acompanhada por uma nota de José Régio.

«Outuno em Flor», de Júlio Dantas
Teatro Nacional
Seara Nova, Ano XXVIII, n.º 1101, de 5/2/1949

Sobre a alusão final às «chagas incuráveis do defunto Fr. António», veja-se neste volume a nota à crítica da peça de Roger Ferdinand *Rapazes de Hoje.*

«Um Chapéu de Palha de Itália», de Labiche e Michel
Teatro Apolo
Seara Nova, Ano XXVIII, n.º 1140-41, de 12, 19/11/1949

A farsa «quase centenária» de Labiche e Marc-Michel, um dos mais assíduos colaboradores daquele (juntos escreveram 48 peças) foi estreada no Teatro do Palais-Royal em 14 de Agosto de 1851; a encenação de António Pedro assinalou a profissionalização dos Companheiros do Pátio das Comédias, que apresentariam ainda um segundo espectáculo, também no Teatro Apolo, com a tragédia de Alfieri *Filipe II* e a farsa de Feydeau *A Sogra de Luis XIV (Feu la Mère de Madame,* no original); esse espectáculo, após o qual o agrupamento se dissolveria, foi criticado no mesmo número da *Seara Nova* por João Pedro de Andrade.

O Preço da Honestidade e *A Luz do Gás*, citadas no começo deste artigo, são os títulos de duas peças, aquela de Cristiano Lima e esta do britânico Patrick Hamilton, que na precedente época de Verão e a abrir a de Inverno, respectivamente, se representaram nos Teatros do Ginásio e da Trindade, para onde a companhia do Nacional havia emigrado durante as obras de reparação da casa-mãe. *A Escola de Maridos,* de Molière, a que se alude no final do artigo, havia sido o espectáculo anterior dos Companheiros, o último portanto da sua fase amadora, encenado já por António Pedro e apresentado por Jorge de Sena no Instituto Superior Técnico (veja-se neste volume o texto dessa apresentação).

«Curva Perigosa», de J. B. Priestley
Estrela Hall
PORTUCALE, 2.ª série, n.ᵒˢ 25/27, Janeiro/Junho de 1950

Após as representações do Estrela Hall, a peça de Priestley passou ao palco do Teatro Nacional, onde se estreou a 8 de Abril.

Priestley (1894-1984), a cujo romance *Low Notes on a High Level* Jorge de Sena se refere num artigo incluído neste volume pelas referências que contém à sua obra dramática, conheceu entre nós um outro grande êxito de público com a peça *Está Lá Fora um Inspector,* representada no Teatro Avenida em 1951; menos bem sucedida foi a carreira de *Já Aqui Estive,* montada pelo Teatro d'Arte de Lisboa em 1956.

«Knock», de Jules Romains
Companhia Francesa de Louis Jouvet
Seara Nova, Ano XXVIII, n.º 1170-71, de 10-17/6/1950

A representação «em outras eras heróicas do teatro em Portugal» desta farsa que Jouvet estreou no «Studio des Champs-Élysées» em 1923, é a do Teatro Novo de António Ferro, que em 1925 ocorreu no Tivoli, em tradução de Fernanda de Castro, encenada e interpretada por Joaquim de Oliveira, com cenários «modernistas» de Leitão de Barros.

«Sua Amante Esposa», de Jacinto Benavente
Teatro Avenida
Seara Nova, Ano XXX, n.º 1248-49, de 1 a 29/3/1952

A tradução portuguesa, verberada nesta crítica, era de Ascensão Barbosa e Nelson de Barros. A mesma peça, uma das últimas de Benavente, que morreria aos 88 anos em 1954, seria pouco tempo depois representada no Teatro do Ginásio, em versão original, pela companhia de que era primeira actriz Irene Lopez Heredia.

«Rosas de Otoño», de Jacinto Benavente,
e «A Verdade de Cada Qual», de Pirandello
Companhia de Irene Lopez Heredia
Teatro do Ginásio
Seara Nova, Ano XXX, n.º 1250-51, de 5 a 26/4/1952

A «parábola» de Pirandello, no original *Cosi è (se vi pare),* estreada em Milão em 1917, foi a primeira peça do grande dramaturgo siciliano a representar-se, traduzida, em Portugal, constituindo o segundo (e derradeiro) espectáculo do Teatro Novo, em 1925, com o título *Uma Verdade para Cada Um.* Voltaria à cena portuguesa em 1958, agora designada por *Para Cada Um Sua Verdade,* no Teatro Nacional, e Jorge de Sena criticá-la-ia então na *Gazeta Musical e de Todas as Artes,* em artigo que adiante se lerá.

«A Voz da Cidade», de Ramada Curto
Teatro Nacional
Seara Nova, Ano XXX, n.ºˢ 1252-53, de 3 a 31/5/1952

Foi este artigo que determinou o afastamento de Jorge de Sena do exercício da crítica teatral na *Seara Nova;* com efeito, o número seguinte da *Seara* (1954, de 7 de Junho) incluía um texto do seu director (Câmara Reys) que, desautorizando-o, o impeliu «por imposição da sua dignidade», como diria na crítica a *Um Dia de Vida,* de Costa Ferreira, adiante reproduzida, a esse afastamento. Esse texto era do seguinte teor: «No último número da *Seara Nova* foi publicada uma crítica com referências desprimorosas para o nosso prezado amigo e correligionário Dr. Ramada Curto, acerca da sua última peça, *A Voz da Cidade.* O director da revista não teve conhecimento desse original, lamenta tal publicação e exprime ao seu velho e querido Amigo, com a maior sinceridade, a sua muita estima e consideração, tanto pela sua vida particular como pública, homem da maior lealdade e nobreza, político que em meio século de actividade sempre serviu e prestigiou a democracia, advogado e orador distintíssimo, escritor que, na crónica, na novela e, sobretudo, no teatro realizou uma obra reveladora das mais raras qualidades de observação e crítica».

Grande Teatro em Portugal — «Joana d'Arc», de Anouilh
Suplemento *Artes e Letras, Diário de Notícias*, 1/12/1955

Pretexto para este artigo foi a representação, no Teatro Avenida, de *L'Alouette*, de Jean Anouilh (*A Cotovia*, na tradução de Redondo Júnior). A «peça já clássica» e a «peça de um novo autor» que, com a de Anouilh, estavam então simultaneamente em cena eram *Tá-Mar*, de Alfredo Cortez, no Teatro Nacional, e *Quando a Verdade Mente*, de Costa Ferreira, no Teatro da Trindade.

«Alguém Terá de Morrer», de Luiz Francisco Rebello
Teatro Nacional
Vértice, vol. XVII, n.º 160-11, Janeiro/Fevereiro de 1957

Esta peça foi incluída no I volume de Teatro do autor, recenseado por Jorge de Sena na *Gazeta Musical e de Todas as Artes* de Maio de 1959.
Seria esta a única crítica de teatro que Jorge de Sena redigiu para a *Vértice*.

«Noite de Reis», de Francisco Lage e Francisco Ribeiro
Teatro da Trindade
Gazeta Musical e de Todas as Artes, Ano VIII, 2.ª série, n.º 82, Lisboa, Janeiro de 1958

Este artigo marca o recomeço da actividade crítica regular de Jorge de Sena, interrompida abruptamente em Maio de 1952 após o incidente da *Seara Nova* a que na antepenúltima nota se fez referência.
À mesma comédia de Shakespeare se reporta a crítica, igualmente reproduzida neste volume, relativa à sua representação, em 1959, pela «Oxford Playhouse Company».

«As Bruxas de Salem», de Arthur Miller
Teatro Nacional D. Maria II
Gazeta Musical e de Todas as Artes, Ano VIII, 2.ª série, n.º 82, Lisboa, Janeiro de 1958

«Um Dia de Vida», de Costa Ferreira
Teatro da Trindade
Gazeta Musical e de Todas as Artes, Ano VIII, 2.ª série, n.º 84, Lisboa,
Março de 1958

O texto da crítica a *Trapo de Luxo,* estreada no Teatro Nacional em
1952, e que deveria ter-se publicado na «*Seara Nova* após a de *A Voz da
Cidade,* de Ramada Curto, se não houvesse ocorrido o incidente a que em
nota anterior se fez referência, não foi encontrado entre os papéis de Jorge
de Sena (em carta dirigida ao autor destas notas, Mécia de Sena recorda que
«nesses tempos heróicos entregava-se o escrito ainda quentinho, e portanto é
possível que o original por lá ficasse»).

As «sete peças (de Costa Ferreira) representadas em sete anos escassos»
foram: *Por Um Fio* (1951), o citado *Trapo de Luxo* e *O Milagre da Rua*
(1952), *Quando a Verdade Mente* (1955), *Atrás da Porta* (1956), *Comédia
das Verdades e das Mentiras* (1956, em colaboração com Francisco Ribeiro)
e este *Dia de Vida,* que Augusto Fraga adaptou ao cinema em 1962.

«Deus lhe Pague», de Joracy Camargo
Teatro Variedades
Gazeta Musical e de Todas as Artes, Ano VIII, 2.ª série, n.º 84, Lx., Março
de 1958

A primeira representação desta aplaudidíssima e, sem dúvida, super-valo-
rizada peça do comediógrafo brasileiro Joracy Camargo (1898-1972) em
Portugal deu-se em 8 de Março de 1935, no Teatro do Ginásio (a estreia absoluta fora, em São Paulo, no ano de 1932), encabeçando Procópio, seu criador, um elenco de artistas portugueses. Eduardo Scarlatti dedicou-lhe, então,
uma extensa crítica em *O Diabo,* recolhida mais tarde no 1.º volume dos
seus escritos sobre teatro (*Em Casa de «O Diabo»,* 1.ª ed., 1936, pp. 259 a
274), na qual, por uma vez, o seu apurado e exigente sentido crítico se deixou iludir pelo que supôs ser a «inspiração marxista» da obra, não obstante
haver advertido as suas principais limitações.

«Para Cada Um Sua Verdade», de Pirandello
Teatro Nacional D. Maria II
Gazeta Musical e de Todas as Artes, Ano VIII, 2.ª série, n.º 84, Lisboa,
Março de 1958

Veja-se a anotação à crítica da representação desta peça pela companhia
espanhola de Irene Lopez Heredia (p. 403).

«O Rei Veado», de Carlo Gozzi
Teatro do Gerifalto, no Monumental
Gazeta Musical e de Todas as Artes, Ano VIII, 2.ª série, n.º 85, Lisboa,
Abril de 1958

A representação desta fábula no Estúdio do Salitre, cujo 10.º espectáculo constituiu, teve lugar nos dias 22 a 26 de Abril de 1949, sob a direcção de Gino Saviotti e «com cenas improvisadas pelos actores», numa tentativa de ressuscitar o espírito e o estilo da «commedia dell'arte», de que Gozzi foi, como lembra Jorge de Sena, «o último abencerragem». A título de curiosidade, refira-se que, desse espectáculo «essencialista», foram intérpretes, entre outros, David Mourão-Ferreira, Couto Viana, Artur Ramos, Ricardo Alberty e um estreante, Rogério Lopes Ferreira, que viria a profissionalizar-se com o nome de Rogério Paulo...; e registe-se que o actor Luis Horta personificou, em 1958 como em 1949, o ministro Tartalha.

«Comediantes», de Guy Bolton
Teatro Nacional D. Maria II
Gazeta Musical e de Todas as Artes, Ano VIII, 2.ª série, n.º 85, Lisboa,
Abril de 1958

«Piccoli di Podrecca»
Coliseu
Gazeta Musical e de Todas as Artes, Ano VIII, 2.ª série, n.º 85, Lisboa,
Abril de 1958

Os fantoches do italiano Vittorio Podrecca apresentaram-se em Lisboa, pela primeira vez, em 1935, também então no Coliseu dos Recreios (leia-se a crítica que Eduardo Scarlatti sobre eles escreveu em *O Diabo,* reproduzida no 2.º volume da respectiva colectânea, de pp. 117 a 124).

«Monsieur de Pourceaugnac», de Molière
Liceu Francês Charles Lepierre
Gazeta Musical e de Todas as Artes, Ano VIII, 2.ª série, n.º 86, Lisboa,
Maio de 1958

«É Urgente o Amor», de Luiz Francisco Rebello
Teatro Experimental do Porto
Gazeta Musical e de Todas as Artes, Ano VIII, 2.ª série, n.º 86, Lisboa, Maio de 1958

A peça havia-se estreado no Teatro de S. João, do Porto, em 25 de Fevereiro do mesmo ano de 1958.

«Jornada para a Noite», de Eugene O'Neill
Teatro Experimental do Porto
Gazeta Musical e de Todas as Artes, Ano VIII, 2.ª série, n.º 86, Lisboa, Maio de 1958

O texto de Jorge de Sena publicado no *Jornal de Notícias* do Porto, a que se alude nesta crítica, intitula-se «O Testamento de Eugene O'Neill», saiu em 12 de Janeiro de 1958, coincidindo com a sua estreia naquela cidade, a 3 desse mês, e pode ler-se mais adiante, neste volume.
Nota (M. de S.) — O prefácio a que aqui se alude não foi escrito nunca porque, com grande desgosto do tradutor, não conseguiu editar esta obra em sua vida.

«Dois Reis e Um Sono», de Natália Correia e Manuel de Lima
Teatro do Gerifalto, no Monumental
Gazeta Musical e de Todas as Artes, Ano VIII, 2.ª série, n.º 86, Lisboa, Maio de 1958

«Um Serão nas Laranjeiras», de Júlio Dantas
Teatro da Trindade
Gazeta Musical e de Todas as Artes, Ano VIII, 2.ª série, n.º 86, Lisboa, Maio de 1958

Não deixa de ser curioso aproximar esta crítica de Jorge de Sena da que, aquando da estreia, em Dezembro de 1903, no Teatro Nacional, deste «desconchavo erótico», como aí lhe chamou, Joaquim Madureira publicou em *O Mundo* e recolheu nas suas *Impressões de Teatro* (1905, pp. 206-229).
A «peça de cordel que tem sido apresentada pelas feiras de província» anunciada para seguir-se às representações do *Serão,* não era outra senão... o *Rei Lear,* de Shakespeare, que em «post-scriptum» Jorge de Sena informava ter sido retirado de ensaios, e que, na versão de F. Laje e F. Ribeiro, havia integrado, em época anterior, o repertório do «Teatro do Povo» do SNI.

«Veneno de Cobra»
Teatro Maria Vitória
Gazeta Musical e de Todas as Artes, Ano VIII, 2.ª série, n.º 87, Lisboa,
Junho de 1958

A esta comédia de Albert Husson (1912-1978), que Manuel Fragoso traduziu, foi dado, entre nós, o título com que se exibiu o filme dela extraído,
cujo protagonista esteve a cargo de Humphrey Bogart.

«O Dia Seguinte», de Luiz Francisco Rebello
Grupo de Teatro Popular
Gazeta Musical e de Todas as Artes, Ano VIII, 2.ª série, n.º 89-90, Lisboa,
Agosto/Setembro de 1958

O título geral deste artigo era: «Uma estreia importante, outra catastrófi-
ca, um livro sobre teatro e uma peça em livro». A arrumação do material
reunido neste volume levou-nos a separar as duas primeiras partes das outras
duas, alterando consequentemente aquele título e relegando estas últimas para a secção relativa à crítica de livros.

A representação de *O Dia Seguinte* no Teatro Nacional, anunciada para
19 de Abril de 1952, veio a ser proibida no dia anterior, e só daí por seis
anos foi a peça autorizada para grupos de teatro amador. A sua estreia por
companhias profissionais dar-se-ia em 1963, a 15 de Fevereiro no Teatro Nacional e a 2 de Maio pelo Teatro Moderno de Lisboa. Entretanto, haviam su-
bido à cena as versões francesa (Paris, 1953), espanhola (Valencia, 1953 e
Madrid, 1956) e flamenga (Gand, 1956).

«Farsa de Inês Pereira, de Gil Vicente
e «O Fidalgo Aprendiz», de D. Francisco Manuel de Melo
Gazeta Musical e de Todas as Artes, Ano VIII, 2.ª série, n.º 89-90, Lisboa,
Agosto/Setembro de 1958

«A Rainha do Ferro Velho», de Garson Kanin e Ruth Gordon
Teatro Monumental
Gazeta Musical e de Todas as Artes, Ano IX, 2.ª série, n.º 91-92, Lisboa,
Outubro/Novembro de 1958

«O Mentiroso», de Goldoni
Teatro Avenida
Gazeta Musical e de Todas as Artes, Ano IX, 2.ª série, n.º 93, Lisboa,
Dezembro de 1958

«Diário de Anne Frank», de J. Goodrich e A. Hackett
Teatro da Trindade
Gazeta Musical e de Todas as Artes, Ano IX, 2.ª série, n.º 93, Lisboa, Dezembro de 1958

Teatro do Gerifalto, no Teatro Monumental
«Auto das Três Costureiras», de A. M. Couto Viana
«De Cima Desse Telhado», de A. M. Couto Viana e Eduardo Rios
«O Nosso Amigo Sol», de Lília da Fonseca
Gazeta Musical e de Todas as Artes, Ano IX, 2.ª série, n.º 93, Lisboa, Dezembro de 1958

A «assistência artística» que nos «foi pedida», a Jorge de Sena e a mim, nunca chegaria contudo a concretizar-se.

«Azazel», de José-Augusto França
Teatro Nacional D. Maria II
Gazeta Musical e de Todas as Artes, Ano IX, 2.ª série, n.º 94, Lisboa, Janeiro de 1959

«O Gebo e a Sombra», de Raul Brandão
Teatro Avenida
Gazeta Musical e de Todas as Artes, Ano IX, 2.ª série, n.º 94, Lisboa, Janeiro de 1959

Desde a sua estreia, em 27 de Março de 1927, no Teatro Nacional, encenado por Araújo Pereira e interpretado por Alves da Cunha no protagonista, que o drama de Raul Brandão se não representava nos palcos portugueses, tendo estado proibido pela censura durante cerca de trinta anos.

«Volpone», de Ben Jonson
Teatro Experimental do Porto
Gazeta Musical e de Todas as Artes, Ano IX, 2.ª série, n.º 94, Lisboa, Janeiro de 1959

A adaptação de Jules Romains, a que neste artigo se alude, encenada por Charles Dullin e estreada, com enorme êxito, em 1928 no Teatro do Atelier, de Paris, baseava-se, por sua vez, numa versão do romancista Stefan Zweig, de 1926.

«O Dia Seguinte», de Luiz Francisco Rebello
Sociedade Guilherme Cossoul
Gazeta Musical e de Todas as Artes, Ano IX, 2.ª série, n.º 95, Lisboa, Fevereiro de 1959

«O Processo de Jesus», de Diego Fabbri
Teatro Nacional D. Maria II
Gazeta Musical e de Todas as Artes, Ano IX, 2.ª série, n.º 95, Lisboa, Fevereiro de 1959

«Gigi», de Colette-Anita Loos
Teatro Monumental
Gazeta Musical e de Todas as Artes, Ano IX, 2.ª série, n.º 95, Lisboa, Fevereiro de 1959

«Um Homem Só», de Costa Ferreira
Teatro da Trindade
Gazeta Musical e de Todas as Artes, Ano IX, 2.ª série, n.º 95, Lisboa, Fevereiro de 1959

A «comédia romântica apresentada no Teatro Avenida era *O Fim do Caminho,* do dramaturgo irlandês Allan Langdon Martin (*Smiling Through* na versão original), várias vezes adaptada ao cinema para alarde do virtuosismo emocional de actrizes como Norma Talmadge (em 1922), Norma Shearer (em 1932) e Jeanette MacDonald (em 1941).

«Requiem», de William Faulkner, pelo T. E. P.
Teatro Monumental
Gazeta Musical e de Todas as Artes, Ano IX, 2.ª série, n.º 96, Lisboa, Março de 1959

Para o programa do T. E. P., aquando da estreia do espectáculo no Porto em 12 de Dezembro de 1958, escreveu Jorge de Sena a seguinte nota:

«*Requiem for a Nun,* romance escrito em forma teatral e uma das mais recentes obras de William Faulkner, ocupa, na vasta e complexa «saga» do condado imaginário de Yoknapatawpha, onde radicam os seus contos e romances e que é símbolo do Sul trágico e contraditório como do mundo humano, um lugar especialíssimo. A expiação de Temple Drake, a heroína de *Santuário,* é a sua matéria. Mas a tessitura dramática não é senão a explosão da essência trágica implícita em toda a obra do Prémio Nobel de 1950. Nunca, depois de Eugene O'Neill, a literatura e a cena americana haviam produzido uma tal autenticidade teatral, haviam sofrido um tão impetuoso desbordamento da própria natureza cénica da vida sobre a arte. Nem haviam assistido a uma tragédia tão profunda e tão complexa como este *Requiem*, que impôs ao próprio autor a sua intensidade dramática e a sua vibração humana.

«Os Pássaros de Asas Cortadas», de Luiz Francisco Rebello
Teatro da Trindade
Gazeta Musical e de Todas as Artes, Ano IX, 2.ª série, n.º 96, Lisboa, Março de 1959

Teatro do Gerifalto
«O Arco do Triunfo», A. M. Couto Viana
«Também os Bonecos Falam», de M. Adelaide Couto Viana
«O Relógio Mágico», de Fernando de Paços
Gazeta Musical e de Todas as Artes, Ano IX, 2.ª série, n.º 97, Lisboa, Abril de 1959

«Bajazet», de Racine
Liceu Francês Charles Lepierre
Gazeta Musical e de Todas as Artes, Ano IX, 2.ª série, n.º 97, Lisboa, Abril de 1959

«Seis Personagens em Busca de Autor», de Pirandello
Teatro Avenida
Gazeta Musical e de Todas as Artes, Ano IX, 2.ª série, n.º 98, Lisboa, Maio de 1959

A primeira apresentação da genial «commedia da fare» em Portugal teve lugar, em 1923, no Teatro Politeama, por uma companhia italiana, dirigida pelo autor e empresário Dario Niccodemi e encabeçada pela actriz Vera Vergani. Foi a censura, instituída após o golpe militar de 28 de Maio de 1926, que, por alegadas razões de moralidade, fez retardar 36 anos a sua representação em língua portuguesa.

«O Feiticeiro do Oz», de Eduardo Damas
Teatro do Gerifalto
Gazeta Musical e de Todas as Artes, Ano IX, 2.ª série, n.º 98, Lisboa, Maio de 1959

«À Espera de Godot», de Samuel Beckett
Teatro da Trindade
Gazeta Musical e de Todas as Artes, Ano IX, 2.ª série, n.º 98, Lisboa, Maio
de 1959

O artigo do *Diário Popular,* a que se alude no início deste artigo, «Duas peças inglesas recentes e mais uma», já incluída em *Sobre o Romance* (1986, pp. 153-156), figura também neste volume. A estreia desta peça de Beckett, a primeira do autor a subir à cena entre nós, constituiu ao mesmo tempo um imenso escândalo e um não menor êxito artístico.

«Ecole de Maris», de Molière
«Jeu de l'Amour et du Hasard», de Marivaux
Comédie Française
Cinema Tivoli
Gazeta Musical e de Todas as Artes, Ano IX, 2.ª série, n.º 98, Lisboa, Maio
de 1959

«Intriga de Amor», de Schiller, e «Saias», de Alfredo Cortez
Teatro Nacional
Gazeta Musical e de Todas as Artes, Ano IX, 2.ª série, n.º 99, Lisboa, Junho
de 1959

A Ascensão de Joaninha, de G. Hauptmann, e *A Hospedeira,* de Goldoni, encenadas por E. Meyenbourg, subiram à cena no Teatro Nacional, em respectivamente 1944 e 1947. A *Maria Stuart,* de Schiller, que em 1938, traduzida por Alfredo Cortez, havia sido representada no Teatro Nacional, foi apresentada em 1969 pelo Teatro Experimental de Cascais, na citada tradução de Manuel Bandeira.

Saias não chegou a ser «exportada», como havia sido, em 1955, *Tá-Mar,* apresentada na mesma temporada do Teatro das Nações que assistiu à revelação do «Berliner Ensemble» e da dramaturgia brechtiana.

«Fachada», de Laura Chaves
Teatro Avenida
Gazeta Musical e de Todas as Artes, Ano IX, 2.ª série, n.º 99, Lisboa, Junho
de 1959

«Eles, Elas... e os Meninos», de André Roussin
Teatro Monumental
Gazeta Musical e de Todas as Artes, Ano IX, 2.ª série, n.º 99, Lisboa, Junho de 1959

Ionesco e Luís de Lima
Teatro da Trindade
Gazeta Musical e de Todas as Artes, Ano IX, 2.ª série, n.º 99, Lisboa, Junho de 1959

«Twelfth Night», de Shakespeare
Oxford Playhouse Company
Feira das Indústrias Britânicas
Gazeta Musical e de Todas as Artes, Ano IX, 2.ª série, n.º 100-101, Lisboa, Julho/Agosto de 1959

«O Baile», de Edgar Neville
Teatro Monumental
Gazeta Musical e de Todas as Artes, Ano IX, 2.ª série, n.º 102, Lisboa, Setembro de 1959

CRÍTICAS A LIVROS

«Três Peças em Um Acto», de José Régio

«Três Peças em um Acto» — Artigo publicado em *Gazeta Musical e de Todas as Artes,* Ano VIII, 2.ª série, Fev. de 1959, n.º 83, no tempo em que, dirigida a revista por Maria Vitória Quintas, e secretariada por João José Cochofel, fiz para ela alguma crítica de teatro (ou de livros de teatro) e de ópera. — Nota de Jorge de Sena a esta recensão crítica que figura, a pp. 119-122, no volume *Régio, Casais, a «presença» e outros afins,* editado pela Brasília em 1977.

Nenhuma das «três peças» foi representada em teatros profissionais, e sim por grupos de amadores ou universitários, devendo registar-se, entre os últimos, o TEUC (Teatro dos Estudantes da Universidade de Coimbra, a que Sena especialmente se refere no artigo, adiante publicado, «Sobre Teatro Universitário»), que em 1958 apresentou, no Teatro Avenida, daquela cidade, o «episódio tragicómico» *Mário ou Eu Próprio — o Outro.* Quanto às duas outras, de *As Três Máscaras* extraiu Maria de Lourdes Martins uma ópera, que foi cantada pela primeira vez no Teatro de S. Carlos em 1986, e de *O Meu Caso* Manuel de Oliveira um filme, estreado no Festival de Veneza desse mesmo ano.

«Teatro», de Bernardo Santareno
Gazeta Musical e de Todas as Artes, Ano VIII, 2.ª série, n.º 83, Lisboa, Fevereiro de 1958

Das três peças que constituem este primeiro volume do teatro de Bernardo Santareno (1920-1980), só a primeira, *A Promessa,* subiu à cena, no mesmo ano em'que o livro se publicou e foi recebida com o alvoroço de que a nota crítica de Jorge de Sena dá notícia, encenada por António Pedro no Teatro Experimental do Porto. Mas uma violenta campanha desencadeada pelos meios católicos mais conservadores da capital nortenha conseguiu levar à proibição das representações, ao fim de dez dias de triunfal acolhimento; e só dez anos depois viria essa estúpida proibição a ser-lhe levantada.

Quanto à *Excomungada,* o autor mais tarde suprimiu o 2.º e 3.º actos, reduzindo-a ao 1.º (que, muito justamente, Jorge de Sena destacou) e publicando-a sob o título de *Irmã Natividade,* em 1961.

«Mar», de Miguel Torga

Miguel Torga: «Mar» — Artigo publicado em *Gazeta Musical e de Todas as Artes,* Ano VIII, 2.ª série, Lisboa, Julho de 1958, n.º 88. Já no prefácio ficou dito quanto lamento não ter tido nunca a oportunidade de escrever sobre Torga como desejaria ter feito, e só por esta razão esta breve crítica se colige aqui. — Nota de Jorge de Sena in *Régio, Casais, a «presença» e outros afins,* Porto, 1977.

A versão refundida deste poema dramático, recenseada neste artigo, foi levada à cena pelo Teatro Experimental do Porto, numa encenação de António Pedro, em Abril de 1958, e, mais tarde, pelo Teatro Experimental de Cascais, numa encenação de Carlos Avilez, em 1966.

«O Inseparável», de Agustina Bessa Luis
Gazeta Musical e de Todas as Artes, Ano IX, 2.ª série, n.º 102, Lisboa, Setembro de 1958

Só em 1969 a peça viria a ser representada pela Companhia de Teatro Popular dirigida pelo actor Augusto de Figueiredo, na Estufa Fria.

414

«Encontro com o Teatro», de Redondo Júnior
Gazeta Musical e de Todas as Artes, Ano VII, 2.ª série, n.º 89-90, Lisboa,
Agosto-Setembro de 1958

«A Traição Inverosímil», de Domingos Monteiro
Gazeta Musical e de Todas as Artes, Ano IX, 2.ª série, n.º 96, Lisboa, Março
de 1959

A peça foi levada à cena em 1964 no Teatro da Trindade, pela «Companhia Nacional de Teatro» dirigida por Couto Viana, e adaptada ao cinema
por Augusto Fraga em 1971.

«Teatro Anatómico», de Mário Sacramento
Gazeta Musical e de Todas as Artes, Ano IX, 2.ª série, n.º 98, Lisboa, Maio
de 1959

«As Duas Faces», de Alexandre Cabral
Gazeta Musical e de Todas as Artes, Ano IX, 2.ª série, n.º 98, Lisboa, Maio
de 1959

«Teatro I», de Luiz Francisco Rebello
Gazeta Musical e de Todas as Artes, Ano IX, 2.ª série, n.º 98, Lisboa, Maio
de 1959

O anunciado 2.º volume, que incluiu as peças *É Urgente o Amor, O Fim
na Última Página* e *Os Pássaros de Asas Cortadas,* de que Jorge de Sena criticou a primeira e a última na *Gazeta Musical,* saiu nesse mesmo ano de
1959.

«Três Setas Apontadas ao Futuro», de Afonso Ribeiro
Gazeta Musical e de Todas as Artes, Ano IX, 2.ª série, n.º 100-101, Lisboa,
Julho-Agosto de 1959

TEXTOS DIVERSOS

«Escola de Maridos» — Apresentação

Em 9 de Junho de 1949 os Companheiros do Pátio das Comédias, cujo anterior espectáculo (o 2.º) Jorge de Sena havia criticado na *Seara Nova* de 11 de Setembro de 1948, representaram no Instituto Superior Técnico, sob a direcção de António Pedro, a *Escola de Maridos,* de Molière. Para essa representação escreveu Jorge de Sena um texto, que leu, e que, dois dias depois, voltou a ler no Clube Fenianos Portuenses, onde os Companheiros a repetiram, adaptado à nova circunstância. É esta versão portuense do comentário lido em Lisboa pela primeira vez que aqui se publica.

A peça de Costa Ferreira que «uma revista do Porto (a *PORTUCALE*) já publicou», era o *Nocturno* («apenas um prólogo») com que, em 1948, se iniciou o espectáculo inaugural do Pátio das Comédias.

«Sobre Teatro Universitário»
Seara Nova, Ano XXVIII, n.º 1166-67, Lisboa, 13-20/5/1950

O TEUC, neste artigo especialmente referido, iniciou em 1938, a 27 de Julho, a sua actividade com um espectáculo vicentino, sob a direcção de Paulo Quintela. Limitando inicialmente o seu repertório aos grandes textos clássicos — Gil Vicente, Camões, Calderón — a partir de 1947 fê-los alternar com obras de autores contemporâneos, os primeiros dos quais foram, nesse ano, Miguel Torga *(Terra Firme)* e Raul Brandão *(O Rei Imaginário),* a que se seguiram Régio *(Mário ou Eu Próprio — o Outro)* e Lorca *(O Pequeno Retábulo de Don Cristóbal, A Sapateira Prodigiosa).* No ano em que Jorge de Sena escreveu este artigo, o TEUC efectuou a sua primeira digressão ao estrangeiro, apresentando-se com a trilogia das *Barcas* em Mogúncia, no quadro da I Delfíada. Foi também com um espectáculo vicentino, constituído pelo *Auto da Alma* e a *Farsa de Inês Pereira,* que em 1952 o TEUC participou na II Delfíada, nesse ano realizada em Friburgo. Por iniciativa do TEUC, a VIII Delfíada realizou-se em Coimbra, sendo a *Antígona,* de Sófocles, a peça com que nela interveio.

Resposta a um Inquérito

O semanário *Cartaz* publicou, em 15 de Julho de 1952, uma entrevista com o actor Assis Pacheco, em que este acusava «os chamados intelectuais» de «não terem coragem de dizer que não gostam de teatro, e então afirmam que nunca vão ao teatro porque só lhes damos peças inferiores, e quando representamos peças de alto nível, que não vale a pena lá ir, porque todos nós representamos muito mal». Para comentar este juízo, o *Cartaz* organizou um inquérito, orientado por Goulart Nogueira, ao qual responderam, além de Jorge de Sena, Almada-Negreiros, Cesariny de Vasconcelos, Manuel da Fonseca, Raul de Carvalho, Adolfo Casais Monteiro, Fernando Lopes-Graça e Fernando Namora. — *Cartaz,* Ano I, n.º 27, 5 de Agosto de 1952.

Sobre a Crise do Teatro em Portugal

Posteriormente incluído no 2.º volume da antologia *Estrada Larga* (Porto s/d — mas 1960), pp. 464-466, fora publicado em *O Comércio do Porto,* de 8/11/1955.

Sobre teatro quanto possível em Portugal
Publicado em *O Comércio do Porto,* de 12/6/1957

Os que desconhecem o sentido da palavra «ironia», o modo como sempre, em todos os seus escritos, Jorge de Sena a manejou, ter-se-ão escandalizado com a aparente defesa da censura ao teatro que neste artigo supuseram ver. Mas não há dúvida de que para os zelosos funcionários das diversas comissões de censura e outras polícias do espírito em que o Estado Novo foi pródigo, o teatro era, de facto, «perigoso» e com ele era preciso «muito cuidado», como, textualmente, se declara num telex enviado aos jornais em 1970 que César Príncipe reproduziu no seu livro *Os Segredos da Censura,* 1979, p. 58.

Comentários vários
Gazeta Musical e de Todas as Artes, Ano VIII, 2.ª série, n.º 87, Lisboa, Junho de 1958

A morte de um actor (Vasco Santana)
Gazeta Musical e de Todas as Artes, Ano VIII, 2.ª série, n.º 88, Lisboa, Julho de 1958

Teatro Experimental do Porto
Colóquio, n.º 3, Lisboa, Maio de 1959

Sobre «O Judeu»

Inicialmente publicado no suplemento literário do *Diário de Notícias,* em 10 de Junho de 1965, com o título «A Propósito de O Judeu», e depois no de *O Estado de São Paulo* em 3 de Julho do mesmo ano, este artigo veio a ser recolhido em *Estudos de Literatura Portuguesa–I* (1981), onde figura de pp. 69 a 76. A comunicação de Pierre Furter, a que nele se alude, foi incluída no *Bulletin des Études Portugaises,* tomo XXV, de 1964, pp. 51 a 75.

Algumas notas sobre o Teatro de José Régio

Algumas Notas sobre o Teatro de José Régio — Este artigo apareceu, mais ou menos simultaneamente, em Portugal e no Brasil, em fins de 1970, quiçá, por dias, primeiro no Brasil, e foi escrito com intenção epicédica, e usado para corresponder a dois convites comemorando o 1.º aniversário da morte de José Régio: o de participação no *In Memoriam,* volume de vasta e preciosa colaboração que veio a sair do prelo em 22 de Dezembro daquele ano, tendo sido distribuído nos primeiros tempos do ano seguinte; e a intenção de Casais Monteiro, no Brasil, de organizar um número do Suplemento Literário de *O Estado de São Paulo,* dedicado quase totalmente a recordar José Régio naquele aniversário. Enquanto o *In Memoriam* foi por diante (não sei se com toda a colaboração que terá sido solicitada, e há, na lista de colaboradores, a falta de nomes essenciais que teriam escrito, e bem, sobre José Régio), o projecto brasílico de Casais fracassou, porque dos convidados só eu e ele mesmo corresponderam, e foi o que se publicou (esplêndido o artigo de Casais) no suplemento n.º 702, de 27 de Dezembro de 1970, do supracitado jornal, ocupando uma página. — Nota de Jorge de Sena in *Régio, Casais, a «presença» e outros afins,* Porto, 1977, em que, tal como a crítica à representação de *Benilde* no Teatro Nacional, em 1947, e à edição das *Três Peças em um Acto* em 1958, este texto foi incluído.

OUTROS ESCRITOS SOBRE TEATRO

CRÍTICAS A ESPECTÁCULOS DE TEATRO

Sobre o exótico, o folclórico...
O Primeiro de Janeiro, 26/11/1957

Variações sobre um tema de Shakespeare
Diário Popular, 21/11/1957

Variações shakespearianas «in loco»
Diário Popular, 30/1/1958

Michael Benthall, o encenador do *Hamlet* a que neste artigo se alude, veio a Portugal em 1984 para encenar o *Macbeth* no Teatro Nacional, onde estava em cena quando o fogo o destruiu.

Algum Chá e muita Simpatia
Diário Popular, 13/1/1958

Das duas peças de John Osborne citadas neste artigo, representou- -se entre nós a primeira, *Look back in Anger,* traduzida com o título *O Tempo e a Ira* por José Palla e Carmo (que, na respectiva edição em livro lhe aditou um importante prefácio). A sua representação teve lugar em 1966, no Teatro Experimental do Porto, encenada por Fernando Gusmão, e dois anos depois no de Cascais, então encenada por Artur Ramos. De *Entertainer (O Animador)* apenas se publicou a tradução, na colecção «Theatrum-Mundi». A versão cinematográfica de qualquer delas, devida a Tony Richardson para ambas, pôde ser vista pelo público português, que assim terá admirado as notáveis criações que nelas tiveram, respectivamente, Richard Burton e Laurence Olivier.

A peça de Robert Anderson, *Chá e Simpatia,* não pôde representar- -se em tradução portuguesa, por imposição da censura.

Só chá e simpatia
Diário Popular, 10/3/1958

Ainda chá e simpatia, a pedido de várias famílias
Diário Popular, 24/4/1958

CRÍTICA A LIVROS

Teatro de T. S. Eliot e Charles Morgan
O Comércio do Porto, 10/8/1954

As duas peças que Eliot (1888-1965) escreveu entre *Assassínio na Catedral* (1935) e *O Secretário Particular* (1953) foram *Reunião de Família* (1939) e *Cocktail Party* (1949); depois escreveria apenas mais uma, *O Velho Estadista,* em 1958. Só a primeira das cinco está traduzida em português, e notavelmente, por José Blanc de Portugal (colecção «Theatrum-Mundi», com um excelente posfácio) e foi representada por estudantes universitários em 1986.

As duas outras peças do romancista Charles Morgan (1894-1958), desconhecidas entre nós, são *The Flashing Stream* (1938) e *The River Line* (1952).

A propósito de uma «fantasia» de J. B. Priestley
O Comércio do Porto, 28/2/1954

Veja-se a anotação à crítica de *Curva Perigosa* no Estrela Hall.

Duas Peças Inglesas Recentes e Mais Uma

Inicialmente publicado no *Diário Popular* de 15/5/58, foi este artigo recolhido no volume *Sobre o Romance* (1986, pp. 153-156). A tragicomédia de Beckett foi representada em Lisboa em 1959, um ano portanto depois deste artigo, numa encenação de Francisco Ribeiro, a que Jorge de Sena consagrou uma justamente entusiástica crítica na *Gazeta Musical* de Maio de 1959 (pp. 238 a 241 deste volume).

The Living Room, primeira peça de Graham Greene, *A Casa dos Vivos,* na tradução de Azinhal Abelho e Orlando Vitorino, que a assinaram com o pseudónimo de «Miguel Fontana», foi representada em 1955 pelo Teatro d'Arte de Lisboa, no Trindade, e aí reposta em cena seis anos depois.

TEXTOS DIVERSOS

O Teatro e a Moral
Mundo Literário, n.º 23, de 12/10/1946

Shakespeare e a crítica ou a cabeleira de Boileau
O Primeiro de Janeiro, Porto, de 4/5/1949

Retorno à Tragédia ou a farsa dos retornos
O Primeiro de Janeiro, Porto, de 4/5/1949

A trilogia de O'Neill que em 1943 se representou no Teatro Nacional sob o título de *Electra e os Fantasmas,* a *Antígona* de Anouilh que em 1946 a companhia do «Rideau de Paris» trouxe ao Teatro da Trindade na versão original, a *Electra* de Giraudoux que um ano antes os Comediantes de Lisboa revelaram, no mesmo Teatro, a académica versão da *Antígona* que Júlio Dantas perpetrou para a estreia em teatro de Mariana Rey Monteiro, naquele mesmo ano de 1946, vieram pôr na ordem do dia a questão de um «retorno à tragédia», para acender a qual outros acontecimentos da vida teatral portuguesa, como a publicação da *Forja,* de Alves Redol, e a representação da *Casa de Bernarda Alba,* de Lorca, ambas em 1948, que não recorriam, como aquelas obras, aos mitos da tragédia grega mas se propunham recriar-lhe o espírito, vieram dar um poderoso contributo. E de tudo isso é este artigo, de 1949, o fiel reflexo. Mais significativo ainda é o facto de, neste último ano, haver Jorge de Sena começado a publicar, na revista *PORTUCALE,* a sua tragédia *O Indesejado,* que no entanto havia sido escrita entre Dezembro de 1944 e Dezembro de 1945.

Teatro Poético, Teatro em Verso...
O Primeiro de Janeiro, Porto, de 6/4/1949

Uma das secções, a segunda, do importantíssimo posfácio que Jorge de Sena aditou à sua tragédia *O Indesejado,* que começou a publicar-se em 1949, na revista portuense *PORTUCALE* e em edição autónoma apareceu dois anos depois, ocupa-se especificamente do tema versado neste artigo, também aflorado na crítica do *Filipe II,* de Alfieri, aquando da sua apresentação no Teatro-Estúdio do Salitre, cujo 3.º espectáculo constituiu.

Shaw
Diário de Notícias, Lisboa, 2/8/1956

George Bernard Shaw (1856-1950) foi um dramaturgo cuja obra teve escassa ressonância prática entre nós. Só em 1927, quando já trinta e cinco anos haviam transcorrido desde que começara a escrever a sua grandiosa obra teatral e o principal dessa obra havia já sido produzido, é que uma peça sua foi traduzida e representada entre nós, e mesmo essa em um acto e num espectáculo excepcional: *O Homem do Destino,* que datava de 1904. Seria preciso esperar até 1945 e 1956, respectivamente, para que duas das suas peças mais importantes, *Pigmalião* e *Santa Joana,* se representassem, ambas encenadas por Francisco Ribeiro, nos Teatros da Trindade (pelos Comediantes de Lisboa) e Nacional (e é à representação desta última que Jorge de Sena se refere neste artigo), se não quisermos recordar as representações de *Pigmalião* e *Cândida* por uma companhia francesa, em 1934, no Teatro do Ginásio, de novo a primeira destas duas peças pelos «English Players» no Teatro da Trindade em 1935 e *Man and Superman* pelo «Old Vic» em 1939, no Teatro Nacional. Posteriormente ao artigo de Jorge de Sena, recordem-se as montagens de *Nunca se Pode Dizer* no Teatro da Trindade em 1962, *O Herói*

421

e o Soldado (Arms and the Man) no Teatro Experimental do Porto em 1963
e *A Carroça das Maçãs do Poder* no Teatro Nacional em 1984.

Bertolt Brecht
O Comércio do Porto, Porto, 25/9/1956

Este «apontamento» (como expressamente o autor o designou) foi publicado pouco mais de um mês após a morte do genial dramaturgo alemão, ocorrida em Berlim (R. D. A.) a 14 de Agosto de 1956; acompanhava-o a tradução de um dos seus mais conhecidos poemas, «Perguntas de um Operário Letrado», que pertence à 3.ª parte dos *Poemas de Svendborg* (1939). Jorge de Sena traduziu, para a edição do teatro de Brecht publicada pela Portugália, o texto dos «songs» de *Mãe Coragem* e *Ascensão e Queda da Cidade de Mahagonny* (1.º e 2.º volumes, 1961 e 1962), reproduzidos na antologia *Poesia do Século XX* (1978, pp. 377 a 391).

O Testamento de Eugene O'Neill
Jornal de Notícias, Porto, 12/1/1958

Texto escrito para apresentar a versão portuguesa de *Long Day's Journey Into Night,* que Jorge de Sena traduziu com o título de *Jornada para a Noite* e o Teatro Experimental do Porto levou à cena em 3 de Janeiro de 1958, encenada por António Pedro, e acerca de cuja representação se pode ler, neste volume, a pp. 191-192, a recensão crítica que Jorge de Sena fez publicar na *Gazeta Musical* de Maio desse ano.

Sobre Teatro de Vanguarda — entrevista

Trata-se de uma entrevista concedida por Jorge de Sena à Rádio-Difusora de Assis, em resposta à pergunta «o que é, na verdade, o teatro de vanguarda», e transmitida a 13 de Abril de 1960, cujo texto agora se publica pela primeira vez. Pretexto para ela foi a visita, àquela cidade brasileira, de um grupo de teatro sob a direcção do actor Paulo Autran, que incluía no seu repertório obras de Ionesco e Beckett (informação dada por Mécia de Sena).

Teatro Popular

Texto inédito. Será de 1964 e poderá estar inacabado. (M. de S.)

ÍNDICE ONOMÁSTICO

Abelho, Azinhal (pseud. Miguel Fontana) — 420
Abranches, Aura — 162, 173, 179
Abreu, Pepita de — 139, 289
Afonso IV, rei de Portugal — 259
Afonso VI, rei de Portugal — 157, 259, 323
Aires (Ramos da Silva de Eça), Matias — 310, 313, 315
Albee, Edward Franklin — 28
Albergaria, Maria — 181
Alberto, Luis — 183
Alberty, Ricardo — 116, 220, 406
Aleixo, António — 220
Alfieri, Vittorio, conde — 52-6, 57, 82, 113, 144, 395, 401, 421
Almada-Negreiros, José (Sobral) de — 41, 105, 195, 320, 321, 400, 417
Almeida, Armando — 55
Almeida, Beatriz — 217, 236
Almeida, Chaves de — 116
Almeida (José Valentim), Fialho de — 312
Alorna, Leonor de Almeida Lorena e Lencastre, Marquesa de (Alcipe) — 57, 58, 59
Alves, Correia — 277
Alves, Fernanda — 212
Alves, Laura — 205, 256

Alves, Vasco Mendonça — 61, 394
Amado, Camilo — 250
Amaro, José — 102, 111
Amis, Kingsley — 341
Anahory, Eduardo — 139
Anderson, Maxwell — 346
Anderson, Robert — 341, 343, 344-6, 347-9, 419
Anderson, Sherwood — 346
Andrade, João Pedro de — 17, 39-42, 61, 128, 129, 130, 153, 401, 402
Andreiev, Leonid Nikolaevich — 67
Anouilh, Jean — 55, 164-6, 297, 303, 373, 404
Apollinaire, Guillaume — 105
Arden, Mary, mãe de Shakespeare — 336
Aristófanes — 247
Aristóteles — 25-6
Aronson, Boris — 209
Artaud, Antonin — 393
Ashcroft, Peggy, Dame — 334, 339
Auden, Wyston Hugh — 55, 354
Autran, Paulo — 422
Avelar, Catarina — 173, 207
Ávila, Humberto de — 200, 220
Avilez, Carlos — 414
Azambuja, Maria da Graça — 179
Azevedo, Baltazar — 111

Azevedo, Fernando — 218
Azevedo, Manuela de — 393

Babilée, Jean — 399
Bach, Johann Sebastian — 249
Bacon, Francis — 334, 336
Bandeira (Filho), Manuel (Carneiro de Sousa) — 244, 412
Bandello, Matteo — 170
Banzie, Brenda de — 343
Barbosa, Ascensão — 402
Barbosa, José — 67, 171, 195
Barreto Poeira — 50, 72, 394
Barros, Leitão de — 245, 402
Barros, Nelson de — 403
Barros, Tereza Leitão de — 57-60, 395
Barroso, Maria (de Jesus) — 59, 95, 96, 99, 120, 191
Bartok, Bela — 248
Bastos, Palmira — 75, 77 78, 79, 120, 133, 134, 168, 179, 223
Batoréo, Teodomiro —
Baum, Frank — 237
Beaumont, Francis — 369
Becket, Tomás, Santo — 354
Beckett, Samuel — 12, 18, 28, 238--41, 250, 253, 321, 324, 342, 345, 360-3, 412
Beethoven, Ludwig van — 244, 249
Belo, Clarisse — 155
Benamor, Álvaro — 60, 76, 87, 99, 108, 224
Benavente, Jacinto — 14, 153-5, 156-9, 235, 402, 403
Benthall, Michael — 337, 338, 419
Beolco, Ângelo, «Il Ruzzante» — 113, 114, 115
Bernanos, Georges — 263
Bernardes, Diogo — 359
Bernardo, Manuela — 75
Bernhardt, Sarah — 38, 107, 134

Bernstein, Henry Léon Gustave Charles — 167, 373
Besier, Rudolf — 399
Bessa Luís, Agustina — 269-72, 414
Betti, Ugo — 230, 321
Bivar, Berta de — 155
Blake, William — 122
Bogart, Humphrey — 408
Boileau-Despreaux, Nicolas — 371, 420
Bolton, Guy — 182-3, 406
Bom, Pedro (pseud. de José Manuel Fonseca) — 81, 82, 125, 126, 396, 400
Bossuet, Jacques Benigne — 314
Boudet, Micheline — 243
Bouterwek, Friedrich — 316
Braga, Erico — 96, 108, 111, 120, 134, 183, 223, 303
Braga, Madalena — 227
Braga, (Joaquim) Teófilo (Fernandes) — 122
Braga, Vitoriano — 320
Brandão, Raul (Germano) — 41, 177, 216-7, 249, 271, 296, 320, 321, 396, 409, 416
Braque, Georges — 105
Brecht, Bertolt — 13, 179, 235, 297, 315, 316, 321, 324, 342, 382, 393, 422
Britten, Benjamin — 334
Brook, Peter — 337
Brown, Clarence — 394
Brown, Pamela — 354
Bowning, Elisabeth Barrett — 121, 399
Browning, Robert — 399
Brunetière, Ferdinand — 187
«Bucha e Estica» — Stanley Laurel and Oliver Hardy — 41
Burton, Richard — 419
Bush, Carl — 17

Cabral, Alexandre — 279, 282, 415

Caeiro, Alberto, heter.; v. Pessoa, Fernando (António Nogueira)

Caeiro, Igrejas — 68, 394

Caldeira, Armando — 207

Calderón de la Barca, Pedro — 31, 53, 55, 90, 98, 114, 167, 244, 300, 313, 370, 371, 376, 385, 416

Câmara, D. João da — 320, 394

Camargo, Joracy — 177, 405

Camões, Luís Vaz de — 171, 287, 296, 312, 314, 336, 416

Campos, Adelina — 75, 79, 87, 217

Campos, Álvaro de, heter.; v. Pessoa, Fernando (António Nogueira)

Campos, Henrique — 394

Campos, Luís de — 102, 155, 209

Campos, Pinto de — 50, 73, 224

Campos Júnior — 336

Camus, Albert — 226, 227

Cândida Maria — 190

Canto e Castro — 83, 209, 229, 250

Cardoso, José — 87

Cardoso, Miguel Esteves — 395

Carlos III, rei de Inglaterra — 290, 380

Carlos (de Vasconcelos Rodrigues), Papiniano (Manuel) — 277

Carmo, José Palla e — 393, 419

Carroll, Lewis — 237

Carvalho, Mendes de — 277

Carvalho, Mendonça de — 50

Carvalho, Raul (Maria Penedo) de — 417

Carvalho, Raúl de (actor) — 59, 99, 120, 168, 173

Carvalho, Rui Alberto de — 61, 87, 176, 195, 229, 256

Castelo Branco, Camilo — 109-12, 271, 316, 359, 399

Castro, Augusto de — 108, 303

Castro (e Almeida), Eugénio de — 169

Castro, Fernanda de — 402

Castro, Inês de — 125, 321

Castro, Isabel de — 83, 209

Castro, José de — 173, 183

Catarina de Bragança, rainha de Inglaterra — 290, 380

Cavafy, Constantino — 332

Cervantes, Miguel de Saavedra — 74, 78, 97-100, 340, 343

Céu, Grece do — 125

Chagas, Fr. António das — 88, 135

Chaplin, Charlie (Spencer), «Charlot» — 383

Chateaubriand, François René, Visconde de — 209

Chaves, Laura — 246, 412

Chesterton, Gilbert Keith — 381

Chiarelli, Luigi — 234, 235

Cinthio, Giambattista Giraldi — v. Giraldi «Cinthio», G.

Claudel, Paul — 54, 57, 108, 266, 323, 376, 381

Clunes, Alec — 339

Cochofel (Aires de Campos), João José (de Mello) — 413

Cocteau, Jean — 14, 103-8, 118, 399

Coelho, Rui — 245

Colaço, Amélia Rey — 59, 95, 96, 99, 108, 133, 134, 141, 142, 143, 145, 146, 148, 168, 173, 178, 182, 213, 222, 223

Colette (pseud. de Sidonie Gabrielle) — 224, 410

Colomb, Luísa — 72

Colombo, Cristóvão — 62

Corneille, Pierre — 28, 313

Correia, Joaquim — 131

Correia, Manuel — 99, 120, 183, 223

Correia, Natália (de Oliveira) — 193, 201, 407

Correia, Raimundo — 143
Corte Real, Maria — 59
Cortês, Armando — 204, 229, 241
Côrtes-Rodrigues, Armando — 50, 394
Cortez, Alfredo — 244-5, 266, 277, 296, 320, 321, 404, 412
Cossío, Francisco de — 157
Couto, Rui Ribeiro — 321
Couto, Vasco de Lima — 190, 219, 227
Coward, Noel — 69-73, 394, 395-6
Craig, Gordon — 39, 109
Crommelynck, Fernand — 234, 235
Cromwell, Thomas — 171
Cunha, Alves da — 112, 155, 409
Cunha, Simbolino — 131
Curel, François de — 354

Damas, Eduard — 237, 411
Dantas, Júlio — 18, 53, 109-12, 133-5, 194-6, 206, 397, 399, 401, 421
Dante (Durante) Alighieri — 97
Dennis, Nigel — 342
Descartes, René — 371
Diderot, Dennis — 55, 313, 373
Dinis, rei de Portugal — 124
Diniz, Samwel — 75, 79, 87, 96, 99, 111, 120, 155, 207, 236, 238
Dionísio, Sant'Ana — 397
Dolores, Carmen — 68, 168, 207, 217, 236
Donnat, Lucien — 59, 78, 99, 108, 120, 134
Donne, John — 370
Dordonnat, Octávio Neves — 187
Dostoïewsky, Fiodor — 67, 84, 236, 343
Duarte, Carlos — 42, 61, 82, 111, 114, 139
Duhamel, Georges — 151
Dullin, Charles — 234, 387, 409

Duncan, Ronald — 342, 354
Dürrenmatt, Friedrich — 321
Durtain, Luc — 151
Duse, Elinora — 38

Eça, Leonor de — 191
Eliot, T. S. — 55, 297, 353-6, 376, 383, 419
Eloy, Mário — 60
Erasmo, Desiderius — 345
Escande, Maurice — 243
Espanca (Lage), Florbela (d'Alma da Conceição) — 287
Ésquilo — 28, 244
Eurípedes — 28, 244, 302, 374, 380
Evreinoff, Nicolas — 67, 234, 235

Fabbri, Diego — 222-3, 228, 410
Falcon, André — 243
Fargue, Léon-Paul — 105
Faulkner, William — 226-7, 270-1, 410
Felix, Helena — 173, 183
Ferdinand, Roger — 86-8, 396, 401
Fernandes, Baptista — 190, 192, 219, 227
Fernandes, Nascimento — 68, 102
Ferreira, António — 54, 157, 296
Ferreira, António Costa — 10, 125, 128, 129, 131, 139, 171, 174-6, 177, 189, 195, 209, 225, 229, 241, 273, 281, 400, 401, 403, 404, 405, 410, 416
Ferreira, Armando Ventura — 28, 129
Ferreira, Procópio — 172, 177, 405
Ferrer, Filipe — 396
Ferro, António — 395, 402
Feuerbach, Ludwig — 371
Feydeau, Georges — 247, 401
Figueiredo, Augusto de — 10, 60,

75, 87, 95, 96, 99, 120, 143, 144, 145, 146, 414
Figueiredo, Guilherme de — 307
Filipe II, de Espanha, I de Portugal — 53, 54
Filipe, Luís — 87, 155, 173, 179, 205, 223
Fletcher, John — 369
Flon, Suzanne — 164
Flora, Alma — 155
Flynn, Errol — 339
Fonseca, (António José) Branquinho da — 81, 82, 269
Fonseca, Lília da — 211, 409
Fonseca, Manuel da — 417
Fraga, Augusto — 415
Fragoso, Manuel — 408
França, José-Augusto — 213-5, 340, 401, 409
Francês, Maria — 158
Franck, César — 44
Frank, Anne — 209
Frèches, Claude-Henri — 123, 400
Freire (dos Santos), Natércia (Ribeiro de Oliveira) — 179
Freitas, Frederico de — 171
Fry, Christopher — 354
Furtado, Ruy — 139, 219, 227
Furter, Pierre — 310-7, 418

Galhardo, Luís — 210
Galvão, Henrique — 44-51
Gamboa, José — 163
Ganzelevitch — 187
Garbo, Greta — 394
Garção, (Pedro António) Correia — 376
Garrett (João Baptista da Silva Leitão de Almeida), visconde de Almeida — 296, 311
Garrick, David — 38
Gaspar, Mimi — 139
Gauthier, Theophile — 368

Gay, John — 316
Genet, Jean — 324
George, Stephan — 104
Ghelderode, Michel de — 321
Ghira, Alberto — 205, 217
Gide, André — 55, 346, 349
Gielgud, Sir John — 334, 337, 339
Giraldi «Cinthio», G. — 170
Giraudoux, Jean — 55, 103, 342, 373, 420
Goethe, Johan Wolfgang von — 97, 234, 244, 373, 380
Gogol, Nicolai Vasilievitch — 67, 84, 128, 129, 144, 271, 288
Goldoni, Carlo — 86, 99, 113, 180, 206-7, 244, 397, 399, 408, 412
Gonçalves, Fernanda — 192, 219
Góngora y Argot, Luis de — 75, 370
Gonzalez, Carmen — 215
Goodrich, F. — 208-10, 409
Gordon, Ruth — 204-5, 408
Gozzi, Carlo — 180-1, 201, 406
Grassi, Ernesto — 317
Gray, Thomas — 316
Greco (Theotokopoulos, Dominikos), El — 332
Greene, Henry Graham — 12, 238, 358, 360-3, 420
Greenwood, Jane — 253
Gregory, Isabella Augusta Persse, Lady — 354
Gringoire, Pierre — 297
Guedes, João — 190, 192, 219, 227, 308
Guitry, Lucien — 107
Guimarães, Idalina — 115, 125, 139
Gulbenkian, Calouste — 303
Gusmão, Alexandre — 310
Gusmão, Fernando — 130, 143, 144, 145, 155, 171, 176, 203, 209, 229, 241, 419

Hackett, A. — 208-10, 409
Hamilton, Patrick — 402
Hampton, John — 148
Harris, Robert — 339
Hauptmann, Gerhart Johann Robert — 235, 244, 383, 398, 399, 412
Hauser, Frank — 253
Hearn, Lafcadio — 331
Hegel, Georg Wilhelm Friedrich — 241, 369
Helpmann, Robert — 342
Henrique II, rei de Inglaterra — 354
Henrique, Alfredo — 111
Herculano (de Carvalho Araújo), Alexandre — 311
Herder, Johann Gottfried von — 371
Heredia, Irene Lopez — 156, 157, 158, 161, 178, 403, 405
Herondas — 121
Hitchcock, Alfred — 399
Hocke, G. R. — 316, 317
Hoffmanstahl, Hugo von — 235, 323
Hölderlin, Johan Christian Friedrich — 370
Homero — 97
Horácio, Flaco Quinto — 266, 370
Horta, Luís — 181, 193, 203, 221, 406
Hourcade, Pierre — 242
Hugo, Victor (Marie) — 266, 368
Husson, Albert — 197, 408
Huxley, Aldous — 129

Ibsen, Henrik Johan — 28, 61, 114, 216, 234, 263, 373, 374, 379, 380, 383, 384, 385
Inge, Williams — 346, 384
Ionesco, Eugène — 28, 248-50, 324, 342, 393, 413, 422
Isabel, «Rainha Santa», de Portugal — 308

Isabel, da Áustria — 108
Isidro, Irene — 224
Isherwood, Christopher — 55, 354
Isidro, Irene — 224

Jacob, Max — 105
Jeanmaire, Zizi — 399
João III, rei de Portugal — 31
João V, rei de Portugal — 315
João de Deus, Santo — 335
João Sem Terra, rei da Inglaterra — 337, 339
Johnson, Richard — 339
Jonson, Ben — 41, 213, 218-9, 226, 371, 409
Jouve, Pierre Jean — 151
Jouvet, Louis — 149-52, 402
Joyce, James — 104, 235
Júdice, Brunilde — 224
Junot, Andoche, duque de Abrantes, gen. — 58
Junqueiro, (Abílio Manuel) Guerra — 169

Kafka, Franz — 400
Kalidasa — 28
Kanin, Garson — 204-5, 408
Kaye, Danny — 253
Kerr, Debora — 344
Kerr, John — 344
King, Kennneth — 393
Koteliansky e Tomlinson — 131
Kyd, Thomas — 297, 369

Labiche, Eugene Martin — 136-40, 401
Lacerda, Cândida — 42, 61
Lage, Francisco — 169, 404, 407
Lalande, Maria — 102, 176, 195, 209, 394
Lalique, Suzanne — 243

Lalou, René — 105
Lamb, Charles — 255
Lang, Harold — 253
Laurent, Maria Luísa — 42, 61, 143, 144, 145, 146
Lawrence, Gertrude — 396
Leal, (António Duarte) Gomes — 122
Lemos, Pedro — 60, 79, 87, 99
Leonardo da Vinci — 78
Lermontov, Mikhail Yurevitch — 67
Lessing, Gotthold Ephrain — 297, 371
Lewis, Windham — 226
Lima, Cristiano — 402
Lima, Luís de — 248-50, 413
Lima, Manuel de — 50, 193, 201, 407
Lino, Emílio — 145
Lisboa (filho), Eurico — 121, 396
Lobato, Gervásio — 109-12, 399
Lobo, Graça — 396
Lope de Vega (Carpio Felix) — 98, 154, 157, 297
Lopes, Barroso — 72
Lopes, Gerard Castelo — 393
Lopes, Norberto — 182
Lopes-Graça, Fernando — 15, 417
Lorca, Federico García — 55, 103, 118, 157, 165, 263, 297, 321, 370, 373, 376, 393, 400, 416, 421
Loos, Anita — 224, 410
Losa, Ilse — 210
Loti, Pierre — 331
Lourenço, João — 241
Lugné-Poë — 397
Luís XIV, rei de França — 186
Luís XVI, rei de França — 186
Luís II, da Baviera — 336, 339
Lulli, Giovanni Battista, ou Lully, Jean Baptiste — 186, 187
Lutero, Martinho — 345

Luz, Hortense — 68, 102, 111
Lyon, Monique — 233

MacDonald, Jeanette — 410
Macedo, Tomás de — 56
Machado, António — 235
Macieira, Virgílio — 111, 224
Madureira, Joaquim (pseud.: Brás Buriti) — 15, 407
Maiakovski, Wladimir — 321, 370
Malheiro, Ricardo — 303
Malraux, André — 361, 362, 363
Manique, Diogo Inácio de Pina — 239
Manuel, Infante (amigo de Matias Aires) — 315
Manuel, Robert — 243
Mann, Thomas — 103, 235, 266
Marceau, Marcel — 248
Marelli, Elida — 250
Marfil, Maria Luíza — 158
Margarida, Princesa de Inglaterra — 251
Maria II, rainha de Portugal — 60, 74
Maria Armanda — 209
Maria Celeste — 42, 61, 83, 116
Maria Clementina — 75, 79
Maria de Lurdes — 111
Maria Helena — 72, 204
Maria José — 99
Maria Paula — 155, 224
Mariani, Lúcia — 68, 111
Marivaux, Pierre Carlet de Chamblain de — 231, 233, 242-3, 412
Marlowe, Christopher — 185, 297, 334, 369
Martin, Allan Langdon — 410
Martins, António — 56
Martins, Fernanda — 115, 125
Martins, Joaquim Pedro Oliveira — 59
Martins, Luzia Maria — 393

Martins, Maria de Lourdes — 413
Martins, Maria dos Santos — 61
Mata, Francisco — 70, 71, 73
Matos, Glória — 393
Matos, Maria — 49, 72, 111, 133, 134
Matos, Maria Helena — 224
Maugham, Somerset — 182, 358
Maurier, Daphne Du — 101-2, 399
Max, de — 107
Mazarino, cardeal — 186
McCullers, Carson — 342
Medeiros, Oswaldo de — 53, 54, 56, 81, 83
Meireles, Cecília —321
Mello, Rodrigo de — 40-2, 61
Melo, D. Francisco Manuel de — 201-3, 290, 408
Melville, Herman — 343
Mendes, Ruy — 193, 212, 230
Mesquita, Marcelino (e Júlio) — 54, 307
Metastasio, Pietro Buonaventura Trapassi —315
Meyenburg, Erwin — 86, 87, 99, 108, 244, 252, 398, 412
Meyer, Jean — 243
Michel, Marc (colaborador de Labiche) — 136-40, 401
Miguel, Regente — 58
Miguel Ângelo Buonarroti-Simon — 370
Miller, Arthur — 172-3, 302, 342, 384, 404
Miller, Joan — 339
Milton, John — 233
Milu — 224
Molière, Jean Baptiste Poquelin — 13, 28, 41, 87, 140, 144, 149, 150, 186-7, 231, 233, 242-3, 247, 287-90, 367, 375, 402, 406, 412, 416
Montanha, Carlos (pseud. de Luís

Fonseca) — 81, 82, 125, 396, 400
Monteiro, Adolfo (Victor) Casais — 398, 417, 418
Monteiro (Pereira), Domingos — 18, 276-7, 415
Monteiro, Mariana Rey — 59, 143, 144, 146, 421
Monteiro, Robles — 76, 78, 79, 96, 134, 141, 142, 148, 173, 178, 182, 213
Montemor, Fernanda — 203
Montes, Eugénio — 99
Montesquieu, Charles Louis de Secondat, barão de La Brede e de — 313
Montherlant, Henri Maria Joseph Milton de —321
Montijano, Asunción — 158, 161
Morais, José Domingos — 393
Morais, Wenceslau — 331
Morgado, Vasco — 393
Morgan, Charles — 353-6, 419-20
Mota, Francisco — 210
Mounet-Sully — 107
Mourão-Ferreira, David — 116, 125, 400, 405
Mozart, Wolfgang Amadeus — 314
Müller, André — 233
Muñoz, Eunice — 10, 111, 133, 134, 164, 166, 171, 191, 195, 228, 229, 303, 393
Muralha, Fernando — 229
Musset, (Louis Charles) Alfred — 233

Namora, Fernando (Gonçalves) — 417
Nemésio (Mendes Pinheiro da Silva), Vitorino — 318
Nerval, Gerard de — 370
Neto, Luísa — 53, 108
Neves, Lili — 229

Neville, Edgar — 254-6, 413
Neville, John — 339
Niccodemi, Dario — 411
Nicholson, Norman — 354
Nobel, Alfred Bernhard — 303
Nobre, Mário — 87, 115
Nogueira, Goulart — 417
Norberto, Lurdes — 173

O'Casey, Sean — 354
Odets, Clifford — 384
Oliveira, Emília de — 155
Oliveira, Joaquim de — 402
Oliveira, Manuel de — 414
Olivier, Sir Laurence — 102, 341, 343, 419
O'Neill, Alexandre — 139
O'Neill, Eugene — 13, 43-51, 65, 69, 72, 91, 114, 144, 191-2, 307, 373, 376, 383-6, 394, 407, 411, 420, 422
Ortega, Luiz Garcia — 158, 161
Ortega y Gasset, José — 29, 64, 395
Ortigão, (José Duarte) Ramalho — 312
Orwell, George — 361
Osborne, John — 341, 342-3, 344, 345, 419
Osório, António — 393
Ostrovsky, Aleksandr Nikolaevitch — 67

Pacheco, Assis — 68, 102, 111, 112, 137, 138, 205, 294-5, 416
Paço d'Arcos, Joaquim — 117-20
Paços, Fernando de — 180, 220, 230, 411
Paiva Raposo — 59, 99, 108, 120
Palma, António — 87, 99, 183, 223
Paracelso, Theophrastus Bombastus von Hohenhelm — 371
Patrício, António — 296, 320, 321

Paulo, Rogério (Lopes Ferreira) — 168, 173, 203, 207, 217, 236, 303, 406
Pedro I, rei de Portugal — 13, 125
Pedro (da Costa), António — 13, 40, 136, 139, 144, 166, 190, 191, 192, 213, 218, 226, 227, 256, 288-9, 305-9, 384, 395, 401, 402, 414, 416, 422
Péman, José María — 74-9, 86, 87, 157, 162, 396
Pepys, Samuel — 209
Perdigão — 216
Pereira, Araújo — 396, 409
Pereira, Mário — 193, 203, 217
Pereira, Moniz — 237
Perry, João — 50
Pessanha, Camilo — 266, 332
Pessoa, Fernando (António Nogueira) — 68, 105, 129, 187, 207, 235, 319, 321, 324, 383
Petit, Roland — 399
Picasso, Pablo — 99, 105, 363
Pina, José — 227
Píndaro — 370
Pinero, Jesus — 101, 354
Pinheiro, Joaquim Caetano Fernandes — 316
Pinter, Harold — 28
Pinto, Fernão Mendes — 333
Pirandello, Luigi — 14, 67, 81, 84, 90, 104, 156, 159-63, 178-9, 182, 183, 234-6, 249, 314, 355, 373, 383, 394, 395, 403, 405, 411
Pisany-Burnay — 42, 61, 68, 125
Plauto — 121
Plutarco — 98
Podreca, Vittorio — 184-5
Pope, Alexander — 316
Portela, Artur — 393
Porto, Carlos (pseud. de José Carlos Silva) — 15
Portugal, Álvaro — 192

Portugal, José (Bernardino) Blanc de — 419
Poulet, Georges — 312
Powell, Anthony — 253
Prado, Suzana — 155
Priestley, John Boynton — 17, 141-8, 165, 167, 271, 354, 357-9, 402, 420
Príncipe, César — 417
Proclo — 370
Proust, Marcel — 90, 104, 232, 235, 269, 270, 349
Puccini, Giacomo — 180, 217
Pushkin, Alexandre — 67, 138

Quadros, (Ferro) António (Gabriel de) — 173
Quartin, Glicínia — 220
Queipo, António — 158, 161
Queiroz, José Maria Eça de — 312
Quevedo y Villegas, Francisco de — 74, 78
Quintas, Maria Vitória — 413
Quintela, Paulo — 16, 218, 219, 293, 416

Racine, Jean — 14, 28, 54, 107, 231-3, 244, 300, 368, 373, 376, 391, 411
Ramada Curto, Amílcar da Silva — 15, 69, 133, 162-3, 296, 403
Ramalho, Fernando — 217
Ramos, Artur — 406, 419
Ramos, Jacinto — 143, 144, 145
Ravel, Maurice — 187
Rebello, Luiz Francisco — 9, 19, 40-2, 61, 82, 83, 84, 125, 145, 167-8, 188-90, 198-200, 211, 220-1, 228-9, 273, 275, 280-1, 303, 393, 404, 407, 408, 410, 411, 415, 421
Redol, António Alves — 373, 394

Redondo Júnior, J. — 15, 114, 273-5, 404, 415
Régio, José (pseud. de José Maria dos Reis Pereira) — 12, 14, 16, 54, 89-96, 103, 198, 259-61, 266, 295, 296, 318-25, 373, 376, 394-8, 401, 413, 416, 418
Réjane, Gabrielle Charlotte Reju — 107
Reis, J. Câmara — 403
Renato, Paulo — 220, 256
Retz, cardeal de — 209
Ribeirinho; v. Ribeiro, Francisco
Ribeiro, Afonso — 282-3, 415
Ribeiro, António Lopes — 63, 64, 65, 66, 67, 394
Ribeiro, Aquilino (Gomes) — 266, 267, 269, 359
Ribeiro, Curado — 195
Ribeiro, Francisco — Ribeirinho — 67, 68, 111, 115, 169, 170, 171, 175, 195, 209, 228, 229, 238, 240, 241, 252, 394, 404, 405, 407, 420, 421
Ricardo Coração de Leão, rei de Inglaterra — 337
Rice, Helmer — 384
Richardson, Tony — 419
Richepin, Jean — 216
Ridler, Anne — 354
Rilke, Rainer Maria — 104, 370
Rimbaud, Jean Arthur — 370
Rios, Eduardo — 211, 409
Robert, M. Adelaide — 55
Rocha, Dalila — 190, 191, 192, 227, 308
Rodrigues, Urbano Tavares — 15
Roiz, Júlia — 61, 82, 83
Romains, Jules — 149-52, 218, 358, 395, 402, 409
Ronfard, Jean Pierre — 187, 231, 233
Ronfard, Moussia — 233
Rosa, Joaquim — 229

Rostand, Edmond — 321
Rouault, Georges — 363
Rousseau, Jean Jacques — 313
Roussillon, Jean-Paul — 243
Roussin, André — 197, 247, 413
Rubens, Peter Paul — 255
Rueda, Lope de — 31
Ruiz, Júlia — 114
«Ruzzante»; v. Beolco, Angelo

Sá-Carneiro, Mário de — 105, 260, 319, 321, 324
Sá de Miranda, Francisco — 121
Sacher-Masoch, Leopold von — 23
Sacramento, Mário — 18, 278, 282, 415
Sade, Donatien Alfonse François, conde e marquês de — 23
Sagan, Françoise — 341, 349
Saint-Exupéry, Antoine de — 361
Saint-Simon, Louis de Rouvray, duque de — 209
Salazar, António Oliveira — 398
Salema, Álvaro — 236
Salmon, André — 105
Sanches, (António Nunes) Ribeiro — 314
Santana, Marcos — 116
Santana, Vasco — 116, 304, 417
Santareno, Bernardo (pseud. de António Martinho do Rosário) — 18, 172, 189, 262-4, 307, 393, 414
Santos, António Nogueira — 241
Santos, Beatriz — 99
Santos, Henrique — 99, 120, 205, 217
Santos, Mário — 50
Sarmento, António — 111
Sartre, Jean-Paul — 204, 297, 321, 342, 361
Sasportes, José — 393

Saviotti, Gino — 40, 55, 61, 82, 83, 115, 206, 207, 216, 236, 405
Saviotti, Graziella — 55, 56, 82, 83, 115, 125
Scarlatti, Eduardo — 15, 405, 406
Scéve, Maurice — 370
Schiller, Johann Christoph Friderich von — 244-5, 399, 412
Schultz, Maria — 111
Sebastião, rei de Portugal — 74
Selvagem, Carlos — 133, 266
Selway, George — 253
Semedo, Artur — 205
Sena, Jorge (Cândido) de — 9, 11-9, 122, 126, 393, 394, 395, 396, 397, 399, 400, 401, 402, 404, 405, 407, 409, 410, 413, 414, 415, 416, 420, 421, 422
Sequeira, Gustavo de Matos — 56, 143, 206
Sévigné, Marie de Rabutin-Chantal, marquesa de, Madame de — 209
Shakespeare, William — 28, 55, 64, 65, 95, 97, 114, 118, 169, 170, 171, 195, 218, 231, 242, 244, 247, 251-3, 283, 307, 334-6, 337-40, 367, 368-71, 373, 376, 380, 384, 391, 404, 407, 413, 417, 418, 420
Shaw, George Bernard — 28, 94, 154, 234, 235, 249, 263, 354, 373, 378-81, 383, 421
Shearer, Norma — 410
Sheerwood, Robert — 346, 384
Silva, Abílio Matos e — 171, 195, 229, 233
Silva, António José da, o Judeu — 99, 100, 296, 310-17, 418
Silva, Jerónimo (pseud. de António Pedro) — 226
Silva, Josefina — 176, 195
Silva, Pereira da — 316
Silva, Varela — 220

433

Simões, Lucília — 68, 102, 394
Simon, Alfred — 397
Sitwell, Sir Osbert — 342
Skorik, Irene — 399
Sobral, Augusto — 393
Sófocles — 28, 53, 373, 381, 416
Solano, Maria Stella — 130
Sotto, Madalena — 51, 72, 207, 236, 396
Sousa, Eudoro de — 25
Sousa, Fernanda de — 76, 78, 99, 155, 209, 229
Sousa, Filipe de — 393
Sousa, Júlio de — 56, 84, 115, 125
Sousa, Frei Luís de — 359
Sousa, Salter — 83
Stanislawsky, (Constantine Sergeevich Alexeev) Konstantin — 234
Staffer, Paul — 367
Stichini, Ilda — 50, 394
Strawinsky, Igor (Feodorovich) — 105
Strindberg, (Johan) August — 28, 263, 373, 383
Swift, Jonathan — 316
Synge, John Millington — 55, 104, 267, 354

Tagore, Sir Rabindranath — 82
Talmadge, Norma — 410
Tavares, Salette — 213-5
Tchekov, Anton — 28, 67, 81, 83, 84, 128, 131-2, 288, 373, 381, 384, 385, 396
Teixeira Gomes, Manuel — 320
Teles, Lígia — 209
Telmo, Teresa Cottinelli — 221
Tena, Luca de — 222
Teócrito — 121
Thurber, James — 21
Tolstoi, Leon, conde de — 62-8, 84, 91, 395

Torga, Miguel (pseud. de Adolfo Rocha) — 12, 265-8, 296, 414, 416
Trigueiros, Luiz Forjaz — 15
Turguenev, Ivan Sergeyevich — 67
Turner, Joseph Mallord William — 335

Usque, Samuel — 121

Vale, Sara — 128, 130, 143, 144, 146, 191, 401
Valery, Paul — 74
Varnhagen, Francisco Adolfo de, visconde de Porto Seguro — 316
Vasconcelos, Mário Cesariny de — 193, 417
Velasco, Manuel Diaz — 158, 161
Veloso, Agostinho — 222
Veloso, Carlos — 50
Veloso, Luz — 96, 99, 111, 120, 133, 134, 173, 183
Verdi, Giuseppe Fortunino — 276
Vergani, Vera — 411
Verne, Júlio — 242, 331
Vian, Boris — 321, 324
Viana, António Manuel Couto — 180, 193, 201-3, 211, 220, 221, 230, 237, 405, 409, 411, 415
Viana, Maria Adelaide Couto — 230, 411
Vicente, Gil — 28, 55, 99, 115, 157, 177, 201-3, 238, 247, 296, 300, 376, 408, 416
Viegas, Belchior — 230
Vieira, Alexandre — 192, 207, 236
Vilar, Jean — 169
Vilar, Mariana — 394
Vildrac, Charles — 151
Villaret, João — 66, 68, 80, 83, 84, 85, 111, 112, 394, 396

Vitorino, António — 42, 82, 83, 114, 396
Vitorino, Orlando — 420
Voltaire (François Marie Arouet) — 313, 368, 373
Vyrubova, Nina — 399

Wagner, (Wilhelm) Richard — 232, 373, 384, 385
Wallenstein, Carlos — 10, 289
Warner, John — 253
Waugh, Evelyn — 361
Webster, Margaret — 335
Weiss, Peter — 321
Wilder, Thornton — 321, 384
White, E. B. — 21

Whitman, Walt — 81
Williams, Tenessee — 344, 346, 384
Wilson, Angus — 342
Wilson, Colin — 341
Wolf, Ferdinand — 316
Woolf, Virginia — 235

Yeats, William Butler — 235, 267, 323, 354

Zerboni, Robert —114, 115, 400
Zuckmayer, Carl — 321
Zweig, Stefan — 409

ÍNDICE

Breve introdução— Mécia de Sena 9

Prefácio — Luiz Francisco Rebello 11

Da Necessidade do Teatro 21

Do teatro em Portugal

Crítica a Espectáculos

2.º espectáculo «essencialista» — Teatro-Estúdio do Salitre 37
«Ana Cristina», de Eugene O'Neill 43
3.º espectáculo «essencialista» — «Filipe II», de Alfieri
   — Teatro-Estúdio do Salitre 52
«Alcipe», de Teresa Leitão de Barros 57
2.º espectáculo «essencialista» (repetição)
   — Teatro-Estúdio do Salitre 61
«O Cadáver Vivo», de Tolstoi 62
«Vidas Privadas», de Noël Coward 69
«A Casa», de José María Péman 74
5.º espectáculo «essencialista» — Teatro-Estúdio do Salitre 80
«Rapazes de Hoje», de Roger Ferdinand 86
Sobre «Benilde ou a Virgem-Mãe», de José Régio 89
Centenário de Cervantes — «Retablo de maravillas» 97
«Rebecca», de Daphne Du Maurier 101
Cocteau no Teatro Nacional — «A Águia de Duas Cabeças» 103
«O Morgado de Fafe», de Camilo,
   e «A Ceia dos Cardeais», de Júlio Dantas
     «O Comissário de Polícia», de Gervásio Lobato 109
6.º espectáculo «essencialista» — Teatro-Estúdio do Salitre 113

437

«Paulina Vestida de Azul», de Joaquim Paço d'Arcos 117
Espectáculo do «Grupo Universitário de Teatro Cultural» 121
7.º espectáculo «essencialista» — Teatro-Estúdio do Salitre 123
2.º espectáculo do Pátio das Comédias 127
«Outono em Flor», de Júlio Dantas 133
«Um Chapéu de Palha de Itália», de Labiche e Michel 136
«Curva Perigosa», de J. B. Priestley 141
«Knock», de Jules Romains
    — Companhia Francesa de Louis Jouvet 149
«Sua Amante Esposa», de Jacinto Benavente 153
«Rosas de Otoño», de Benavente,
    e «A Verdade de Cada Qual», de Pirandello
    — Companhia de Irene Lopez Heredia 156
«A Voz da Cidade», de Ramada Curto 162
Grande Teatro em Portugal: «Joana d'Arc», de Anouilh 164
«Alguém Terá de Morrer», de Luiz Francisco Rebello 167
«Noite de Reis», de Francisco Lage e Francisco Ribeiro 169
«As Bruxas de Salem», de Arthur Miller 172
«Um Dia de Vida», de Costa Ferreira
    — Peça em 2 partes e 16 quadros 174
«Deus lhe Pague», de Joracy Camargo — Sátira em 3 actos 177
«Para Cada Um Sua Verdade», de Pirandello 178
«O Rei Veado», de Carlo Gozzi — Teatro do Gerifalto 180
«Comediantes», de Guy Bolton,
    sobre um conto de Somerset Maugham 182
«Piccoli di Podrecca» 184
«Monsieur de Pourceaugnac», de Molière,
    no Liceu Francês Charles Lepierre 186
«É Urgente o Amor», de Luiz Francisco Rebello,
    pelo Teatro Experimental do Porto 188
«Jornada para a Noite», de Eugene O'Neill,
    pelo Teatro Experimental do Porto 191
«Dois Reis e Um Sono», de Natália Correia e Manuel de Lima
    — Teatro do Gerifalto 193
«Um Serão nas Laranjeiras», de Júlio Dantas, comédia em 3 actos 194
«Veneno de Cobra», de Albert Husson 197
«O Dia Seguinte», de Luiz Francisco Rebello 198
«Farsa de Inês Pereira», de Gil Vicente,
    e «O Fidalgo Aprendiz», de D. Francisco Manuel de Melo,
    no Teatro do Gerifalto 201
«A Rainha do Ferro-Velho», de Garson Kanin e Ruth Gordon 204
«O Mentiroso», de Goldoni 206
«Diário de Anne Frank», de F. Goodrich e A. Hackett 208
«Teatro do Gerifalto» no Teatro Nacional 211
«Azazel», de José-Augusto França 213
«O Gebo e a Sombra», de Raul Brandão 216

438

«Volpone», de Ben Jonson 218
«O Dia Seguinte», de Luiz Francisco Rebello
— 2.º espectáculo do Teatro de Gerifalto 220
«O Processo de Jesus», de Diego Fabbri 222
«Gigi», de Colette–Anita Loos 224
«Um Homem Só», de Costa Ferreira 225
«Requiem», de William Faulkner 226
«Os Pássaros de Asas Cortadas», de Luiz Francisco Rebello 228
Teatro do Gerifalto 230
«Bajazet», de Racine, no Liceu Francês 231
«Seis Personagens em Busca de Autor», de Pirandello 234
«O Feiticeiro de Oz», de Eduardo Damas 237
«À Espera de Godot», de Samuel Beckett 238
«École de Maris», de Molière,
e «Jeu de l'Amour et du Hasard», de Marivaux,
pela Comédie Française 242
«Intriga e Amor», de Schiller, e «Saias», de Alfredo Cortez 244
«Fachada», de Laura Chaves 246
«Eles, Elas... e os Meninos», de André Roussin 247
Ionesco e Luís de Lima 248
«Twelfth Night», de Shakespeare — Oxford Play House Company   251
«O Baile», de Edgar Neville 254

Críticas a Livros

«Três Peças em Um Acto», de José Régio 259
«Teatro», de Bernardo Santareno 262
«Mar», de Miguel Torga (poema dramático em três actos),
2.ª edição refundida 265
«O Inseparável», de Agustina Bessa Luís — Peça em três actos 269
«Encontros com o Teatro», de Redondo Júnior 273
«A Traição Inverosímil», de Domingos Monteiro 276
«Teatro Anatómico», de Mário Sacramento 278
«As Duas Faces», de Alexandre Cabral 279
«Teatro I», de Luiz Francisco Rebello 280
«Três Setas Apontadas ao Futuro», de Afonso Ribeiro 282

Textos Diversos

«Escola de Maridos» — Apresentação 287
Sobre Teatro Universitário 291
Resposta a um Inquérito — «Os intelectuais portugueses
contra o actor Assis Pacheco» 294
Sobre a Crise do Teatro em Portugal 296
Sobre Teatro quanto possível em Portugal 299
Comentários vários 302

A Morte de um Actor 304
Teatro Experimental do Porto 305
Sobre o «Judeu» 310
Algumas notas sobre o Teatro de José Régio 318

Outros Escritos sobre Teatro

Críticas a Espectáculos de Teatro

Sobre o exótico, o folclórico, etc.
   — A propósito do Teatro Clássico da China 331
Variações sobre um tema de Shakespeare 334
Variações shakespearianas «in loco» 337
Algum chá e muita simpatia 341
Só chá e simpatia 344
Ainda chá e simpatia — a pedido de várias famílias 347

Crítica a Livros

Teatro de T. S. Eliot e de Charles Morgan 353
A propósito de uma «fantasia» de J. B. Priestley 357
Duas peças inglesas recentes e mais uma 360

Textos Diversos

O Teatro e a Moral 367
Shakespeare e a Crítica ou a Cabeleira de Boileau 368
Retorno à Tragédia ou a Farsa dos Retornos 372
Teatro Poético, Teatro em Verso, Dicção dos Versos
   e Outras Confusões 375
Shaw 378
Bertolt Brecht 382
O Testamento de Eugene O'Neill 383
Sobre «Teatro de Vanguarda» — Entrevista 387
Teatro Popular 389

Notas Bibliográficas 393

Índice Onomástico 423

440

BIBLIOGRAFIA DE JORGE DE SENA

OBRAS EM VOLUME

POESIA:

Perseguição — Lisboa, 1942.
Coroa da Terra — Porto, 1946.
Pedra Filosofal — Lisboa, 1950.
As Evidências — Lisboa, 1955.
Fidelidade — Lisboa, 1958.
Post-Scriptum (in *Poesia-I*).
Poesia-I (*Perseguição, Coroa da Terra, Pedra Filosofal, As Evidências, e o volume inédito Post-Scriptum*) — Lisboa, 1961, 2.ª ed., 1977; 3.ª ed., 1988.
Metamorfoses, seguidas de *Quatro Sonetos a Afrodite Anadiómena* — Lisboa, 1963.
Arte de Música — Lisboa, 1968.
Peregrinatio ad Loca Infecta — Lisboa, 1969.
90 e mais Quatro Poemas de Constantino Cavafy (tradução, prefácio, comentários e notas) — Porto, 1970; 2.ª ed., Lisboa, 1986.
Poesia de Vinte e Seis Séculos: I — De Arquíloco a Calderón; II — De Bashó a Nietzsche (tradução, prefácio e notas) — Porto, 1972.
Exorcismos — Lisboa, 1972.
Trinta Anos de Poesia (antologia) — Porto, 1972; 2.ª ed., Lisboa, 1984.
Poesia-II (Fidelidade, Metamorfoses, Arte de Música) — Lisboa, 1978, 2.ª ed., Lisboa, 1988.
Poesia-III (Peregrinatio ad Loca Infecta, Exorcismos, Camões Dirige-se aos Seus Contemporâneos, Conheço o Sal... e Outros Poemas, Sobre Esta Praia) — Lisboa, 1978.
Poesia do Século XX, de Thomas Hardy a C. V. Cattaneo (prefácio, tradução e notas) — Porto, 1978.

Quarenta Anos de Servidão — Lisboa, 1979; 2.ª ed., revista, 1982.
80 Poemas de Emily Dickinson (tradução e apresentação) — Lisboa, 1979.
Sequências — Lisboa, 1980.
Visão Perpétua — Lisboa, 1982.
Post-Scriptum-II (2 vols.) — Lisboa, 1985.
Dedicácias — a publicar.

TEATRO:

O Indesejado (António, Rei), tragédia em quatro actos, em verso — Porto, 1951; 2.ª ed., Porto, 1974, ed. não autorizada dita 2.ª, Porto, s/d [1982]; 3.ª ed., com um apêndice de trechos excluídos, Lisboa, 1986.
Amparo de Mãe e Mais Cinco Peças em Um Acto — Lisboa, 1974.

FICÇÃO:

Andanças do Demónio, contos — Lisboa, 1960.
Novas Andanças do Demónio, contos — Lisboa, 1966.
Os Grão-Capitães, contos — Lisboa, 1976; 2.ª ed., 1979; 3.ª ed., 1982; 4.ª ed., 1985.
Sinais de Fogo, romance — Lisboa, 1979; 2.ª ed., Lisboa, 1980; 3.ª ed., 1985.
O Físico Prodigioso, novela — Lisboa, 1977; 2.ª ed., Lisboa, 1981; 3.ª ed., Lisboa, 1983; 4.ª ed., 1986.
Antigas e Novas Andanças do Demónio (ed. conjunta e revista — Lisboa, 1978; 2.ª ed., Lisboa, 1981; 3.ª ed., Círculo de Leitores, Lisboa, 1982 — fora do mercado; 4.ª ed., Lisboa, 1983.
Génesis, contos — Lisboa, 1983; 2.ª ed., 1986.

OBRAS CRÍTICAS DE HISTÓRIA GERAL,
CULTURAL OU LITERÁRIA:

Fernando Pessoa — Páginas de Doutrina Estética (selecção, prefácio e notas) — Lisboa, 1946-1947 (esgotado); 2.ª ed. não autorizada, 1964.
Líricas Portuguesas, 3.ª série da Portugália Editora — selecção, prefácio e notas — Lisboa, 1985; 2.ª ed., revista e aumentada, 2 vols.: 1.º vol., Lisboa, 1975; 2.º vol., Lisboa, 1983; 1.º vol., 3.ª ed., Lisboa, 1984.
Da Poesia Portuguesa — Lisboa, 1959.
Nove capítulos originais constituindo um panorama geral da cultura britânica e a história da literatura moderna (1900-1960), e prefácio e notas, na *História da Literatura Inglesa*, de A. C. Ward — Lisboa, 1959-1960.

O Poeta É Um Fingidor — Lisboa, 1961.

O Reino da Estupidez-I — Lisboa, 1961; 2.ª ed., 1979; 3.ª ed., 1984.

A Literatura Inglesa, história geral — São Paulo, 1963; 2.ª ed., Lisboa, no prelo.

Teixeira de Pascoais — *Poesia* (selecção, prefácio e notas) — Rio de Janeiro, 1965; 2.ª ed., 1970; 3.ª ed. rev. e aum., Porto, 1982.

Uma Canção de Camões (análise estrutural de uma tripla canção camoniana precedida de um estudo geral sobre a canção petrarquista e sobre as canções e as odes de Camões, envolvendo a questão das apócrifas) — Lisboa, 1966; 2.ª ed., *1984*.

Estudos de História e de Cultura, 1.ª série (1.º vol., 624 páginas; 2.º vol., a sair, com os índices e a adenda e corrigenda) — «Ocidente», Lisboa, 1967.

Os Sonetos de Camões e o Soneto Quinhentista Peninsular (as questões de autoria, nas edições da obra lírica até às de Álvares da Cunha e de Faria e Sousa, revistas à luz de um critério estrutural à forma externa e da evolução do soneto quinhentista ibérico, com apêndice sobre as redondilhas em 1595-1598, e sobre as emendas introduzidas pela edição de 1898) — Lisboa, 1969; 2.ª ed., Lisboa, 1981.

A Estrutura de «Os Lusíadas» e Outros Estudos Camoneanos e de Poesia Peninsular do Século XVI — Lisboa, 1970; 2.ª ed., Lisboa, 1980.

«Os Lusíadas» e «Rimas Várias» comentados por M. de Faria e Sousa, 2 vols. cada (introdução crítica) — Lisboa, 1972.

Dialécticas da Literatura — Lisboa, 1973; 2.ª ed., ampliada, 1977, como *Dialécticas Teóricas da Literatura.*

Francisco de la Torre e D. João de Almeida — Paris, 1974.

Maquiavel e Outros Estudos — Porto, 1974.

Poemas Ingleses, de Fernando Pessoa (edição, tradução, prefácio, notas e variantes — Lisboa, 1974; 2.ª ed., 1983.

Sobre Régio, Casais, a «presença» e Outros Afins — Porto, 1977.

O Reino da Estupidez-II — Lisboa, 1978.

Dialécticas Aplicadas da Literatura — Lisboa, 1978.

Trinta Anos de Camões (2 vols.) — Lisboa, 1980.

Fernando Pessoa & C.ª Heterónima (2 vols.) — Lisboa, 1982; 2.ª ed. (1 vol.), 1984.

Estudos sobre o Vocabulário de «Os Lusíadas» — Lisboa, 1982.

Estudos de Literatura Portuguesa-I — Lisboa, 1982.

Inglaterra Revisitada (duas palestras e seis Cartas de Londres) — Lisboa, 1986.

Sobre o Romance (ingleses, norte-americanos e outros) — Lisboa, 1986.

Estudos de Literatura Portuguesa-II — Lisboa, 1988.

Estudos de Literatura Portuguesa-III — Lisboa, 1988.

Estudos de Cultura e Literatura Brasileira — Lisboa, 1988.

Sobre Cinema — Lisboa, 1988.

Do Teatro em Portugal — Lisboa, 1989.
«Amor» e Outros Verbetes — no prelo.
O Dogma da Trindade Poética (Rimbaud e outros ensaios) — a publicar.

CORRESPONDÊNCIA:

Jorge de Sena/Guilherme de Castilho — Lisboa, 1981.
Mécia de Sena/Jorge de Sena — Isto Tudo Que Nos Rodeia (cartas de amor)
— Lisboa, 1982.
Jorge de Sena/José Régio — Lisboa, 1986.
Jorge de Sena/Vergílio Ferreira — Lisboa, 1987.
Cartas a Taborda de Vasconcelos, in *Correspondência Arquivada* — Porto,
1987.
Eduardo Lourenço/Jorge de Sena — no prelo.
Jorge de Sena/Raul Leal — no prelo.

EM PREPARAÇÃO:

Jorge de Sena/Luiz Francisco Rebello
Jorge de Sena/Rui Knopfli.
José Rodrigues Miguéis/Jorge de Sena.
António Ramos Rosa/Jorge de Sena.
Jorge de Sena/Vasco Miranda.
José Blanc de Portugal/Jorge de Sena.
Jorge de Sena/Ruy Cinatti.
Jorge de Sena/José Saramago.
João Sarmento Pimentel/Jorge de Sena.

TRADUÇÕES PREFACIADAS:

A Abadia do Pesadelo, de T. L. Peacock.
As Revelações da Morte, de Chestov.
A Casa de Jalna, de Mazo de la Roche.
Fiesta, de Hemingway.
Um Rapaz da Geórgia, de Erskine Caldwell.
O Ente Querido, de Evelyn Waugh.
Oriente-Expresso, de Graham Greene.
O Velho e o Mar, de Hemingway.
A Condição Humana, de Malraux.
Palmeiras Bravas, de Faulkner.
Jornada para a Noite, de Eugene O'Neill, no prelo.

PREFÁCIOS CRÍTICOS A:

Poema do Mar, de António Navarro.
Poesias Escolhidas, de Adolfo Casais Monteiro.
Teclado Universal e Outros Poemas, de Fernando Lemos.
Memórias do Capitão, de Sarmento Pimentel.
Confissões, de Jean-Jacques Rousseau.
Poesias Completas, de António Gedeão.
Poesia (1957-1968), de Hélder Macedo.
Manifestos do Surrealismo, de André Breton.
Cantos de Maldoror, de Lautréamont.
A Terra de Meu Pai, de Alexandre Pinheiro Torres.
Camões — Some Poems, trad. de Jonathan Griffin.
Qvybyryeas, de Frei Ioannes Garabatus.
Distruzioni per l'uso, Carlo Vittorio Cattaneo.

OBRA TRADUZIDA

POESIA:

Esorcismi (Antologia) — port./it., Introdução e Tradução de Carlo Vittorio Cattaneo, Ed. Accademia, Milão, 1975.
Sobre Esta Praia... — porrt./ingl., Tradução de Jonathan Griffin, Mudborn Press, Santa Barbara, 1979.
Su Questa Spiaggia (Antologia) — port./it., Introdução de Luciana Stegagno-Picchio, Tradução de Ruggiero Jacobbi e Carlo Vittorio Cattaneo, Fogli di Portucale, Roma, 1984.
The Poetry of Jorge de Sena (Antologia) — port./ingl., Organização de Frederick G. Williams, Mudborn Press, Santa Barbara, 1980, 2.ª ed., no prelo.
In Crete with the Minotaur and Other Poems (Antologia) — port./ingl., Tradução e Prefácio de George Monteiro, Ed. Gávea-Brown, Providence, 1980.
Metamorfosi — port./it., Tradução e Prefácio de Carlo Vittorio Cattaneo, Ed. Empiria, Milão, 1987.
Methamorphosis — (inglês) — no prelo.
Art of Music — (inglês) trad. Francisco Costa Fagundes e James Houlihan, Huntington, West Virginia, 1988.
Frihetens Färg (Antologia) — (sueco) org. trad. pref. de Marianne Sandels — Atlantis, Estocolmo, 1989..

FICÇÃO:

Genesis — port./chinês, Tradução de Wu Zhiliang, Ed. Instituto Cultural de Macau, Macau, 1986.

O Físico Prodigioso:

The Wondrous Physician, Tradução de Mary Fitton, J. M. Dent & Sons Ltd., Londres, 1986.

Le Physicien Prodigieux, Tradução de Michelle Giudicelli, Posfácio de Luciana Stegagno-Picchio, Ed. A. M. Metaillé, Paris, 1985.

Il Medico Prodigioso, Tradução e Prefácio de Luciana Stegagno-Picchio, Ed. Feltrinelli, Milão, 1987.

El Físico Prodigioso (castelhano), Tradução de Sara Cibe Cabido e A. R. Reixa, Ed. Xerais de Galicia, 1987.

Ed. bilingue port./chinês, Tradução de Jin Juo Ping., Inst. Cultural de Macau, Macau, 1988.

Frankfurt — Suhrkamp-Verlag (alemão), Tradução de Curt Meyer-Clason — no prelo.

Sinais de Fogo:

Signes de Feu, Tradução e Prefácio de Michelle Giudicelli, Ed. Albin Michel, 1986.

Senyals de Foc (catalão), Tradução de Xavier Moral, Prefácio de Basilio Lousada, Ediciones Proa, 1986.

Signales de Fuego (castelhano), Tradução de Miguel Viqueira, Ed. Alfaguara, Madrid — no prelo.

História do Peixe-pato

Storia del peixe-pato (italiano), Tradução de Carlo Vittorio Cattaneo, Roma, 1987.

Os Grão-Capitães

La Gran Canaria e Altri Raconti, Tradução de Vincenzo Barca, Prefácio de Luciana Stegagno-Picchio, Ed. Riuniti, Roma, 1988.

Antigas e Novas Andanças

Super Flumina... and other stories (inglês), Organização e Introdução de Daphne Patai — Rutgers Univ. Press, New Brunswick and London, 1989.

ENSAIO:

Inglaterra Revisitada

England Revisited (inglês), Tradução de Christopher Auretta, Fund. Calouste Gulbenkian, Lisboa, 1987.

ESTUDOS SOBRE JORGE DE SENA, EM VOLUME:

O Código Científico-Cosmogónico-Metafísico de Perseguição, *1942, de Jorge de Sena,* Alexandre Pinheiro Torres, Moraes Ed., Lisboa, 1980.

Studies on Jorge de Sena (Actas) — port./ingl., francês e espanhol, org. Frederick G. Williams e Harvey L. Sharrer, Bandanna Books, Santa Barbara, 1982.

Estudos sobre Jorge de Sena, comp., org. e introd. de Eugénio Lisboa, Imprensa Nacional-Casa da Moeda, Lisboa, 1984.

Quaderni Porthogesi n.º 13/14, comp., introd. e org. de Luciana Stegagno-Picchio, port., francês e ital. — Pisa, 1985.

O Essencial sobre Jorge de Sena, Jorge Fazenda Lourenço, Imprensa Nacional-Casa da Moeda, Lisboa, 1987.

Jorge de Sena — nos dez anos da sua morte — Catálogo da Exposição Bibliográfica, com sinopses dos livros expostos, bibliografia do Autor e bibliografia subsidiária. Bilingue port./chinês — Biblioteca Nac. de Macau, Ed. Inst. Cult. de Macau, 1988.

A poet's way with music: Humanism in Jorge de Sena's Poetry, Francisco Costa Fagundes, Gavea-Brown, Providence, R. I., 1988.

Índices da poesia completa (por primeiros versos, título, data e nomes citados) — Mécia de Sena — no prelo.

Composto e paginado por Berenice — Lisboa
Impresso por Tipografia Guerra — Viseu
em Abril de 1989
para EDIÇÕES 70

Depósito legal n.º 26566